Friebel/Rick/Schoor/Siegle
Fallsammlung Einkommensteuer

NWB-Trainingsprogramm · Steuern

Fallsammlung Einkommensteuer

Von
Melita Friebel, Diplom-Finanzwirt (FH)
Prof. Eberhard Rick
Hans Walter Schoor, Diplom-Finanzwirt (FH)
Werner Siegle, Steuerberater

7., überarbeitete Auflage

Bearbeitervermerk

Schoor: Fälle 1–30, 83–110, 116–122, 137–176, 183–192, 205–226

Siegle: Fälle 31–54, 68–70

Friebel: Fälle 55–67, 71–82, 111–115, 123–136, 177–182, 193–204, 227–237

Rick: Fälle 238–244

Die Deutsche Bibliothek – CIP-Einheitsaufnahme

Fallsammlung Einkommensteuer / von Melita Friebel . . .
– 7., überarb. Aufl. – Herne ; Berlin :
Verl. Neue Wirtschafts-Briefe, 1996
(NWB-Trainingsprogramm Steuern)
ISBN 3-482-79547-9
NE: Friebel, Melita

ISBN 3-482-**79547**-9 – 7., überarbeitete Auflage 1996

Druck: Griebsch & Rochol Druck GmbH, 59069 Hamm

Vorwort zur 7. Auflage

In diesem Übungsbuch wird die Anwendung des Steuerrechtsgebietes Einkommensteuer anhand von 244 Fällen dargestellt und erläutert. Die Fälle sind nach Themenbereichen gegliedert, wobei eine enge Anlehnung an die Stoffaufteilung des NWB-Einkommensteuer-Lehrbuches erfolgt. Das Bilanzsteuerrecht ist zwar Bestandteil des EStG, es wird aufgrund seines großen Umfangs aber in einer eigenen Fallsammlung behandelt. Das gleiche gilt für das Lohnsteuerrecht, zu dem im Frühjahr 1997 eine eigene Fallsammlung erscheint.

Die Fälle sind überwiegend sog. „klausurtypische" Fälle, also Fälle, die unter Verwendung von Zahlen und Daten jeweils eine konkrete Lösung verlangen. Sie sind in der steuerlichen Ausbildung erprobt und haben Zustimmung gefunden. Der angehende Steuerinspektor/Diplom-Finanzwirt oder Steuerberater findet alle wichtigen prüfungsrelevanten Fragen behandelt. Zur Einarbeitung wird die Fallsammlung auch Studierenden an Universitäten und Fachhochschulen nützlich sein. Sie dürfte darüber hinaus auch dem Praktiker helfen, da sie aktuelle Fälle aus der Praxis in gleicher Weise berücksichtigt.

Der Band wurde gegenüber der Vorauflage gründlich überarbeitet und mit einigen neuen Fällen ausgestattet, z. B. zur Eigenheimzulage. Der Stand der Gesetzgebung und der Rechtsprechung Mitte 1996 wurde bei der Überarbeitung der Fälle berücksichtigt.

Ebenso wurden die Einkommensteuer-Richtlinien in der Fassung der EStR 1993 berücksichtigt. Dabei wurde auch die neue Zitierweise gemäß dem amtlichen Einkommensteuer-Handbuch 1995 eingearbeitet, dessen Bestandteil die Richtlinien sind. Demzufolge bedeutet „R" nun „Richtlinie", und „H" steht für „Hinweis" auf die EStH als Ergänzung zu den EStR.

Wir wünschen allen Benutzern gute Lernerfolge; für Anregungen und Kritik sind wir dankbar.

Neustadt/W., Heilbronn,
Kemmenau, Schorndorf,
im August 1996

Melita Friebel, Eberhard Rick
Hans Walter Schoor, Werner Siegle

Inhaltsverzeichnis

Vorwort 5
Abkürzungsverzeichnis 21
Literaturhinweise 23

A. Steuerpflicht

Vorbemerkung 25
Fall 1: Zuzug aus dem Ausland 26
Fall 2: Im Ausland studierendes Kind 26
Fall 3: Gewöhnlicher Aufenthalt im Inland 27
Fall 4: Ende der Steuerpflicht im Todesfall 29
Fall 5: Ermittlung des zu versteuernden Einkommens 30

B. Einkommensteuerliche Grundbegriffe

Fall 6: Einkünfte und Gesamtbetrag der Einkünfte 33

Vereinnahmung und Verausgabung (§ 11 EStG) 36

Fall 7: Honorarüberweisungen durch kassenärztliche Vereinigungen und privatärztliche Verrechnungsstellen 36
Fall 8: Annahme eines Wechsels 38
Fall 9: Zufluß von Forderungen eines beherrschenden Gesellschafters einer GmbH 38
Fall 10: Zufluß bei Abtretung von Forderungen 39
Fall 11: Zufluß bei Erlaß einer Schuld 40
Fall 12: Zufluß bei Novation 42
Fall 13: Zufluß von Arbeitslohn 43
Fall 14: Zahlung durch Banküberweisung 44
Fall 15: Zahlung durch Scheckhingabe 45
Fall 16: Vorauszahlung von Sonderausgaben und Werbungskosten 45
Fall 17: Zahlung von Beiträgen zur Instandhaltungsrücklage 47
Fall 18: Abflußzeitpunkt von kreditfinanzierten außergewöhnlichen Belastungen 48

Fall 19: Regelmäßig wiederkehrende Einnahmen ... 48
Fall 20: Regelmäßig wiederkehrende Ausgaben ... 50

C. Allgemeine Fragen der Veranlagung

Fall 21: Form und Inhalt der Einkommensteuererklärung ... 51
Fall 22: Veranlagung vor Ablauf des Kalenderjahres ... 52

D. Nicht abzugsfähige Ausgaben (§ 12 EStG)

Fall 23: Kosten der Lebensführung ... 53
Fall 24: Studienreise ins Ausland ... 55
Fall 25: Abgrenzung betrieblicher Kfz-Kosten von denen der privaten Lebensführung ... 57
Fall 26: Pkw-Unfall und Versicherungsentschädigung ... 58
Fall 27: Freiwillige Zuwendungen – Zuwendungen aufgrund einer freiwillig begründeten Rechtspflicht – Zuwendungen an unterhaltsberechtigte Personen ... 59
Fall 28: Abzug von Steuern und Nebenleistungen ... 61
Fall 29: Abzug von Geldstrafen, Geldbußen, Anwalts- und Gerichtskosten ... 63
Fall 30: Erstattung von Strafprozeßkosten an einen Arbeitnehmer ... 64

E. Sonderausgaben

Fall 31: Unterhaltsleistungen an den geschiedenen Ehegatten ... 65
Fall 32: Zeitliche Bindung an die Zustimmung ... 67
Fall 33: Unterhaltsleistungen bei beschränkter Steuerpflicht ... 67
Fall 34: Erfüllung von Unterhaltsverpflichtungen durch Überlassung einer Wohnung ... 68
Fall 35: Vereinbarung einer „dauernden Last" als Gegenleistung für einen Geldbetrag ... 70
Fall 36: Vermögensübertragung unter Vorbehaltsnießbrauch gegen dauernde Last ... 71
Fall 37: Übertragung eines Mietwohngrundstücks im Wege der vorweggenommenen Erbfolge ... 71
Fall 38: Übertragung eines Mietwohngrundstücks im Wege der vorweggenommenen Erbfolge gegen Unterhaltsrente ... 73

Fall 39: Erwerb eines selbstgenutzten Einfamilienhauses gegen Leibrente 74
Fall 40: Übertragung eines Betriebs gegen private Versorgungsrente. . 75
Fall 41: Sonderausgaben 77
Fall 42: Besonderheiten beim Vorwegabzug 81
Fall 43: Lebensversicherungsbeiträge im Zusammenhang mit Finanzierungen 83
Fall 44: Steuerberatungskosten 84
Fall 45: Behandlung der Sonderausgaben bei getrennter Veranlagung 85
Fall 46: Spenden 87
Fall 47: Buchwertprivileg beim Spendenabzug 90
Fall 48: Spendenrücktrag, Spendenvortrag 91
Fall 49: Berechnung der Vorsorgepauschale 92
Fall 50: Durchführung des Verlustabzugs 95
Fall 51: Wirkung des Verzichts auf den Verlustrücktrag 97
Fall 52: Verlustabzug in Erbfällen 98
Fall 53: Nicht verbrauchter, vortragsfähiger Verlust beim Erblasser . . 100
Fall 54: Feststellung des abziehbaren Verlustes 101

Förderung des selbstgenutzten Wohneigentums 102
Vorbemerkung 102
Fall 55: Begünstigte Objekte, § 10e und § 10h EStG 104
Fall 56: Berechnung des Abzugsbetrages 106
Fall 57: Objektbeschränkung und Eigenheimzulage 108
Fall 58: Abzugsbetrag bei Todesfall eines Ehegatten 109
Fall 59: Übertragung auf ein Folgeobjekt und Aufwendungen gem. § 10e Abs. 6 EStG 110
Fall 60: Nachholung 112
Fall 61: Nachträgliche Herstellungskosten 113

Fall 62: Aufwendungen vor Bezug 114
Fall 63: Abzugsbetrag und Aufwendungen vor Bezug 117
Fall 64: Abzugsbetrag und Folgeobjekt 121
Fall 65: Erbauseinandersetzung und § 10e EStG 122
Fall 66: Eigenheimzulage mit Wahlrecht, Vorkosten 125
Fall 67: Eigenheimzulage und Vorkosten 126

F. Berücksichtigung von Kindern

Fall 68: Kinderfreibeträge und Kindergeld 129
Fall 69: Zurechnungsfragen 131

G. Sonderfreibeträge des § 32 EStG

Fall 70: Haushaltsfreibetrag nach § 32 Abs. 7 EStG 133

H. Außergewöhnliche Belastungen

Vorbemerkung 135
Fall 71: Außergewöhnliche Belastungen gem. § 33 EStG 137
Fall 72: Außergewöhnliche Belastungen gem. § 33a EStG 138
Fall 73: Außergewöhnliche Belastung/Einfamilienhaus 140
Fall 74: Unterhaltsleistungen 140
Fall 75: Außergewöhnliche Belastung/Unterstützung 142
Fall 76: Ausbildungsfreibetrag gem. § 33a Abs. 2 EStG 143
Fall 77: Auslandskinder 145
Fall 78: § 33a und § 33b EStG 146
Fall 79: Außergewöhnliche Belastungen (1) 148
Fall 80: Kinderbetreuungskosten 151
Fall 81: Kinderbetreuungskosten bei dauerndem Getrenntleben 153
Fall 82: Außergewöhnliche Belastungen (2) 154

I. Gewinnermittlung

Vorbemerkung 156
Fall 83: Totalschaden eines privaten Kfz bei einer betrieblich veranlaßten Fahrt 159

Fall 84: Überführung eines Wirtschaftsguts aus dem gewerblichen in das landwirtschaftliche Betriebsvermögen 160
Fall 85: Einlagefähigkeit von Nutzungen 161
Fall 86: Drittaufwand bei einem bei den Ehegatten gehörenden betrieblich genutzten Bauwerk 162
Fall 87: Erwerb einer freiberuflichen Praxis auf Rentenbasis 163
Fall 88: Besteuerung des laufenden Gewinns einer Erbengemeinschaft 168
Fall 89: Besonderheiten bei der Gewinnermittlung durch Überschußrechnung nach § 4 Abs. 3 EStG 169
Fall 90: Schätzung bei Gewinnermittlung nach § 4 Abs. 3 EStG . . . 175
Fall 91: Betriebsausgabenabzug von Bewirtungskosten 177
Fall 92: Unangemessene Bewirtungskosten 178
Fall 93: Nicht zeitnahe Verbuchung von Bewirtungskosten 179
Fall 94: Abzug von Bewirtungskosten in Bagatellfällen 179

J. Bewertung, Pensionsrückstellungen, Übertragung stiller Reserven

Fall 95: Betriebserwerb gegen Leibrente mit Wertsicherungsklausel 180
Fall 96: Betriebserwerb gegen Kaufpreisraten mit Wertsicherungsklausel 183
Fall 97: Anschaffungskosten bei einem Anschaffungsgeschäft in Fremdwährung 185
Fall 98: Unentgeltlicher Erwerb eines Wirtschaftsguts aus betrieblichen Gründen 186
Fall 99: Ausweis von Pensionsrückstellungen in der Steuerbilanz . . 187
Fall 100: Pensionszusagen an Gesellschafter-Geschäftsführer von Personengesellschaften 188
Fall 101: Pensionszusage an Arbeitnehmer-Ehegatten 190
Fall 102: Ausscheiden eines Wirtschaftsguts aus dem Betriebsvermögen infolge höherer Gewalt bei Gewinnermittlung nach § 4 Abs. 3 EStG 191
Fall 103: Gewinnabzug nach § 6b EStG von den Anschaffungskosten eines Gästehauses 193

Fall 104: Übertragung einer Rücklage nach § 6b EStG auf ein in das Betriebsvermögen eingelegtes Wirtschaftsgut 195
Fall 105: Übertragung eines Veräußerungsgewinns auf ein im Vorjahr angeschafftes bzw. hergestelltes Wirtschaftsgut nach § 6b EStG 196

K. Absetzung für Abnutzung (ohne Gebäude-AfA)

Fall 106: Abschreibungsbeginn 198
Fall 107: AfA-Fähigkeit von Kunstgegenständen und antiken Möbeln 199
Fall 108: Abschreibung kurzlebiger Wirtschaftsgüter 200
Fall 109: Willkürlich unterlassene AfA 201
Fall 110: Versehentlich unterlassene AfA 203

L. Die Einkunftsarten

I. Einkünfte aus Land- und Forstwirtschaft 204

Vorbemerkung 204
Fall 111: Abgrenzung zum Gewerbebetrieb 206
Fall 112: Einkünfte aus Weinbaubetrieb 207
Fall 113: Gewinnermittlung gem. § 13a EStG/Abgrenzung zum Gewerbebetrieb 209
Fall 114: Gewinnermittlung nach § 4 Abs. 3 EStG/Abgrenzung 216
Fall 115: Gewinnermittlung nach Durchschnittssätzen 220

II. Einkünfte aus selbständiger Arbeit 222

Fall 116: Zusammenschluß von Freiberuflern mit berufsfremden Personen 222
Fall 117: Einkünfte einer Freiberufler-GmbH & Co. KG 223
Fall 118: Fortführung einer Arztpraxis durch die Erben mit Hilfe eines Arztvertreters 224
Fall 119: Abschreibung des Praxiswerts bei Aufnahme eines Sozius . 224
Fall 120: Abschreibung des Praxiswerts bei Gründung einer Freiberufler-GmbH 226

Fall 121: Vergütungen einer Personengesellschaft an einen an ihr beteiligten Freiberufler 226

Fall 122: Gründung einer Freiberuflersozietät durch Einbringung einer Einzelpraxis 228

III. Einkünfte aus Gewerbebetrieb 229

Vorbemerkung 229

Fall 123: Abgrenzung und Gewinnermittlung 230

Fall 124: Gewinnermittlung gem. § 4 Abs. 3 EStG 233

Fall 125: Mitunternehmerschaft 237

Fall 126: Unterbeteiligung 238

Fall 127: Tätigkeitsvergütungen 240

Fall 128: Mitunternehmerschaft/Sondervergütung 242

Fall 129: Familienpersonengesellschaft 244

Fall 130: GmbH & Co. KG 247

Fall 131: GmbH & Co. KG/Sonderbetriebsvermögen 249

Fall 132: Gewinnermittlung GmbH & Co. KG 250

Fall 133: Betriebsaufspaltung 253

Fall 134: Verluste bei beschränkter Haftung, § 15a EStG 256

Fall 135: Einlageminderung 261

Fall 136: Haftungsminderung 262

IV. Besteuerung der Veräußerungsgewinne i. S. der §§ 14, 16 und 18 Abs. 3 EStG 264

Vorbemerkung 264

Fall 137: Betriebsveräußerung gegen Leibrente mit Wertsicherungsklausel 268

Fall 138: Betriebsveräußerung gegen Einmalbetrag und Leibrente . . 270

Fall 139: Ablösung einer betrieblichen Veräußerungsrente durch eine Einmalzahlung 272

Fall 140: Betriebsveräußerung gegen Zeitrente 273

Fall 141: Veräußerung einer zum Betriebsvermögen gehörenden 100%igen Beteiligung an einer Kapitalgesellschaft 275

Fall 142: Aufgabe einer zum Betriebsvermögen gehörenden 100%igen Beteiligung an einer Kapitalgesellschaft 276

Fall 143: Realteilung einer OHG 277

Fall 144: Realteilung mit Spitzenausgleich bei Buchwertübertragung . 281

Fall 145: Realteilung mit Spitzenausgleich bei Vollaufdeckung der stillen Reserven 283

Fall 146: Betriebsübertragung im Wege der vorweggenommenen Erbfolge bei negativem Kapitalkonto 285

Fall 147: Veräußerung eines Erbteils an einer gewerblich tätigen Personengesellschaft 287

Fall 148: Abfindung eines weichenden Miterben mit einem zum geerbten Betrieb gehörenden Wirtschaftsgut (Sachwertabfindung) 288

Fall 149: Vererbung eines Mitunternehmeranteils bei einfacher Nachfolgeklausel 289

Fall 150: Vererbung eines Mitunternehmeranteils bei qualifizierter Nachfolgeklausel 290

Fall 151: Veräußerung einer freiberuflichen Praxis 292

Fall 152: Aufgabe einer freiberuflichen Praxis 294

Fall 153: Teilentgeltliche Betriebsveräußerung 295

Fall 154: Entgeltliche Veräußerung eines Mitunternehmeranteils . . . 296

Fall 155: Gesellschafterwechsel bei einer Personengesellschaft: Kaufpreis unter Buchwert 297

Fall 156: Veräußerung eines Teils eines Mitunternehmeranteils 298

Fall 157: Ausscheiden eines lästigen Gesellschafters aus einer Personengesellschaft 299

Fall 158: Behandlung von Sonderbetriebsvermögen anläßlich der Veräußerung eines Mitunternehmeranteils 300

Fall 159: Übertragung eines Mitunternehmeranteils unter Zurückbehaltung von Sonderbetriebsvermögen 301

Fall 160: Auflösung von steuerfreien Rücklagen anläßlich einer Betriebsveräußerung 303

Fall 161: Bildung einer Rücklage nach § 6b EStG anläßlich einer Betriebsveräußerung . . . 304
Fall 162: Verkauf eines Einzelunternehmens an eine GmbH . . . 305
Fall 163: Behandlung des Firmenwerts bei Aufgabe eines verpachteten Betriebs . . . 306
Fall 164: Fortführung einer Rückstellung nach Betriebseinstellung . . . 307
Fall 165: Freibetrag bei Veräußerung eines Teilbetriebs . . . 307
Fall 166: Freibetrag bei Veräußerung eines Mitunternehmeranteils . . . 308
Fall 167: Freibetrag bei Veräußerung des ganzen Gewerbebetriebs einer Personengesellschaft . . . 309
Fall 168: Veräußerung einbringungsgeborener GmbH-Anteile . . . 310
Fall 169: Ausfall der aufgrund einer Betriebsveräußerung entstandenen Kaufpreisforderung . . . 311

V. Veräußerung von Anteilen an Kapitalgesellschaften bei wesentlicher Beteiligung (§ 17 EStG) . . . 312

Fall 170: Zurechnung einer wesentlichen Beteiligung bei unentgeltlichem Erwerb . . . 312
Fall 171: Wesentliche Beteiligung bei eigenen Anteilen der Kapitalgesellschaft . . . 313
Fall 172: Zeitpunkt der Entstehung eines Veräußerungsgewinns nach § 17 EStG . . . 314
Fall 173: Veräußerung einer wesentlichen Beteiligung teils innerhalb, teils außerhalb der Spekulationsfrist . . . 315
Fall 174: Höhe des Freibetrages bei Gewinnen aus der Veräußerung von Anteilen an Kapitalgesellschaften . . . 316
Fall 175: Verdeckte Einlage einer wesentlichen Beteiligung . . . 317
Fall 176: Bürgschaftsübernahme eines wesentlich beteiligten GmbH-Gesellschafters . . . 318

VI. Einkünfte aus nichtselbständiger Arbeit gem. § 19 EStG . . . 319

Vorbemerkung . . . 319
Fall 177: Leistungen des Arbeitgebers . . . 321
Fall 178: Werbungskosten/Einkunftsermittlung . . . 323

Fall 179: Einkünfte/Werbungskosten (insbesondere Reisekosten) ... 324

Fall 180: Einkünfte/Sachbezug/Arbeitszimmer ... 327

Fall 181: Einkünfte/Pauschbetrag für bestimmte Berufsgruppen ... 332

Fall 182: Doppelte Haushaltsführung ... 333

VII. Einkünfte aus Kapitalvermögen (§ 20 EStG) ... 334

Fall 183: Besteuerungszeitpunkt von Dividenden ... 334

Fall 184: Gewinn- und Verlustbeteiligung eines stillen Gesellschafters ... 336

Fall 185: Negatives Einlagekonto eines stillen Gesellschafters ... 337

Fall 186: Veräußerung einer stillen Beteiligung an Gesellschaftsfremde ... 338

Fall 187: Aufgabe einer stillen Beteiligung gegen Abfindung durch den Geschäftsinhaber ... 339

Fall 188: Verlust der Einlage eines stillen Gesellschafters ... 340

Fall 189: Verdeckte Gewinnausschüttung wegen Vorteilsgewährung an nahestehende Personen ... 340

Fall 190: Umschichtung von Einkünften durch eine verdeckte Gewinnausschüttung ... 342

Fall 191: Werbungskostenabzug von Schuldzinsen bei kreditfinanziertem Erwerb von Aktien ... 343

Fall 192: Werbungskostenabzug von Schuldzinsen bei kreditfinanziertem Erwerb einer wesentlichen Beteiligung ... 344

VIII. Einkünfte aus Vermietung und Verpachtung (§ 21 EStG) ... 345

Vorbemerkung ... 345

Fall 193: Veräußerung von Miet- und Pachtzinsforderungen ... 346

Fall 194: Herstellungskosten ... 347

Fall 195: Einkunftsermittlung ... 349

Fall 196: Einkunftsermittlung/Unentgeltlicher Erwerb/Werbungskosten ... 351

Fall 197: Einkunftsermittlung/Werbungskosten ... 353

Fall 198: AfA gem. § 7c EStG 357
Fall 199: Zuwendungsnießbrauch/Werbungskosten 359
Fall 200: Entgeltlicher Erwerb/Vorbehaltswohnrecht 363
Fall 201: Nießbrauch 365
Fall 202: Vorbehaltsnießbrauch 368
Fall 203: Obligatorische Nutzungsrechte 370
Fall 204: Erbauseinandersetzung 373

IX. Sonstige Einkünfte (§ 22 EStG) 375

Fall 205: Veräußerung eines Wohnhauses gegen Leibrente 375
Fall 206: Veräußerung eines Mietwohngrundstücks gegen Leibrente mit Wertsicherungsklausel 377
Fall 207: Veräußerung eines Mietwohngrundstücks gegen dauernde Last 379
Fall 208: Betriebsübertragung gegen private Versorgungsleibrente . . 380
Fall 209: Grundstücksübertragung gegen Unterhaltsrente 382
Fall 210: Veräußerungsleibrente bei mehreren Rentenberechtigten . . 382
Fall 211: Herabsetzung einer gemeinsamen Rente nach dem Tod eines Berechtigten 383
Fall 212: Ertragsanteil einer Ehegatten nacheinander zustehenden Rente 384
Fall 213: Ertragsanteil einer abgekürzten Leibrente 385
Fall 214: Ertragsanteil einer verlängerten Leibrente 386
Fall 215: Besteuerung einer Mehrbedarfsrente 387
Fall 216: Veräußerung eines geschenkten Grundstücks innerhalb der Spekulationsfrist 388
Fall 217: Spekulationsgeschäft bei Herstellung eines Gebäudes 389
Fall 218: Spekulationsgewinn beim An- und Verkauf von Aktien . . 390
Fall 219: Ermittlung und Besteuerungszeitpunkt eines Spekulationsgewinns 392
Fall 220: Freigrenze bei Spekulationsgewinnen 393
Fall 221: Ausgleich von Spekulationsverlusten 394

X. Entschädigungen, nachträgliche Einkünfte, Nutzungsvergütungen (§ 24 EStG) 395

Fall 222: Entschädigung für vorzeitige Auflösung eines Mietverhältnisses 395
Fall 223: Entschädigung für die Aufgabe einer Tätigkeit 396
Fall 224: Ausgleichszahlung an einen Versicherungsvertreter nach § 89b HGB 397
Fall 225: Nachträgliche Einkünfte als Rechtsnachfolger 398

XI. Altersentlastungsbetrag (§ 24a EStG) 400

Fall 226: Altersentlastungsbetrag im Fall der Zusammenveranlagung von Ehegatten 400

M. Veranlagung von Ehegatten

Vorbemerkung 402
Fall 227: Voraussetzungen der Ehegattenveranlagung 403
Fall 228: Veranlagungsarten bei Ehegatten 404
Fall 229: Zusammenveranlagung 405
Fall 230: Besondere Veranlagung (1) 407
Fall 231: Besondere Veranlagung (2) 409
Fall 232: Getrennte Veranlagung 410
Fall 233: Zurechnung der Einkünfte von Ehegatten 414
Fall 234: Zurechnung der Einkünfte aus Land- und Forstwirtschaft bei Ehegatten 417
Fall 235: Zurechnung der Einkünfte aus Gewerbebetrieb 418
Fall 236: Zurechnung bei Baubetrieb 418
Fall 237: Zurechnung der Einkünfte von Eltern und Kindern 419

N. Außerordentliche Einkünfte (§ 34 EStG)

Vorbemerkung 420
Fall 238: Veräußerungsgewinn 420
Fall 239: Einkünfte für eine mehrjährige Tätigkeit 421

O. Steuerermäßigung bei ausländischen Einkünften

Vorbemerkung 423
Fall 240: Beschränkte Anrechenbarkeit ausländischer Steuern 423
Fall 241: Anrechenbarkeit bei ausländischen Einkünften aus mehreren Staaten 425
Fall 242: Auslandstätigkeitserlaß 426

P. Beschränkte Steuerpflicht (§ 49 EStG)

Vorbemerkung 427
Fall 243: Einkünfte aus inländischem Gewerbebetrieb und aus Vermietung und Verpachtung 427
Fall 244: Erweiterte beschränkte Steuerpflicht (§§ 2, 6 AStG) 429

Stichwortverzeichnis 433

Abkürzungsverzeichnis

a. a. O.	am angegebenen Ort
Abs.	Absatz
Abschn.	Abschnitt
a. F.	alte(r) Fassung
AfA	Absetzungen für Abnutzung
AfS	Absetzungen für Substanzverringerung
AIG	Auslandsinvestitionsgesetz
AK	Anschaffungskosten
AktG	Aktiengesetz
AO	Abgabenordnung
AStG	Außensteuergesetz
Bf	Buchführung
BFH	Bundesfinanzhof
BGB	Bürgerliches Gesetzbuch
BGBl	Bundesgesetzblatt
BGH	Bundesgerichtshof
BiRiLiG	Bilanzrichtlinien-Gesetz
BKGG	Bundeskindergeldgesetz
BMF	Bundesminister(ium) der Finanzen
BMG	Bemessungsgrundlage
BStBl	Bundessteuerblatt
BVerfG	Bundesverfassungsgericht
DBA	Doppelbesteuerungsabkommen
EFG	Entscheidung der Finanzgerichte
ESt	Einkommensteuer
EStDV	Einkommensteuer-Durchführungsverordnung
EStG	Einkommensteuergesetz
EStH	Einkommensteuer-Handbuch 1995
EStR	Einkommensteuer-Richtlinien
EW	Einheitswert
f., ff.	folgend, folgende
FA	Finanzamt
FG	Finanzgericht
FinVerw	Finanzverwaltung
FKPG	Gesetz zur Umsetzung des Föderalen Konsolidierungsprogramms
FR	Finanzrundschau (Zeitschrift)
gem.	gemäß
GG	Grundgesetz
ggf.	gegebenenfalls
grds.	grundsätzlich
H	Hinweis (gem. EStR 1993)
HGB	Handelsgesetzbuch
HK	Herstellungskosten
HFR	Höchstrichterliche Finanzrechtsprechung (Zeitschrift)

i. d. F.	in der Fassung
i. d. R.	in der Regel
i. S.	im Sinne
i. V. m.	in Verbindung mit
KG	Kommanditgesellschaft
Kj.	Kalenderjahr
KSt	Körperschaftsteuer
KStDV	Körperschaftsteuer-Durchführungsverordnung
KStG	Körperschaftsteuergesetz
LAG	Lastenausgleichsgesetz
LSt	Lohnsteuer
LStDV	Lohnsteuer-Durchführungsverordnung
LStR	Lohnsteuer-Richtlinien
NBE	Nießbrauchserlaß
ND	Nutzungsdauer
Nr.	Nummer
n. v.	nicht veröffentlicht
NWB	Neue Wirtschafts-Briefe (Zeitschrift)
OFD	Oberfinanzdirektion
PB	Pauschbetrag
p. r. t.	pro rata temporis (zeitanteilig)
R	Richtlinie (Zitierweise der EStR ab 1993)
Rdn.	Randnummer
RFH	Reichsfinanzhof
RStBl	Reichssteuerblatt
RVO	Reichsversicherungsordnung
StÄndG	Steueränderungsgesetz
StB	Steuerbilanz
SteuerStud	Steuer und Studium (Zeitschrift)
StMBG	Mißbrauchsbekämpfungs- und Steuerbereinigungsgesetz
Stpfl.	Steuerpflichtige(r)
StPO	Strafprozeßordnung
StRefG	Steuerreformgesetz (1990)
Tz	Textziffer
u. E.	unseres Erachtens
UmwStG	Umwandlungssteuergesetz
u. U.	unter Umständen
vGA	verdeckte Gewinnausschüttung
v. H.	vom Hundert
VO	Verordnung
WG	Wirtschaftsgut(güter)
Wj.	Wirtschaftsjahr
WohneigFG	Wohneigentumsförderungsgesetz
WoPG	Wohnungsbau-Prämiengesetz

Literaturhinweise

Kussmann/Martin/Niedenführ/Rick, Lehrbuch der Einkommensteuer, 9. Auflage, Herne/Berlin 1996

Blödtner/Bilke/Weiss, Lehrbuch der Buchführung und des Bilanzsteuerrechts, 4. Auflage, Herne/Berlin 1996

Blümich/Falk, Einkommensteuergesetz, Loseblatt, München

Frotscher, Kommentar zum Einkommensteuergesetz, Loseblatt, Freiburg i. Br.

Grune, Jahressteuergesetz 1996: Die wichtigsten Neuregelungen, SteuerStud 1/96 S. 8

Herrmann/Heuer/Raupach, Einkommensteuergesetz und Körperschaftsteuergesetz mit Nebengesetzen, Loseblatt, Köln

Kirchhoff/Söhn, Einkommensteuergesetz, Loseblatt, Köln

Klein/Flockermann/Kühr, Handbuch des Einkommensteuerrechts, Loseblatt, Neuwied/Darmstadt

Koltermann, Fallsammlung Bilanzsteuerrecht, 9. Auflage, Herne/Berlin 1995

Lademann/Söffing/Brockhoff, Kommentar zum Einkommensteuergesetz, Loseblatt, Stuttgart/München/Hannover

Lammsfuß/Mielke, Fälle mit Lösungen zum Außensteuerrecht, 5. Auflage, Herne/Berlin 1996

Lange/Reiß, Lehrbuch der Körperschaftsteuer, 8. Auflage, Herne/Berlin 1996

Plückebaum u. a., Einkommensteuer, 18. Auflage, Bonn/Achim 1996

Schmidt, Einkommensteuergesetz, 15. Auflage, München 1996

Wilke, Lehrbuch des internationalen Steuerrechts, 5. Auflage, Herne/Berlin 1994

A. Steuerpflicht

Vorbemerkung

Das EStG unterscheidet zwischen persönlicher und sachlicher Steuerpflicht. Die persönliche Steuerpflicht betrifft die Frage, welcher Personenkreis unter das EStG fällt. Die sachliche Steuerpflicht betrifft die Frage, ob ein Tatbestand verwirklicht ist, der eine Einkommensteuerschuld entstehen läßt.

Der persönlichen Steuerpflicht unterliegen nur natürliche Personen. Dabei wird zwischen der unbeschränkten und der beschränkten Einkommensteuerpflicht unterschieden.

Die unbeschränkte Einkommensteuerpflicht (§ 1 Abs. 1 EStG) setzt einen Wohnsitz oder gewöhnlichen Aufenthalt im Inland voraus. Sie erstreckt sich auf sämtliche Einkünfte i. S. des § 2 Abs. 1 EStG, die im Inland und Ausland erzielt werden (sog. Welteinkünfte), soweit nicht für bestimmte Einkünfte abweichende Regelungen bestehen, z. B. in Doppelbesteuerungsabkommen.

Die unbeschränkte Steuerpflicht erfährt durch § 1 Abs. 2 EStG eine personelle Erweiterung. Danach erstreckt sich die unbeschränkte Einkommensteuerpflicht unter bestimmten Voraussetzungen auch auf deutsche Staatsangehörige ohne Wohnsitz oder gewöhnlichen Aufenthalt im Inland, wenn sie zu einer inländischen juristischen Person des öffentlichen Rechts in einem Dienstverhältnis stehen und dafür Arbeitslohn aus einer inländischen öffentlichen Kasse beziehen (BFH, in BStBl 1992 II, 548).

Beschränkt steuerpflichtig sind – vorbehaltlich des § 1 Abs. 2 und 3 und des § 1a EStG – natürliche Personen, die im Inland weder einen Wohnsitz noch ihren gewöhnlichen Aufenthalt haben (§ 1 Abs. 4 EStG). Voraussetzung ist, daß die natürliche Person inländische Einkünfte i. S. des § 49 EStG hat und das Besteuerungsrecht für diese Einkünfte der Bundesrepublik zusteht (BFH, in BStBl 1990 II, 701). Die beschränkte Steuerpflicht erstreckt sich nur auf inländische Einkünfte i. S. des § 49 EStG. Aber: Beschränkt Steuerpflichtige, also Personen, die keinen Wohnsitz oder gewöhnlichen Aufenthalt im Inland haben, aber inländische Einkünfte i. S. des § 49 EStG beziehen, können unter den Voraussetzungen des § 1 Abs. 3 EStG die Behandlung als unbeschränkt Steuerpflichtige beantragen.

Die beschränkte Steuerpflicht erfährt durch § 2 AStG eine sachliche Erweiterung. Danach unterliegt eine natürliche Person, die unbeschränkt einkommensteuerpflichtig war und in ein Niedrigsteuerland verzogen ist, unter bestimmten Voraussetzungen der beschränkten Steuerpflicht. *(Schoor)*

FALL 1

Zuzug aus dem Ausland

Sachverhalt: A ist in Aachen als selbständiger Zahnarzt tätig. Anläßlich eines Urlaubs hat er die in den Niederlanden wohnende und dort ebenfalls eine Zahnarztpraxis betreibende B kennengelernt. A und B beschließen zu heiraten. Die Heirat findet am 1. 9. 01 in Aachen statt. Ab diesem Zeitpunkt bewohnen die Eheleute ein dem A gehörendes Einfamilienhaus in Aachen. Dort befand sich bisher schon die Wohnung des A. B behält ihre bisherige Wohnung in den Niederlanden als Zweitwohnung bei.

Frage: Ab welchem Zeitpunkt ist B unbeschränkt einkommensteuerpflichtig?

 **Lösung**

Natürliche Personen sind unbeschränkt einkommensteuerpflichtig, wenn sie im Inland ihren Wohnsitz oder gewöhnlichen Aufenthalt haben (§ 1 Abs. 1 EStG).

Einen Wohnsitz hat jemand dort, wo er eine Wohnung unter Umständen innehat, die darauf schließen lassen, daß er die Wohnung beibehalten und benutzen wird (§ 8 AO).

Ehegatten, die nicht dauernd getrennt leben, können verschiedene Wohnungen und damit verschiedene Wohnsitze haben. Die Eheschließung allein führt also nicht ohne weiteres dazu, daß die Wohnung des einen Ehegatten auch dem anderen Ehegatten als Wohnung zuzurechnen ist. Im vorliegenden Fall haben A und B jedoch eine gemeinsame Familienwohnung begründet; diese befindet sich in Aachen. B hat somit ab 1. 9. 01 eine Wohnung im Inland inne. Sie ist daher ab diesem Zeitpunkt unbeschränkt einkommensteuerpflichtig. Daß sie ihre bisherige Wohnung in den Niederlanden beibehält, ist für diese Beurteilung ohne Bedeutung. Denn bei Vorliegen mehrerer Wohnsitze genügt es für die unbeschränkte Steuerpflicht, daß die natürliche Person (zumindest auch) im Inland einen Wohnsitz hat (BFH, in BStBl 1975 II, 709 und BStBl 1989 II, 182).

(Schoor)

FALL 2

Im Ausland studierendes Kind

Sachverhalt: Die Eheleute A betreiben in Bonn eine ärztliche Gemeinschaftspraxis. Ihr lediger (volljähriger) Sohn B ist am Wohnsitz seiner Eltern –

in Bonn – polizeilich gemeldet, wo ihm im Haus der Eltern ein Zimmer zur Verfügung steht. B studiert an der Universität Parma in Italien Medizin. Dort bewohnt er ein möbliertes Zimmer. B hat die Universitätsstadt als Zweitwohnsitz gemeldet. Die Wochenenden verbringt er – soweit möglich – ebenso wie die Semesterferien in Bonn. Die Studienkosten bestreitet B zum einen aus den Mieteinnahmen einer Eigentumswohnung, die ihm von seinen Eltern übertragen worden ist, und zum anderen aus regelmäßigen monatlichen Barzuwendungen der Eltern.

Frage: Ist B unbeschränkt einkommensteuerpflichtig?

Lösung

Ein Kind, das bei seinen Eltern wohnt, hat dort seinen Wohnsitz. Ist es – wie B – zur Ausbildung auswärts untergebracht, so begründet es in der Regel am Studienort keinen anderen oder zweiten Wohnsitz (FG Münster, in EFG 1976 S. 472 und wohl auch BFH, in BStBl 1994 II, 887/889; ebenso Flick/– Pistorius in DStR 1989 S. 623). Das von B bewohnte möblierte Zimmer in Parma kann zwar durchaus als Wohnung i. S. des § 8 AO angesehen werden. B hat die Wohnung jedoch nicht unter Umständen inne, die darauf schließen lassen, daß er sie beibehalten und benutzen wird. B hat das Elternhaus nicht verlassen, um in Parma einer Berufstätigkeit nachzugehen, sondern um dort zu studieren. Daß er die elterliche Wohnung nach wie vor als seine Wohnung ansieht, ergibt sich auch dadurch, daß er dort ein eigenes Zimmer besitzt und dieses auch in der Regel an den Wochenenden und den Semesterferien benutzt. Wegen der finanziellen Zuwendungen der Eltern kann auch nicht davon ausgegangen werden, daß sich B wirtschaftlich vom Elternhaus gelöst hat. B ist daher unbeschränkt einkommensteuerpflichtig. *(Schoor)*

FALL 3

Gewöhnlicher Aufenthalt im Inland

Sachverhalt: Anläßlich eines Besuchs einer in Freiburg wohnenden Brieffreundin hat die Französin Nicole Roussel (R) den Bankkaufmann Anton Aumann (A) kennengelernt. Nach mehreren gegenseitigen Besuchen beschließen A und R zu heiraten. Die Heirat findet am 12. 10. 01 in Freiburg statt.

Bis Anfang Oktober 01 hat R in Paris gewohnt und dort als Sekretärin gearbeitet. Seit dem 5. 10. 01 befindet sie sich in der BRD. Nach ihrer Hochzeit arbeitet sie als Schreibkraft im elterlichen Betrieb ihrer Brieffreundin, bei der sie auch übernachtet, weil die Wohnung ihres Ehemannes bzw. ihrer Schwiegereltern wegen der geringen Größe die Unterbringung einer weiteren Person nicht zuläßt.

A und R beginnen noch im Oktober 01 mit dem Bau eines Einfamilienhauses, das Anfang April 02 fertiggestellt wird. Die Eheleute ziehen am 10. 4. 02 in ihr neues Haus ein und begründen dort eine gemeinsame Familienwohnung. R überrascht ihren Ehemann beim Einzug mit einem Perserteppich, den sie von ihren Eltern geschenkt erhielt, als sie diese zu Weihnachten besucht hat, und zwar in der Zeit vom 20. bis 30. 12. 01.

Frage: Ist R im Veranlagungszeitraum 01 unbeschränkt einkommensteuerpflichtig?

▶ Lösung

R unterliegt vom 1. 1. bis 4. 10. 01 nicht der Einkommensbesteuerung in der BRD. Sie hat während dieser Zeit weder ihren Wohnsitz oder gewöhnlichen Aufenthalt im Inland noch bezieht sie inländische Einkünfte i. S. des § 49 EStG.

Ab dem 5. 10. 01 ist sie unbeschränkt einkommensteuerpflichtig, so daß sie für das Jahr 01 mit ihrem Ehemann zusammenveranlagt werden kann (§ 26 Abs. 1 EStG). R begründet im Jahr 01 im Inland zwar keinen Wohnsitz; denn die Übernachtungsmöglichkeit bei ihrer Brieffreundin stellt keine Wohnung i. S. des § 8 AO dar (BMF, in BStBl 1990 I, 50). Es liegt jedoch ein die unbeschränkte Steuerpflicht begründender gewöhnlicher Aufenthalt i. S. des § 9 AO vor. Ein zeitlich zusammenhängender Aufenthalt im Inland von mehr als sechs Monaten ist unwiderlegbar als gewöhnlicher Aufenthalt anzusehen (§ 9 Satz 2 AO).

Die Frist ist unabhängig vom Veranlagungszeitraum zu berechnen; es ist also nicht Voraussetzung, daß sie in einem Veranlagungszeitraum vorgelegen hat (BFH, in BStBl 1982 II, 452). Entscheidend ist der zusammenhängende Zeitraum von mehr als sechs Monaten. Die Sechsmonatsfrist beginnt nach dem Tag der Einreise in das Inland, hier also am 6. 10. 01 (§ 187 Abs. 1 BGB i. V. mit § 108 AO). Kurzfristige Unterbrechungen bleiben unberücksichtigt (§ 9 Satz 2 Halbsatz 2 AO). Durch den vorübergehenden Auslandsaufenthalt der R zu Weihnachten 01 wird also die Sechsmonatsfrist nicht gehemmt. Die Frist endet mit dem Ablauf des Tages des sechsten Monats, der durch seine Zahl dem Tag der Aufenthaltsbegründung entspricht (§ 188 Abs. 2 BGB).

Beträgt der gewöhnliche Aufenthalt – wie hier – mehr als sechs Monate, erstreckt sich die Steuerpflicht auch auf die ersten sechs Monate. R ist daher bereits seit Begründung des gewöhnlichen Aufenthalts im Jahr 01 unbeschränkt einkommensteuerpflichtig. *(Schoor)*

FALL 4

Ende der Steuerpflicht im Todesfall

Sachverhalt: A ist Alleinerbe seines am 30. 9. 02 verstorbenen Vaters B. Der Vater hat in Mainz ein Reisebüro betrieben, das A, der ebenfalls in Mainz wohnt, ab dem Todestag fortführt.

Der Gewinn wird nach einem abweichenden Wirtschaftsjahr ermittelt, das jeweils vom 1. 3. bis 28. bzw. 29. 2. des folgenden Jahres läuft. Der Gewinn für das Wirtschaftsjahr vom 1. 3. 01 bis 28. 2. 02 beläuft sich auf 90 000 DM und der des Wirtschaftsjahres vom 1. 3. bis 28. 2. 03 auf 120 000 DM. Eine Zwischenbilanz ist zum Todestag nicht erstellt worden. A hat im Jahr 02 keine (weiteren) Einkünfte bezogen.

Frage: Sind Erblasser und Erbe im Veranlagungszeitraum 02 unbeschränkt einkommensteuerpflichtig?

Lösung

Der unbeschränkten Einkommensteuerpflicht unterliegen natürliche Personen (§ 1 Abs. 1 EStG). Die Rechtsfähigkeit natürlicher Personen und damit deren Steuerpflicht beginnt mit Vollendung der Geburt und endet mit dem Tod. B ist somit bis zu seinem Todestag unbeschränkt einkommensteuerpflichtig. Das bedeutet, daß er mit den bis zum 30. 9. 02 angefallenen Einkünften aus Gewerbebetrieb zur Einkommensteuer veranlagt werden muß (BFH, in BStBl 1973 II, 544). Hat – wie hier – die Steuerpflicht nicht während des vollen Veranlagungszeitraums bestanden, wird das während der Steuerpflicht bezogene Einkommen zugrunde gelegt (abgekürzter Ermittlungszeitraum). Der Erblasser hat demnach im Veranlagungszeitraum 02 außer dem Gewinn des Wirtschaftsjahres 01/02 von 90 000 DM auch den vom Beginn des Wirtschaftsjahres 02/03 (1. 3. 02) bis zum 30. 9. 02 angefallenen Gewinn zu versteuern. Da zum Todestag keine Zwischenbilanz aufgestellt worden ist, muß der Gewinn des Wirtschaftsjahres 02/03 im Schätzungswege auf A und B aufgeteilt werden. Eine zeitanteilige Aufteilung ist zulässig und in der Praxis üblich. Auf B entfällt danach ein Gewinn von ($\frac{6}{12}$ von 120 000 DM =) 60 000 DM. Bei der Einkommensteuerveranlagung des B für das Jahr 02 sind daher die Einkünfte aus Gewerbebetrieb mit (90 000 DM + 60 000 DM =) 150 000 DM anzusetzen. Eine Umrechnung dieser während der persönlichen Steuerpflicht bezogenen Einkünfte auf einen Jahresbetrag findet nicht statt. A schuldet als Erbe die angefallene Einkommensteuer (§ 1967 BGB, § 45 AO).

Da A seinen Wohnsitz in Mainz, also im Inland hat, ist er im Veranlagungszeitraum 02 ebenfalls unbeschränkt einkommensteuerpflichtig (§ 1 Abs. 1 EStG). A hat zwar im Veranlagungszeitraum 02 keine Einkünfte erzielt; denn der auf ihn entfallende Gewinn des Wirtschaftsjahres 02/03 gilt erst in dem Kalenderjahr bezogen, in dem das Wirtschaftsjahr endet, also im Jahr 03 (§ 4a Abs. 2 Nr. 2 EStG). Daß A im Jahr 02 keine Einkünfte bezogen hat, spielt für die Frage, ob er unbeschränkt einkommensteuerpflichtig ist, keine Rolle. Denn die unbeschränkte Einkommensteuerpflicht setzt nicht das Vorliegen von Einkünften voraus. Dies ist bereits eine Frage der sachlichen Steuerpflicht. *(Schoor)*

FALL 5

Ermittlung des zu versteuernden Einkommens

Sachverhalt: Der freiberuflich tätige Rechtsanwalt Dr. Heinz Recht (HR), geboren am 1. 1. 1931, und seine Ehefrau Lisa Recht (LS), geboren am 12. 4. 1937, wohnen seit Jahren in Köln.

Zu ihrem Haushalt gehört die 14jährige Steffi. Sie ist die Tochter von Fritz Müller, einem Neffen von HR, der zusammen mit seiner Ehefrau bei einem Verkehrsunfall vor zwei Jahren ums Leben kam. Seitdem lebt Steffi bei den Eheleuten Recht und wird von diesen unterhalten. Steffi besucht eine Realschule in Köln.

Die Eheleute Recht haben dem Finanzamt im Rahmen ihrer Einkommensteuererklärung 1995 die folgenden Angaben gemacht:

1. Einkünfte aus Gewerbebetrieb:
   Verlustanteil LS an der X-OHG 20 000 DM
2. Einkünfte aus selbständiger Arbeit:
   Gewinn HR aus der Tätigkeit als Rechtsanwalt 140 000 DM
   Die Betriebseinnahmen belaufen sich auf 420 000 DM.
3. Einkünfte aus Kapitalvermögen:
   Zinseinnahmen Sparkassenbrief 14 000 DM
4. Einkünfte aus Vermietung:
   Verlust aus Vermietung eines Zweifamilienhauses 6 000 DM

5. Sonstige Einkünfte:
   - Spekulationsgewinn aufgrund des An- und Verkaufs von Aktien — 3 000 DM
   - Spekulationsverlust aufgrund des An- und Verkaufs eines Grundstücks — ·/. 13 000 DM
6. Sonderausgaben:
   - Vorsorgeaufwendungen:

Krankenversicherungsbeiträge	6 000 DM
Lebensversicherungsbeiträge	10 000 DM
Bausparkassenbeiträge	4 000 DM
	20 000 DM

   - Sonderausgaben, die nicht Vorsorgeaufwendungen sind:

Kirchensteuer	2 000 DM
Steuerberatungskosten	1 200 DM
	3 200 DM

Frage: Wie hoch ist das zu versteuernde Einkommen 1995?

Lösung

Da die Eheleute Recht ihren Wohnsitz im Inland haben, sind sie persönlich einkommensteuerpflichtig. Für die Beantwortung der Frage, ob die sachlichen Voraussetzungen für eine Einkommensbesteuerung erfüllt sind, muß festgestellt werden, ob sie ein zu versteuerndes Einkommen erzielt haben. Das zu versteuernde Einkommen bildet die Bemessungsgrundlage für die tarifliche Einkommensteuer (§ 2 Abs. 5 EStG).

Vereinfacht dargestellt ergibt sich das zu versteuernde Einkommen aus folgendem Schema (vgl. R 3 EStR 1993):

Summe der Einkünfte aus den sieben Einkunftsarten
·/. Altersentlastungsbetrag (§ 24a EStG)
·/. Abzug für Land- und Forstwirte (§ 13 Abs. 3 EStG)

= Gesamtbetrag der Einkünfte (§ 2 Abs. 3 EStG)
·/. Sonderausgaben (§§ 10, 10b, 10c EStG)
·/. außergewöhnliche Belastungen (§§ 33 bis 33c EStG)
·/. Steuerbegünstigung der zu Wohnzwecken genutzten Wohnungen, Gebäude und Baudenkmale sowie der schutzwürdigen Kulturgüter (§§ 10e bis 10h, 52 Abs. 21 Sätze 4 bis 7 EStG und § 7 FördG)

·/. Verlustabzug (§§ 10d, 2a Abs. 3 Satz 2 EStG
= Einkommen (§ 2 Abs. 4 EStG)
·/. Kinderfreibetrag (§ 32 Abs. 6 EStG)
·/. Haushaltsfreibetrag (§ 32 Abs. 7 EStG)
·/. Tariffreibetrag (§ 32 Abs. 8 EStG)
·/. Härteausgleich nach § 46 Abs. 3 EStG, § 70 EStDV
= zu versteuerndes Einkommen (§ 2 Abs. 5 EStG)

Wendet man dieses Schema hier an, so ergibt sich folgende Berechnung:

1. Einkünfte aus Gewerbebetrieb			·/. 20 000 DM
2. Einkünfte aus selbständiger Arbeit			140 000 DM
3. Einkünfte aus Kapitalvermögen:			
Zinseinnahmen		14 000 DM	
·/. Werbungskosten-Pauschbetrag (§ 9a Nr. 2 EStG)		200 DM	
·/. Sparer-Freibetrag (§ 20 Abs. 4 EStG)		12 000 DM	1 800 DM
4. Einkünfte aus Vermietung und Verpachtung			·/. 6 000 DM
5. Sonstige Einkünfte:			
Spekulationsgewinn	3 000 DM		
·/. Ausgleich mit Spekulationsverlust nur bis zur Höhe des Spekulationsgewinns (§ 23 Abs. 4 EStG)	3 000 DM		0 DM
6. Summe der Einkünfte			115 800 DM
7. Altersentlastungsbetrag (§ 24a EStG)			3 720 DM
			112 080 DM
8. Sonderausgaben:			
a) Vorsorgeaufwendungen Kranken- und Lebensversicherungsbeiträge	18 000 DM		
·/. Vorwegabzug (§ 10 Abs. 3 Nr. 2 EStG)	12 000 DM	12 000 DM	
	6 000 DM		

Bausparbeiträge:			
50 % von 4 000 DM =	2 000 DM		
	8 000 DM		
·/. Höchstbetrag (§ 10 Abs. 3 Nr. 1 EStG)	5 220 DM	5 220 DM	
	2 780 DM		
hiervon 50 % (§ 10 Abs. 3 Nr. 3 EStG)		1 390 DM	18 610 DM
b) Sonderausgaben, die nicht Vorsorgeaufwendungen sind:			
Kirchensteuer		2 000 DM	
Steuerberatungskosten		1 200 DM	3 200 DM
9. Einkommen			90 270 DM
10. Kinderfreibetrag für Pflegekind Steffi			4 104 DM
11. Zu versteuerndes Einkommen			86 166 DM

(Schoor)

B. Einkommensteuerliche Grundbegriffe

FALL 6

Einkünfte und Gesamtbetrag der Einkünfte

Sachverhalt: Die Eheleute Max Moritz (MM) und Rita geb. May (RM) sind seit vielen Jahren verheiratet. Sie wohnen im eigenen Einfamilienhaus in Bremen.

Beide sind nichtselbständig tätig: MM als städtischer Beamter, RM als Lehrerin. MM hat im Jahr 1995 einen Bruttoarbeitslohn von 70 000 DM, RM von 60 000 DM bezogen.

Aus den ihrem Steuerberater anläßlich der Erstellung der Einkommensteuererklärung 1995 gemachten Angaben ergibt sich das Folgende:

1. MM hat Anfang Januar 1995 von seiner Mutter ein Mietwohngrundstück geerbt, das einen Verkehrswert von 500 000 DM hat.

Die Mieteinnahmen belaufen sich auf 48 000 DM; die mit dem Grundstück zusammenhängenden Kosten (einschl. AfA) betragen 28 000 DM.

2. MM hat auf einer Privatfahrt mit seinem Pkw einen Unfall verursacht. Der Kraftwagen wurde total beschädigt. Die Vollkaskoversicherung hat eine Entschädigung von 30 000 DM geleistet.
3. RM hat im Juni 1995 mit einem Systemtip 50 000 DM im Lotto gewonnen. Von dem Gewinn hat sie einen Teilbetrag von 30 000 DM auf ein Sparbuch mit gesetzlicher Kündigungsfrist eingezahlt. Die Bank hat ihr dafür am Jahresende 1995 Zinsen in Höhe von 800 DM gutgeschrieben. Weitere Kapitalerträge sind den Eheleuten in 1995 nicht zugeflossen.
4. Weitere 10 000 DM ihres Lottogewinns hat RM in Aktien angelegt. Der Kurswert der im Juni erworbenen Aktien ist bis zum 31. 12. 1995 auf 12 000 DM gestiegen.
5. Den Restbetrag ihres Lottogewinns von 10 000 DM hat RM ihrem Bruder am 1. 7. 1995 als Darlehen gewährt. Im Hinblick auf das Verwandtschaftsverhältnis verzichtete RM auf Zinsen. Bei einer Bank hätte der Bruder 8 % Zinsen zahlen müssen.
6. MM hat im April 1995 einen vor fünf Jahren für 40 000 DM erworbenen Bauplatz für 60 000 DM verkauft.
7. MM ist Briefmarkensammler. Im Jahr 1995 hat er Briefmarken für 800 DM gekauft und für 300 DM verkauft.

Frage: Wie hoch sind die Einkünfte und der Gesamtbetrag der Einkünfte für das Jahr 1995?

Lösung

Der Einkommensteuer unterliegen nur die in § 2 Abs. 1 EStG aufgeführten Einkünfte aus den sieben Einkunftsarten. Die Aufzählung des § 2 Abs. 1 EStG ist abschließend. Die Zuordnung von Einkünften zu einer der sieben Einkunftsarten begründet die Steuerbarkeit dieser Einkünfte. Einkünfte, die sich keiner der aufgezählten Einkunftsarten zuordnen lassen, sind nicht steuerbar.

Die Summe der Einkünfte i. S. des § 2 Abs. 3 EStG ist die Summe der steuerbaren Einkünfte des betreffenden Kalenderjahres. Der Gesamtbetrag der Einkünfte i. S. des § 2 Abs. 3 und 4 EStG ist die Summe der steuerbaren Einkünfte, vermindert um den Altersentlastungsbetrag und den Freibetrag für Land- und Forstwirte (§ 13 Abs. 3 EStG). Beide Tatbestände, d. h. die Summe der Einkünfte und der Gesamtbetrag der Einkünfte, sind Entstehungselemente des zu versteuernden Einkommens.

Prüfung der Steuerbarkeit

1. Die Vermögensmehrung von 500 000 DM infolge des Erbfalls stellt keine Einnahme aus einer der sieben Einkunftsarten dar.

   Die Einkünfte aus der Vermietung des Mietwohngrundstücks fallen unter die Einkunftsart „Vermietung und Verpachtung"; die Nutzung des eigenen Einfamilienhauses hingegen nicht.
2. Der Ersatz für den durch den Unfall eingetretenen Vermögensschaden steht in keinem Einkunftszusammenhang und unterliegt daher nicht der Einkommensteuer.
3. Der Lottogewinn fällt unter keine Einkunftsart.

   Die gutgeschriebenen Zinsen gehören hingegen zu den Einnahmen aus Kapitalvermögen.
4. Der Kursgewinn ist nicht steuerbar.
5. Der Zinsverzicht kann nicht als fiktive Einnahme besteuert werden.
6. Die Veräußerung des zum Privatvermögen gehörenden Grundstücks unterliegt nicht der Einkommensteuer. Es liegt kein Spekulationsgeschäft vor, weil die Veräußerung außerhalb der Zweijahresfrist erfolgt ist (§ 22 Nr. 2 i. V. mit § 23 EStG).
7. Die Tätigkeit als Briefmarkensammler ist als sog. Liebhabereitätigkeit anzusehen, d. h. sie ist steuerlich ohne Bedeutung.

Ermittlung der Summe und des Gesamtbetrags der Einkünfte

– Einkünfte aus nichtselbständiger Arbeit

	MM	RM	
Bruttoarbeitslohn	70 000 DM	60 000 DM	
·/. Arbeitnehmer-Pauschbetrag (§ 9a Nr. 1 EStG)	2 000 DM	2 000 DM	
	68 000 DM	58 000 DM	126 000 DM

– Einkünfte aus Kapitalvermögen

Einnahmen		800 DM
·/. Werbungskosten-Pauschbetrag (§ 9a Nr. 2 EStG)		200 DM

·/. Sparer-Freibetrag (§ 20 Abs. 4 EStG), höchstens	600 DM	0 DM
– Einkünfte aus Vermietung und Verpachtung		
Einnahmen	48 000 DM	
·/. Werbungskosten	28 000 DM	20 000 DM
Summe der Einkünfte = Gesamtbetrag der Einkünfte		146 000 DM

(Schoor)

Vereinnahmung und Verausgabung (§ 11 EStG)

FALL 7

Honorarüberweisungen durch kassenärztliche Vereinigungen und privatärztliche Verrechnungsstellen

Sachverhalt: Dr. Wächter (W) ist als Arzt für Allgemeinmedizin in Koblenz selbständig tätig. Er ermittelt seinen Gewinn durch Einnahme-Überschußrechnung (§ 4 Abs. 3 EStG).

a) Im April 02 erhält W den Honorarbescheid der Kassenärztlichen Vereinigung Koblenz für das 3. Quartal 01, der eine Honorarzuweisung für diesen Zeitraum in Höhe von 120 000 DM ausweist. Auf diesen Betrag rechnete die Kassenärztliche Vereinigung Abschlagszahlungen und Verwaltungskosten von 95 000 DM an und überwies den Restbetrag von 25 000 DM im April 02 auf das Bankkonto des Arztes.

b) W ist einer privatärztlichen Verrechnungsstelle angeschlossen, die die Privatliquidation für ihn vornimmt. Mitte Januar 02 erhält W von der privatärztlichen Verrechnungsstelle einen Kontoauszug, aus der sein Guthaben zum 31. 12. 01, d. h. die bis zu diesem Zeitpunkt bei der Verrechnungsstelle eingegangenen, aber noch nicht an ihn überwiesenen Honorare ersichtlich sind. Die privatärztliche Verrechnungsstelle zahlt das Guthaben von 5 000 DM Ende Januar 02 an W aus.

Frage: Wann sind die Zahlungen der Kassenärztlichen Vereinigung bzw. der privatärztlichen Verrechnungsstelle W zugeflossen?

▶ Lösung

Die Einkommensteuer ist eine Jahressteuer; ihre Besteuerungsgrundlagen müssen für diesen Zeitraum ermittelt und gegenüber anderen Jahren abgegrenzt werden. Das EStG enthält daher Regelungen über die zeitliche Zuordnung der Besteuerungsgrundlagen. § 11 EStG, der unter der Überschrift „Vereinnahmung und Verausgabung" steht, sieht vor, daß sich die zeitliche Zuordnung der Besteuerungsgrundlagen nach dem tatsächlichen Zufluß oder Abfluß richtet. Die Vorschrift des § 11 EStG gilt in erster Linie

- für die Gewinneinkünfte nach § 2 Abs. 2 Nr. 1 EStG, wenn der Gewinn durch Einnahme-Überschußrechnung ermittelt wird,
- für die Überschußeinkünfte nach § 2 Abs. 2 Nr. 2 EStG,
- für die Sonderausgaben nach §§ 10, 10b EStG und
- für die außergewöhnlichen Belastungen.

Da W seinen Gewinn nach § 4 Abs. 3 EStG ermittelt, ist für die Frage der zeitlichen Zuordnung der Honorarzahlungen § 11 EStG einschlägig.

a) Zuordnung der Überweisung der Kassenärztlichen Vereinigung

Die Restzahlung der Kassenärztlichen Vereinigung für das 3. Quartal 01 in Höhe von 25 000 DM ist im Jahr 02, d. h. im Zeitpunkt des tatsächlichen Zuflusses, als Betriebseinnahme zu erfassen. Die Kassenärztliche Vereinigung vereinnahmt von den Krankenkassen aufgrund eigenen Rechts einen für die Leistung aller Kassenärzte bestimmten Pauschbetrag, den sie dann ihrerseits nach einem bestimmten Schlüssel auf die Ärzte verteilt. Erst nach dieser Verteilung kann der einzelne Arzt den ihm zukommenden Honorarbetrag von der Kassenärztlichen Vereinigung verlangen. Durch die Gutschrift auf dem Honorarbescheid für das 3. Quartal 01 wird lediglich die Verpflichtung der Kassenärztlichen Vereinigung gegenüber W buchmäßig festgehalten; sie bewirkt aber noch keinen Zufluß (BFH, in BStBl 1964 III, 329).

b) Zuordnung der Überweisung der privatärztlichen Verrechnungsstelle

Privatärztliche Verrechnungsstellen werden als Einziehungsbevollmächtigte der Ärzte tätig. Sie nehmen die Honorarzahlungen der Privatpatienten im Auftrag der Ärzte in Empfang. Werden von einem Dritten als Bevollmächtigten des Stpfl. Zahlungen entgegengenommen, so tritt damit grundsätzlich ein Zufluß beim Vollmachtgeber ein (BFH, in BStBl 1986 II, 342 f.). W muß daher das Guthaben von 5 000 DM, das ihm Ende Januar 02 von der privatärztlichen Verrechnungsstelle überwiesen worden ist, bereits im Jahr 01 als Betriebseinnahmen erfassen. *(Schoor)*

FALL 8

Annahme eines Wechsels

Sachverhalt: Architekt A ermittelt seinen Gewinn durch Einnahme-Überschußrechnung (§ 4 Abs. 3 EStG). Zu seinem Betriebsvermögen gehört ein voll abgeschriebener Pkw VW Golf. A verkauft den Kraftwagen im November 01 an B. Als Kaufpreis wird ein Betrag von 4 000 DM vereinbart. B stellt über diesen Betrag einen Wechsel aus, der im Februar 02 fällig wird. A übergibt den Wechsel im November 01 seiner Bank zur Diskontierung. B löst den Wechsel bei Fälligkeit ein.

Frage: Wann muß A den Verkaufserlös von 4 000 DM als Betriebseinnahmen erfassen?

Lösung

Wird ein Wechsel zahlungshalber – was die Regel ist – hingegeben und angenommen, so ist die Wechselsumme dem Empfänger zugeflossen, wenn er den Wechsel selbst am Fälligkeitstag vorlegt und die Zahlung erhält oder wenn er sich den Betrag durch Diskontierung des Wechsels beschafft (BFH, in BStBl 1971 II, 624).

Der von A angenommene Wechsel ist zwar erst im Jahr 02 fällig. Die Fälligkeit des Wechsels ist aber unbeachtlich, wenn dieser diskontiert wird. Denn im Falle der Wechseldiskontierung führt die Zahlung der diskontierenden Bank zu einem Zufluß der Leistung aus dem Grundgeschäft. A muß daher den Verkaufserlös von 4 000 DM bereits im Jahr 01 als Betriebseinnahme erfassen. *(Schoor)*

FALL 9

Zufluß von Forderungen eines beherrschenden Gesellschafters einer GmbH

Sachverhalt: Klaus Kiefer (K) ist Alleingesellschafter der X-GmbH, die in Karlsruhe ein zahntechnisches Labor betreibt. K hat der X-GmbH ein Darlehen von 100 000 DM gewährt, das nach dem zugrunde liegenden Darlehensvertrag mit 6 % jährlich zu verzinsen ist. Die X-GmbH schreibt die am 31. 12. 01 fälligen Darlehenszinsen für das Jahr 01 von 6 000 DM am Fälligkeitstag dem Verrechnungskonto des K gut (Buchungssatz: Schuldzinsen an Verrechnungskonto K 6 000 DM). Die Auszahlung der Zinsen erfolgt im Februar 02.

Frage: Wann sind die Zinsen K zugeflossen?

Lösung

Nach § 11 Abs. 1 Satz 1 EStG gelten Einnahmen als zugeflossen, wenn der Empfänger über die ihm zustehenden Beträge wirtschaftlich verfügen kann. Zufluß liegt demnach z. B. vor, wenn der Auszahlungsbetrag auf einem Bankkonto des Stpfl. gutgeschrieben wird. Auch in der Gutschrift durch den Zahlungsschuldner kann im Einzelfall ein Zufluß gesehen werden. Ob die Schuld fällig ist, spielt für die Frage des Zuflusses im allgemeinen keine Rolle. Dennoch ist die Fälligkeit der Schuld als Beweisanzeichen für den Übergang der wirtschaftlichen Verfügungsmacht von Bedeutung. Dem beherrschenden Gesellschafter einer Kapitalgesellschaft sind Beträge, die ihm die Gesellschaft schuldet, in der Regel mit ihrer Fälligkeit zugeflossen (BFH, in BStBl 1982 II, 139 f.). Denn beherrschende Gesellschafter haben es in der Hand, sich die Beträge von der Gesellschaft auszahlen oder in deren Betrieb stehen zu lassen.

K ist beherrschender Gesellschafter der X-GmbH. Wendet man die vorstehenden Grundsätze hier an, so ist davon auszugehen, daß die Zinsen von 6 000 DM dem K mit der Gutschrift, d. h. am 31. 12. 01, zugeflossen sind. *(Schoor)*

FALL 10

Zufluß bei Abtretung von Forderungen

Sachverhalt: Darlehensgeber A hat

a) gegen Darlehensnehmer B eine private Zinsforderung von 2 000 DM, die am 1. 12. 01 fällig ist. Da sich B vorübergehend in einer angespannten finanziellen Lage befindet, tritt er A zahlungshalber seine Forderung an X in Höhe von 2 000 DM ab. Diese Forderung ist erst am 1. 2. 02 fällig; der Betrag wird am 4. 2. 02 dem Konto des A gutgeschrieben;

b) gegen Darlehensnehmer C eine private Zinsforderung von 3 000 DM, die am 1. 12. 01 fällig ist. Da C zahlungsunfähig ist, tritt er seine Forderung in Höhe von 3 000 DM, die er an Y hat, an A ab, und zwar an Zahlungs Statt. Die Forderung an Y wird erst am 1. 2. 02 fällig; der Betrag von 3 000 DM geht am 4. 2. 02 auf dem Konto des A ein.

Frage: Wann sind die Darlehenszinsen von 2 000 DM bzw. 3 000 DM dem A zugeflossen?

Lösung

Bei der Abtretung von Forderungen ist zu unterscheiden zwischen der Leistung erfüllungshalber und an Erfüllungs Statt.

In der Regel werden Forderungen – wie im Fall a – nicht an Zahlungs Statt, sondern nur zahlungshalber abgetreten. Dann empfängt der Abtretungsempfänger Zahlungen, die ihm aufgrund der abgetretenen Forderung zufließen, für Rechnung des Abtretenden. Ein Zufluß i. S. des § 11 Abs. 1 EStG liegt beim Abtretungsempfänger nicht bereits im Zeitpunkt der Forderungsabtretung vor, sondern erst dann, wenn die Einnahme aus der neuen Forderung tatsächlich bei ihm eingeht (BFH, in BStBl 1981 II, 305 f.). Da im Fall a die Abtretung zahlungshalber erfolgt und das Geld dem A erst am 4. 2. 02 zugeflossen ist, ist dieser Zeitpunkt auch steuerrechtlich maßgebend. A muß daher die Darlehenszinsen von 2 000 DM erst im Jahr 02 bei seinen Einnahmen aus Kapitalvermögen erfassen.

Bei der Abtretung einer Forderung an Zahlungs Statt übernimmt der Abtretungsempfänger das Gläubigerrisiko und gibt seine Ansprüche gegen den Abtretenden auf. Eine derartige Abtretung kommt daher nur ausnahmsweise in Betracht, z. B. wenn der Schuldner – wie im Fall b – zahlungsunfähig ist. Bei der Abtretung der Forderung im Fall b schuldet C die 3 000 DM nicht mehr; er hat die Schuld durch Hingabe seiner Forderung an Y getilgt. Damit ist das Geld dem A bereits zu diesem Zeitpunkt (1. 12. 01) zugeflossen (BFH, in BStBl 1966 III, 394). A hat die 3 000 DM bereits im Jahr 01 bei seinen Einnahmen aus Kapitalvermögen zu erfassen. *(Schoor)*

FALL 11

Zufluß bei Erlaß einer Schuld

Sachverhalt: Steuerberater A, der seinen Gewinn durch Einnahme-Überschußrechnung (§ 4 Abs. 3 EStG) ermittelt, hat

a) dem langjährigen Mieter einer ihm gehörenden Eigentumswohnung die Miete für den Monat Dezember 01 von 800 DM erlassen. In einem Schreiben an den Mieter begründet A seinen Mietverzicht damit, daß der Mieter seit 10 Jahren die Wohnung bewohne und während dieser langen Zeit keinen Anlaß zu Beanstandungen gegeben habe;

b) seiner Schwester und deren Ehemann für die Erstellung der Einkommensteuererklärung 01 am 15. 5. 02 nach der Steuerberatergebührenverordnung

690 DM einschließlich 90 DM Umsatzsteuer berechnet. Der Schwager des A wird im Juni 02 überraschend arbeitslos. A verzichtet daraufhin auf die Geltendmachung seines Honoraranspruchs;

c) einer angestellten Mitarbeiterin am 30. 7. 01 eine gebrauchte – voll abgeschriebene – Schreibmaschine für 345 DM einschließlich 45 DM Umsatzsteuer verkauft. Um die Angestellte an seinen Betrieb zu binden, verzichtet A nachträglich auf die Geltendmachung der Kaufpreisforderung.

Frage: Stellt der Verzicht auf die Geltendmachung der Forderungen einen Zuflußtatbestand dar?

Lösung

Verzichtet ein Gläubiger auf die Geltendmachung einer Forderung, die mit dem Tatbestand der Einkünfteerzielung zusammenhängt, dann stellt der Verzicht keinen Einnahmetatbestand dar; denn niemand ist verpflichtet, seine Einnahmemöglichkeiten voll auszuschöpfen. Der freiwillige Verzicht des A auf die Mietforderung führt daher nicht zu einem Zufluß, so daß A die Miete für den Monat Dezember von 800 DM – im Fall a – nicht zu versteuern braucht.

Etwas anderes gilt im Fall b. Hier erläßt A aus privaten Gründen die Honorarforderung von 690 DM. Erläßt ein Stpfl., der seinen Gewinn nach § 4 Abs. 3 EStG ermittelt, einem Schuldner aus privaten Gründen eine Honorarforderung, so sind dem Stpfl. zwar keine Betriebseinnahmen zugeflossen. Gleichwohl ist der Gewinn des Stpfl. um den Wert der aus privaten Gründen erlassenen Honorarforderung zu erhöhen, weil der Vorgang als Entnahme der Forderung anzusehen ist und bei der Gewinnermittlung durch Einnahme-Überschußrechnung Entnahmen – jedenfalls soweit diese nicht in Geld bestehen – hinzuzurechnen sind (BFH, in BStBl 1975 II, 526). Die mit der erlassenen Forderung zusammenhängende Umsatzsteuer von 90 DM ist im Zeitpunkt ihrer Bezahlung als Betriebsausgabe abzugsfähig. Im Ergebnis erhöht sich also der Gewinn des A um 600 DM.

Im Fall c verzichtet A aus betrieblichen Gründen auf die Geltendmachung seiner Kaufpreisforderung. Bei einem Erlaß aus betrieblichen Gründen sind dem Stpfl. ebenso wie bei einem Erlaß aus privaten Gründen keine Betriebseinnahmen zugeflossen. Eine Gewinnerhöhung kommt bei einem Erlaß aus betrieblichen Gründen nicht in Betracht. Da A die angefallene Umsatzsteuer von (15 % von 300 DM =) 45 DM im Zeitpunkt ihrer Bezahlung als Betriebsausgaben abziehen kann, ergibt sich eine Gewinnminderung von 45 DM. Auf der Seite der Arbeitnehmerin stellt der Erlaß der gegen sie gerichteten Kaufpreisforderung einen

Zuflußtatbestand dar. Denn in dem Verzicht des A auf die Geltendmachung der Geldforderung aus dem Kaufvertrag liegt ein geldwerter Vorteil, der der Lohnbesteuerung unterliegt (BFH, in BStBl 1985 II, 437). Die Angestellte des A muß den erlassenen Betrag von 345 DM daher als Arbeitslohn versteuern, und zwar in dem Zeitpunkt, in dem A die Forderung erlassen hat. *(Schoor)*

FALL 12

Zufluß bei Novation

Sachverhalt: A ist am gezeichneten Kapital der X-GmbH von 60 000 DM zu einem Drittel beteiligt. Sein Stimmrecht entspricht seiner Kapitalbeteiligung. A hat der X-GmbH Anfang 01 ein zu seinem Privatvermögen gehörendes Darlehen von 100 000 DM gewährt, das mit 6 % jährlich verzinst wird.

A erklärt sich gegenüber der X-GmbH bereit, dieser den geschuldeten und am 31. 12. 01 fälligen Zinsbetrag von 6 000 DM als verzinsliches Darlehen zur Verfügung zu stellen. Die GmbH schreibt daher die Zinsen von 6 000 DM dem Darlehen von 100 000 DM zu, so daß das Darlehen am Bilanzstichtag 31. 12. 01 einen Betrag von 106 000 DM ausweist.

Die Schuldumwandlung erfolgt im Interesse des A, weil dieser eine Anlage im Betrieb sucht, um mehr Einfluß auf das Unternehmen zu gewinnen. Aufgrund ihrer guten wirtschaftlichen Verhältnisse wäre die GmbH ohne weiteres in der Lage gewesen, die Zinsen am Fälligkeitstag auszuzahlen.

Frage: Sind die Zinsen von 6 000 DM dem A im Jahr 01 zugeflossen?

Lösung

Die dem Darlehen zugeschriebenen Zinsen sind dem A im Jahr 01 zugeflossen. Sie wurden ihm zwar nicht ausgezahlt. Ein Zufluß ist aber bei den Überschußeinkünften i. S. des § 2 Abs. 4 Nr. 2 EStG gegeben, wenn der Stpfl. in der Weise über eine Forderung auf eine Leistung verfügt, daß sie erlischt und eine andere Forderung an ihre Stelle tritt (Novation), sofern die Novation in seinem Interesse und nicht dem des Schuldners vereinbart wird (BFH, in BFH/NV 1988 S. 224).

Im vorliegenden Fall erfolgt die Zuschreibung und Wiederanlage der Zinsen ausschließlich im Interesse des A. Anhaltspunkte dafür, daß A das Geld im Interesse der GmbH stehen ließ, etwa, weil diese nicht in der Lage gewesen wäre, es ihm auszuzahlen, liegen nicht vor. Bei der Verfügung des A über die Zinsforderung handelt es sich vielmehr um einen der Zahlung vergleichbaren Vorgang; sie muß daher als Zufluß gewertet werden. A muß die Zinsen von 6 000 DM noch im Jahr 01 bei seinen Einnahmen aus Kapitalvermögen erfassen.

(Schoor)

FALL 13

Zufluß von Arbeitslohn

Sachverhalt: A ist Minderheitsgesellschafter und zugleich Geschäftsführer der X-GmbH, die ein Straßenbauunternehmen betreibt. Nach dem Arbeitsvertrag hat A Anspruch auf monatliche Gehaltszahlung. Der Arbeitslohn für den Monat Dezember 01 von 6 000 DM wird aufgrund einer Erkrankung des Lohnbuchhalters erst am 7. 1. 02 von der GmbH auf das Bankkonto des A überwiesen; dort geht er am 12. 1. 02 ein.

Über sein monatliches Bruttogehalt hinaus steht A eine gewinnabhängige Tantieme zu. Die Tantieme für das Jahr 01 von 20 000 DM wird A im März 02 ausgezahlt.

Frage: Wann sind das Gehalt für den Monat Dezember 01 und die Tantieme für das Jahr 01 A steuerlich zugeflossen?

Lösung

Für Zwecke des Lohnsteuerabzugs vom Arbeitslohn bestimmt § 38a Abs. 1 Satz 2 EStG, daß laufender Arbeitslohn in dem Kalenderjahr als bezogen gilt, in dem der Lohnzahlungszeitraum endet. Laufender Arbeitslohn ist der Arbeitslohn, der dem Arbeitnehmer regelmäßig zufließt, wie z. B. Monatsgehalt, Wochen- oder Tagelohn (Abschn. 115 Abs. 1 LStR 1996).

Um ein Auseinanderfallen der Zuflußbesteuerung aus der Sicht des Arbeitgebers für Zwecke des Lohnsteuerabzugs und beim Arbeitnehmer für Zwecke der Einkommensbesteuerung zu verhindern, nimmt § 11 Abs. 1 Satz 3 EStG auf diese Regelung Bezug, d. h. die Zuflußfiktion des § 38a Abs. 1 Satz 2 EStG gilt auch für den Zufluß beim Arbeitnehmer. Das bedeutet, daß der Arbeitslohn für den Monat Dezember 01, der am 12. 1. 02 auf dem Bankkonto des A eingegangen ist, noch im Jahr 01 als bezogen gilt und demgemäß in diesem Jahr zu versteuern ist.

Eine andere Beurteilung ergibt sich für sonstige Bezüge (= Arbeitslohn, der nicht als laufender Arbeitslohn gezahlt wird). Sonstige Bezüge – dazu rechnen auch Tantiemen, die nicht fortlaufend gezahlt werden (Abschn. 115 Abs. 2 LStR 1996) – werden in dem Kalenderjahr bezogen, in dem sie dem Arbeitnehmer zufließen (§§ 38a Abs. 1 Satz 3, 11 Abs. 1 Satz 3 EStG). Die Tantieme von 20 000 DM ist von A daher erst im Jahr 02 zu versteuern. *(Schoor)*

FALL 14

Zahlung durch Banküberweisung

Sachverhalt: Am 31. 12. 01 – kurz vor Schalterschluß – geht bei einer Bank auf dem banküblichen Formular der Auftrag des A vom selben Tag ein, 5 000 DM als Jahresbeitrag für eine Lebensversicherung zu überweisen. Als Zahlungsweg wurde das Konto der Lebensversicherungsgesellschaft bei einem Postgiroamt angegeben. Der Jahresbeitrag war im Dezember 01 fällig.

Die Bank hat A ein Kreditlimit von 15 000 DM eingeräumt. A hat sein Konto am 31. 12. 01 mit 8 000 DM überzogen. Laut Kontoauszug der Bank vom 3. 1. 02 wurde das Konto des A am 2. 1. 02 mit den 5 000 DM belastet.

Frage: Wann ist der Jahresbeitrag für die Lebensversicherung bei A abgeflossen?

Lösung

Eine Ausgabe, die mittels Überweisungsauftrages von einem Bankkonto geleistet wird, ist bei dem Kontoinhaber in dem Zeitpunkt abgeflossen, in dem der Überweisungsauftrag der Bank zugegangen ist und der Stpfl. im übrigen alles in seiner Macht Stehende getan hat, um eine unverzügliche Ausführung zu gewährleisten. Hierzu gehört insbesondere, daß der Stpfl. im Zeitpunkt der Erteilung des Überweisungsauftrages für eine genügende Deckung auf seinem Girokonto gesorgt hat (BFH, in BStBl 1986 II, 453). Dabei kann die Deckung darin bestehen, daß der Kontoinhaber bei der Überweisungsbank ein Guthaben unterhält oder daß ihm ein entsprechender Kreditrahmen zur Verfügung steht. Da der Überweisungsauftrag des A noch im Jahr 01 bei der Bank eingegangen ist und A im Zeitpunkt der Erteilung des Überweisungsauftrags für eine genügende Deckung auf seinem Girokonto gesorgt hat, ist der Jahresbeitrag für die Lebensversicherung bereits im Jahr 01 und nicht erst im Zeitpunkt der Belastungsbuchung durch die Bank am 2. 1. 02 i. S. des § 11 Abs. 2 Satz 1 EStG geleistet worden. *(Schoor)*

FALL 15

Zahlung durch Scheckhingabe

Sachverhalt: A ist Journalist. Am 1. 10. 01 heiratet er die zwei Jahre jüngere B. Einen Monat später schließt er bei der X-Lebensversicherungs AG eine Lebensversicherung für die Dauer von 12 Jahren gegen jährliche Beitragsleistung von 6 000 DM ab. Mitte Dezember 01 übersendet die Lebensversicherungsgesellschaft dem A die Versicherungspolice und fordert ihn zur Zahlung des ersten Beitrags auf. A stellt einen Verrechnungsscheck über 6 000 DM aus und gibt diesen am 31. 12. 01 per Einschreiben zur Post. Der Scheck geht am 2. 1. 02 bei der Versicherungsgesellschaft ein, die ihn am selben Tag ihrer Bank zur Gutschrift vorlegt. Das Konto des A wird am 5. 1. 02 mit den 6 000 DM belastet.

Frage: In welchem Jahr kann A die Vorsorgeaufwendungen von 6 000 DM als Sonderausgaben abziehen?

Lösung

Für den Zeitpunkt der Leistung bei Zahlung mittels eines Schecks kommt es in Übereinstimmung mit den zum bürgerlichen Recht entwickelten Grundsätzen zur Frage der Rechtzeitigkeit der Leistung auf die Leistungshandlung an. Dementsprechend ist mit der Hingabe eines Schecks die Leistung erbracht, vorausgesetzt, der Scheck wird später eingelöst und nicht mangels ausreichender Deckung von der Bank zurückgewiesen (BFH, in BStBl 1981 II, 305).

Wird der Scheck – wie hier – übermittelt, so ist die Leistungshandlung dann bewirkt, wenn sich der Übermittelnde seiner uneingeschränkten Verfügungsgewalt über die Scheckurkunde begeben hat. Das ist im vorliegenden Fall durch die Übergabe der Urkunde an die Postanstalt zur Übermittlung an den Gläubiger geschehen (BFH, in BStBl 1986 II, 284 f.). A kann daher die Vorsorgeaufwendungen von 6 000 DM bereits im Jahr 01 als Sonderausgaben im Rahmen der Höchstbeträge des § 10 Abs. 3 EStG abziehen. *(Schoor)*

FALL 16

Vorauszahlung von Sonderausgaben und Werbungskosten

Sachverhalt: A ist als Rechtsanwalt tätig. Neben seinen Einkünften aus selbständiger Arbeit bezieht er aufgrund der Vermietung von mehreren Mietwohngrundstücken Einkünfte aus Vermietung und Verpachtung.

A leistet am 18. 12. 01 folgende Zahlungen:

a) Kirchensteuervorauszahlungen für das Jahr 02 von 5 000 DM, obwohl das Finanzamt keine Vorauszahlungen festgesetzt hat. Die für das Jahr 02 zu entrichtende Kirchensteuer beläuft sich bei vernünftiger Schätzung auf 2 000 DM. Im Rahmen der Veranlagung für das Jahr 02 wird die Kirchensteuer auf 1 800 DM festgesetzt.

b) Damnum von 4 000 DM an seine Bank. Das Damnum hängt mit einem Darlehen zusammen, das A zum Neubau eines Mietwohngrundstücks im Jahr 02 verwendet. Die Bank zahlt das Darlehen im September 02 aus.

Frage: Kann A die beiden Zahlungen im Jahr 01 als Sonderausgaben bzw. Werbungskosten abziehen?

Lösung

Durch die Zuordnung von Ausgaben zum Kalenderjahr der Leistung in § 11 Abs. 2 Satz 1 EStG sind Ausgaben grundsätzlich im Zeitpunkt des Abflusses als Sonderausgaben bzw. Werbungskosten abziehbar, auch wenn sie wirtschaftlich ein anderes Kalenderjahr betreffen (BFH, in BStBl 1986 II, 284 f. und in BFH/NV 1988 S. 499 f.). Durch diese Regelung hat der Stpfl. es oftmals in der Hand, Sonderausgaben oder Werbungskosten je nach dem Zeitpunkt, in dem er sie leistet, in das Jahr zu verlagern, das für ihn steuerlich günstiger ist. Die Gestaltungsfreiheit des Stpfl. bei der Wahl der Verausgabung findet aber ihre Grenze in § 42 AO. Danach kann das Steuergesetz nicht durch Mißbrauch von Gestaltungsmöglichkeiten umgangen werden.

a) Grundsätzlich ist für den Sonderausgabenabzug von Kirchensteuerzahlungen gem. § 11 Abs. 2 Satz 1 EStG nur die Tatsache der Zahlung im Veranlagungszeitraum maßgebend. Etwas anderes soll jedoch für den Fall gelten, daß es sich um willkürliche, die voraussichtliche Steuerschuld weit übersteigende Zahlungen handelt. Derartige, ohne rechtliche Verpflichtung und ohne vernünftigen Grund geleistete, Zahlungen sind vom Sonderausgabenabzug ausgeschlossen (BFH, in BStBl 1963 III, 141 und in BStBl 1989 II, 702). Soweit die Kirchensteuervorauszahlung des A das voraussichtliche Kirchensteuersoll 02 übersteigt, kommt daher ein Sonderausgabenabzug nicht in Betracht. A kann im Jahr 01 von der Kirchensteuervorauszahlung von 5 000 DM nur 2 000 DM als Sonderausgaben abziehen.

b) Bei der Zahlung eines Damnums vor der Auszahlung des Darlehenskapitals soll eine rechtsmißbräuchliche Gestaltung i. S. des § 42 AO bereits dann vorliegen, wenn die Auszahlung des Darlehens später als einen Monat nach Abfluß des Damnums beim Stpfl. erfolgt und für die Bezahlung des Damnums lange vor der Darlehensauszahlung keine wirtschaftlich vernünftigen Gründe vorliegen (BFH, in BStBl 1984 II, 426 f. sowie in BStBl 1987 II, 219). Diese Beurteilung hat hier zur Folge, daß es hinsichtlich des im Jahr 01 ohne wirtschaftlich vernünftigen Grund vorausgezahlten Damnums im Zahlungszeitpunkt steuerrechtlich an einem Abfluß des Betrages i. S. des § 11 Abs. 2 Satz 1 EStG fehlt. A kann daher die 4 000 DM im Jahr 01 nicht als Werbungskosten abziehen.

Das bedeutet aber nicht, daß die Zahlung steuerlich unberücksichtigt bleibt. Sie ist vielmehr im Jahr 02, d. h. im Jahre der Darlehensauszahlung, abzugsfähig. Denn der Gestaltungsmißbrauch nimmt den Aufwendungen nicht den Werbungskostencharakter (vgl. Drenseck, in FR 1987 S. 119). *(Schoor)*

FALL 17

Zahlung von Beiträgen zur Instandhaltungsrücklage

Sachverhalt: A ist Eigentümer einer von ihm vermieteten Eigentumswohnung. Er entrichtet im Jahr 01 im Rahmen seiner Wohngeldzahlung an den Verwalter des gemeinschaftlichen Eigentums einen nach seinem Anteil bemessenen Betrag von 2 000 DM für die Ansammlung einer angemessenen Instandhaltungsrücklage. Der Verwalter verausgabt die Zahlung des A sowie der übrigen der Wohnungseigentümergemeinschaft angehörenden Personen im Jahr 02 für eine Dachreparatur.

Frage: Führt die Zahlung an den Verwalter im Jahr 01 zu einer Ausgabe i. S. des § 11 Abs. 2 EStG mit der Folge, daß bereits im Jahr 01 ein Werbungskostenabzug in Betracht kommt?

Lösung

Die Zahlung an den Verwalter bewirkt lediglich, daß das Alleineigentum des A an dem überwiesenen Geldbetrag sich in einen Miteigentumsanteil an dem durch die Überweisung entstandenen Verwaltungsvermögen umwandelt. Dieser Anteil ist ein Wirtschaftsgut, das A genauso zugerechnet werden muß wie zuvor das Bargeld. Im Jahr 01 fehlt es daher an einer Ausgabe i. S. des § 11 Abs. 2 EStG. Der Abfluß tritt erst im Jahr 02 ein, in dem der Verwalter das Verwaltungsvermögen für die Dachreparatur verwendet. A kann die Zahlung der 2 000 DM daher erst im Jahr 02 als Werbungskosten bei seinen Einkünften aus Vermietung und Verpachtung abziehen (BFH, in BStBl 1988 II, 577). *(Schoor)*

FALL 18

Abflußzeitpunkt von kreditfinanzierten außergewöhnlichen Belastungen

Sachverhalt: A und seine Ehefrau B sind in der gesetzlichen Krankenversicherung versichert. Anläßlich eines längeren Krankenhausaufenthalts ist B in einem Einbettzimmer untergebracht. Der Zuschlag für das Einbettzimmer beträgt 6 000 DM. A nimmt zur Bezahlung des Zuschlags bei seiner Bank im Oktober 01 ein Darlehen von 6 000 DM auf, das er ab Januar 02 in 12 monatlichen Raten zu je 500 DM zurückzahlt.

Frage: Kann A die Aufwendungen von 6 000 DM im Jahr 01 oder im Jahr 02 als außergewöhnliche Belastung abziehen?

Lösung

Die Vorschrift des § 11 Abs. 2 EStG gilt auch für die Bestimmung des Abflußzeitpunkts von außergewöhnlichen Belastungen, und zwar unabhängig davon, ob sie aus eigenen oder fremden Mitteln geleistet worden sind. Das bedeutet, daß für die steuerliche Berücksichtigung von kreditfinanzierten Aufwendungen auf den Zeitpunkt abzustellen ist, in dem die Aufwendungen tatsächlich geleistet worden sind (BFH, in BStBl 1988 II, 814 unter Änderung der Rechtsprechung). A kann daher die Krankenhauskosten bereits im Jahr ihrer Verausgabung (d. h. im Jahr 01) und nicht erst im Zeitpunkt der Schuldentilgung im Jahr 02 als außergewöhnliche Belastung abziehen. *(Schoor)*

FALL 19

Regelmäßig wiederkehrende Einnahmen

Sachverhalt: Dr. Klaus Meier (M) betreibt in Düsseldorf als Chirurg eine eigene Praxis. Er ermittelt seinen Gewinn durch Einnahme-Überschußrechnung (§ 4 Abs. 3 EStG). Auf seinem Bankkonto gehen folgende Zahlungen ein:

1. Am 8. 1. 02 die Abschlagszahlung der Kassenärztlichen Vereinigung für den Monat Dezember 01 in Höhe von 15 000 DM. Die monatlichen Abschlagszahlungen der Kassenärztlichen Vereinigung sind nach dem Honorarverteilungsmaßstab in den ersten 10 Tagen nach Ablauf des jeweiligen Monats zahlbar.

2. Am 15. 1. 02 das Honorar in Höhe von 500 DM für den Dezember-Beitrag in einer ärztlichen Fachzeitschrift. M erhält für seine regelmäßig wiederkehrenden Beiträge in der Monatszeitschrift sein Honorar regelmäßig am 15. des darauffolgenden Monats.
3. Am 28. 12. 01 ein Honorarvorschuß von 3 000 DM für einen Vortrag, den M am 10. 1. 02 anläßlich eines Ärztekongresses hält.

Frage: Welchem Jahr sind die Einnahmen zuzurechnen?

Lösung

Für regelmäßig wiederkehrende Einnahmen enthält § 11 Abs. 1 Satz 2 EStG eine Spezialvorschrift: Regelmäßig wiederkehrende Einnahmen, die dem Stpfl. kurze Zeit vor Beginn oder kurze Zeit nach Beendigung des Kalenderjahres, zu dem sie wirtschaftlich gehören, zugeflossen sind, gelten als in diesem Kalenderjahr bezogen. Als kurze Zeit i. S. des § 11 Abs. 1 Satz 2 EStG ist nach ständiger Rechtsprechung ein Zeitraum von bis zu 10 Tagen anzusehen. Das gilt für den Fälligkeitszeitpunkt wie für den Zeitpunkt des Leistungseingangs.

Zu den regelmäßig wiederkehrenden Einnahmen i. S. des § 11 Abs. 1 Satz 2 EStG gehören demnach alle Zahlungen, die kurze Zeit vor oder kurze Zeit nach dem Jahreswechsel fällig sind, gleichgültig, ob es sich um jährliche, vierteljährliche oder monatliche Zahlungen handelt.

1. Die Abschlagszahlungen der Kassenärztlichen Vereinigung sind regelmäßig wiederkehrende Einnahmen, weil es sich um monatlich zahlbare Leistungen handelt. Da die Zahlung für den Monat Dezember 01 innerhalb kurzer Zeit nach dem Jahreswechsel fällig und zugeflossen ist, muß sie gem. § 11 Abs. 1 Satz 2 EStG als Betriebseinnahme des Jahres 01 behandelt werden (BFH, in BStBl 1987 II, 16, und BFH/NV 1996 S. 209).
2. Die monatlichen Honorarzahlungen sind zwar ebenfalls regelmäßig wiederkehrende Einnahmen. Das Honorar für den Dezember-Beitrag fällt jedoch nicht unter die Regelung des § 11 Abs. 1 Satz 2 EStG; denn es ist weder innerhalb kurzer Zeit nach dem Jahreswechsel fällig noch zugeflossen. Die Zahlung ist daher im Jahr des tatsächlichen Zuflusses, also im Jahr 01, zu berücksichtigen.
3. Bei dem Honorarvorschuß handelt es sich um eine einmalige Zahlung und damit um keine regelmäßig wiederkehrende Einnahme. Der Betrag von 3 000 DM ist im Jahr 01 zu erfassen. *(Schoor)*

FALL 20

Regelmäßig wiederkehrende Ausgaben

Sachverhalt: A betreibt als selbständiger Versicherungsvertreter eine Versicherungsagentur. Seinen Gewinn ermittelt er nach § 4 Abs. 3 EStG. A zahlt

1. seine Büromiete für den Monat Dezember 01, die am 31. 12. 01 fällig ist,
   a) am 5. 1. 02,
   b) am 15. 1. 02;
2. die Garagenmiete für den Monat Dezember 01, die am 1. 12. 01 fällig ist,
   a) am 5. 1. 02,
   b) am 12. 1. 02;
3. die am 10. 1. 02 fällige Kfz-Versicherung für das Jahr 02 am 22. 12. 01;
4. seinen am 1. 1. 02 fälligen Lebensversicherungsbeitrag für das Jahr 02
   a) am 28. 12. 01,
   b) am 20. 12. 01.

Frage: Welchem Jahr sind die Ausgaben zuzuordnen?

▶ Lösung

Für regelmäßig wiederkehrende Ausgaben gilt § 11 Abs. 1 Satz 2 EStG entsprechend (§ 11 Abs. 2 Satz 2 EStG). Das bedeutet, daß regelmäßig wiederkehrende Ausgaben, die dem Stpfl. kurze Zeit vor Beginn oder kurze Zeit nach Beendigung des Kalenderjahres, zu dem sie wirtschaftlich gehören, abgeflossen sind, diesem Kalenderjahr zugerechnet werden müssen.

1. Im Fall a ist die Miete nicht dem tatsächlichen Zahlungsjahr, sondern dem Kalenderjahr der wirtschaftlichen Zugehörigkeit, also dem Jahr 01 zuzurechnen.

   Im Fall b ist die Zahlung nicht kurze Zeit nach Ende des Kalenderjahres 01 erfolgt. Die Ausnahmeregelung des § 11 Abs. 2 Satz 2 EStG ist daher nicht anwendbar. Die Mietzahlung ist eine Betriebsausgabe des Jahres 02.

2. Im Fall a ist zwar die Zahlung kurze Zeit nach Ende des Kalenderjahres der wirtschaftlichen Zugehörigkeit 01 erfolgt. Die Anwendung der Ausnahmeregelung des § 11 Abs. 2 Satz 2 EStG scheitert aber daran, daß die Fälligkeit der Garagenmiete nicht kurze Zeit vor oder kurze Zeit nach dem Jahreswechsel liegt. Der Betrag ist im tatsächlichen Zahlungsjahr 02 zu erfassen.

   Im Fall b liegen sowohl Fälligkeits- als auch Zahlungszeitpunkt außerhalb des 10-Tage-Zeitraums, so daß auch in diesem Fall die Ausnahmeregelung keine Anwendung findet. Der Betrag ist eine Ausgabe des Jahres 02.

3. Hier liegt eine Ausgabe des Jahres 02 vor; denn die Ausgabe gehört wirtschaftlich zum Jahre 02, ihre Fälligkeit liegt 10 Tage nach dem Beginn dieses Jahres, und die Zahlung erfolgte weniger als 10 Tage vor Beendigung des Jahres 01.
4. Im Fall a ist die Zahlung dem Jahr ihrer wirtschaftlichen Zugehörigkeit, also dem Jahr 02 zuzuordnen.

   Im Fall b ist die Zahlung außerhalb des 10-Tage-Zeitraums erfolgt, so daß sie im Jahr der tatsächlichen Zahlung, also im Jahr 01, berücksichtigt werden muß. *(Schoor)*

C. Allgemeine Fragen der Veranlagung

FALL 21

Form und Inhalt der Einkommensteuererklärung

Sachverhalt: Zahnarzt A hat einen achtjährigen Sohn, der von seinem am 20. 1. 01 verstorbenen Großvater ein Sparguthaben von 400 000 DM geerbt hat. Das für die Einkommensbesteuerung des Kindes zuständige Wohnsitzfinanzamt hat aufgrund einer Kontrollmitteilung der Erbschaftsteuerstelle von der Erbschaft erfahren und im Jahr 02 durch Übersendung eines Erklärungsvordrucks zur Abgabe einer Einkommensteuererklärung für das Jahr 01 aufgefordert.

A teilt dem zuständigen Sachbearbeiter des Finanzamts zunächst fernmündlich, anschließend in einem Schreiben mit, sein Sohn habe im Jahr 01 Kapitalerträge in Höhe von 24 000 DM erzielt.

Frage: Stellt die fernmündliche Mitteilung eine Erfüllung der Steuererklärungspflicht dar?

Lösung

Welche Anforderungen an Form und Inhalt einer Einkommensteuererklärung zu stellen sind, ist gesetzlich geregelt. Die Einkommensteuererklärung muß zum einen nach amtlich vorgeschriebenem Vordruck, also schriftlich, abgegeben werden (§ 150 Abs. 1 Satz 1 AO, § 60 EStDV). Darüber hinaus muß die Steuererklärung vom Stpfl. unterschrieben werden (§ 25 Abs. 3 Satz 4 EStG). Für Kinder und andere nichtgeschäftsfähige Personen handeln bei Abgabe der Erklärung ihre gesetzlichen Vertreter, d. h. der oder die gesetzlichen Vertreter haben die Steuererklärung zu erstellen und eigenhändig zu unterschreiben (§ 25 Abs. 3 Satz 4 EStG).

Telefonische Angaben sind keine „Steuererklärung" i. S. der §§ 149 bis 152 AO, obwohl sie im übrigen durchaus rechtliche Bedeutung haben können (so Schick, in StuW 1988 S. 301, 317). Die fernmündliche Mitteilung seitens des A stellt also – mangels Einhaltung der gesetzlich vorgeschriebenen Form – keine Erfüllung der Steuererklärungspflicht dar (BFH, in BFH/NV 1995, 651). Ebensowenig kann das beim Finanzamt eingegangene Schreiben des A als wirksame Einkommensteuererklärung angesehen werden (FG Nürnberg, in EFG 1990 S. 339). *(Schoor)*

FALL 22

Veranlagung vor Ablauf des Kalenderjahres

Sachverhalt: Der verwitwete A ist als Angestellter im öffentlichen Dienst tätig. Neben seinen Einkünften aus nichtselbständiger Arbeit bezieht er noch Einkünfte aus der Vermietung und Verpachtung eines Mietwohngrundstücks. A stirbt am 13. 6. 01. Beerbt wird er von seinen Kindern B und C.

Die Mieteinnahmen sowie das Gehalt des A für den Monat Juni 01 gehen am 15. 6. 01 auf dem Bankkonto des A ein.

B und C geben Anfang Juli 01 für ihren Vater eine Einkommensteuererklärung für das Jahr 01 ab und bitten das Finanzamt um sofortige Veranlagung.

Frage: Muß das Finanzamt mit der Einkommensteuerveranlagung des A für 01 bis zum Ablauf des Kalenderjahres 01 warten?

 Lösung

Da die persönliche Steuerpflicht des A nicht während des vollen Veranlagungszeitraums bestanden hat, kann die Einkommensteuerveranlagung sofort vorgenommen werden (§ 25 Abs. 2 Satz 2 EStG) in der bis 1995 geltenden Fassung;

Das Finanzamt kann daher den A bereits während des Kalenderjahres 01 veranlagen. Bei dieser Veranlagung ist das während der Zeit der persönlichen Steuerpflicht (1. 1.–13. 6. 01) von A bezogene Einkommen zugrunde zu legen

(§ 25 Abs. 2 Satz 1 EStG). Die am 15. 6. 01 eingegangenen Mieteinnahmen sind den beiden Miterben B und C ebenso zuzurechnen wie der Arbeitslohn für den Monat Juni 01; durch die Zahlung des Arbeitslohns an die Erben werden diese steuerlich zu Arbeitnehmern (Abschn. 76 Abs. 1 LStR 1996).

Obwohl § 25 Abs. 2 EStG durch das JStG 1996 ab VZ 1996 aufgehoben worden ist, soll auch künftig, d. h. ab 1996, die Veranlagung sofort vorgenommen werden können, wenn die Steuerpflicht vor Ablauf des Kalenderjahres endet (so Schmidt/Seeger, EStG, 15. Aufl. 1996, § 25 Rz 16). *(Schoor)*

D. Nicht abzugsfähige Ausgaben (§ 12 EStG)

FALL 23

Kosten der Lebensführung

Sachverhalt: Bei der Betriebsprüfung des Rechtsanwalts und Fachanwalts für Steuerrecht A stellt der Betriebsprüfer fest, daß folgende Aufwendungen als Betriebsausgaben abgesetzt worden sind:

a) Anschaffungskosten für das Konversationslexikon „Der Große Brockhaus".

   A begründet den Abzug damit, das Lexikon brauche er insbesondere zur Überprüfung medizinischer Gutachten für seine Vertretungen vor den Sozialgerichten.

b) Bezugskosten für die „Frankfurter Allgemeine Zeitung" (FAZ).

   A erklärt hierzu, diese überregionale Zeitung verbleibe in den Praxisräumen, sie werde auch vom Personal und gelegentlich von Mandanten gelesen; zu Hause halte er sich eine regionale Tageszeitung.

c) Bezugskosten der Wirtschaftszeitung „Handelsblatt".

   A gibt hierzu an, seine Tätigkeit umfasse auch die steuerliche und wirtschaftliche Beratung von Mandanten.

d) Kosten für die Bewirtung von Anwaltskollegen und deren Ehefrauen in seinem Hause anläßlich seines Geburtstages.

   A macht hierzu geltend, die Bewirtung sei ausschließlich durch betriebliche Gründe veranlaßt; ein privater Anlaß, die Berufskollegen zu bewirten, habe nicht bestanden.

e) Kosten für die Anschaffung von drei dunklen Anzügen.

   A behauptet, er trage die Anzüge ausschließlich bei beruflichen Anlässen; im übrigen unterliege seine Kleidung – bedingt durch die Art der Tätigkeit – einer erhöhten Abnutzung.

f) Mitgliedsbeiträge für den Tennisclub.

A weist dem Betriebsprüfer nach, daß durch die Mitgliedschaft im Tennisclub seine beruflichen Interessen gefördert werden.

Frage: Sind die vorgenannten Aufwendungen als Betriebsausgaben abzugsfähig?

▶ Lösung

§ 12 Nr. 1 Satz 2 EStG enthält ein Abzugsverbot. Danach dürfen Aufwendungen für die Lebensführung, die die wirtschaftliche oder gesellschaftliche Stellung des Stpfl. mit sich bringt, auch dann nicht abgezogen werden, wenn sie zur Förderung des Berufs oder der Tätigkeit des Stpfl. erfolgen.

Dieses Verbot des Abzugs gemischter Aufwendungen ist durch die Rechtsprechung für zwei Fälle eingeschränkt worden (vgl. BFH, in BStBl 1988 II, 771). Gemischte Aufwendungen sind zum einen dann in vollem Umfang als Betriebsausgaben abziehbar, wenn der private Anlaß unbedeutend ist und nicht ins Gewicht fällt. Zum anderen soll eine Aufteilung der gemischten Aufwendungen möglich sein, wenn zwar der private Anlaß nicht unbedeutend ist, die Aufteilung sich aber leicht und einwandfrei nach einem objektiv nachprüfbaren Maßstab durchführen läßt.

Wendet man diese Auslegungsgrundsätze hier an, so ergibt sich folgendes:

a) Bei dem Lexikon handelt es sich um einen Gegenstand, der nicht bloß der beruflichen, sondern auch der privaten Sphäre dienen kann. Eine – auch nur schätzungsweise – Aufteilung zwischen beruflicher und privater Sphäre ist aber nicht möglich. Die Anschaffungskosten für das Lexikon gehören somit in voller Höhe zu den Kosten der Lebenshaltung, die nach § 12 Nr. 1 Satz 2 EStG nicht abzugsfähig sind (BFH, in BStBl 1962 III, 368, und BStBl 1992 II, 1015).

b) Die Haltung einer großen Tageszeitung wie der FAZ, die einen politischen, wirtschaftlichen und kulturellen Teil enthält, gehört schon wegen ihres gemischten Inhalts nach § 12 Nr. 1 Satz 2 EStG zur Lebenshaltung; ihre Kosten können daher keine Betriebsausgaben sein (BFH, in BStBl 1983 II, 715, und BFH/NV 1990 S. 701).

c) Das „Handelsblatt“ soll nach der Rechtsprechung inhaltlich mit einer typischen Tageszeitung nicht vergleichbar sein, weil es sich ganz überwiegend mit Wirtschaftsfragen befaßt. Der BFH hat diese Zeitung grundsätzlich eher wie eine Fachzeitschrift beurteilt und die Bezugskosten zum Betriebsausgabenabzug zugelassen, was nicht zweifelsfrei erscheint (BFH, in DB 1983 S. 372).

d) Die Aufwendungen für die Bewirtung der Berufskollegen anläßlich des Geburtstages sind keine Betriebsausgaben, unabhängig davon, ob der unmittelbare Anlaß für die Aufwendungen in der beruflichen oder der privaten Sphäre liegt (BFH, in BStBl 1969 II, 239, BStBl 1986 II, 216, BStBl 1992 II, 524 und BFH/NV 1994, 616).

e) Aufwendungen für Bekleidung sind in der Regel typische unter § 12 Nr. 1 EStG zu subsumierende Lebensführungskosten. Das gilt auch dann, wenn die Kleidung nahezu ausschließlich im Beruf getragen wird: Eine Ausnahme gilt lediglich für die sog. Berufskleidung. Da es sich bei den Anzügen um keine, d. h. ihrer Beschaffenheit nach objektiv nahezu ausschließlich für die berufliche Verwendung bestimmte Berufskleidung, sondern um sog. bürgerliche Kleidung handelt, ist ein Betriebsausgabenabzug ausgeschlossen (BFH, in BStBl 1980 II, 75 und BStBl 1991 II, 751).

f) Beiträge an Sportvereine unterliegen regelmäßig dem Aufteilungs- und Abzugsverbot des § 12 Nr. 1 Satz 2 EStG. Die Vermutung der privaten Mitveranlassung kann auch nicht durch den Nachweis widerlegt werden, daß die Mitgliedschaft die beruflichen Interessen fördert. A kann daher den Mitgliedsbeitrag an den Tennisclub nicht als Betriebsausgaben abziehen.

(Schoor)

FALL 24

Studienreise ins Ausland

Sachverhalt: Gesellschafter der X-OHG, die einen Großhandel mit Tabakwaren betreibt, sind die Eheleute A. Im Jahr 01 nahmen die Gesellschafter an einer Reise nach Brasilien teil. Die Reiseteilnehmer waren ausschließlich Tabakwarenhändler. Organisiert wurde die Reise von einer Zigarrenfabrik. Die X-OHG ist deren Kundin.

Das Reiseprogramm sah Fachbesichtigungen (Fabrikation, Tabakplantagen usw.) und Diskussionen mit brasilianischen Tabakhändlern vor. Die Reise war jedoch in weitem Umfang durch Stadtrundfahrten, Ausflüge, Flußschiffahrten, Strandbesuche, Folkloreveranstaltungen und andere touristische Attraktionen geprägt.

Die Reisekosten für die Teilnahme der beiden Gesellschafter betrugen insgesamt 8 000 DM und wurden von der X-OHG als Betriebsausgaben geltend gemacht.

Im Zusammenhang mit der Reise hat die Zigarrenfabrik der X-OHG einen Naturalrabatt im Teilwert von 5 000 DM gewährt. Die Teilnahme an der Reise war Voraussetzung für die Gewährung des Naturalrabatts. Die aufgrund des Naturalrabatts bezogene Ware ist von der OHG veräußert, der Erlös hieraus ist als Betriebseinnahme erfaßt worden.

Frage: Sind die Reisekosten der Gesellschafter – ggf. in welcher Höhe – als Betriebsausgaben abzugsfähig?

► Lösung

Bei der Brasilien-Reise der Eheleute A handelt es sich um eine sog. Studienreise. Die Frage der betrieblichen Veranlassung von Studienreisen muß nach objektiven Kriterien, also nach Zweck und Gestaltung der Reise geprüft werden. Studienreisen, mit denen, wie im vorliegenden Fall, auch ein allgemeintouristisches Interesse befriedigt wird, sind nach ständiger Rechtsprechung nicht als betrieblich veranlaßt anzusehen (BFH, GrS, in BStBl 1979 II, 213, und BFH, in BStBl 1988 II, 995 sowie in BStBl 1989 II, 641); die Reisekosten von 8 000 DM sind daher keine Betriebsausgaben, sondern nicht abziehbare Kosten der Lebenshaltung (§ 12 Nr. 1 EStG). Der Zuschuß des Geschäftsfreunds, d. h. der Zigarrenfabrik, ändert an dieser Beurteilung nichts. Insbesondere kann der Zuschuß nicht dazu führen, die Reisekosten als in Höhe des Zuschusses betrieblich veranlaßt anzusehen. Der Naturalrabatt muß vielmehr – da er durch die betrieblichen Beziehungen veranlaßt ist – als Betriebseinnahme erfaßt werden (Buchungssatz: Wareneinkauf an a. o. Ertrag 5 000 DM). Im Ergebnis hat sich der Naturalrabatt in Höhe seines Verkaufserlöses gewinnerhöhend ausgewirkt.

(Schoor)

FALL 25

Abgrenzung betrieblicher Kfz-Kosten von denen der privaten Lebensführung

Sachverhalt: A bezieht als Handelsvertreter gewerbliche Einkünfte. Zu seinem Betriebsvermögen gehört ein Pkw Daimler-Benz, der in der ersten Hälfte des Wirtschaftsjahres 1996 für 50 000 DM angeschafft worden ist. A führt ein ordnungsgemäßes Fartenbuch: Danach benutzt er den Pkw zu 90 % für betriebliche und zu 10 % für private Zwecke. Die Kfz-Kosten des Wirtschaftsjahres 1996 betragen:

• laufende Kfz-Kosten	8 400 DM
• Kfz-Steuer	500 DM
• Kfz-Versicherung	1 100 DM
• lineare AfA nach § 7 Abs. 1 EStG: 20 % von 50 000 DM =	10 000 DM
• Sonderabschreibung nach § 7g EStG: 20 % von 50 000 DM =	10 000 DM
	30 000 DM

Frage: In welcher Höhe sind die Aufwendungen für den Kraftwagen als Kosten der privaten Lebensführung zu behandeln?

Lösung

Eine Ausnahme vom Aufteilungsverbot gemischter Aufwendungen gilt für Kfz-Kosten. Diese können im Verhältnis der betrieblichen zur privaten Nutzung aufgeteilt werden, wenn der Stpfl. die für das Kraftfahrzeug insgesamt entstehenden Aufwendungen durch Belege und das Verhältnis der privaten zu den übrigen Fahrten durch ein ordnungsgemäßes Fartenbuch nachweist (§ 6 Abs. 1 Nr. 4 Satz 3 EStG i. d. F. des JStG 1996). In die Aufteilung sind sowohl die laufenden Kosten (Benzin, Öl, Reparaturen) als auch die sog. festen Kosten (Steuer, Versicherung, AfA) miteinzubeziehen. Sonderabschreibungen bleiben jedoch für die Ermittlung des Privatanteils außer Betracht (BFH, in BStBl 1955 III, 205, und BStBl 1988 II, 655). Der Privatanteil ist also nur auf der Grundlage der Normalabschreibung nach § 7 EStG zu ermitteln, d. h. der privatanteilige AfA-Betrag ist so zu berechnen, als ob die Sonderabschreibung nicht vorgenommen worden wäre.

Die privatanteiligen Kfz-Kosten des Wirtschaftsjahres 1996 errechnen sich demnach wie folgt:

Kfz-Kosten insgesamt	30 000 DM
·/. Sonderabschreibung nach § 7g EStG	10 000 DM
maßgebliche Kfz-Kosten	20 000 DM
hiervon 10 % =	2 000 DM

(Schoor)

FALL 26

Pkw-Unfall und Versicherungsentschädigung

Sachverhalt: Ein zum Betriebsvermögen des selbständigen Bausparkassenvertreters A gehörender Pkw (BMW 520 i) wurde am 30. 4. 02 infolge eines Unfalls total beschädigt. Die Anschaffungskosten des im Dezember 01 angeschafften Pkw betrugen 60 000 DM. A nutzte den Pkw zu 80 % für betriebliche und zu 20 % für private Zwecke.

Zum Zeitpunkt des Unfalls hatte der Pkw einen Buchwert von 40 000 DM. A hatte eine Vollkaskoversicherung abgeschlossen.

1. Der Unfall ereignete sich auf einer Privatfahrt des A. Die Versicherungsgesellschaft erstattete A im Juni 02 den Verkehrswert des Pkw in Höhe von 50 000 DM.
2. Der Unfall ereignete sich auf einer betrieblichen Fahrt. Die Versicherungsgesellschaft erstattete A im Juni 02 den Verkehrswert des Pkw in Höhe von 50 000 DM.
3. Der Unfall ereignete sich auf einer betrieblichen Fahrt. A hat den Unfall durch Alkoholeinfluß herbeigeführt. Die Versicherungsgesellschaft lehnte deswegen eine Regulierung des Schadens ab.

Frage: Welche einkommensteuerlichen Folgen ergeben sich im Zusammenhang mit dem Unfall?

▶ Lösung

1. Kommt ein Pkw, der sowohl betrieblich als auch privat genutzt wird, auf einer Privatfahrt zu Schaden, so darf der dadurch entstehende Vermögensverlust den Gewinn nicht mindern (BFH, in BStBl 1964 III, 453, und BStBl 1978 II, 457). Eine Aufteilung des Vermögensverlustes im Verhältnis der

betrieblichen zur privaten Nutzung kommt nicht in Betracht. Der Vermögensverlust, d. h. der Buchwert des Pkw zum Zeitpunkt des Unfalls in Höhe von 40 000 DM, ist als Nutzungsentnahme zu behandeln (BFH, in BStBl 1980 II, 309, und BStBl 1990 II, 8).

Die Versicherungsentschädigung ist nach der Rechtsprechung eine Betriebseinnahme (BFH, in BStBl 1990 II, 8). Ob die Schadensersatzleistung mit dem Buchwert des Pkw zu verrechnen ist, brauchte der BFH im Urteilsfall nicht zu entscheiden, weil der Pkw abgeschrieben war. Das ist zu bejahen, so daß (50 000 DM ·/. 40 000 DM =) 10 000 DM gewinnerhöhend zu erfassen sind (so auch die Urteilsanmerkung in HFR 1990 S. 15 f.).

2. Da sich der Unfall auf einer betrieblichen Fahrt zugetragen hat, ist der Vermögensverlust ohne Rücksicht auf das Verschulden des A und unabhängig vom Anteil der privaten Nutzung des Pkw in voller Höhe als Betriebsausgabe berücksichtigungsfähig (BFH, in BStBl 1978 II, 105). Der Buchwert des Pkw zum Zeitpunkt des Unfalls von 40 000 DM ist daher gewinnmindernd auszubuchen. Die Versicherungsentschädigung von 50 000 DM muß aber in diesem Fall in voller Höhe als Betriebseinnahme erfaßt werden.
3. Wird auf einer an sich betrieblich veranlaßten Fahrt ein Unfall durch Alkoholeinfluß herbeigeführt, dann tritt zu der betrieblichen Veranlassung ein weiterer Anlaß hinzu, welcher der privaten Sphäre zuzurechnen ist, so daß § 12 Nr. 1 EStG eingreift (BFH, in BStBl 1984 II, 434). Ist also das auslösende Moment für den Unfall die alkoholbedingte Fahruntüchtigkeit, ist der Unfall jedenfalls privat mitveranlaßt, so daß ein Betriebsausgabenabzug ausscheidet. Der Buchwert des Pkw zum Zeitpunkt des Unfalls von 40 000 DM ist daher als Nutzungsentnahme zu behandeln. *(Schoor)*

FALL 27

Freiwillige Zuwendungen – Zuwendungen aufgrund einer freiwillig begründeten Rechtspflicht – Zuwendungen an unterhaltsberechtigte Personen

Sachverhalt: B ist die Witwe des verstorbenen Fabrikanten A. Sie bezieht als testamentarische Alleinerbin des A aus der Weiterführung des Fabrikationsbetriebs gewerbliche Einkünfte.

Im Rahmen der Erstellung ihrer Einkommensteuererklärung stellt der Steuerberater fest, daß B im Jahr 01 folgende Zahlungen geleistet hat:

1. Freiwillige Zahlung an ihren Neffen von monatlich 1 000 DM. B hat sich entschlossen, ihn bis zum Abschluß seines Studiums mit monatlich 1 000 DM zu unterstützen. Der Neffe hat im Jahr 01 während der Semesterferien einen Bruttoarbeitslohn von 12 000 DM, und darüber hinaus Vermietungseinkünfte von 15 000 DM erzielt.
2. Zahlungen an ihre Nichte in Höhe von monatlich 1 000 DM. Den Zahlungen liegt ein notarieller Vertrag zugrunde, in dem sich B verpflichtet hat, die Zahlungen für die Dauer des Studiums der Nichte, längstens aber für die Dauer von 10 Jahren zu erbringen. Die Nichte bezieht aus der Vermietung eines Mietwohngrundstücks Einkünfte aus Vermietung und Verpachtung von jährlich rund 25 000 DM.
3. Zahlungen an ihre Schwiegertochter von monatlich 2 000 DM. Die monatlichen Zahlungen werden aufgrund eines notariellen Vertrages für die Dauer von 10 Jahren erbracht. Die Schwiegertochter hat hierfür keine Gegenleistung zu erbringen. Ihr Ehemann – der Sohn der B – bezieht als Geschäftsführer Einkünfte aus nichtselbständiger Arbeit von 200 000 DM jährlich.
4. Zahlungen an eine langjährige Hausgehilfin von monatlich 500 DM. A hat in seinem Testament festgelegt, daß B der ehemaligen Hausgehilfin eine lebenslängliche Rente von monatlich 500 DM zu zahlen hat. Die Hausgehilfin war bei Beginn der Rentenzahlungen 64 Jahre alt.

Frage: Wie sind die vorstehenden Zahlungen steuerlich zu behandeln?

▶ Lösung

1. Die Zahlungen von B an ihren Neffen erfolgen freiwillig, weil sie ohne einen rechtlich wirksamen Grund geleistet werden. Freiwillige Zuwendungen sind vom Abzug ausgeschlossen, es sei denn, daß sie den Tatbestand des § 10 Abs. 1 Nr. 1, 2 bis 7, § 10b oder der §§ 33 bis 33b EStG erfüllen (§ 12 Nr. 2 EStG). Da diese Voraussetzungen hier aber nicht vorliegen, bleiben die Zahlungen von B steuerlich unberücksichtigt.
2. Bei den Zahlungen an die Nichte handelt es sich um Zuwendungen, die auf einer freiwillig eingegangenen Verpflichtung beruhen. Derartige – auf einer freiwillig begründeten Rechtspflicht beruhende – Zuwendungen fallen ebenfalls unter das Abzugsverbot des § 12 Nr. 2 EStG.
3. § 12 Nr. 2 EStG schließt einen Abzug von Zuwendungen auch dann aus, wenn diese an gesetzlich unterhaltsberechtigte Personen oder deren Ehegatten geleistet werden, selbst dann, wenn sie auf einer besonderen Vereinba-

rung (z. B. einem notariellen Vertrag) beruhen. Ein Abzug der an die Schwiegertochter geleisteten Zahlungen kommt daher nicht in Betracht.

4. Zuwendungen aufgrund einer freiwillig begründeten Rechtspflicht liegen nicht vor, d. h. die Freiwilligkeit entfällt, wenn die Leistungen durch einen Dritten angeordnet worden sind. Zwar handelt es sich hier aus der Sicht des Erblassers A um eine freiwillig begründete Rechtspflicht i. S. des § 12 Nr. 2 EStG. Die Zahlungen beruhen jedoch nicht auf einer von der Erbin B freiwillig begründeten Rechtspflicht. B kann daher den Ertragsanteil der Rente von (28 % von 6 000 DM =) 1 680 DM gem. § 10 Abs. 1 Nr. 1a EStG als Sonderausgaben abziehen. *(Schoor)*

FALL 28

Abzug von Steuern und Nebenleistungen

Sachverhalt: Freiberufler A, der seinen Gewinn durch Einnahme-Überschußrechnung ermittelt, erbringt im Jahr 1995 folgende Steuerzahlungen und Nebenleistungen:

1. Einkommensteuernachforderung 1994 und Einkommensteuervorauszahlungen 1995 von insgesamt 100 000 DM.
2. Vermögensteuer 1995 von 500 DM. Die Vermögensteuer hängt zum Teil mit dem Betriebsvermögen des A zusammen.
3. Schenkungsteuer von 2 000 DM.
4. Hundesteuer von 120 DM für den Hund seiner Tochter.
5. Kirchensteuernachforderung 1994 und Kirchensteuervorauszahlungen 1995 von insgesamt 9 000 DM.
6. Grundsteuer von
   – 600 DM für das eigengenutzte Einfamilienhaus;
   – 900 DM für ein fremdvermietetes Zweifamilienhaus.
7. Umsatzsteuer 1995 von 20 000 DM. Die gezahlte Umsatzsteuer hängt in Höhe von 1 400 DM mit Sachentnahmen aus dem Betriebsvermögen und der privaten Verwendung des zum Betriebsvermögen gehörenden Kraftwagens zusammen.
8. Kfz-Steuer von 400 DM für den zum Betriebsvermögen gehörenden Kraftwagen, der laut Fahrtenbuch zu 70 % für betriebliche und zu 30 % für private Zwecke benutzt wird.

9. Säumniszuschläge (§ 240 AO) von 200 DM wegen verspäteter Zahlung der Einkommensteuer;
   Verspätungszuschlag (§ 152 AO) von 100 DM wegen verspäteter Abgabe der Einkommensteuererklärung 1993;
   Zwangsgeld (§ 329 AO) von 50 DM wegen Nichtabgabe der Vermögensteuererklärung auf den 1. 1. 1993.
10. Stundungszinsen (§ 234 AO) von 350 DM im Zusammenhang mit der Stundung der Einkommensteuer 1994.
11. Aussetzungszinsen (§ 237 AO) von 60 DM im Zusammenhang mit einem Rechtsbehelf wegen der Erhebung von Schenkungsteuer.
12. Hinterziehungszinsen (§ 235 AO) im Zusammenhang mit der Hinterziehung von Einkommen- und Umsatzsteuer 1988.
13. Zinsen von 1 500 DM für die Aufnahme eines Kredits zur Bezahlung der Einkommensteuernachforderung 1994.

Frage: Wie sind die von A erbrachten Steuerzahlungen und Nebenleistungen einkommensteuerrechtlich zu behandeln?

▶ Lösung

1. Die Einkommensteuer ist als Personensteuer nicht abzugsfähig (§ 12 Nr. 3 EStG).
2. Dasselbe gilt für die Vermögensteuer. Dabei ist es unerheblich, daß die Vermögensteuer hier zum Teil auf Betriebsvermögen entfällt.
3. Die Schenkungsteuer ist eine sonstige Personensteuer i. S. des § 12 Nr. 3 EStG und daher nicht abzugsfähig (FG Münster, in EFG 1995 S. 1003).
4. Die Hundesteuer zählt als Steuer des persönlichen Aufwands zu den sonstigen Personensteuern; ein Abzug kommt daher nach § 12 Nr. 3 EStG nicht in Betracht.
5. Obgleich die Kirchensteuer eine Personensteuer ist, hat sie der Gesetzgeber in vollem Umfang zum Abzug als Sonderausgaben zugelassen (§ 10 Abs. 1 Nr. 4 EStG). Abzugsfähig in 1995 sind 9 000 DM.
6. Die Grundsteuer für das eigengenutzte Einfamilienhaus bleibt steuerlich unberücksichtigt, da sie mit einem privaten, steuerlich nicht relevanten, Wirtschaftsgut, nämlich der eigenen Wohnung, zusammenhängt.
   Die Grundsteuer für das Zweifamilienhaus ist als Werbungskosten bei den Einkünften aus Vermietung und Verpachtung abzugsfähig.

7. Zu den nicht abzugsfähigen Ausgaben des § 12 Nr. 3 EStG gehört auch die Umsatzsteuer für den Eigenverbrauch und für sonstige Leistungen, die Entnahmen sind. Die Umsatzsteuer von 1 400 DM ist daher nicht abziehbar.
8. Die Kfz-Steuer ist in Höhe von (70 % von 400 DM =) 280 DM als Betriebsausgaben abzugsfähig; im übrigen ist ein Abzug nicht möglich.
9. Säumniszuschläge, Verspätungszuschläge und Zwangsgelder teilen das rechtliche Schicksal der Steuer, zu der sie gehören (R 121 EStR 1993). Da sie im vorliegenden Fall auf Personensteuern entfallen, sind sie ebensowenig abziehbar wie die genannten Steuern selbst.
10. Stundungszinsen auf Personensteuern dürfen vom Veranlagungszeitraum 1990 an als Sonderausgaben abgezogen werden (§§ 10 Abs. 1 Nr. 5, 52 Abs. 1 EStG).
11. Die für Stundungszinsen getroffene Regelung gilt auch für Aussetzungszinsen, d. h. Aussetzungszinsen auf Personensteuern sind ab dem Veranlagungszeitraum 1990 als Sonderausgaben abzugsfähig.
12. Hinterziehungszinsen auf Betriebs- und Personensteuern dürfen nicht abgezogen werden (§§ 4 Abs. 5 Nr. 8a, 12 Nr. 3 EStG). Für Hinterziehungszinsen auf Personensteuern galt diese Regelung bereits für Veranlagungszeiträume vor 1990 (vgl. § 52 Abs. 14a EStG). Für Hinterziehungszinsen auf Betriebssteuern gilt dieses Abzugsverbot ab 1990.
13. Das Abzugsverbot des § 12 Nr. 3 EStG gilt auch für Aufwendungen, die mit den in dieser Vorschrift für nicht abzugsfähig erklärten Steuern in Zusammenhang stehen. Die Zinsen, die für die Aufnahme des Kredits zum Zwekke der Bezahlung der Einkommensteuer 1994 angefallen sind, sind daher nicht abzugsfähig (Hess. FG, in EFG 1981 S. 624). *(Schoor)*

FALL 29

Abzug von Geldstrafen, Geldbußen, Anwalts- und Gerichtskosten

Sachverhalt: A ist Gewerbetreibender.

1. Im Jahr 01 wird er wegen Vorenthaltung von für die AOK bestimmten Sozialversicherungsbeiträgen in einem Strafverfahren zu einer Geldstrafe von 5 000 DM verurteilt. Die Aufwendungen für den Strafverteidiger belaufen sich auf 1 500 DM, die Gerichtskosten des Strafverfahrens auf 1 000 DM.

2. Ebenfalls im Jahr 01 wird A auf einer Fahrt von seiner Wohnung zu seinem Büro in einen Verkehrsunfall verwickelt. Da A den Unfall verschuldet hat, wird gegen ihn eine Geldbuße von 300 DM festgesetzt. Die Rechtsanwaltskosten und die Kosten des Verfahrens betragen 150 DM.

Frage: Wie sind die vorgenannten Aufwendungen einkommensteuerrechtlich zu behandeln?

Lösung

1. Nach § 12 Nr. 4 EStG dürfen in einem Strafverfahren festgesetzte Geldstrafen weder bei den einzelnen Einkunftsarten noch vom Gesamtbetrag der Einkünfte abgezogen werden. A kann daher die Geldstrafe von 5 000 DM nicht abziehen.

   Die Kosten des Strafverfahrens, d. h. die Anwalts- und Gerichtskosten, sind in das Abzugsverbot des § 12 Nr. 4 EStG nicht einbezogen worden. Aufwendungen für die Strafverteidigung und Kosten des Strafverfahrens sind als Betriebsausgaben abzugsfähig, wenn die dem Strafverfahren zugrunde liegende Tat – wie hier – in Ausübung der betrieblichen Tätigkeit begangen worden ist (R 120 EStR 1993). A kann daher die Aufwendungen für den Strafverteidiger und die Gerichtskosten von insgesamt 2 500 DM als Betriebsausgaben abziehen.

2. Die Geldbuße ist zwar betrieblich veranlaßt, weil der Unfall auf einer betrieblichen Fahrt geschah. Ein Abzug kommt jedoch nicht in Betracht, weil das Abzugsverbot des § 4 Abs. 5 Nr. 8 EStG eingreift. Danach sind betrieblich veranlaßte Geldbußen nicht abzugsfähig.

   Die Anwalts- und Verfahrenskosten fallen aber nicht unter das Abzugsverbot. Diese sind – wie im Fall eines betrieblich veranlaßten Strafverfahrens – als Betriebsausgaben abzugsfähig (R 24 EStR 1993). *(Schoor)*

FALL 30

Erstattung von Strafprozeßkosten an einen Arbeitnehmer

Sachverhalt: A betreibt ein Hoch- und Tiefbauunternehmen. Seine Arbeitnehmer befördert er mit eigenen Kraftwagen zu den jeweiligen Baustellen. Auf einer solchen Fahrt verschuldete der den Kraftwagen führende Arbeitnehmer B einen Verkehrsunfall, bei dem ein Radfahrer verletzt wurde. Gegen B wurde ein Strafverfahren eingeleitet. A ersetzte dem B die gegen diesen festgesetzte Geldstrafe von 2 000 DM sowie die Kosten des Strafverfahrens (Anwalts- und Gerichtskosten) von 1 000 DM.

Frage:

1. Ist A berechtigt, die Strafprozeßkosten von insgesamt 3 000 DM als Betriebsausgaben abzuziehen?
2. Sind die Strafprozeßkosten bei B steuerlich berücksichtigungsfähig?

Lösung

1. Für die Abzugsfähigkeit der Kosten eines Strafprozesses, die ein Unternehmer seinem Arbeitnehmer erstattet, gelten andere Grundsätze als für den Abzug von Strafprozeßkosten, die bei dem Unternehmer selbst als Angeklagten anfallen. Die vom Arbeitgeber dem Arbeitnehmer erstatteten Strafprozeßkosten sind grundsätzlich steuerpflichtiger Arbeitslohn des Arbeitnehmers, weil sie durch das Arbeitsverhältnis veranlaßt sind. Die Behandlung als Arbeitslohn beim Arbeitnehmer führt zwangsläufig zur Abzugsfähigkeit beim Arbeitgeber als Betriebsausgabe (BFH, in HFR 1965 S. 161). A ist daher berechtigt, die seinem Arbeitnehmer B erstatteten Strafprozeßkosten von 3 000 DM als Betriebsausgaben abzusetzen.
2. Bei B gehören die erstatteten Beträge zum Arbeitslohn. Er kann zwar die Anwalts- und Gerichtskosten, aber nicht die Geldstrafe als Werbungskosten im Rahmen seiner Einkünfte aus nichtselbständiger Arbeit abziehen; der Abzug der Geldstrafe ist durch § 12 Nr. 4 EStG ausgeschlossen. *(Schoor)*

E. Sonderausgaben

FALL 31

Unterhaltsleistungen an den geschiedenen Ehegatten

Sachverhalt: A ist schon seit Jahren von seiner Ehefrau B geschieden; beide sind unbeschränkt einkommensteuerpflichtig. A hat sich im Jahr 03 verpflichtet,

a) 15 000 DM Unterhalt jährlich zu zahlen,

b) 30 000 DM Unterhalt jährlich zu zahlen.
   Die Ehefrau hat im Fall a und b ihre Zustimmung zum Sonderausgabenabzug beim Geber erteilt.
c) Wie Fall a, die Ehefrau beschränkt ihre Zustimmung im Einvernehmen mit A jedoch auf einen Betrag von 10 000 DM.
d) Wie Fall a, die Ehefrau gibt ihre Zustimmung nicht. Der Bruttoarbeitslohn von B beträgt 7 400 DM.
e) Wie Fall a, die Ehefrau hat ihre Zustimmung im Jahr 01 gegeben.

Frage: Wie sind die gezahlten Unterhaltsleistungen jeweils zu behandeln?

▶ Lösung

a) A kann gemäß § 10 Abs. 1 Nr. 1 EStG auf Antrag die gezahlten 15 000 DM Unterhaltsleistungen als Sonderausgaben geltend machen. B hat Einkünfte nach § 22 Nr. 1a EStG.

   Nach dem BFH-Urteil vom 12. 7. 1989 (BStBl II, 957) kann der Antrag selbst nach Bestandskraft beider Steuerfestsetzungen noch gestellt werden. Der Einkommensteuerbescheid ist dann nach § 175 Abs. 1 Satz 1 Nr. 2 AO zu ändern.
b) A kann einen Betrag von 27 000 DM geltend machen. B hat auch nur in dieser Höhe (abzüglich 200 DM Werbungskosten) Einkünfte gem. § 22 Nr. 1a EStG zu versteuern. Der über den Betrag von 27 000 DM hinausgehende Betrag von 3 000 DM kann nicht nach § 33a Abs. 1 EStG berücksichtigt werden, da nach R 86b Abs. 3 EStR 1993 die Vorschriften des § 10 Abs. 1 Nr. 1 EStG und des § 33a Abs. 1 EStG grundsätzlich nicht nebeneinander angewendet werden können (zur Anwendung beider Vorschriften in einem VZ vgl. Fall 33).
c) Der Antrag nach § 10 Abs. 1 Nr. 1 EStG kann auf einen Teilbetrag der Unterhaltsleistungen beschränkt werden (R 86b Abs. 1 EStR 1993). A kann 10 000 DM als Sonderausgaben abziehen.
d) Da die Zustimmungserklärung von B nicht vorliegt, können die Unterhaltszahlungen nicht als Sonderausgaben berücksichtigt werden. Eine Steuerermäßigung kann nur nach § 33a Abs. 1 EStG erreicht werden. Der abziehbare Betrag wird wie folgt ermittelt:

Höchstbetrag		12 000 DM
eigene Einkünfte	5 400 DM	
·/. unschädlicher Betrag	1 200 DM	

= schädliche Einkünfte	4 200 DM	4 200 DM
		7 800 DM

Die geleisteten Aufwendungen mit 15 000 DM sind daher mit maximal 7 800 DM abziehbar.

e) Seit 1990 bindet die Zustimmung grundsätzlich auf Dauer. Sie kann jedoch **vor Beginn des Kalenderjahres**, für das sie erstmals nicht gelten soll, gegenüber dem Finanzamt widerrufen werden. *(Siegle)*

FALL 32

Zeitliche Bindung an die Zustimmung

Sachverhalt:

Der Steuerpflichtige A reicht im Mai 03 seine Einkommensteuererklärung für 01 ein mit der im April 03 erstmals erteilten Zustimmung.

Frage: Für welchen VZ kann die Zustimmung frühestens widerrufen werden?

Lösung

Die Bindungswirkung tritt ein mit Eingang der Zustimmungserklärung beim Finanzamt. Die Zustimmung gilt für die VZ 01, 02 und 03. Der Unterhaltsempfänger ist an seine Zustimmung insoweit gebunden, weil ein Widerruf für die VZ 02 und 03 nicht möglich ist. Er kann gemäß § 10 Abs. 1 Nr. 1 Satz 4 EStG die Zustimmung erst mit Wirkung für den VZ 04 widerrufen. *(Siegle)*

FALL 33

Unterhaltsleistungen bei beschränkter Steuerpflicht

Sachverhalt:

a) Rechtsanwalt A zahlt seiner geschiedenen Ehefrau B monatlich 1 000 DM Unterhalt. Am 30. 6. wandert A in die Schweiz aus. Er hat anschließend keine inländischen Einkünfte mehr. Die Ehefrau hat dem Sonderausgabenabzug zugestimmt.

b) Wie Fall a, aber nicht A, sondern B wandert am 31. 3. aus.

Frage: Wie sind die geleisteten Unterhaltszahlungen bei A steuerlich zu behandeln?

Lösung

a) A kann nur die während seiner unbeschränkten Steuerpflicht geleisteten 6 000 DM als Sonderausgaben gem. § 10 Abs. 1 Nr. 1 EStG geltend machen.

b) Die Unterhaltszahlungen sind grundsätzlich nur während des Bestehens der unbeschränkten Steuerpflicht der Ehefrau Sonderausgaben. A kann also 3 000 DM als Sonderausgaben berücksichtigen. In H 86b wird jedoch darauf hingewiesen, daß ein Abzug von Unterhaltsleistungen an einen nicht unbeschränkt steuerpflichtigen Empfänger aufgrund eines DBA in Betracht kommen kann (z. B. DBA mit Kanada und USA). Andernfalls kann für die übrigen Unterhaltsleistungen bei Vorliegen der weiteren Voraussetzungen nur noch eine Berücksichtigung im Rahmen des § 33a Abs. 1 EStG in Betracht kommen. In diesem Fall können also in einem VZ Unterhaltsleistungen an denselben Empfänger sowohl als Sonderausgaben als auch als außergewöhnliche Belastungen berücksichtigt werden. Nach § 1a Abs. 1 Nr. 1 EStG kann ab VZ 1996 der Sonderausgabenabzug von Staatsangehörigen eines EU/EWR-Mitgliedstaates, die nach § 1 Abs. 1 EStG unbeschränkt einkommensteuerpflichtig sind und die Einkommensvoraussetzungen des § 1 Abs. 3 Satz 2 bis 4 EStG erfüllen oder nach § 1 Abs. 3 EStG auf Antrag als unbeschränkt einkommensteuerpflichtig zu behandeln sind, auch in Anspruch genommen werden, wenn der Empfänger in einem anderen EU/EWR – Mitgliedstaat ansässig ist und die Besteuerung der empfangenen Unterhaltszahlungen durch eine Bescheinigung der zuständigen ausländischen Steuerbehörde nachgewiesen wird. *(Siegle)*

FALL 34

Erfüllung von Unterhaltsverpflichtungen durch Überlassung einer Wohnung

Sachverhalt: Der geschiedene unterhaltsverpflichtete Ehemann A erfüllt seine Unterhaltspflicht, indem er das in seinem Alleineigentum stehende Einfamilienhaus der Ehefrau zur Nutzung überläßt. Der Nutzungswert beträgt 1 000 DM monatlich. Außerdem verpflichtet sich A, die Schuldzinsen von derzeit jährlich 2 000 DM allein zu tragen. Sonstige Werbungskosten einschließlich der Abschreibung sind in Höhe von 4 000 DM angefallen.

Frage: Wie wirkt sich dieser Sachverhalt steuerlich bei A aus?

Lösung

Unterhaltsleistungen an den geschiedenen oder dauernd getrennt lebenden Ehegatten können auch in der Überlassung einer Wohnung bestehen (H 86b). Würde A eine angemietete Wohnung überlassen, für die er die Miete weiterhin bezahlt, so wären die Mietaufwendungen unstrittig als Unterhaltsleistungen abziehbar. Bei der Überlassung eines eigenen Einfamilienhauses ist die steuerliche Behandlung dagegen umstritten.

Nach früherer Auffassung der Verwaltung (Abschn. 161 Abs. 3 EStR 1990) war in der Überlassung einer Wohnung zur Abgeltung einer Unterhaltsverpflichtung ein entgeltlicher Vorgang zu sehen (vgl. auch OFD Münster v. 16. 5. 1986, DB 1986 S. 1751). A erzielte daher aus der Überlassung der Wohnung Einkünfte nach § 21 Abs. 1 EStG und konnte diesen Betrag im Rahmen des Realsplittings nach § 10 Abs. 1 Nr. 1 EStG als Sonderausgaben wieder abziehen. Außerdem war er mit Rücksicht auf das angenommene Mietverhältnis zum vollen Werbungskostenabzug berechtigt. A hatte somit den Betrag von 6 000 DM nach § 21 Abs. 1 EStG zu versteuern und konnte 12 000 DM als Sonderausgaben abziehen.

Diese Auffassung führt allerdings zu einem völlig unbefriedigenden Ergebnis, falls der Unterhaltsverpflichtete die erforderliche Zustimmungserklärung von seiner geschiedenen Ehefrau nicht erhält. Da er sein Haus gegen Entgelt zur Nutzung überläßt, obwohl er keine Mieteinnahmen erzielt, erhöht sich sein Einkommen um 6 000 DM oder, falls keine Werbungskosten mehr anfallen, sogar um 12 000 DM.

Mit Urteil vom 17. 3. 1992 (BStBl II, 1009) verneint der BFH eine entgeltliche Überlassung mit der Folge, daß dem Unterhaltsverpflichteten keine Einkünfte aus Vermietung und Verpachtung zuzurechnen sind. Nach derzeitiger Verwaltungsauffassung sind Unterhaltsleistungen nur in Höhe der durch die Nutzung verursachten, vom Geber getragenen Aufwendungen (z. B. Grundsteuer, Strom-, Wasser-, und Heizkosten) anzuerkennen. Abschreibungsbeträge sollen danach ausgeschlossen sein (a. A. Schmidt/Drenseck EStG § 21 Anm. 62; a. A. auch Söhn in Kirchhof/Söhn, EStG, § 10 Rdnr. C 29, danach ist die entgangene Miete anzusetzen). Durch das BFH-Urteil vom 16. 1. 1996 (BStBl II, 214) ist jetzt allerdings entschieden, daß der Abschluß eines Mietvertrages mit dem geschiedenen Ehegatten und die Verrechnung der Miete mit dem geschuldeten Barunterhalt keinen Mißbrauch von Gestaltungsmöglichkeiten darstellt.

(Siegle)

FALL 35

Vereinbarung einer „dauernden Last“ als Gegenleistung für einen Geldbetrag

Sachverhalt: Der Steuerpflichtige A erhielt am 1. 7. 01 von seinen Eltern aufgrund des an diesem Tag geschlossenen „Leibrentenvertrags“ 15 000 DM. Er verpflichtete sich gleichzeitig, seinen Eltern eine lebenslängliche „Leibrente“ von monatlich 200 DM zu zahlen. Die Rentenverpflichtung unterlag ferner der Anpassung entsprechend dem Rechtsgedanken des § 323 ZPO. Der Barwert der Verpflichtung beträgt 25 000 DM.

Frage: Kann A die im Jahre 01 gezahlten 1 200 DM gem. § 10 Abs. 1 Nr. 1a EStG als Sonderausgaben geltend machen?

Lösung

Wegen der durch Bezugnahme auf § 323 ZPO vereinbarten Abänderbarkeit der Rente lag nach früherer Rechtsprechung eine dauernde Last vor. Allerdings hat der BFH mit Urteil vom 13. 8. 1985 (BStBl II, 709) entschieden, daß entgeltlich im Austausch mit einer Gegenleistung übernommene dauernde Lasten nur insoweit als Sonderausgaben abgezogen werden können, als die Summe der wiederkehrenden Leistungen den Wert der Gegenleistung übersteigt.

Nach dieser sog. Wertverrechnungstheorie könnten die wiederkehrenden Zahlungen erst dann abgezogen werden, wenn sie den Betrag von 15 000 DM übersteigen.

Durch Beschluß vom 15. 7. 1991 (BStBl 1992 II, 78) hat der Große Senat entschieden, daß in vollem Umfang abziehbare dauernde Lasten insbesondere dann vorliegen, wenn in sachlichem Zusammenhang mit einer Vermögensübergabe vereinbarte wiederkehrende Leistungen geleistet werden. Nach Auffassung des X. Senats des BFH (BStBl 1992 II, 609) liegt hier ein „Unterhaltskauf“ vor, der sich nicht unter den Tatbestand „Vermögensübergabe“ subsumieren läßt, da in einem (auch größeren) Geldbetrag keine Wirtschaftseinheit zu erblicken sei. Die hier getroffene Gestaltung ist wie ein darlehensähnlicher Vorgang zu behandeln. Daher liegt in den Rentenzahlungen zunächst eine Kapitalrückzahlung vor, verbunden mit einer Zinszahlung. Der Anteil der wiederkehrenden Leistungen, der die Kapitalrückzahlung und den Zinsanteil übersteigt, ist eine Zuwendung an eine unterhaltsberechtigte Person und gem. § 12 Nr. 2 EStG vom Sonderausgabenabzug ausgeschlossen. *(Siegle)*

FALL 36

Vermögensübertragung unter Vorbehaltsnießbrauch gegen dauernde Last

Sachverhalt: Tochter A erhält von ihrer Mutter eine an Dritte vermietete Eigentumswohnung unter Vorbehalt des lebenslänglichen Nießbrauchs übertragen. Da die Mutter keine ausreichende Altersversorgung hat, verpflichtet sich A im Übergabevertrag, monatlich 500 DM zu bezahlen. Die Zahlungsverpflichtung soll nach § 323 ZPO abänderbar sein. Der Wert der Eigentumswohnung beträgt 500 000 DM, der Barwert der Rente 200 000 DM.

Frage: Sind die monatlichen Zahlungen als Sonderausgaben gem. § 10 Abs. 1 Nr. 1a EStG abziehbar?

Lösung

Die Abziehbarkeit der dauernden Last setzt voraus, daß der Übernehmer des Vermögens Erträge erwirtschaftet und an den Übergeber weiterleitet. Hier ist eine Erzielung von Erträgen durch den Vermögensübernehmer von vornherein unmöglich, weil sich der Übergeber den gesamten Ertrag des Vermögens vorbehalten hat und ihm ohnehin die Einkünfte aus der Nutzung dieses Vermögens zugerechnet werden. Die wiederkehrenden Zahlungen des Übernehmers lassen sich deshalb nicht als vorbehaltene Vermögenserträge, sondern nur als Unterhaltsleistungen qualifizieren. Die monatlichen Zahlungen sind somit nicht als Sonderausgaben abzugsfähig (BFH vom 23. 3. 1992, BStBl II, 803). *(Siegle)*

FALL 37

Übertragung eines Mietwohngrundstücks im Wege der vorweggenommenen Erbfolge

Sachverhalt:

a) A überträgt am 1. 7. 01 im Wege der vorweggenommenen Erbfolge sein lastenfreies Mietwohngrundstück auf seinen Sohn B. Der gemeine Wert des Grundstücks würde in diesem Zeitpunkt 400 000 DM betragen. In dem Übergabevertrag wurde der Sohn verpflichtet, vom 1. 7. 01 an monatlich im voraus auf Lebenszeit des A eine Rente von 2 000 DM zu zahlen. A hat am 1. 5. 01 das 65. Lebensjahr vollendet und bezieht nur eine geringe Altersrente. Der Kapitalwert der Leibrente beträgt rund 200 000 DM. § 323 ZPO ist in dem Vertrag nicht erwähnt.

b) Wie a, aber in den Übergabevertrag wird aufgenommen, daß die monatliche Rente von 2 000 DM nicht nach den wirtschaftlichen Verhältnissen der Beteiligten abgeändert werden kann.

Frage: Wie sind die von B gezahlten Beträge steuerlich zu behandeln? Welche Abschreibungsmöglichkeit hat B?

▶ Lösung

Mit Beschluß vom 5. 7. 1990 (BStBl II, 847) hat der Große Senat des BFH entgegen dem vorlegenden IX. Senat entschieden, daß Vermögensübertragungen unter der Auflage von Versorgungsleistungen weiterhin als unentgeltlicher Vorgang zu behandeln sind. Mit seinem weiteren Beschluß vom 15. 7. 1991 (BStBl 1992 II, 78) hat der Große Senat die bisherige Rechtsprechung zur steuerlichen Behandlung von Versorgungsleistungen im wesentlichen bestätigt. Danach liegt eine Versorgungsrente vor, die nach § 10 Abs. 1 Nr. 1a EStG abzugsfähig ist, wenn im Rahmen der vorweggenommenen Erbfolge eine Einkunftsquelle auf nahe Angehörige übertragen wird.

Die frühere Rechtsprechung des BFH grenzte die Leibrente und die dauernde Last im wesentlichen danach ab, ob der Übergabevertrag eine Vertragsklausel enthält, die auf § 323 ZPO Bezug nimmt. Die Möglichkeit der Abänderung der wiederkehrenden Leistungen will der Große Senat des BFH nunmehr insbes. den Umständen des Vertrages entnehmen. Nach der Folgerechtsprechung des X. Senats des BFH sind die Versorgungsleistungen bei dem besonderen Rechtsinstitut „Vermögensübergabe gegen Versorgungsleistungen" im Grundsatz als dauernde Last zu qualifizieren (BStBl 1992 II, 409). Damit bedarf es einer Bezugnahme auf § 323 ZPO nicht mehr, um zu einer dauernden Last zu gelangen. Sofern die steuerlichen Folgen einer Leibrente gewünscht werden, sollte die Abänderbarkeit der vereinbarten Versorgungsleistungen daher ausdrücklich ausgeschlossen werden.

a) Auf die Rechtsnatur des Versorgungsvertrages abstellend, ist die monatliche Rente als dauernde Last einzustufen. Bei B können also die gezahlten 12 000 DM als Sonderausgabe berücksichtigt werden.

b) Es handelt sich um eine private Versorgungsrente mit unentgeltlicher Vermögensübertragung. Die wiederkehrenden Leistungen sind als Leibrenten i. S. des § 10 Abs. 1 Nr. 1a EStG anzusehen. Sie sind nur mit dem Ertragsanteil von 27 % abzugsfähig. Beim Verpflichteten B können im Jahr 01 also 27 % von 12 000 DM = 3 240 DM als Sonderausgaben berücksichtigt werden. Korrespondierend dazu hat A die Rente gem. § 22 Nr. 1 EStG mit dem Ertragsanteil zu versteuern.

Da jeweils eine unentgeltliche Übertragung vorliegt, hat B die Steuerwerte und die AfA-Methode des Vaters fortzuführen (§ 11d EStDV). *(Siegle)*

FALL 38

Übertragung eines Mietwohngrundstücks im Wege der vorweggenommenen Erbfolge gegen Unterhaltsrente

Sachverhalt: A überträgt mit Wirkung vom 1. 7. 01 im Wege der vorweggenommenen Erbfolge ein Mietwohngrundstück auf seinen Sohn B. Der gemeine Wert beträgt in diesem Zeitpunkt 200 000 DM. In dem Übergabevertrag wird eine monatliche Versorgungsleibrente von 4 500 DM mit jederzeitiger Abänderungsmöglichkeit und Wertsicherungsklausel vereinbart. Der Kapitalwert der Leibrentenverpflichtung soll in diesem Zeitpunkt 450 000 DM betragen. A hat am 1. 5. 01 das 65. Lebensjahr vollendet.

Frage: B möchte wissen, ob und ggf. in welcher Höhe er die Beträge nach § 10 Abs. 1 Nr. 1a EStG berücksichtigen kann?

Lösung

Die Gegenleistung muß im Verhältnis zur Rentenleistung einen ins Gewicht fallenden Wert aufweisen. Die bisherige Rechtsprechung und die Finanzverwaltung stellen darauf ab, ob der Wert der Gegenleistung überschlägig mindestens die Hälfte des Werts der wiederkehrenden Leistung erreicht (R 123 Satz 6 EStR 1993, BMF-Schreiben vom 13. 1. 1993, BStBl I, 80).

Da hier der gemeine Wert des übertragenen Vermögens nicht wenigstens die Hälfte des Kapitalwerts der Rentenverpflichtung (½ von 450 000 DM = 225 000 DM) erreicht, steht § 12 Nr. 2 EStG der Abzugsfähigkeit der wiederkehrenden Beträge entgegen. Es handelt sich um eine Unterhaltsrente mit unentgeltlicher Vermögensübertragung. Die Rente ist bei B nicht abzugsfähig und bei A nicht steuerpflichtig nach § 22 Nr. 1 Satz 2 EStG. Der Verpflichtete kann in diesen Fällen unter den weiteren Voraussetzungen allenfalls eine Steuerermäßigung nach § 33a Abs. 1 EStG erlangen.

Anmerkung:

Der für Sonderausgaben zuständige X. Senat des BFH tendiert im Gegensatz zum XI. Senat dazu, die 50%-Grenze aufzuheben. Die 50%-Grenze wird jedenfalls dann in Zweifel gezogen, wenn die wiederkehrenden Zahlungen nicht aus den erzielbaren Vermögenserträgen geleistet werden können (BStBl 1992 II, 803). Diese Situation wird sich insbesondere dann ergeben, wenn der Barwert der wiederkehrenden Leistungen den Wert des übertragenen Vermögens deutlich übersteigt (vgl. auch Fischer, DB 1993 S. 1002 ff., Martin, BB 1993 S. 1773 ff.).

(Siegle)

FALL 39

Erwerb eines selbstgenutzten Einfamilienhauses gegen Leibrente

Sachverhalt: A hat am 1. 2. 01 ein Einfamilienhaus von B erworben (Verkehrswert 400 000 DM), das er von diesem Zeitpunkt an selbst bewohnt. Als Gegenleistung für die Übertragung des Hauses hat A bis zum Lebensende des B eine nach kaufmännischen Gesichtspunkten ermittelte monatliche Zahlung von 3 500 DM zu erbringen (Kapitalwert 385 000 DM). Der Veräußerer B ist 62 Jahre alt.

Frage: Wie können die Rentenzahlungen steuerlich berücksichtigt werden?

Lösung

Hier liegt eine Veräußerungsrente vor, da sich Leistung und Gegenleistung ausgewogen gegenüberstehen. Bei vermieteten Wohnungen wäre der Ertragsanteil der Rente als Werbungskosten abzugsfähig. Da ab 1. 1. 1987 bei einem eigengenutzten Einfamilienhaus kein Nutzungswert mehr anzusetzen ist, sind die Rentenzahlungen dem Grunde nach keine Werbungskosten mehr (Schmidt/Drenseck, EStG § 10e Anm. 140). Dies hat bei Erwerb der Wohnung gegen Rente zur Folge, daß der Ertragsanteil der Rente als Sonderausgabe nach § 10 Abs. 1 Nr. 1a EStG abzuziehen ist. § 12 Nr. 2 EStG steht diesem Abzug nicht entgegen; wegen der Gegenleistung in Form des Wertes der Wohnung ist die Rente keine Zuwendung i. S. des § 12 EStG.

A kann also im Jahr 01 30 % von 38 500 DM = 11 550 DM als Sonderausgaben abziehen.

Darüber hinaus kann A von den nach dem Kapitalwert der Rente errechneten Anschaffungskosten die Eigenheimzulage beanspruchen.

Diese Lösung entspricht der bisher von der Finanzverwaltung vertretenen Rechtsauffassung. Nach neuerer Rechtsprechung des BFH zeichnet sich jedoch eine andere Lösung ab. Danach sind wiederkehrende Leistungen, die im Austausch mit einer Gegenleistung erbracht werden, stets in einen Kapital- und einen Zinsanteil zu zerlegen. Der in den wiederkehrenden Leistungen enthaltene Zinsanteil ist bei einkunftsrelevanter Nutzung als Betriebsausgaben oder Werbungskosten abziehbar. Der Abzug als dauernde Last ist demnach ausgeschlossen, da dies nur noch für Versorgungsleistungen im Rahmen einer Vermögensübergabe in Betracht kommt.

A hat Anschaffungskosten in Höhe des Kapitalwerts der Rente. B hat den Zinsanteil der Rentenzahlungen gem. § 20 Abs. 1 Nr. 7 EStG zu versteuern. Aus Vereinfachungsgründen bestimmt sich dessen Höhe nach dem Ertragsanteil gem. § 22 EStG (BFH vom 26. 11. 1992, BStBl 1993 II, 298). *(Siegle)*

FALL 40

Übertragung eines Betriebs gegen private Versorgungsrente

Sachverhalt:

a) Schreinermeister Martin Holz und seine Ehefrau haben mit Wirkung vom 1. 1. 01 ihren gewerblichen Betrieb (je ½) mit allen Aktiva und Passiva auf ihren Sohn Fritz übertragen. Der Verkehrswert des Betriebs wurde zum 1. 1. 01 mit 480 000 DM ermittelt. Im Übertragungsvertrag hat Fritz seinen Eltern gemeinsam eine Rente auf Lebenszeit von monatlich insgesamt 2 600 DM zugesagt, die nach dem Tod des zuerst Sterbenden für den verbleibenden Elternteil auf 1 300 DM reduziert wird. Bei der Bemessung der Höhe der Rentenzahlungen haben sich die Parteien nach den Bedürfnissen der Eltern gerichtet. Nach den vertraglichen Vereinbarungen ist der Rentenbetrag nicht nach den wirtschaftlichen Verhältnissen der Beteiligten abzuändern.

   Am 1. 1. 01 ist die Mutter 62, der Vater 66 Jahre alt.

b) wie a), der Verkehrswert für den übertrgenen Betrieb beträgt 90 000 DM.

Frage: In welcher Form kann Sohn Fritz seine monatlichen Zahlungen steuerlich berücksichtigen?

Lösung ◀

a) Die Grundsätze, die der Große Senat des BFH in seinen Beschlüssen vom 5. 7. 1990 und 15. 7. 1991 (a. a. O.) zur vorweggenommenen Erbfolge im

Privatvermögen aufgestellt hat, gelten auch für die Übertragung von Betriebsvermögen im Rahmen einer vorweggenommenen Erbfolge. Da die zugesagte Rentenverpflichtung in erster Linie die Versorgung der Eltern sichern soll, handelt es sich nicht um eine betriebliche Schuld, sondern um eine private Versorgungsrente. Ob ein Abzug der Rentenzahlungen als Sonderausgaben nach § 10 Abs. 1 Nr. 1a EStG in Betracht kommen kann, hängt davon ab, ob der Unterhaltscharakter der Zuwendungen oder der Gesichtspunkt der Gegenleistung überwiegt (R 123 Satz 6 EStR 1993).

Der Rentenbarwert ist nach § 14 Abs. 1 BewG i. V. mit Abschn. 20 Abs. 6 VStR wie folgt zu ermitteln:

31 200 DM × 8,723	272 158 DM
15 600 DM × (11,484 ·/. 8,723) = 2,761	43 072 DM
	315 230 DM

Da der Wert des übertragenen Vermögens (480 000 DM) weit mehr als die Hälfte des Rentenbarwerts ausmacht, überwiegt der Gesichtspunkt der Gegenleistung, so daß das Abzugsverbot nach § 12 Nr. 2 EStG nicht greift.

Sohn Fritz kann den Ertragsanteil der Rentenzahlungen gem. § 10 Abs. 1 Nr. 1a EStG als Sonderausgaben abziehen. Der Ertragsanteil ist wie folgt zu ermitteln (vgl. H 167):

(a) Sockelbetrag bis zum Tod des zuletzt Sterbenden 15 600 DM, Ertragsanteil nach dem Lebensalter der jüngsten Person = 30 %	4 680 DM
(b) Mehrbetrag des über den Sockelbetrag hinausgehenden Rentenanteils 15 600 DM, Ertragsanteil nach dem Lebensalter der älteren Person = 26 %	4 056 DM
	8 736 DM

b) Da jetzt der Wert des übertragenen Vermögens weniger als die Hälfte des Rentenbarwerts ausmacht, überwiegt der Unterhaltscharakter. Die Rentenzahlungen sind wegen § 12 Nr. 2 EStG nicht als Sonderausgaben berücksichtigungsfähig. Unter den weiteren Voraussetzungen des § 33a Abs. 1 EStG ist allenfalls ein Abzug als außergewöhnliche Belastung möglich.

(Siegle)

FALL 41

Sonderausgaben

Sachverhalt: Der selbständige, in München wohnhafte Maurermeister A, verheiratet, zwei Kinder (5 und 7 Jahre alt), beantragt die Berücksichtigung der folgenden im Jahr 1996 geleisteten Aufwendungen als Sonderausgaben:

1. Für die Kfz-Haftpflichtversicherung des dem Sohn gehörenden Pkw 800 DM. Das Fahrzeug wird ausschließlich vom Sohn genutzt, der auch alle Unterhaltskosten bestreitet. Um einen Schadenfreiheitsrabatt auszunutzen, wurde es auf den Namen des Vaters versichert.
2. Beiträge für eine Kapitallebensversicherung mit Sparanteil (Laufzeit 12 Jahre) bei der Allianz Lebensversicherungs-AG in Höhe von 11 500 DM. Zum Zwecke der Beitragsleistung muß A bei seiner Hausbank einen Kredit in gleicher Höhe aufnehmen.
3. Unfallversicherung bei der Schweizerischen Lebensversicherungs- und Rentenanstalt Zürich: 360 DM.
4. Lebensversicherung (Kapitalversicherung mit Sparanteil) bei derselben Gesellschaft: monatlich 150 DM. Die Versicherung wurde am 1. 1. 1987 abgeschlossen und wird mit dem Tode des A, spätestens jedoch am 1. 1. 1998, fällig.
5. Krankenversicherung monatlich 500 DM.
6. Die Beiträge für die Pflegeversicherung belaufen sich 1996 auf 1520 DM.
7. Haftpflichtversicherung

a) Privathaftpflicht	120 DM
b) Hundehaftpflicht	180 DM
c) Kfz-Haftpflicht	650 DM
d) Vollkasko Kfz	1 050 DM

8. A hat am 11. 2. 1995 einen Bausparvertrag abgeschlossen. Ab 1. 3. zahlt A monatlich 200 DM ein. Am Ende des Jahres werden ihm 100 DM Zinsen gutgeschrieben.
9. Kirchensteuer

a) Vorauszahlung 1996	2 000 DM
b) Nachzahlung 1994	500 DM
c) Erstattung 1995	950 DM

10. Stundungszinsen für gestundete Einkommensteuer in Höhe von 1 500 DM sowie Säumniszuschläge für verspätete Vermögensteuerzahlung mit 60 DM.
11. A läßt sich in Abendkursen zum technischen Zeichner umschulen. Dabei sind ihm 1996 Kursgebühren in Höhe von 2 800 DM entstanden.
12. A beschäftigt ab 1. 4. 1996 Frau Sauber zum Zwecke der Erledigung der hauswirtschaftlichen Tätigkeiten. Er muß dabei Pflichtbeiträge zur Rentenversicherung entrichten. Die monatlichen Aufwendungen belaufen sich auf 750 DM.
13. Die 7jährige Tochter besucht eine Freie Waldorfschule, wobei Kosten in Höhe von 5 000 DM entstehen. Von dem insgesamt geleisteten Entgelt entfallen 3 000 DM auf die Beherbergung, Betreuung und Verpflegung.

Frage: Wie hoch sind die abzugsfähigen Sonderausgaben?

Lösung

A. Allgemeine Hinweise

1. Nach dem Urteil des BFH vom 19. 4. 1989 (BStBl II, 862) kann ein Steuerpflichtiger Versicherungsbeiträge nur dann als Sonderausgaben abziehen, wenn er die Beiträge selbst schuldet und entrichtet. Unter Berücksichtigung dieser Rechtsprechung kommt man zu dem unbefriedigenden Ergebnis, daß die Versicherungsbeiträge weder vom Vater noch vom Sohn als Sonderausgaben abgezogen werden können.

   Diese Rechtsauffassung wurde inzwischen vom BFH ausdrücklich bestätigt (BStBl 1995 II, 637).

2. A kann die Lebensversicherungsbeiträge in Höhe von 11 500 DM gem. § 10 Abs. 1 Nr. 2b EStG als Sonderausgaben berücksichtigen. Durch das Steuerreformgesetz 1990 wurde ab dem Kalenderjahr 1988 auf das Kreditaufnahmeverbot verzichtet.

   Für ab 1. 4. 1996 abgeschlossene Lebensversicherungsverträge ist ferner eine weitere Beschränkung zu beachten. Im BMF-Schreiben vom 6. 3. 1996 (BStBl I, 124) hat die Finanzverwaltung bestimmt, daß bei kapitalbildenden Lebensversicherungen im Sinne des § 10 Abs. 1 Nr. 2 Buchst. b EStG der Todesfallschutz während der gesamten Versicherungsdauer wenigstens 60 % der insgesamt zu zahlenden Versicherungsbeiträge ausmachen muß. Damit will die Verwaltung Lebensversicherungen von Verträgen mit überwiegendem oder ausschließlichem Sparcharakter abgrenzen.

3. Gemäß § 10 Abs. 2 Nr. 2 EStG ist für den Sonderausgabenabzug Voraussetzung, daß die geleisteten Beträge an Versicherungsunternehmen, die ihren Sitz oder ihre Geschäftsleitung in einem Mitgliedstaat der Europäischen Gemeinschaften haben und das Versicherungsgeschäft im Inland betreiben dürfen, und Versicherungsunternehmen, denen die Erlaubnis zum Geschäftsbetrieb im Inland erteilt ist, geleistet werden.

   Da die Schweizerische Lebensversicherungs- und Rentenanstalt, Zürich, für den Versicherungszweig Unfall im Inland nicht zugelassen ist, kann der Beitrag mit 360 DM nicht als Sonderausgabe anerkannt werden.

4. Nach Anhang 31 Nr. 24 EStH 1995 ist der Versicherungsgesellschaft zwar die Erlaubnis zum Betrieb dieses Versicherungszweiges im Inland erteilt, da der Vertrag jedoch nur eine Laufzeit von 11 Jahren hat, ist die Mindestvertragsdauer nicht erfüllt. Die Ausnahmeregelung für Steuerpflichtige aus dem Beitrittsgebiet kommt nicht zur Anwendung.

5. Die Krankenversicherungsbeiträge mit 6 000 DM können nach § 10 Abs. 1 Nr. 2a EStG angesetzt werden.

6. Beiträge zu Pflegeversicherungen sind nach § 10 Abs. 1 Nr. 2a EStG abzugsfähig.

7. Privat-, Kfz- und Tierhaftpflichtversicherungen können als Sonderausgaben anerkannt werden, nicht jedoch die Beiträge zu sog. Sachversicherungen (hier Kaskoversicherung). Daher sind 950 DM zu berücksichtigen.

8. Mit Wirkung vom VZ 1996 entfällt der Sonderausgabenabzug von Bausparbeiträgen aufgrund der Streichung von § 10 Abs. 1 Nr. 3 EStG durch das Eigenheimzulagengesetz vom 15. 12. 1995 (BStBl I, 775).

9. Als Sonderausgabe ist die im jeweiligen VZ gezahlte Kirchensteuer zu berücksichtigen. Es kommt dabei nicht darauf an, für welches Jahr die Kirchensteuer geleistet wird. Etwaige Erstattungen kürzen die Zahlungen. 1996 können 1 550 DM anerkannt werden.

10. Die Stundungszinsen und Säumniszuschläge teilen hinsichtlich der Abzugsfähigkeit das Schicksal der Hauptleistung. Somit könnten die Nebenleistungen steuerlich nicht berücksichtigt werden. Ab 1990 sind jedoch nach § 10 Abs. 1 Nr. 5 EStG Nachforderungszinsen, die durch die Einführung der Vollverzinsung entstehen, sowie Stundungs- und Aussetzungszinsen (nicht aber Hinterziehungszinsen) als Sonderausgaben abzugsfähig. 1996 sind somit 1 500 DM abziehbar.

11. Die Aufwendungen sind nach § 10 Abs. 1 Nr. 7 EStG bis zum Betrag von 1 800 DM abzugsfähig, da es sich um Ausbildungskosten in einem nicht ausgeübten Beruf handelt.

12. Da die Voraussetzungen des § 10 Abs. 1 Nr. 8 EStG vorliegen, kann A die im Jahr 1996 aufgewendeten Beträge von 6 750 DM als Sonderausgaben berücksichtigen. Durch das Jahressteuergesetz 1996 wurde eine weitere Voraussetzung eingefügt, wonach die Aufwendungen nicht in unmittelbarem wirtschaftlichen Zusammenhang mit steuerfreien Einnahmen stehen dürfen. Gemäß § 52 Abs. 12 Satz 2 EStG gilt diese Vorschrift bereits ab VZ 1995.

13. Gemäß § 10 Abs. 1 Nr. 9 EStG sind 30 % des Entgelts für den Besuch einer Ersatzschule oder einer nach Landesrecht anerkannten allgemeinbildenden Ergänzungsschule als Sonderausgaben abzugsfähig. Nicht zu dem in Höhe von 30 % abzugsfähigen Entgelt gehört aber das Entgelt, das für die Beherbergung, Betreuung und Verpflegung zu entrichten ist. Anzusetzen sind somit 30 % von 2 000 DM = 600 DM.

B. Zusammenstellung mit Höchstbetragsberechnung

Sonderausgaben sind in unbeschränkt abzugsfähige und beschränkt abzugsfähige Sonderausgaben zu unterscheiden. Lediglich im Rahmen von Höchstbeträgen sind die Versicherungsbeiträge abziehbar.

Unbeschränkt abzugsfähig sind:

Kirchensteuer	1 550 DM	
Stundungszinsen	1 500 DM	
Ausbildungskosten	1 800 DM	
Hauswirtschaftliche Beschäftigung	6 750 DM	
Schulgeld	600 DM	
	12 200 DM	

Beschränkt abzugsfähig sind:

Kapitalversicherung	11 500 DM	
Krankenversicherung	6 000 DM	
Pflegeversicherung	1 520 DM	
Haftpflichtversicherungen	950 DM	
	19 970 DM	

Höchstbetragsberechnung:

Vorsorgeaufwendungen	19 970 DM	
·/. § 10 Abs. 3 Nr. 2 EStG	12 000 DM	12 000 DM

	7 970 DM	
·/. § 10 Abs. 3 Nr. 1 EStG	5 220 DM	5 220 DM
	2 750 DM	
·/. § 10 Abs. 3 Nr. 4 EStG		1 375 DM
abzugsfähig		18 595 DM

Die insgesamt abzugsfähigen Sonderausgaben belaufen sich damit auf 30 795 DM.

(Siegle)

FALL 42

Besonderheiten beim Vorwegabzug

Sachverhalt:

a) Auf der Lohnsteuerkarte des ledigen sozialversicherungspflichtigen Arbeitnehmers A ist ein Bruttoarbeitslohn von 34 000 DM bestätigt. Daneben hat er noch steuerfreien Arbeitslohn nach dem Auslandstätigkeitserlaß in Höhe von 21 000 DM erhalten.

b) Wie a, aber bei dem Arbeitnehmer handelt es sich um einen nicht sozialversicherungspflichtigen Beamten.

c) Auf der Lohnsteuerkarte des verheirateten sozialversicherungspflichtigen Arbeitnehmers B ist ein Bruttoarbeitslohn von 68 200 DM eingetragen. Darin enthalten sind Versorgungsbezüge in Höhe von 8 500 DM.

d) Auf der Lohnsteuerkarte des verheirateten sozialversicherungspflichtigen Arbeitnehmers C ist ein Bruttoarbeitslohn von 85 500 DM eingetragen. Seine Ehefrau D ist selbständige Rechtsanwältin.

e) E, verheiratet, ist beherrschender Gesellschafter-Geschäftsführer der X-GmbH. Sein Bruttogehalt beträgt 125 000 DM jährlich.

f) Wie e mit dem Unterschied, daß E eine Versorgungszusage eingeräumt worden ist.

Frage: Wie errechnet sich jeweils die Kürzung des Vorwegabzugs?

Lösung

Gemäß § 10 Abs. 3 Satz 1 Nr. 2 EStG beträgt ab dem VZ 1993 der Vorwegabzug 6 000 DM bzw. im Falle der Zusammenveranlagung 12 000 DM. Eine echte Vereinfachung hinsichtlich der Kürzung des Vorwegabzugs hat die Neuregelung dieser Vorschrift durch das StMBG gebracht. Der Kürzungssatz beträgt bei

Steuerpflichtigen mit Einnahmen aus nichtselbständiger Arbeit sowie bei Mandatsträgern grundsätzlich einheitlich 16 %.

Diese typisierende Neuregelung hat zur Folge, daß z. B. selbständige Handels- und Versicherungsvertreter sowie Hausgewerbebetreibende zukünftig nicht mehr der Kürzung unterliegen, daß aber andererseits bei beherrschenden Gesellschafter-Geschäftsführern einer GmbH mit Versorgungszusage der volle Kürzungssatz anzuwenden ist.

a) Vorwegabzug 6 000 DM
Kürzungsbetrag 16 % von 34 000 DM 5 440 DM
vorweg abzugsfähig 560 DM

Nicht zur Bemessungsgrundlage gehört steuerfreier Arbeitslohn nach dem Auslandstätigkeitserlaß (BMF-Schreiben vom 19. 3. 1992, BStBl I, 409).

b) Ergebnis wie a.

c) Vorwegabzug 12 000 DM
Kürzungsbetrag
16 % von (68 200 DM ·/. 8 500 DM) 59 700 DM 9 552 DM
vorweg abzugsfähig 2 448 DM

d) Vorwegabzug 12 000 DM
Kürzungsbetrag
16 % von 85 500 DM 13 680 DM
vorweg abzugsfähig 0 DM

Bei Ehegatten ist die Kürzung nach § 10 Abs. 3 Nr. 2 EStG bis zu 12 000 DM vorzunehmen, auch wenn nur ein Ehegatte unter diesen Personenkreis fällt und bei ihm Kürzungsbeträge in dieser Höhe angefallen sind (BFH/NV 1994, 305).

e) Vorwegabzug 12 000 DM
Kürzungsbetrag 0 DM
vorweg abzugsfähig 12 000 DM

f) Vorwegabzug 12 000 DM
Kürzungsbetrag 16 % von 125 000 DM 20 000 DM
vorweg abzugsfähig 0 DM

(Siegle)

FALL 43

Lebensversicherungsbeiträge im Zusammenhang mit Finanzierungen

Sachverhalt:

a) A errichtet ein eigengenutztes Einfamilienhaus. Die Herstellungskosten mit 500 000 DM werden u. a. mit einem Darlehen über 400 000 DM zuzüglich Disagio 40 000 DM, zusammen also 440 000 DM, finanziert. Der Finanzierung dient eine Lebensversicherung, deren Ansprüche A abtritt

   aa) in Höhe von 440 000 DM,

   bb) in Höhe von 400 000 DM.

b) Wie a mit dem Unterschied, daß A als Lehrer ein Arbeitszimmer hat.

c) B ist Eigentümer eines Mietshauses in Hamburg. Er muß eine Großreparatur in Höhe von 50 000 DM durchführen, dessen Betrag über eine Lebensversicherung finanziert wird.

d) Unternehmer C finanziert am 10. 11. 01 einen größeren Posten Vorratsvermögen über seinen Betriebsmittelkredit. Als Sicherheit tritt er Ansprüche einer Lebensversicherung ab. Nach Bezahlung durch seine Abnehmer kann er am 10. 1. 04 den Kredit zurückzahlen. Die Abtretung wird aufgehoben.

Frage: Ist in den einzelnen Fällen der Sonderausgabenabzug der Lebensversicherungsbeiträge möglich?

Lösung

Durch das Steueränderungsgesetz 1992 sind in § 10 Abs. 2 Satz 2 EStG Lebensversicherungen von der steuerlichen Förderung ausgeschlossen worden, die der Tilgung oder Sicherung eines Kredits dienen, dessen Finanzierungskosten bei der Erzielung steuerpflichtiger Einkünfte abziehbar sind. Die Vorschrift beinhaltet drei Sonderregelungen, wonach die einschränkenden Wirkungen nicht eintreten. Gemäß § 52 Abs. 12 Satz 3 EStG gilt die Vorschrift nicht, wenn die Darlehensschuld vor dem 14. 12. 1992 entstanden war und der Steuerpflichtige sich vor diesem Zeitpunkt verpflichtet hatte, die Ansprüche aus dem Versicherungsvertrag zur Tilgung/Sicherung des Darlehens einzusetzen.

a) A kann die Lebensversicherungsbeiträge in beiden Fällen steuerlich geltend machen. Da das Abzugsverbot davon abhängig ist, daß die Finanzierungskosten zu den Betriebsausgaben oder Werbungskosten gehören, ist die Darlehensaufnahme für private Zwecke unbeachtlich. Dies gilt selbst dann, wenn die Zinsen im Rahmen des Schuldzinsenabzugs gem. § 10e Abs. 6a EStG begünstigt sind.

b) Die Finanzierungskosten gehören anteilig zu den Werbungskosten aus nichtselbständiger Arbeit.

   aa) Obwohl der Finanzierungsaufwand unter den Herstellungskosten liegt, dient das Darlehen nicht ausschließlich zur Finanzierung von Herstellungskosten. Es handelt sich um eine steuerschädliche Abtretung mit der Folge, daß die Versicherungsprämien nicht abgezogen werden können.

   bb) Hier liegt gem. § 10 Abs. 2 Satz 2 Buchst. a EStG eine steuerunschädliche Abtretung vor. Die Beiträge können als Sonderausgabe berücksichtigt werden.

c) Da nicht Anschaffungs- oder Herstellungskosten, sondern Erhaltungsaufwendungen finanziert werden, ist diese Gestaltung steuerschädlich. Somit entfällt der Sonderausgabenabzug.

d) Werden Ansprüche aus Lebensversicherungen insgesamt nicht länger als drei Jahre **zur Sicherung betrieblich veranlaßter Darlehen** eingesetzt, tritt die Steuerschädlichkeit nur für diejenigen Veranlagungszeiträume ein, in denen Ansprüche zur Sicherung von Darlehen gedient haben. Folglich ist für die Jahre 01 bis 04 der Sonderausgabenabzug ausgeschlossen. *(Siegle)*

FALL 44

Steuerberatungskosten

Sachverhalt: Ein verheirateter Arbeitnehmer macht 1996 folgende Aufwendungen als Sonderausgaben geltend:

1.	Gebühren für die von einem Steuerberater ausgearbeitete Einkommensteuererklärung 1995 in Höhe von	500 DM
2.	Fahrtkosten zum Steuerberater	42 DM
3.	Aufwendungen für die Zeitschrift Neue Wirtschafts-Briefe sowie für einen Lohnsteuerratgeber	350 DM
4.	Gebühren eines Rechtsanwaltes für die Verteidigung in einem Steuerstrafverfahren	2 800 DM
		3 692 DM

Frage: Welcher Betrag kann steuerlich berücksichtigt werden?

Lösung

Sonderausgaben sind gem. § 10 Abs. 1 Satz 1 EStG nur dann anzunehmen, wenn keine Betriebsausgaben oder Werbungskosten vorliegen. Betreffen die Steuerberatungskosten mehrere Bereiche, d. h. bei der Einkommensteuererklärung mehrere Einkunftsarten, dann sind sie grundsätzlich aufzuteilen.

Allerdings beinhaltet R 102 Satz 2 EStR 1993 eine Vereinfachungsregelung dergestalt, daß bei Jahresbeträgen bis zu 1 000 DM dem Steuerpflichtigen freie Hand für die Aufteilung gelassen wird. Nach R 102 Satz 3 EStR 1993 ist bei Ehegatten keine Verdoppelung des Betrages vorzunehmen, wenn sie nach § 26b EStG zusammenveranlagt werden.

Aufgrund der Rechtsprechung des BFH ergibt sich, daß der Begriff der Steuerberatungskosten weit auszulegen ist. Unstrittig gehören die Gebühren für die Ausarbeitung der Einkommensteuererklärung zu den abzugsfähigen Sonderausgaben. Auch Fahrtkosten zum Steuerberater sind als Sonderausgaben abziehbar (vgl. BStBl 1989 II, 967). In diesem Urteil hat der BFH entschieden, daß selbst Unfallkosten eines Steuerpflichtigen, die durch die Fahrt zu seinem Steuerberater veranlaßt wurden, Sonderausgaben sind, sofern sie nicht den Werbungskosten oder Betriebsausgaben zugeordnet werden müssen. Zu den nach § 10 Abs. 1 Nr. 6 EStG abzugsfähigen Steuerberatungskosten gehören ebenfalls die Aufwendungen für Steuerfachliteratur (vgl. BStBl 1989 II, 865).

In seinem Urteil vom 20. 9. 1989 (BStBl 1990 II, 20) hat der BFH dagegen entschieden, daß Aufwendungen für die Verteidigung in einem Steuerstrafverfahren keine Steuerberatungskosten i. S. des § 10 Abs. 1 Nr. 6 EStG sind. Daher kann der Arbeitnehmer insgesamt 892 DM als Steuerberatungskosten beim Finanzamt geltend machen. *(Siegle)*

FALL 45

Behandlung der Sonderausgaben bei getrennter Veranlagung

Sachverhalt: A ist Gewerbetreibender, seine Ehefrau B Arbeitnehmerin. Der Arbeitslohn der Ehefrau beträgt 45 600 DM. An Sonderausgaben sind 1996 folgende Aufwendungen entstanden:

	A	B
Kirchensteuer	1 000 DM	0 DM
Versicherungsbeiträge insgesamt	9 100 DM	4 500 DM
Beiträge an Bausparkassen	1 800 DM	1 300 DM

Die Ehegatten beantragen die getrennte Veranlagung.

Frage: Wieviel Sonderausgaben können bei A und bei B maximal berücksichtigt werden?

Lösung

Bis einschließlich VZ 1989 wurden Sonderausgaben mit Ausnahme der Unterhaltsleistungen nach § 10 Abs. 1 Nr. 1 EStG, soweit sie die Summe der bei der Veranlagung jedes Ehegatten in Betracht kommenden Pauschbeträge oder Pauschalen überstiegen, bis zur Höhe der bei einer Zusammenveranlagung der Ehegatten in Betracht kommenden Höchstbeträge je zur Hälfte bei der Veranlagung der Ehegatten abgezogen, wenn nicht gemeinsam eine andere Aufteilung beantragt worden ist. Ab VZ 1990 werden Sonderausgaben nach § 10 (mit Ausnahme der Aufwendungen nach § 10 Abs. 1 Nr. 8 EStG) und § 10b EStG bei dem Ehegatten berücksichtigt, der sie geleistet hat.

Durch das Mißbrauchsbekämpfungs- und Steuerbereinigungsgesetz wurde in § 26a Abs. 2 EStG ausdrücklich geregelt, daß Aufwendungen für ein hauswirtschaftliches Beschäftigungsverhältnis bis zum Höchstbetrag von 12 000 DM jeweils zur Hälfte abgezogen werden können, es sei denn, die Ehegatten wählen gemeinsam ein anderes Aufteilungsverhältnis.

Sonderausgaben bei A

a) **beschränkt abzugsfähig**

Versicherungsbeiträge	9 100 DM	
Vorwegabzug	6 000 DM	6 000 DM
	3 100 DM	
Bausparbeiträge	– .– DM	
	3 100 DM	
Grundhöchstbetrag	2 610 DM	2 610 DM
	490 DM	
Zusatzhöchstbetrag 50 % von 490 DM, höchstens von 2 610 DM		245 DM
		8 855 DM

b) **unbeschränkt abzugsfähig**

Kirchensteuer	1 000 DM
Summe der abzugsfähigen Sonderausgaben	9 855 DM

Sonderausgaben bei B

a) **beschränkt abzugsfähig**

Versicherungsbeiträge		4 500 DM	
Vorwegabzug	6 000 DM		
·/. 16 % von 45 600 DM	7 296 DM		
	·/. 1 296 DM		
Grundhöchstbetrag		2 610 DM	2 610 DM
		1 890 DM	
Zusatzhöchstbetrag 50 % von 1 890 DM			945 DM
			3 555 DM
b) **unbeschränkt abzugsfähig**			
Pauschbetrag nach § 10c Abs. 1 EStG			108 DM
Summe der abzugsfähigen Sonderausgaben			3 663 DM

Mit Wirkung vom VZ 1996 entfällt der Sonderausgabenabzug von Bausparbeiträgen.

(Siegle)

FALL 46

Spenden

Sachverhalt: Der selbständige Kaufmann A, verheiratet, beantragt für den VZ 01 folgende Beträge als Spenden zu berücksichtigen:

1.	Zahlung an den Deutschen Sportbund e. V., Frankfurt a. M.	5 000 DM
2.	Zahlung an den VfB Stuttgart	1 000 DM
3.	Mitgliedsbeitrag an das Deutsche Rote Kreuz	120 DM
4.	Freiwillige Tätigkeit als Rote-Kreuz-Helfer, die mit angesetzt wird	500 DM
5.	Vom Gericht auferlegte Geldbuße, die an den Tierschutzverein zu zahlen ist	2 000 DM
6.	Zahlung an die Universität München für wissenschaftliche Zwecke	4 000 DM
7.	Mitgliedsbeitrag an die CDU	800 DM
	Zuwendung an die CDU	6 000 DM
8.	Schulgeld für die Beherbergung, Betreuung und Verpflegung an eine Freie Waldorfschule, die der Sohn besucht	7 500 DM

9. Freiwilliger Beitrag an die Evangelisch-methodistische Kirche — 1 600 DM

   Die im VZ geleisteten ESt-Voraus- und -Abschlußzahlungen betragen insgesamt — 12 000 DM

Der Gesamtbetrag der Einkünfte beträgt 65 000 DM, die Summe der Umsätze, Löhne und Gehälter 2,8 Mio. DM.

Frage: Welchen Betrag würden Sie als zuständiger Sachbearbeiter beim Finanzamt gem. § 10b EStG zum Abzug zulassen?

Lösung

A. Allgemeine Hinweise

1. Die Zuwendung an den Deutschen Sportbund e.V., Frankfurt a. M., ist aufgrund der Ermächtigungsvorschrift in § 48 Abs. 4 EStDV nach R 111 Abs. 2 EStR 1993 als Spende abzugsfähig.
2. Die Zahlung an den VfB Stuttgart könnte als Spende nur abgezogen werden, wenn sie über eine Körperschaft des öffentlichen Rechts erfolgt (vgl. Anlage 7 Nr. 3 zu R 111 Abs. 1 EStR 1993). Die Leistung unmittelbar an den Sportverein berechtigt nicht zum Spendenabzug.
3. Der Mitgliedsbeitrag ist als Spende zu berücksichtigen. Die Zwecke des Deutschen Roten Kreuzes sind in Anlage 7 Nr. 8 als besonders förderungswürdig anerkannt. Da der Beitrag an einen begünstigten Empfänger (§ 48 Abs. 3 EStDV) fließt, sind die Voraussetzungen für einen Spendenabzug erfüllt.
4. Dagegen ist die freiwillige Leistung als Rote-Kreuz-Helfer nicht als Spende anzusehen (vgl. BStBl 1969 II, 681).
5. Spenden sind freiwillige Leistungen – keine Spenden sind daher die durch die Gerichte auferlegten Bußgelder (BFH vom 19. 12. 1990, BStBl 1991 II, 234).
6. Die Zahlung an die Universität München ist eine Zuwendung, die zu wissenschaftlichen Zwecken an eine öffentliche Dienststelle i. S. des § 48 Abs. 3 Nr. 1 EStDV entrichtet wird.
7. Die Zuwendungen an die CDU mit insgesamt 6 800 DM sind als Ausgaben zur Förderung staatspolitischer Zwecke zunächst nach § 34g EStG zu berücksichtigen. Danach sind 3 000 DM auf die tarifliche Einkommensteuer anzurechnen. Somit sind für die Ermäßigung nach § 34g EStG 6 000 DM

„verbraucht". Der Restbetrag (6 800 DM ·/. 6 000 DM) mit 800 DM ist als Ausgabe zur Förderung staatspolitischer Zwecke ohne Miteinbeziehung in die Höchstbetragsberechnung abzugsfähig, da Mitgliedsbeiträge und Spenden an politische Parteien nach § 10b Abs. 2 EStG bis zur Höhe von 3 000 DM und im Falle der Zusammenveranlagung von Ehegatten bis zur Höhe von 6 000 DM abzugsfähig sind.

8. Ab 1991 ist nach § 10 Abs. 1 Nr. 9 EStG das Schulgeld, soweit es nicht die Beherbergung, Betreuung und Verpflegung des Kindes betrifft, in Höhe von 30 % als Sonderausgabe abzugsfähig. Daneben kann ein Spendenabzug nach Maßgabe des § 10b EStG für **weitere freiwillige Leistungen** in Betracht kommen.

9. Zahlungen an religiöse Gemeinschaften, die keine Kirchensteuer erheben, können teilweise wie Kirchensteuer – und damit ohne Einbeziehung in die Höchstbetragsberechnung – abgezogen werden (R 101 Abs. 1 EStR 1993). Voraussetzung ist, daß die Gemeinschaft in mindestens einem Bundesland als Körperschaft des öffentlichen Rechts anerkannt ist.

   Von den ESt-Zahlungen mit 12 000 DM sind 8 % (in manchen Ländern 9 %) = 960 DM unbeschränkt abzugsfähig. Der übersteigende Betrag von 640 DM ist als Spende zu berücksichtigen.

B. Höchstbetragsberechnung 1:

Als Spenden sind zu berücksichtigen:

Deutscher Sportbund e. V.	5 000 DM
Mitgliedsbeitrag DRK	120 DM
Universität München (wissenschaftliche Zwecke)	4 000 DM
CDU	800 DM
Evangelisch-methodistische Kirche	640 DM
	10 560 DM

Tatsächlich abzugsfähig sind sie lediglich im Rahmen der Höchstbeträge:

Spenden für wissenschaftliche Zwecke in Höhe des Erhöhungsbetrages i. S. des § 10b Abs. 1 Satz 2 EStG

5 % von 65 000 DM	3 250 DM

Es verbleiben noch 750 DM, die mit den weiteren Spenden von 6 560 DM, also 7 310 DM, zu berücksichtigen sind.

Davon sind	800 DM

in voller Höhe abzugsfähig, so daß noch 6 510 DM

bis zur Höhe von 5 % von 65 000 DM =	3 250 DM
zum Ansatz kommen.	7 300 DM

Höchstbetragsberechnung 2:

Spenden insgesamt (ohne Zuwendung an die CDU)	9 760 DM
2 ‰ von 2 800 000 DM =	5 600 DM

Die abzugsfähigen Spenden betragen insgesamt 7 300 DM. Außerdem sind 960 DM wie Kirchensteuer unbeschränkt abzugsfähig. Gemäß § 34g EStG sind auf die tarifliche Einkommensteuer 3 000 DM anzurechnen. *(Siegle)*

FALL 47

Buchwertprivileg beim Spendenabzug

Sachverhalt: Der Bauunternehmer A möchte der Kirche ein in seinem Betriebsvermögen befindliches Grundstück für kirchliche Zwecke spenden. Der Buchwert des Grundstücks beträgt 100 000 DM, der Teilwert 250 000 DM.

a) Die Spende erfolgte im Jahr 1993,

b) Die Spende erfolgt im Jahr 1996.

Frage: Mit welchem Wert ist die Entnahme des Grundstücks anzusetzen?

Bereits bisher konnten gem. § 6 Abs. 1 Nr. 4 EStG Sachentnahmen aus einem Betriebsvermögen für Spenden zur Förderung mildtätiger, wissenschaftlicher oder als besonders förderungswürdig anerkannter kultureller Zwecke oder zur Förderung der Erziehung, Volks- und Berufsbildung mit dem Buchwert angesetzt werden. Dieses Buchwertprivileg ist für nach dem 31. 12. 1993 vorgenommene Entnahmen ausgedehnt worden auf Zuwendungen an alle nach § 5 Abs. 1 Nr. 9 KStG steuerbefreiten oder öffentlich-rechtlichen Körperschaften, die nach § 10b Abs. 1 Satz 1 EStG steuerbegünstigte Zwecke verfolgen (§ 52 Abs. 7 Satz 2 EStG).

a) Die Entnahme des Grundstücks im Jahr 1993 hat zwingend mit dem Teilwert zu erfolgen. Daher tritt bei A Gewinnrealisierung in Höhe von 150 000 DM ein. A kann eine Spendenbescheinigung über 250 000 DM erhalten.

b) Die Entnahme des Grundstücks im Jahr 1996 **kann** zum Buchwert erfolgen, so daß keine Gewinnrealisierung eintritt. A erhält eine Spendenbescheinigung nur über 100 000 DM. *(Siegle)*

FALL 48

Spendenrücktrag, Spendenvortrag

Sachverhalt: Der Handelsvertreter A hat in den Jahren 01 bis 03 jeweils einen Gesamtbetrag der Einkünfte von 200 000 DM erzielt. Seine Umsätze beliefen sich jeweils auf 1 Mio. DM; an Löhnen und Gehältern sind jährlich 400 000 DM angefallen. A macht im Jahr 03 für kulturelle Zwecke eine Einzelzuwendung von 52 000 DM. Seine übrigen Spenden für wissenschaftliche und kulturelle Zwecke betragen insgesamt 5 000 DM. In den Jahren 01 und 02 hatte A keine Spenden geleistet.

Abwandlung 1: Die Einzelzuwendung im Jahr 03 beträgt 48 000 DM.

Abwandlung 2: Wegen umfangreicher Veräußerungen von landwirtschaftlichen Grundstücken beträgt der Gesamtbetrag der Einkünfte in 03 700 000 DM. A macht für wissenschaftliche Zwecke eine Einzelzuwendung von 65 000 DM und für mildtätige und kulturelle Zwecke mehrere kleinere Spenden mit einem Gesamtbetrag von 30 000 DM.

Frage: Welche Spendenbeträge können in den einzelnen Jahren steuerlich berücksichtigt werden?

Lösung

Durch das Kultur- und Stiftungsförderungsgesetz vom 13. 12. 1990 (BGBl I, 2775) wurde nach dem Vorbild des Verlustabzugs in § 10b Abs. 1 Sätze 3 und 4 EStG für sog. Großspenden zur Förderung wissenschaftlicher oder kultureller Zwecke ein Spendenrücktrag und ein Spendenvortrag eingeführt.

Mit Wirkung vom VZ 1996 ist diese Regelung auf mildtätige Zwecke ausgedehnt worden (Gesetz vom 11. 10. 1995, BGBl I, 1250).

Der Spendenhöchstsatz für wissenschaftliche und kulturelle Zwecke beträgt nach § 10b Abs. 1 Satz 1 EStG 10 000 DM bzw. nach § 10b Abs. 1 Satz 2 EStG 20 000 DM. Der berücksichtigungsfähige Höchstsatz ist im Jahr 03 bis zur Höhe von 5 000 DM durch die kleineren Zuwendungen ausgefüllt, so daß zusätzlich noch 15 000 DM der Großspende abgezogen werden können.

Die verbleibenden 37 000 DM sind auf das Jahr 01 zurückzutragen und können dort bis zum Höchstbetrag von 20 000 DM berücksichtigt werden. Der restliche Betrag von 17 000 DM ist in 02 anzusetzen.

Abwandlung 1: Von der Großspende können im Jahr 03 15 000 DM abgezogen werden. Der übersteigende Betrag von 33 000 DM kann sich steuerlich nicht auswirken. Ein Abzug in früheren Veranlagungszeiträumen ist ausgeschlossen, da der Spendenrücktrag eine Einzelzuwendung von mindestens 50 000 DM voraussetzt.

Abwandlung 2: Der Spendenhöchstsatz in 03 beträgt jetzt 70 000 DM. Der Höchstsatz wird zunächst mit 30 000 DM durch die kleineren Zuwendungen ausgefüllt, so daß zusätzlich noch 40 000 DM der Großspende abgezogen werden können. Der darüber hinausgehende Betrag von 25 000 DM wirkt sich nicht aus. Er kann nicht in früheren Veranlagungszeiträumen abgezogen werden, da die Großspende zwar die 50 000-DM-Grenze, nicht aber den Spendenhöchstsatz nach § 10b Abs. 1 Satz 2 EStG von 70 000 DM überschreitet.

Ab 1994 ist die geänderte Fassung des § 10d Abs. 1 und 2 EStG zu beachten mit der Folge, daß **auf Antrag** des Steuerpflichtigen auf den Rücktrag ganz oder teilweise verzichtet werden kann. Ab 1996 ist der am Schluß eines Veranlagungszeitraums verbleibende Spendenabzug gesondert festzustellen. *(Siegle)*

FALL 49

Berechnung der Vorsorgepauschale

1. Unterfall: Vorsorgepauschale bei ledigen Arbeitnehmern

Sachverhalt: Der ledige sozialversicherungspflichtige Arbeitnehmer A hat einen Bruttoarbeitslohn von 30 600 DM erzielt. Er macht keine Sonderausgaben geltend.

Frage: In welcher Höhe kann eine Vorsorgepauschale gewährt werden?

 **Lösung**

Für Vorsorgeaufwendungen nach § 10 Abs. 1 Nr. 2 EStG wird eine Vorsorgepauschale gewährt, wenn nicht höhere Aufwendungen nachgewiesen werden. Die Vorsorgepauschale errechnet sich nach § 10c Abs. 2 Satz 2 EStG wie folgt:

Vorsorgepauschale			
20 % von 30 600 DM		6 120 DM	
höchstens	6 000 DM		
·/. 16 % von 30 600 DM	4 896 DM		
	1 104 DM	1 104 DM	1 104 DM
		5 016 DM	
zuzüglich höchstens		2 610 DM	2 610 DM
verbleiben		2 406 DM	

zuzüglich 50 % von 2 406 DM höchstens 1 305 DM	1 203 DM
	4 917 DM
abgerundet auf einen durch 54 teilbaren Betrag	4 914 DM

2. Unterfall: Vorsorgepauschale bei zusammenveranlagten Ehegatten

Sachverhalt: Die Ehegatten B und C, beide rentenversicherungspflichtig, haben folgende Bruttoarbeitslöhne bezogen:

B	32 600 DM, darin enthalten Versorgungsbezüge im Sinne des § 19 Abs. 2 Nr. 2 EStG in Höhe von 10 000 DM
C	30 600 DM

Frage: Wie errechnet sich die Vorsorgepauschale?

Lösung

Bemessungsgrundlage			
bei B: Arbeitslohn		32 600 DM	
abzüglich Versorgungsfreibetrag		·/. 4 000 DM	
verminderter Arbeitslohn			28 600 DM
bei A: Arbeitslohn			30 600 DM
gemeinsame Bemessungsgrundlage			59 200 DM
Vorsorgepauschale			
20 % von 59 200 DM		11 840 DM	
höchstens	12 000 DM		
·/. 16 % von 59 200 DM	9 472 DM		
	2 528 DM	2 528 DM	2 528 DM
		9 312 DM	
zuzüglich höchstens		5 220 DM	5 220 DM
verbleiben		4 092 DM	
zuzüglich 50 % von 4 092 DM			
höchstens 2 610 DM			2 046 DM
			9 794 DM
abgerundet			9 774 DM

3. Unterfall: Die gekürzte Vorsorgepauschale

Sachverhalt:

a) Der ledige Beamte D hat einen Bruttoarbeitslohn von 50 000 DM.

b) D ist verheiratet. Seine Ehefrau ist Hausfrau.

Frage: Wie errechnet sich die Vorsorgepauschale?

Lösung

a) Die Errechnung der sog. besonderen, kleinen oder auch gekürzten Vorsorgepauschale ist nach § 10c Abs. 3 EStG wie folgt vorzunehmen:

20 % von 50 000 DM =	10 000 DM
höchstens aber	2 214 DM

b) Im Fall der Zusammenveranlagung ist gem. § 10c Abs. 4 EStG der Höchstbetrag von 2 214 DM auf 4 428 DM zu verdoppeln. Die Vorsorgepauschale beträgt somit 4 428 DM.

4. Unterfall: Mischfall

Sachverhalt: Die Eheleute E und F werden zusammenveranlagt. Der rentenversicherungspflichtige Bruttoarbeitslohn des E beträgt 30 800 DM. Seine Ehefrau F, als Beamtin tätig, hat Arbeitslohn von 42 100 DM bezogen.

Frage: Wie errechnet sich die Vorsorgepauschale?

Lösung

Die Berechnung der Vorsorgepauschale vollzieht sich gem. R 114 Abs. 3 EStR 1993 in zwei Rechenschritten. Im ersten Schritt sind die für jeden Ehegatten getrennt errechneten Teil-Vorsorgepauschalen zusammenzurechnen und entsprechend der Höchstbetragsregelung zu begrenzen. In einem zweiten Schritt ist die Vorsorgepauschale allein unter Ansatz des Arbeitslohns des nichtrentenversicherungspflichtigen Ehegatten zu errechnen. Als Vorsorgepauschale ist nun der höhere Betrag anzusetzen.

Rechenschritt 1

Teil-Vorsorgepauschale für E

20 % von 30 800 DM =	6 160 DM

Teil-Vorsorgepauschale für F			
20 % von 42 100 DM = 8 420 DM			
höchstens		2 214 DM	
		8 374 DM	

Höchstbetragsberechnung

höchstens	12 000 DM		
·/. 16 % von 72 900 DM	11 664 DM		
	336 DM		336 DM
(8 374 DM ·/. 336 DM =)		8 038 DM	
zuzüglich höchstens		5 220 DM	5 220 DM
verbleiben		2 818 DM	
zuzüglich 50 % von 2 818 DM			1 409 DM
			6 965 DM
abgerundet			6 912 DM

Rechenschritt 2

Vorsorgepauschale		
20 % von 42 100 DM	8 420 DM	
höchstens		4 428 DM

Vergleich der Rechenschritte

Anzusetzen ist nun das Ergebnis des Rechenschrittes, das zu einem höheren Betrag geführt hat. Die Vorsorgepauschale beträgt also 6 912 DM. *(Siegle)*

FALL 50

Durchführung des Verlustabzugs

Sachverhalt: Die Summe der Einkünfte des Steuerpflichtigen A betrug im Jahr 01 40 000 DM und im Jahr 02 60 000 DM. Die dabei berücksichtigten tarifbegünstigten Einkünfte belaufen sich jeweils auf 25 000 DM. An abzugsfähigen Sonderausgaben sind jährlich 4 000 DM zu berücksichtigen. Außerdem soll der Freibetrag gem. § 24a EStG zu gewähren sein.

Im Jahr 03 hat A folgende Einkünfte erzielt:

Einkünfte aus Gewerbebetrieb	·/. 73 280 DM
Einkünfte aus nichtselbständiger Arbeit	15 000 DM
Einkünfte aus Vermietung und Verpachtung	·/. 5 000 DM

Da in Zukunft keine tarifbegünstigten Einkünfte mehr anfallen, möchte A lediglich einen Verlustvortrag durchführen, um die Vergünstigung für die Vergangenheit zu „retten“.

Frage: Wie ist der Verlustabzug durchzuführen?

Lösung

Einem Verlustabzug geht zunächst immer der Verlustausgleich voraus. Abzugsfähig ist dann ein Verlust, der bei der Ermittlung des Gesamtbetrags der Einkünfte nicht ausgeglichen werden kann. Daraus folgt, daß der Altersentlastungsbetrag den abzugsfähigen Verlust erhöht.

Der nicht ausgeglichene Verlust ist grundsätzlich bis zu einem Höchstbetrag von 10 Mio. zwingend vom Gesamtbetrag der Einkünfte der beiden vorangegangenen VZ abzuziehen. Ein dann noch verbleibender Verlust ist ohne zeitliche Befristung in den folgenden Veranlagungszeiträumen abzuziehen.

Ermittlung des Gesamtbetrages der Einkünfte 03

Einkünfte aus Gewerbebetrieb	·/. 73 280 DM
Einkünfte aus nichtselbständiger Arbeit	15 000 DM
Einkünfte aus Vermietung und Verpachtung	·/. 5 000 DM
Summe der Einkünfte	·/. 63 280 DM
·/. Altersentlastungsbetrag	3 720 DM
Gesamtbetrag der Einkünfte	·/. 67 000 DM

Der Verlustrücktrag erfolgt zuerst auf den VZ 01, dann auf den VZ 02. Sind im Rücktragsjahr tarifbegünstigte Einkünfte enthalten, so gilt der Verlust zunächst von den nicht tarifbegünstigten Einkünften abgezogen, so daß sich die Begünstigung soweit wie möglich auswirken kann.

Ohne Antrag des Steuerpflichtigen werden die Veranlagungen 01 und 02 wie folgt geändert:

	01	02
Summe der Einkünfte	40 000 DM	60 000 DM
·/. Altersentlastungsbetrag	3 720 DM	3 720 DM
·/. Sonderausgaben	4 000 DM	4 000 DM
·/. Verlustrücktrag	32 280 DM	34 720 DM
zu versteuerndes Einkommen	0 DM	17 560 DM

Das Einkommen des Jahres 02 ist damit in voller Höhe tarifbegünstigt zu versteuern.

Durch das Standortsicherungsgesetz ist in § 10d Abs. 1 Sätze 4 und 5 EStG der wahlweise Verzicht auf den Verlustrücktrag eingeführt worden. Erstmals für im VZ 1994 entstandene Verluste kann der Steuerpflichtige wählen, ob er den Verlust rück- oder vortragen will, und falls er sich für den Rücktrag entscheidet, in welchem Jahr er den Verlust abziehen will. Da darüber hinaus noch die Möglichkeit besteht, nur bestimmte Teilbeträge zurückzutragen, bleibt dem Steuerpflichtigen ein weiter Entscheidungsspielraum. Ziel muß es daher also sein, den Verlustrücktrag exakt auf den Betrag zu begrenzen, daß keine Freibeträge bzw. Tarifbegünstigungen verloren gehen. Um hier insgesamt die optimale Gestaltung zu erreichen, dürfen aber auch Progressionswirkungen der einzelnen Jahre nicht außer Betracht bleiben. *(Siegle)*

FALL 51

Wirkung des Verzichts auf den Verlustrücktrag

Sachverhalt: Bei der Veranlagung 1994 des verheirateten Steuerpflichtigen A, drei Kinder, ergeben sich folgende Zahlen:

Gesamtbetrag der Einkünfte	38 000 DM
·/. Sonderausgaben	15 000 DM
·/. Kinderfreibeträge	12 312 DM
zu versteuerndes Einkommen	10 688 DM

Im Jahr 1996 hat A einen negativen Gesamtbetrag der Einkünfte von 50 000 DM.

Frage: Ist es sinnvoll, einen Antrag gem. § 10d Abs. 1 Sätze 4 und 5 EStG zu stellen?

Lösung

Die Steuerbelastung des A beträgt 1994 bereits 0 DM. Nach alter Rechtslage müßte der Verlust 1996 trotzdem so weit auf 1994 zurückgetragen werden, bis sich ein Einkommen von 0 DM ergäbe. Falls A den Antrag nicht stellt, würde dies bedeuten, daß ein Verlustpotential von 23 000 DM (zu versteuerndes Einkommen zuzüglich Kinderfreibeträge) verlorengeht. *(Siegle)*

FALL 52

Verlustabzug in Erbfällen

Sachverhalt: Bei A, 68 Jahre alt, alleinstehend, haben sich im Jahr 03 folgende Besteuerungsgrundlagen ergeben:

Einkünfte aus Gewerbebetrieb	·/. 200 000 DM
Einkünfte aus nichtselbständiger Arbeit	20 000 DM
Einkünfte aus Vermietung und Verpachtung	·/. 4 000 DM
Einkünfte gem. § 22 Nr. 2 EStG	·/. 7 000 DM

A ist am 1. 5. des Jahres 03 verstorben. Alleinerbe ist sein Neffe B.

Die bereits bestandskräftigen Einkommensteuerbescheide 01 und 02 weisen folgende Zahlen aus:

	01	02
Einkünfte aus Gewerbebetrieb	50 000 DM	40 000 DM
·/. Einkünfte aus nichtselbständiger Arbeit	10 000 DM	15 000 DM
Summe der Einkünfte	60 000 DM	55 000 DM
·/. Altersentlastungsbetrag	3 720 DM	3 720 DM
·/. abzugsfähige Sonderausgaben	4 000 DM	5 000 DM
zu versteuerndes Einkommen	52 280 DM	46 280 DM

B, ledig, ist für die VZ 01 und 02 ebenfalls bereits veranlagt:

	01	02
Einkünfte aus Gewerbebetrieb	20 000 DM	35 000 DM
·/. Sonderausgaben	2 800 DM	3 500 DM
zu versteuerndes Einkommen	17 200 DM	31 500 DM

Für die VZ 03 und 04 macht er folgende Angaben

	03	04
Einkünfte aus Gewerbebetrieb	10 000 DM	80 000 DM
Einkünfte aus Vermietung und Verpachtung	·/. 3 000 DM	·/. 8 000 DM
Sonderausgaben	3 800 DM	4 500 DM

Frage: Welche einkommensteuerlichen Auswirkungen ergeben sich für A und B?

▶ Lösung

Die Grundsätze des § 10d EStG führen nach Maßgabe des H 115 EStH 1995 dazu, daß der beim Erblasser im Todesjahr nicht ausgeglichene Verlust zunächst zum Verlustrücktrag bei diesem heranzuziehen ist. Wird er dann nicht verbraucht, muß er für den Verlustausgleich beim Erben verwendet werden. Ein dann noch verbleibender Betrag ist als Verlustrücktrag beim Erben anzusetzen und kommt erst danach für den Verlustvortrag bei diesem in Betracht.

In diesen Fällen hat jedoch der Erbe für nicht ausgeglichene Verluste ab 1994 ein doppeltes Wahlrecht gem. § 10d Abs. 1 Satz 4 EStG. Er kann auf den Verlustrücktrag ganz oder teilweise verzichten sowohl hinsichtlich des Verlustes des Erblassers als auch wegen des eigenen Verlustes.

A ist für den VZ 03 wie folgt zu veranlagen:

Einkünfte aus Gewerbebetrieb	·/. 200 000 DM
Einkünfte aus nichtselbständiger Arbeit	20 000 DM
Einkünfte aus Vermietung und Verpachtung	·/. 4 000 DM
Summe der Einkünfte	·/. 184 000 DM
Altersentlastungsbetrag	3 720 DM
Gesamtbetrag der Einkünfte	·/. 187 720 DM

Verluste aus Spekulationsgeschäften dürfen gem. § 23 Abs. 3 Satz 4 EStG nicht ausgeglichen werden.

Die Veranlagungen 01 und 02 sind nun nach § 10d Abs. 1 EStG folgendermaßen zu ändern:

	01	02
Summe der Einkünfte	60 000 DM	55 000 DM
·/. Altersentlastungsbetrag	3 720 DM	3 720 DM
·/. Sonderausgaben	4 000 DM	5 000 DM
·/. Verlustrücktrag	52 280 DM	46 280 DM
Einkommen	0 DM	0 DM

Die bereits entrichteten Steuerbeträge für die beiden Veranlagungszeiträume sind zu erstatten.

Von den ·/. 187 720 DM, die dem Verlustabzug insgesamt zur Verfügung stehen, sind somit 98 560 DM durch Verlustrücktrag verbraucht. Der verbleibende Verlustabzug mit 89 160 DM ist gem. § 10d Abs. 3 EStG gesondert festzustellen. Dieser Betrag geht nun auf den Erben B über.

VZ 03 bei B:

Einkünfte aus Gewerbebetrieb	10 000 DM
Einkünfte aus Vermietung und Verpachtung	·/. 3 000 DM
Verlustausgleich	·/. 89 160 DM
Gesamtbetrag der Einkünfte	·/. 82 160 DM

Die VZ 01 und 02 sind wie folgt zu ändern:

	01	02
Gesamtbetrag der Einkünfte	20 000 DM	35 000 DM
·/. Sonderausgaben	2 800 DM	3 500 DM
·/. Verlustrücktrag	17 200 DM	31 500 DM
Einkommen	0 DM	0 DM

Aufgrund geänderter Steuerbescheide ist die entrichtete Einkommensteuer ebenfalls zu erstatten.

Für den Verlustvortrag stehen nun noch 33 460 DM zur Verfügung.

VZ 04:

Einkünfte aus Gewerbebetrieb	80 000 DM
Einkünfte aus Vermietung und Verpachtung	·/. 8 000 DM
Gesamtbetrag der Einkünfte	72 000 DM
·/. Sonderausgaben	4 500 DM
·/. Verlustvortrag	33 460 DM
zu versteuerndes Einkommen	34 040 DM

(Siegle)

FALL 53

Nicht verbrauchter, vortragsfähiger Verlust beim Erblasser

Sachverhalt: Der Erblasser ist im Jahr 03 verstorben. Die Besteuerungsgrundlagen des Erblassers und des Alleinerben betragen:

Erblasser:	Einkommen 03 (vor § 10d)	30 000 DM
	zum 31. 12. 02 besteht ein verbleibender Verlustabzug nach § 10d Abs. 3 Satz 1 EStG in Höhe von 120 000 DM.	
Erbe:	Einkommen 01 (vor § 10d)	10 000 DM
	Einkommen 02 (vor § 10d)	20 000 DM
	Einkommen 03 (vor § 10d)	60 000 DM

Frage: Welche Anrechnungsmöglichkeiten ergeben sich beim Erben im Rahmen des Verlustrück- und des Verlustvortrags?

Lösung

Im Rahmen des Verlustvortrags ist das Einkommen 03 des Erblassers auf 0 DM zu reduzieren. Auf den Erben geht somit ein vortragsfähiger Verlust von 90 000 DM über.

Das Jahr 03 ist für den Erben das erste Anrechnungsjahr. Sein Einkommen 03 ist somit ebenfalls auf 0 DM festzustellen. Ein Verlustrücktrag beim Erben ist hier – im Gegensatz zu Fall 51 – nicht möglich. Für die folgenden Veranlagungszeiträume verbleibt ein Volumen von 30 000 DM. *(Siegle)*

FALL 54

Feststellung des abziehbaren Verlustes

Sachverhalt:

Verlust aus Gewerbebetrieb 03	40 000 DM
Verlustausgleich in 03	15 000 DM
Verlustrücktrag nach 01 und 02	10 000 DM
Zum 31. 12. 02 festgestellter nicht ausgeglichener Verlust	7 000 DM

Frage: Wie lautet der Feststellungsbescheid über den verbleibenden Verlustabzug zum 31. 12. 03?

Lösung

Bis einschließlich 1989 wurde über die Höhe des rück- oder vorgetragenen Verlustes erst im Abzugsjahr definitiv entschieden. Einwendungen gegen einen auf 0 DM lautenden Einkommensteuerbescheid mit dem Begehren, den zugrunde gelegten Verlust zu erhöhen, waren daher unzulässig.

In § 10d Abs. 3 EStG ist ab 1990 nun eine völlig neue verfahrensrechtliche Regelung getroffen worden. Der am Schluß eines VZ verbleibende Verlust muß gesondert festgestellt werden. Künftig ist daher zu beachten, daß der Verlust im Feststellungsbescheid des Entstehungsjahres zutreffend ermittelt wird.

Verlustfeststellung zum 31. 12. 03:

Verlust 03	40 000 DM
·/. Verlustausgleich	15 000 DM
·/. Verlustrücktrag	10 000 DM
	15 000 DM
Festgestellter Verlust aus 02	7 000 DM
Festzustellender verbleibender Verlustabzug 31. 12. 03	22 000 DM

(Siegle)

Förderung des selbstgenutzten Wohneigentums

Vorbemerkung

Durch das Gesetz zur Neuregelung der steuerrechtlichen Förderung des selbstgenutzten Wohneigentums vom 15. 5. 1986 (BStBl I, 278) entfiel ab dem Veranlagungszeitraum 1987 die Besteuerung der selbstgenutzten Wohnung. Da durch den Wegfall der Nutzungswertbesteuerung keine Einkunftsart mehr vorliegt, sind folglich auch keine Werbungskosten abzugsfähig. Das bedeutet, daß die bisherige steuerliche Förderung über die Abschreibungsregelung des § 7b EStG entfiel. Die steuerliche Förderung von selbstgenutztem Wohneigentum ab 1. 1. 1987 erfolgt nunmehr über den Sonderausgabenabzug gem. § 10e EStG. Dieser Sonderausgabenabzug ist unabhängig von den übrigen Sonderausgaben und ohne Beschränkung vom Gesamtbetrag der Einkünfte abzugsfähig.

§ 10e Abs. 1–5 EStG ist erstmals anzuwenden, wenn die Wohnung nach dem 31. 12. 1986 hergestellt oder angeschafft worden ist.

Begünstigt ist die selbstgenutzte Wohnung im eigenen Haus bzw. die eigengenutzte Eigentumswohnung im Inland. Begünstigt ist gem. § 10e Abs. 2 EStG auch der Ausbau/Erweiterung an einer im Inland gelegenen selbstgenutzten Wohnung. Die Selbstnutzung muß nicht während des ganzen Jahres gegeben sein. Der Sonderausgabenabzug ist auch bei teilweiser Selbstnutzung im Kalenderjahr voll vorzunehmen. Die unentgeltliche Überlassung der ganzen Wohnung ist nicht nach § 10e EStG begünstigt. Eine Steuerbegünstigung kann aber in Fällen der Herstellung bzw. Bauantrag nach dem 30. 9. 1991 bei voll unentgeltlicher Überlassung an Angehörige i. S. der § 15 Abs. 1 Nr. 3 und 4 AO gem. § 10h EStG in Betracht kommen. Unschädlich für § 10e EStG ist lediglich, wenn Teile der im übrigen selbstgenutzten Wohnung unentgeltlich überlassen werden (§ 10e Abs. 1 Satz 3 EStG). Eine Nutzung zu anderen Zwecken, z. B. Vermietung von einzelnen Zimmern, gewerbliche oder berufliche Eigennutzung führt dazu, daß insoweit keine Begünstigung in Betracht kommt. Die Anschaffungs-/Herstellungkosten sind um die auf diese Teile entfallenden Kosten zu kürzen (i. d. R. nach dem Verhältnis der Nutzflächen).

Bemessungsgrundlage für den Abzugsbetrag sind die Anschaffungs-/Herstellungskosten, soweit sie auf die selbstgenutzte Wohnung entfallen, zuzüglich ½ der Anschaffungskosten des Grund und Bodens. Der Kaufpreis und die dazugehörigen Nebenkosten für den Grund und Boden gehören auch dann zur Bemessungsgrundlage, wenn sie längere Zeit vor der Bebauung aufgewendet wurden, auch vor 1987. Ein zeitlicher Zusammenhang zwischen Grundstückserwerb und Errichtung des Gebäudes ist nicht gefordert. Der Sonderausgabenabzug erfolgt aber nicht schon bei Anschaffung des Grundstücks, sondern erst nach Fertigstellung der selbstgentzten Wohnung.

Der Abzugsbetrag beträgt für Objekte mit Herstellung/Bauantrag/Anschaffung nach dem 30. 9. 1991 bis zu 6 % der Bemessungsgrundlage, höchstens 19 800 DM in den ersten vier Jahren, in den darauffolgenden Jahren bis zu 5 %, max. je 16 500 DM. Der Abzugszeitraum beträgt 8 Jahre und beginnt mit der Anschaffung bzw. Fertigstellung der selbstgenutzten Wohnung.

In Fällen der Anschaffung nach dem 31. 12. 1993 von sog. Altobjekten betragen die Abzugsbeträge max. 9 000 DM bzw. 7 500 DM.

Liegen in einem Jahr die geforderten Voraussetzungen nicht vor, so entfällt der Abzugsbetrag, der Zeitraum verlängert sich dadurch nicht. Die in einem Jahr nicht ausgenutzten Abzugsbeträge können bis zum Ende des Abzugszeitraumes nachgeholt werden (§ 10e Abs. 3 Satz 1 EStG).

Nachträgliche Anschaffungs-/Herstellungskosten, die bis zum Ende des achtjährigen Abzugszeitraumes entstehen, werden so behandelt, als wären sie zu Beginn des Abzugszeitraumes entstanden. Die entsprechenden Abzugsbeträge werden nachgeholt.

Jeder Steuerpflichtige erhält nur für eine selbstgenutzte Wohnung oder für einen Ausbau/Erweiterung die Grundförderung (§ 10e Abs. 4 EStG). Dabei führt eine bereits erhaltene Begünstigung gem. § 7b EStG zum Objektverbrauch.

Objektverbrauch tritt auch ein, wenn die Abzugsbeträge nicht während des ganzen Abzugzeitraumes von 8 Jahren geltend gemacht wurden. Hier ist aber die Übertragung auf ein Folgeobjekt gem. § 10e Abs. 4 Satz 4–7 EStG unter den dort genannten Voraussetzungen möglich. Sind mehrere Personen Miteigentümer einer eigengenutzten Wohnung, so ist jeder Miteigentumsanteil ein Objekt i. S. des § 10e EStG. Ehegatten, die die Voraussetzungen des § 26 Abs. 1 Satz 1 EStG erfüllen, erhalten die Begünstigung für insgesamt zwei Objekte. Ein allein den Ehegatten gehörendes Objekt wird dabei abweichend von der o. g. Regelung als insgesamt ein Objekt behandelt. Aufwendungen, die vor der erstmaligen Selbstnutzung angefallen sind, können als Sonderausgaben gem. § 10e Abs. 6 EStG abgezogen werden. Voraussetzung ist, daß die Aufwendungen nicht zu den Anschaffungs-/Herstellungskosten der Wohnung bzw. des Grund und Bodens gehören. Dieser Sonderausgabenabzug ist unabhängig von der Grundförderung gem. § 10e Abs. 1–5 EStG.

Neu eingeführt wurde durch das Steueränderungsgesetz 1992 für Objekte, die nach dem 30. 9. 1991 und vor dem 1. 1. 1995 fertiggestellt worden sind, ein Schuldzinsenabzug gem. § 10e Abs. 6a EStG. Dieser zusätzliche Abzug ist im

Jahr der Herstellung und den beiden folgenden Kalenderjahren bis zu jeweils 12 000 DM zulässig.

Für Objekte, für die nach dem 31. 12. 1991 der Bauantrag gestellt oder mit deren Herstellung nach dem 31. 12. 1991 begonnen wurde oder die nach dem 31. 12. 1991 durch rechtswirksamen Vertrag erworben wurden, können Abzugsbeträge nur in Anspruch genommen werden für VZ, in denen der Gesamtbetrag der Einkünfte nicht mehr als 120 000 DM bzw. bei Zusammenveranlagung nicht mehr als 240 000 DM betragen, § 10e Abs. 5a EStG.

Im Fall der Herstellung/Anschaffung nach dem 31. 12. 95 wurde die bisherige Förderung durch das Eigenheimzulagengesetz vom 15. 12. 95 ab VZ 1996 abgeschafft und durch eine einkommensunabhängige Eigenheimzulage ersetzt. Sie beträgt 5 % der AK/HK max. 5 000 DM für 8 Jahre, in Fällen der Anschaffung von sog. Altobjekten 2,5 % max. 2 500 DM, zuzüglich einer Kinderzulage von 1 500 DM je Kind.

Hinzu kommt eine Zusatzförderung für Anlagen zur Energieeinsparung von zusätzlich 2 % der Aufwendungen max. 500 DM bzw. eine Zusatzförderung für Niedrigenergiehäuser von 400 DM jährlich. Die Anwendung der neuen Förderung kann auf Antrag auf Anschaffungen/Herstellungsbeginn nach dem 26. 10. 95 gem. § 19 Abs. 2 Nr. 2 EiZulG erweitert werden.

Der bisherige Vorkostenabzug gem. § 10e Abs. 6 EStG bleibt als Sonderausgabenabzug aber nunmehr gem. § 10i EStG bestehen. Allerdings ist neben den Erhaltungsaufwendungen von max. 22 500 DM nur noch eine Finanzierungskostenpauschale von 3 500 DM abzugsfähig. *(Friebel)*

FALL 55

Begünstigte Objekte, § 10e und § 10h EStG

Sachverhalt: Der verheiratete A hat im Oktober 1993 mit dem Bau eines Einfamilienhauses begonnen, das er im Mai 1994 fertiggestellt und ab 31. Mai genutzt hat. Die Herstellungskosten (HK) betragen 400 000 DM. Den Grund und Boden erwarb A Ende 1985 für 120 000 DM. Das Erdgeschoß (120 m^2 Nutzfläche) bewohnt er selbst bis auf zwei Räume, die er seiner Mutter unentgeltlich zur Verfügung gestellt hat. Anfang 1995 beginnt er mit dem Ausbau des Dachgeschosses zu einer Wohnung mit 60 m^2 Nutzfläche und überläßt diese ab Mai 1995 seiner verheirateten Tochter unentgeltlich zu Wohnzwecken. Die Ausbaukosten belaufen sich auf 150 000 DM. In den bisherigen Herstellungskosten ist das Dachgeschoß mit 10 % enthalten gewesen. A hatte bisher weder § 7b EStG noch § 10e EStG erhalten.

Die Schuldzinsen ab Januar 1994 sollen monatlich 3 000 DM betragen haben, durch die Ausbaukosten erhöhen sie sich um 1 000 DM monatlich ab März 1995.

Frage: Welche Abzugsbeträge kann A geltend machen?

Lösung

a) Steuerbegünstigung gem. § 10e EStG

Da A aus dem Gebäude keinerlei Einnahmen erzielt, liegt kein Einkunftstatbestand vor.

Für die eigengenutzte Wohnung im Erdgeschoß erhält A die Grundförderung gem. § 10e EStG ab dem Zeitpunkt der Fertigstellung und Selbstnutzung 1994. Die unentgeltliche Überlassung der zwei Räume ist unschädlich gem. § 10e Abs. 1 Satz 3 EStG. Die Grundförderung berechnet sich wie folgt:

Herstellungskosten	400 000 DM	
+ ½ der Anschaffungskosten des Grund und Bodens	60 000 DM	
Summe	460 000 DM	
Höchstbetrag	330 000 DM	
davon 6 % für 1994 bis 1997 jeweils als Sonderausgaben abzugsfähig	19 800 DM	19 800 DM

Ab 1998 beträgt der Abzug 5 % = **16 500 DM**, wenn die Voraussetzungen in den jew. Kalenderjahren vorliegen.

Durch den Ausbau des Dachgeschosses in 1995 zu einer zweiten Wohnung vermindert sich der auf die bisherige eigengenutzte Wohnung entfallende Teil der HK um 10 %. Die geminderte Bemessungsgrundlage beträgt demnach nur noch 360 000 DM zzgl. Grund und Boden (entsprechend dem Nutzflächenverhältnis gemindert). Der Höchstbetrag von 330 000 DM wird aber weiterhin überschritten, so daß sich die Abzugsbeträge nicht ändern.

Schuldzinsen § 10e Abs. 6 EStG
bis zum Bezug im Mai 1994
3 000 DM × 5 Monate = 15 000 DM 15 000 DM

Schuldzinsen ab Bezug gem. § 10e Abs. 6a EStG
3 000 DM × 7 = 21 000 DM
1994 abzugsfähig max. 12 000 DM

Schuldzinsen **1995 und 1996** gem. § 10e
Abs. 6a EStG betr. eigene Wohnung
21 000 DM abzügl. Anteil Dachgeschoß max. je 12 000 DM

b) Steuervergünstigung gem. § 10h EStG

Bei dem Ausbau des Dachgeschosses handelt es sich um nachträgliche HK mit Baubeginn nach dem 30. 9. 1991, die für eine Wohnung i. S. des BewG aufgewendet wurden.
Für die an die Tochter, Angehörige i. S. des § 15 Abs. 1 Nr. 3 AO, voll unentgeltlich überlassene Wohnung kommt ab 1995 die Steuervergünstigung gem. § 10h EStG in Betracht.

Bemessungsgrundlage:
nachträgl. Herstellungskosten 150 000 DM
Der Grund und Boden ist hier nicht mit einzubeziehen;
davon 6 % = 9 000 DM
ab 1995–1998, danach 5 % = 7 500 DM

Schuldzinsen bis zum Bezug, § 10h 1. Satz
i. V . mit § 10e Abs. 6 EStG
1 000 DM × 3 Monate ab März = 3 000 DM
Die Zinsen ab Bezug sind hier nicht abzugsfähig.

Trotz Einführung der Begünstigung gem. § 10h EStG kann u. U. eine entgeltliche oder teilentgeltliche Überlassung der Wohnung an Angehörige steuerlich günstiger sein. In diesem Fällen liegt ein Einkunftstatbestand vor, der u. a. zum Abzug von AfA berechtigt. *(Friebel)*

FALL 56

Berechnung des Abzugsbetrages

Sachverhalt: Der Steuerpflichtige errichtet ein Einfamilienhaus, das er im Juni 1994 fertigstellt. Die HK betragen insgesamt 400 000 DM, die AK für den in 1990 angeschafften Grund und Boden betrugen 80 000 DM. Das Haus wird ab Fertigstellung eigengenutzt. Ab 1. 10. 1996 wird das Einfamilienhaus insgesamt vermietet an einen fremden Dritten.

Frage: Der Abzugsbetrag gem. § 10e EStG und die AfA gem. § 7 Abs. 4 EStG (alternativ § 7 Abs. 5 EStG) sind zu berechnen!

Lösung

Da es sich hier um eine eigengenutzte Wohnung handelt, die nach dem 31. 12. 1986 hergestellt wurde, ist die Grundförderung gem. § 10e Abs. 1 EStG zu gewähren (§ 52 Abs. 14 EStG).

Bemessungsgrundlage:

Herstellungskosten	= 400 000 DM
+ ½ der AK für Grund und Boden	= 40 000 DM
Summe	= 440 000 DM
max.	= 330 000 DM
davon 6 %	= 19 800 DM

Der Abzugsbetrag ist für 1994, 1995 und 1996 zu gewähren. Ab 1997 kommt die Grundförderung nicht mehr in Betracht, da das Objekt vermietet ist. Es ist lediglich eine Übertragung auf ein Folgeobjekt gem. § 10e Abs. 4 ff. EStG möglich. Ab 1. 10. 1996 liegt ein Einkunftstatbestand i. S. des § 21 Abs. 1 Nr. 1 EStG vor. Der Steuerpflichtige kann ab diesem Zeitpunkt die AfA als Werbungskosten abziehen, § 9 Abs. 1 Nr. 7 i. V. mit § 7 Abs. 4 Nr. 2a EStG (bzw. § 7 Abs. 5 Nr. 2 EStG).

AfA-Bemessungsgrundlage:

Herstellungskosten	= 400 000 DM
davon 2 % lineare AfA	= 8 000 DM
zeitanteilig (p. r. t.) 3/12 für 1996	= 2 000 DM

AfA-Volumen:

Herstellungskosten	= 400 000 DM
Eine Kürzung um die Abzugsbeträge gem. § 10e EStG ist nicht vorzunehmen, da es sich hierbei nicht um eine AfA handelt. Es ist aber die als verbraucht geltende AfA zeitanteilig ab 1994 zu kürzen.	
7/12 für 1994	= 4 667 DM
Jahres-AfA 1995	= 8 000 DM
9/12 für 1996	= 6 000 DM
AfA-Volumen zum 1. 10. 1996	= 381 333 DM

Die degressive AfA gem. § 7 Abs. 5 Nr. 2 EStG ist ebenfalls möglich, dann ist aber der Prozentsatz des 3. Jahres maßgebend. Die AfA-Beträge für 1994 – 1. 10. 1996 gelten als verbraucht, insoweit ist das AfA-Volumen zu kürzen. Der Absetzungsbetrag für 1996 darf außerdem nur zeitanteilig berechnet werden, da erst ab 1. 10. 1996 ein Einkunftstatbestand gegeben ist, der zum Werbungskostenabzug berechtigt.

Bemessungsgrundlage = HK	= 400 000 DM
davon 5 %	= 20 000 DM
für 1996 3/12	= 5 000 DM

Das AfA-Volumen ist um die als verbraucht geltende AfA zu kürzen, für 1994 und 1995 je 20 000 DM und für 1996 noch 9/12 = 15 000 DM.
Die AfA mit Staffelsätzen von 5 % ff. entfällt für Gebäude, deren Bauantrag nach dem 31. 12. 1994 gestellt wird, aber Neuregelung lt. § 7 ABs. 5 Satz 1 Nr. 3b EStG 96.

Außerdem ist die degressive AfA gem. § 7 Abs. 5 Satz 2 EStG mit 7 % im 3. und 4. Jahr möglich (bei Bauantrag vor dem 1. 1. 96). *(Friebel)*

FALL 57

Objektbeschränkung und Eigenheimzulage

Sachverhalt: Eheleute erwerben im August 1995 ein Zweifamilienhaus in Neustadt für 460 000 DM, darin ist der Grund und Boden mit 20 % enthalten. Das ZFH wurde 1994 errichtet. Beide Wohnungen werden selbst genutzt und sind gleich groß. Im April 1996 kaufen sie in Trier eine 10 Jahre alte Eigentumswohnung für 280 000 DM, Grund- und Bodenanteil 3 %. Diese Wohnung wird vom Ehemann unter der Woche während seiner Berufstätigkeit in Trier zu Wohnzwecken genutzt. Beide Wohnungen gehören den Eheleuten zu je ½.

Frage: Welche Abzugsbeträge können die Eheleute in 1995 und 1996 erhalten?

Lösung

VZ 1995:

1995 erhalten die Eheleute den Abzugsbetrag gem. § 10e Abs. 1 EStG nur für eine selbstgenutzte Wohnung. Eheleute, die die Voraussetzungen des § 26 Abs. 1 Satz 1 EStG erfüllen, können zwar gleichzeitig für 2 Objekte die Begünstigung erhalten, jedoch nicht für zwei in räumlichem Zusammenhang stehende Objekte (§ 10e Abs. 4 Satz 2 EStG). Der Abzugsbetrag kann also hier nur für ein

Objekt = eine selbstgenutzte Wohnung in Anspruch genommen werden. Dabei sind die den Eheleuten gehörenden Anteile von ½ als insgesamt ein Objekt zu behandeln (§ 10e Abs. 5 Satz 2 EStG).

Bemessungsgrundlage:

Anschaffungskosten 460 000 DM abzügl. Grund und Boden 20 % = 92 000 DM → 368 000 DM, davon ½	= 184 000 DM
+ ½ des hälftigen Grund und Bodens	= 23 000 DM
Summe	= 207 000 DM
davon 6 %	= 12 420 DM

Die Begrenzung auf 9 000 DM gem. § 10e Abs. 1 Satz 4 EStG greift nicht, da das Gebäude erst im Vorjahr fertiggestellt wurde.

VZ 1996:

Neben dem Abzugsbetrag von 12 420 DM erhalten die Eheleute ebenfalls für das 2. Objekt einen Abzugsbetrag, da die Eigentumswohnung keine Ferien- oder Wochenendwohnung ist. Ab 1996 ist die Förderung nicht mehr über § 10e EStG möglich, sondern nur noch als einkommensunabhängiger Betrag lt. Eigenheimzulagengesetz v. 15. 12. 95. Gem. § 6 Abs. 3 EigZulG ist der Förderbetrag für ein 2. Objekt möglich!

Bemessungsgrundlage: 280 000 DM incl. Grund und Boden, davon gem. § 9 Abs. 2 Satz 2 EigZulG 2,5 % = 7 000 DM max. = 2 500 DM.

Dieser Betrag wird für 8 Jahre durch einen gesonderten Bescheid festgesetzt (§ 11 EigZulG) und jährlich ausgezahlt.

Es ist aber zu beachten, daß die Vergünstigung **nur** in Betracht kommt, wenn sich die Kosten, vor allem die AfA, nicht über die doppelte Haushaltsführung als Werbungskosten gem. 9 Abs. 1 Nr. 5 EStG bzw. Betriebsausgaben ausgewirkt haben. Als WK/BA im Rahmen der doppelten Haushaltsführung kommen in Betracht die lfd. Kosten, wie Heizung, Strom, Wasser, Schuldzinsen, die Abschreibung aber max. bis zur Höhe des Mietwertes der Wohnung § 2 Abs. 1 Satz 2 EigZulG. *(Friebel)*

FALL 58

Abzugsbetrag bei Todesfall eines Ehegatten

Sachverhalt: Die Eheleute A und B errichten in 1991 ein eigengenutztes Einfamilienhaus, HK = 400 000 DM. Eigentümer sind die Eheleute zu je ½.

Frage: Wie hoch ist der Abzugsbetrag, wenn

a) der Ehemann im August 1995 verstirbt und von seiner Ehefrau allein beerbt wird?

b) der Ehemann von seiner Frau B zu ¾ und seinem Sohn zu ¼ beerbt wird?

c) die Eheleute sich im August 1995 endgültig trennen und zu gegebener Zeit die Scheidung einreichen? Die Ehefrau erwirbt in 1995 den Anteil des Ehemannes.

▶ Lösung

Die Eheleute erhalten in 1991–1995 die Abzugsbeträge gem. § 10e Abs. 1 EStG mit 5 % von max. 330 000 DM = 16 500 DM.

Zu a) Die Grundförderung für die Wohnung bleibt weiter in Höhe von 16 500 DM bestehen, obwohl die EF B durch den Erbfall den Anteil des verstorbenen Ehemannes hinzuerwirbt, § 10e Abs. 5 Satz 3 EStG.

Zu b) B erhält die Grundförderung weiter für ihren eigenen Anteil = 8 250 DM und für ¾ des Anteils des verstorbenen Ehemannes, ¾ von 8 250 DM = 6 187,50 DM, Summe = 14 437,50 DM.

Der Sohn kann den Abzugsbetrag von ¼ = 2 062,50 DM für den restlichen Abzugszeitraum fortführen, damit ist aber für ihn Objektverbrauch eingetreten. Der Anteil an einem Objekt steht einem Objekt gleich (§ 10e Abs. 5 Satz 1 EStG).

Zu c) Die Eheleute erfüllen ab dem VZ 1996 nicht mehr die Voraussetzungen des § 26 Abs. 1 EStG. Es würde sich ab 1996 nunmehr um zwei Objekte handeln, da § 10e Abs. 5 Satz 2 EStG nicht mehr greift. B erhält aber im Jahr der Trennung den Anteil des A. B erhält weiterhin die Grundförderung von insgesamt 16 500 DM gem. § 10e Abs. 5 Satz 3 2. Hs. EStG. *(Friebel)*

FALL 59

Übertragung auf ein Folgeobjekt und Aufwendungen gem. § 10e Abs. 6 EStG

Sachverhalt: Der ledige Albert S. erwarb in 1990 eine Eigentumswohnung für 320 000 DM (ohne Grund und Boden), die er selbst nutzte. Er erhielt hierfür den Abzugsbetrag gem. § 10e EStG. Im Februar 1993 erwirbt er ein Einfamilienhaus (EFH) für 380 000 DM zuzüglich 60 000 DM Grund und Boden. Das Gebäude wurde mit einem Kostenaufwand von 15 000 DM renoviert, davon bezahlte er 3 000 DM erst im Juni 1993. Die Schuldzinsen belaufen sich ab Februar auf monatlich 500 DM. Die übrigen Finanzierungskosten (Damnum etc.) betragen 5 000 DM und wurden im Februar und März 1993 bezahlt. Im Mai 1993 verkaufte er die Eigentumswohnung und zog Ende des Monats in das EFH um.

Frage: Die sich aus dem Sachverhalt ergebenden Beträge für die Jahre 1990–1994 sind zu ermitteln!

Lösung

Die Selbstnutzung einer Wohnung ist seit 1987 kein Einkunftstatbestand mehr. Die steuerliche Förderung erfolgt über den Sonderausgabenabzug gem. § 10e EStG.

Ab 1990 erhält Albert S. den Abzugsbetrag von
5% von max. 300 000 DM = 15 000 DM

Ab 1994 entfällt der Abzugsbetrag wegen der Veräußerung
der Eigentumswohnung → 1991, 1992, 1993 jeweils 15 000 DM

In **1993** erwirbt Albert ein weiteres Objekt. Diese Wohnung ist bei Selbstnutzung nach § 10e Abs. 1 EStG begünstigt. Durch die Inanspruchnahme des Abzugsbetrages für die Eigentumswohnung ist aber bereits Objektverbrauch eingetreten (§ 10e Abs. 4 Satz 1 EStG). Das gilt auch, wenn die Begünstigung nicht während des gesamten Zeitraumes in Anspruch genommen werden konnte. Hier besteht aber die Möglichkeit der Übertragung auf ein Folgeobjekt, da der Erwerb des EFH innerhalb von 2 Jahren vor Ablauf des VZ der letztmaligen Eigennutzung des Erstobjektes erfolgte (Zeitraum vom 1. 1. 1992–31. 12. 1993). Der Begünstigungszeitraum für das Folgeobjekt beträgt 8 Jahre ·/. 4 Jahre (1990–1993) = 4 Jahre.

Bemessungsgrundlage:

AK	= 380 000 DM
+ ½ Grund und Boden	= 30 000 DM
Summe	= 410 000 DM
max.	= 330 000 DM

da Anschaffung nach 30. 9. 91.

Maßgebend sind gem. § 10e Abs. 4 Satz 6 EStG die Prozentsätze der restlichen Jahre, d. h. die verbleibenden Staffelsätze von noch 4 × 5 % (die ersten 6 % sind „verbraucht")
5 % von 330 000 DM = 16 500 DM

Der Abzugsbetrag ist ab 1994 bis 1997 zu gewähren (§ 10e Abs. 4 Satz 5 EStG).

Die Aufwendungen bis zur Selbstnutzung sind **gem. § 10e Abs. 6 EStG** als Sonderausgaben abzugsfähig.

• Erhaltungsaufwand, der vor der Selbstnutzung entstanden ist. Der Zeitpunkt der Zahlung nach Bezug betr. 3 000 DM spielt für die Abzugsfähigkeit keine Rolle, nur für den Abzugszeitraum. Maßgebend ist, daß die Aufwendungen wirtschaftliche auf die Zeit vor der Selbstnutzung entfallen.	15 000 DM
• Schuldzinsen von Februar–Mai 1993 4 × 500 DM, dabei ist für den Monat des Einzugs eine zeitanteilige Berechnung vorzunehmen (BdF-Erlaß vom 25. 10. 1990, BStBl I, 634 Abs. II/60). Da Albert erst Ende des Monats einzog, sind abzugsfähig	= 2 000 DM
• Finanzierungskosten	= 5 000 DM
Der erweiterte Schuldzinsenabzug gem. § 10e Abs. 6a EStG kommt hier nicht in Betracht, da es sich nicht um einen Neubau handelt.	
Abzugsfähig 1993	= 22 000 DM
Insgesamt in 1993 als Sonderausgaben abzugsfähig	= 37 000 DM
Ab 1994 als Sonderausgaben abzugsfähig je	= 16 500 DM

(Friebel)

FALL 60

Nachholung

Sachverhalt: Der Steuerpflichtige kauft ein Einfamilienhaus am 10. 5. 1993, welches ab Juni 1993 eigengenutzt wird. Bemessungsgrundlage = 330 000 DM. In 1993 und 1994 werden infolge niedriger Einkünfte keine Abzugsbeträge geltend gemacht. In 1995 werden 10 000 DM beantragt und abgezogen.

Frage: Welche Abzugsbeträge können 1996 höchstens in Anspruch genommen werden?

Lösung

Für 1996 können folgende Abzugsbeträge geltend gemacht werden:

Nach § 10e Abs. 1 EStG für 1996	= 19 800 DM

Nachholung für 1993 bis 1995 gem. § 10e Abs. 3 Satz 1 EStG 3 × 16 500 DM	= 59 400 DM	
– bereits in 1995 abgezogen	= 10 000 DM	
nachholfähig	= 49 400 DM	→ 49 400 DM
Summe		= 69 200 DM
Ab 1997 beträgt der Abzugsbetrag 5 %		= 16 500 DM

(Friebel)

FALL 61

Nachträgliche Herstellungskosten

Sachverhalt: Die Eheleute A und B erwerben am 1. 11. 1991 ein zu eigenen Wohnzwecken genutztes Einfamilienhaus, Anschaffungskosten 330 000 DM, darin enthalten Grund und Boden 150 000 DM. Im März 1992 errichten sie einen Garagenneubau mit Herstellungskosten (HK) von 30 000 DM auf diesem Grundstück. Im August 1995 wird der Dachgeschoßausbau mit HK von 40 000 DM fertiggestellt. Im April 1996 wird das Erdgeschoß mit einem Kostenaufwand von 50 000 DM erweitert, das Haus hat weiterhin nur eine Wohnung.

Frage: Ermitteln Sie die jeweiligen Abzugsbeträge!

Lösung

Die Eheleute erhalten den Abzugsbetrag gem. § 10e Abs. 1 EStG ab dem VZ 1991. Eine Minderung in Fällen der Anschaffung kommt erst nach dem 31. 12. 93 in Betracht.

Bemessungsgrundlage:	AK Gebäude	= 180 000 DM
	+ ½ AK Grund und Boden	= 75 000 DM
	Summe	= 255 000 DM

1991:	Anschaffung nach dem 30. 9. 1991 6 % von 255 000 DM	= 15 300 DM
1992:	Es entstehen nachträgliche HK nach § 10e Abs. 3 Satz 2 EStG, die so behandelt werden, als wären sie bereits zu Beginn des Abzugszeitraumes entstanden. BMG: 255 000 DM + 30 000 DM = 285 000 DM davon 6 % = 17 100 DM + 6 % v. 30 000 DM für das 1. Jahr = 1 800 DM insgesamt → 18 900 DM	

	oder andere Berechnung:		
	12 % v. 285 000 DM	= 34 200 DM	
	·/. bereits in 1991 abgezogen	15 300 DM	
1993:	6 % von 285 000 DM		= 17 100 DM
1994:	6 % von 285 000 DM		= 17 100 DM
1995:	BMG: 285 000 DM + 40 000 DM	= 325 000 DM	
	davon im 5. Jahr 5 %	= 16 250 DM	
	+ Nachholung der auf die nachträgl. HK entfallenden Beträge 1.–4. Jahr		
	4 × 6 % v. 40 000 DM	= 9 600 DM	→ 25 850 DM
1996:	BMG: 325 000 DM + 50 000 DM	= 375 000 DM	
	max. 330 000 DM davon 5 %	= 16 500 DM	
	+ Nachholung 1.–4. Jahr		
	4 × 6 % v. 5 000 DM	= 1 200 DM	
	5. Jahr 5 % v. 5 000 DM	= 250 DM	→ 17 950 DM
1997:	5 % von 330 000 DM		= 16 500 DM
1998:	5 % von 330 000 DM		= 16 500 DM

(Friebel)

FALL 62

Aufwendungen vor Bezug

Sachverhalt: Hans H. erwarb im Jahre 1990 ein unbebautes Grundstück in Neustadt für 60 000 DM, die Nebenkosten, wie Notar- und Grundbuchkosten, Grunderwerbsteuer und Maklergebühren, beliefen sich auf 6 800 DM. Am 3. 2. 1994 beginnt Hans mit der Errichtung eines Zweifamilienhauses, welches zum 1. 10. 1995 fertiggestellt wird. Die Herstellungskosten betragen 460 000 DM. Die Wohnung im Erdgeschoß mit 120 qm nutzt Hans ab Fertigstellung selbst mit seiner Familie, die gleich große Wohnung im Obergeschoß wird ab 1. 11. 1995 vermietet, mtl. Mieteinnahmen 900 DM. Zur Finanzierung der Baukosten hatte Hans ein Darlehen aufgenommen, für das ein Damnum von 14 300 DM bei Darlehensauszahlung im Oktober 1994 einbehalten wurde.

Nebenkosten dazu:

Notarkosten lt. Rechnung vom 17. 11. 1994	= 1 530 DM
Grundbuchkosten v. 10. 12. 1994	= 630 DM
(diese Beträge überwies Hans erst am 6. 1. 95)	
Schuldzinsen monatlich ab 1. 11. 1994	= 2 000 DM
Die Grundsteuer beträgt jährlich	= 210 DM

(Sie wird jeweils in einem Betrag am 10. 2. bezahlt.)

Am 24. 3. 1995 erhält er eine Rechnung über noch zu zahlende Anliegerbeiträge in Höhe von 12 000 DM, die er sofort bezahlt.

Frage: Ermitteln Sie für 1994 und 1995 die Höhe der Einkünfte und die abzugsfähigen Sonderausgaben gem. § 10e EStG!

Lösung

VZ 1994:

Da die Wohnung im OG vermietet werden soll, hat Hans insoweit eine Einnahmeerzielungsabsicht, die ab 1995 zu Einkünften i. S. des § 21 Abs. 1 EStG führt. Die damit zusammenhängenden Kosten sind, soweit sie vor der Vermietung angefallen sind, vorweggenommene Werbungskosten, die nach § 9 EStG abzugsfähig sind im Zeitpunkt der Zahlung. Bezüglich der später zu eigenen Wohnzwecken genutzten Wohnung liegt keine Einkunftsquelle vor. Die darauf entfallenden Kosten sind nach § 10e Abs. 6 EStG als Sonderausgaben abzugsfähig, wenn sie bis zur erstmaligen Selbstnutzung entstanden sind, mit der Herstellung oder der Anschaffung des Grundstücks zusammenhängen, aber nicht zu den AK/HK gehören und im Fall der Vermietung als Werbungskosten abgezogen werden könnten.

Einnahmen § 21 Abs. 1 Nr. 1 EStG	=	0 DM
Werbungskosten: Aufteilung nach dem Verhältnis der Nutzflächen 50 %		
Damnum 14 300 DM, davon ½		7 150 DM
Zinsen 2 000 DM × 2 Monate zu ½		2 000 DM
Grundsteuer zu ½		105 DM
Einkünfte gem. § 21 EStG	·/.	**9 255 DM**
Sonderausgaben 1994 nach § 10e Abs. 6 EStG die hälftigen		
Kosten s. o. Damnum		7 150 DM
Zinsen		2 000 DM
Grundsteuer		105 DM
Sonderausgaben	=	**9 255 DM**

VZ 1995:

Einnahmen ab 1. 11. 1995 900 × 2	=	1 800 DM
·/. Werbungskosten Zinsen 2 000 × 12 zu ½	·/.	12 000 DM
Notar- und Grundbuchgebühren im Zeitpunkt der Zahlung (§ 11 Abs. 2 Satz 1 EStG,		

es handelt sich hier nicht um regelmäßig wiederkehrende Ausgaben) zu ½	·/. 1 080 DM
Grundsteuer zu ½	·/. 105 DM

AfA-Bemessungsgrundlage:

HK = 460 000 DM, davon ½ = 230 000 DM
AfA nach § 7 Abs. 4 Nr. 2a EStG
2 % von 230 000 DM ab 1. 10. 1995 3/12
= 1 150 DM
oder AfA nach § 7 Abs. 5 Nr. 2 EStG
5 % von 230 000 DM = 11 500 DM
oder AfA nach § 7 Abs. 5 Satz 3 EStG n. F.,
da Bauantrag nach dem 28. 2. 1989,
7 % von 230 000 DM = 16 100 DM
Es erfolgt keine zeitanteilige Aufteilung

Günstiger ist	→ ·/. 16 100 DM
Einkünfte aus V u. V	**– 18 285 DM**

Sonderausgaben 1995:

Soweit die Kosten bis zum 30. 9. 1995 entstanden sind, können sie im Zeitpunkt der Zahlung wie Sonderausgaben abgezogen werden.

Zinsen bis zum Bezug 2 000 DM, davon ½ × 9 Monate	= 9 000 DM
Notar- und Grundbuchgebühren zu ½	= 1 080 DM
Grundsteuer zu ½	= 105 DM
Summe der Sonderausgaben (§ 10e Abs. 6 EStG)	**= 10 185 DM**

Abzugsbetrag gem. § 10e Abs. 1 EStG als Sonderausgaben:

Herstellungskosten 460 000 DM zu ½		= 230 000 DM
+ Anschaffungskosten Grund und Boden	= 60 000 DM	
+ Nebenkosten	6 800 DM	
+ Anliegerbeiträge	12 000 DM	
Summe	= 78 800 DM	
davon ½ betr. eigene Wohnung	= 39 400 DM	
davon ½ begünstigt		+ 19 700 DM
Bemessungsgrundlage		= 249 700 DM
davon 6 % für 1995		= 14 982 DM

Schuldzinsenabzug § 10e Abs. 6a EStG:
Der erweiterte Schuldzinsenabzug kommt nicht in Betracht, da das Objekt nicht vor dem 1. 1. 95 fertiggestellt wurde. *(Friebel)*

FALL 63

Abzugsbetrag und Aufwendungen vor Bezug

Sachverhalt: Die Eheleute Hans und Herta Henning erwarben am 11. 3. 1990 ein erschlossenes Baugrundstück in Neustadt für 150 000 DM. Der Kaufpreis wurde am 15. 4. 1990 geleistet. Die Notargebühren für den Kaufvertrag und die Eintragungsgebühren (bezahlt am 20. 5. 1990) belaufen sich auf 4 262 DM. Die Maklergebühren, bezahlt am 20. 4. 1990, betragen 5 130 DM, die Grunderwerbsteuer, bezahlt am 31. 5. 1990, beträgt 3 000 DM.

Mit der Errichtung des Gebäudes begannen die Eheleute im Mai 1992, der Bauantrag wurde im Januar 1992 gestellt. Das Gebäude wird am 10. 4. 1993 fertiggestellt und ab diesem Zeitpunkt genutzt, Herstellungskosten insgesamt 365 000 DM. Es enthält zwei getrennte Wohnungen; die Erdgeschoßwohnung hat eine Wohnfläche von 150 m^2 (Nutzfläche 240 m^2). Sie wird von den Eheleuten ab Fertigstellung selbst genutzt. Die Obergeschoßwohnung hat eine Wohnfläche von 120 m^2 (Nutzfläche 160 m^2), sie wird ebenfalls von den Eheleuten selbst genutzt. Zum Gebäude gehören zwei Garagen von je 30 m^2 Fläche, die beide von Hans und Herta H. genutzt werden (HK jeweils 15 000 DM). Der Außenputz des Gebäudes wird in 1994 fertiggestellt, Kosten 25 000 DM. Zur Finanzierung ihres Bauvorhabens schlossen die Eheleute Henning einen Kreditvertrag ab. Die Eheleute hatten bisher noch kein begünstigtes Objekt.

Im übrigen sind folgende Kosten entstanden:

- Grundsteuer bis März 1990 = 31 DM, bezahlt am 15. 4. 1990. Die Grundsteuer wurde lt. notariellem Vertrag durch die Eheleute H. übernommen.
- Grundsteuer bis Ende 1993 beträgt vierteljährlich 31 DM, Bezahlung bei Fälligkeit jeweils am 15. 5., 15. 8., 15. 11., 15. 2. etc.
- Damnum = 8 000 DM einbehalten bei Kreditauszahlung im Oktober 1992.
- Schuldzinsen bis November 1992 = 6 400 DM, am 10. 11. 1992 bezahlt.
- Schuldzinsen für Dezember 1992 = 2 800 DM, bezahlt am 9. 1. 1993.
- Schuldzinsen 1993 monatl. je 1 200 DM, bezahlt per Dauerauftrag, jeweils ab 15. 1. 1993 beginnend.

- Notargebühren für die Hypothekenbestellung, bezahlt am 20. 11. 1992 = 372 DM.
- Eintragungsgebühren für Hypothek 520 DM, bezahlt lt. Rechnung v. 18. 12. 1992 am 4. 1. 1993.
- Bauwesenversicherung für 1992 = 200 DM, bezahlt am 22. 12.1992, für 1993 = 200 DM, bezahlt im Mai 1993.
- Rückständige Anliegerbeiträge lt. Rechnung vom 23. 2. 1991 = 15 000 DM, bezahlt am 30. 4. 1991.

Frage: Nehmen Sie Stellung zu den steuerlichen Folgen ab 1990! Der Gesamtbetrag der Einkünfte beträgt für 1993 85 000 DM.

▶ Lösung

Da die Eheleute H. die Absicht hatten, ein selbstgenutztes Zweifamilienhaus zu errichten, das nicht zu einem Einkunftstatbestand führt, sind die damit zusammenhängenden Kosten als Sonderausgaben gem. § 10e Abs. 6 EStG abzugsfähig.

Aufwendungen vor der erstmaligen Selbstnutzung gem. § 10e Abs. 6 EStG:

Grundsteuer ab II. Quartal 1990 = 93 DM
= **Sonderausgaben 1990**

Grundsteuer 1991 = 124 DM
= **Sonderausgaben 1991**

Sonderausgabenabzug nach § 10e Abs. 6 EStG für 1992:

Grundsteuer 1992	= 124 DM
Damnum	= 8 000 DM
Schuldzinsen bis Nov. 1992	= 6 400 DM
Schuldzinsen Dez. 1992, Abfluß gem. § 11 Abs. 2 Satz 2 EStG in 1992, da es sich um regelmäßig wiederkehrende Ausgaben handelt.	= 2 800 DM
Notargebühren für Hypothekenbestellung.	= 372 DM
Bauwesenversicherung	= 200 DM
Summe **Sonderausgaben 1992**	**= 17 896 DM**

Sonderausgabenabzug nach § 10e Abs. 6 EStG für 1993:

Grundsteuer I. Quartal 1993	= 31 DM
Grundsteuer bis 10. 4. 1993 ⅓ für April (lt. BdF-Erlaß v. 25. 10. 1990 Tz. 60 ist zeitanteilig aufzuteilen)	= 4 DM

Schuldzinsen bis 10. 4. 1993 3 ⅓ Monate	= 4 000 DM
Eintragungsgebühr Hypothek bei Zahlg.	= 520 DM
Bauwesenversicherung, entfällt wirtschaftl. auf die Zeit vor Einzug	= 200 DM
Summe	= 4 755 DM

Grundförderung:

Bezüglich der Herstellungskosten des Gebäudes kommt § 10e Abs. 1 EStG in Betracht. Begünstigtes Objekt ist die selbstgenutzte Wohnung im eigenen Haus. Die Eheleute errichteten 1993 zwei Wohnungen im Zweifamilienhaus, die beide selbst genutzt werden. Grundsätzlich sind bei Ehegatten zwei Objekte begünstigt (§ 10e Abs. 4 Satz 2 EStG), aber bei zwei in räumlichem Zusammenhang stehenden Objekten gilt diese Regelung nicht. Demnach ist nur die Erdgeschoßwohnung, da es sich hier um die größere Wohnung handelt und der Steuerpflichtige die günstigste Regelung wünscht, begünstigt. Die Kosten der Obergeschoßwohnung sind nicht berücksichtigungsfähig. Ein Abzug kommt für 1993 in Betracht, da der GdE nicht mehr als 240 000 DM beträgt, § 10e Abs. 5a EStG. Der Sonderausgabenabzug gem. § 10e Abs. 6 EStG ist aber von dem Abzugsbetrag gem. § 10e Abs. 1 EStG unabhängig. Deshalb waren die Kosten für beide Wohnungen abzugsfähig.

Für die Gewährung des Abzugsbetrages ist außerdem zu prüfen, ob bereits Objektverbrauch eingetreten ist. Das ist nicht der Fall, da bisher noch kein begünstigtes Objekt gegeben war.

Herstellungskosten des Zweifamilienhauses		= 365 000 DM
Aufteilung nach dem Nutzflächenverhältnis auf die EG-Wohnung		
gesamte Nutzfläche = 240 m² + 160 m² = 400 m²		
davon EG 240 m² = 60 % von 365 000 DM		= 219 000 DM
Da in § 10e EStG keine Einschränkung bzgl. der Anzahl der Garagen gegeben ist (anders § 7b Abs. 4 EStG), sind die HK beider Garagen zuzurechnen		+ 30 000 DM
+ ½ der Anschaffungskosten des Grund und Bodens		
Kaufpreis	= 150 000 DM	
+ Notargebühren	= 4 262 DM	
+ Maklergebühren	= 5 130 DM	
+ Grunderwerbsteuer	= 3 000 DM	
+ Übernahme Grundsteuer	= 31 DM	
+ Anliegerbeiträge	= 15 000 DM	

Summe	= 177 423 DM	
davon ½	= 88 712 DM	
davon anteilig für die Erdgeschoßwohnung:		
Die Garagenfläche ist nun in das Nutzflächenverhältnis einzubeziehen, insgesamt 460 m² Nutzfl.		
davon begünstigt 300 m² = 65,2 %		
65,2 % von 88 712 DM		+ 57 841 DM
Bemessungsgrundlage		= 306 841 DM
Abzugsbetrag 1993 6 %		= 18 411 DM

Sonderausgabenabzug gem. § 10e Abs. 6a EStG:

Bauantrag nach dem 30. 9. 1991, Fertigstellung vor dem 1. 1. 1995. Sachliche Voraussetzung ist die Inanspruchnahme des Abzugsbetrages gem. § 10e Abs. 1 EStG, hier nur für die EG-Wohnung.

Schuldzinsen ab Bezug insgesamt = 10 400 DM, davon betr. EG-Wohnung	
65,2 % = 6 781 DM max. 12 000 DM, abzugsfähig	6 781 DM

Der nicht ausgenutzte Restbetrag von 5 219 DM kann im 4. Jahr 1996 nachgeholt werden.

Sonderausgaben 1994:

Der in 1994 fertiggestellte Außenputz stellt nachträgliche Herstellungskosten nach § 10e Abs. 3 Satz 2 EStG dar.

Bemessungsgrundlage bisher	= 306 841 DM
+ nachträgl. HK zu 65,2 % von 25 000 DM	+ 16 300 DM
neue BMG	= 323 141 DM
max. 330 000 DM	
davon 6 % für 1994	= 19 389 DM
+ Nachholung für 1993	
6 % von 16 300 DM	= 978 DM
Abzugsbetrag 1994	**= 20 367 DM**

Erweiterter Schuldzinsenabzug, § 10e Abs. 6a EStG:

1 200 DM × 12 = 14 400 DM	
davon 65,2 % = 9 389 DM max. 12 000 DM	
abzugsfähig	= 9 389 DM

Eine Nachholung des nicht ausgenutzten Betrages ist nicht möglich. *(Friebel)*

FALL 64

Abzugsbetrag und Folgeobjekt

Sachverhalt: Die Eheleute Lustig besitzen ein Einfamilienhaus, welches im Mai 1994 für 345 000 DM erworben und selbst genutzt wurde (Grund und Boden 120 000 DM). Die Wohnung wird seitdem von den Eheleuten selbst genutzt. Ihre bisherige Eigentumswohnung hatten sie im April 1994 für 280 000 DM veräußert. Diese Wohnung hatten die Eheleute in 1992 für 240 000 DM gekauft und Abzugsbeträge gem. § 10e EStG geltend gemacht. Antonia Lustig, die Ehefrau, hatte außerdem in den Jahren 1973–1980 erhöhte Abschreibungen für einen Anteil von ⅓ an einem Zweifamilienhaus erhalten.

In 1995 wendeten die Eheleute 8 000 DM für die Modernisierung der Heizungsanlage, neuer Heizkessel und Thermostate, auf.

Das Dachgeschoß des Einfamilienhauses wurde Ende 1994 mit einem Kostenaufwand von 86 000 DM ausgebaut. Dort richtete sich Xaver Lustig sein Architekturbüro ein. Das Büro (30 qm) wurde zum 20. 12. 1994 fertiggestellt und eingerichtet. Die Kosten hat Xaver allein getragen.

Frage: Wie hoch sind die als Sonderausgaben abzugsfähigen Beträge 1995?

Lösung

Die Eheleute besitzen gemeinsam ein eigengenutztes Einfamilienhaus, für das eine Nutzungswertbesteuerung nicht mehr in Betracht kommt, § 52 Abs. 21 Satz 1 EStG.

Für die Wohnung ist der Abzugsbetrag gem. § 10e EStG zu gewähren. Begünstigt ist die selbstgenutzte Wohnung im eigenen Haus. Die Gebäudeteile, die der Einkunftserzielung dienen, nämlich das Büro im Dachgeschoß des Einfamilienhauses, bleiben für die Grundförderung unberücksichtigt, § 10e Abs. 1 Satz 7 EStG. Die Aufwendungen sind als Betriebsausgaben im Rahmen des § 18 EStG zu berücksichtigen.

Gem. § 10e Abs. 4 Satz 2 i. V. m § 10e Abs. 5 Satz 2 EStG erhalten Ehegatten, die die Voraussetzungen des § 26 Abs. 1 Satz 1 EStG erfüllen, die Begünstigung insgesamt für zwei Objekte. Dabei sind Objekte gem. § 7b EStG mitzurechnen.

Da die Eheleute Lustig bzw. die Ehefrau bereits für zwei Objekte die erhöhten Abschreibungen erhalten hat, ist hiermit Objektverbrauch eingetreten. Auch der Anteil an einem Objekt führt zum Objektverbrauch (§ 7b Abs. 6 EStG a. F.). Können die erhöhten Abschreibungen nicht während des ganzen Begünstigungszeitraumes in Anspruch genommen werden, ist die Übertragung auf ein Folgeobjekt möglich, § 10e Abs. 4 Satz 4–7 EStG.

Erstobjekt ist in diesem Fall die Eigentumswohnung, die in 1994 veräußert wurde. Folgeobjekt ist die selbstgenutzte Wohnung im eigenen Einfamilienhaus gem. § 10e Abs. 1 EStG. Der Begünstigungszeitraum des Folgeobjekts beginnt nach Ablauf des VZ 1994, da für 1994 noch § 10e EStG als Sonderausgabe abgezogen wurde. Der Begünstigungszeitraum für das Folgeobjekt läuft ab 1995 für noch 5 Jahre (8 Jahre – 3 Jahre von 1992–1994).

Bemessungsgrundlage Gebäude Die nachträglichen Herstellungskosten sind nicht zu berücksichtigen, da sie auf das Büro entfallen. Es ist zu vertreten, wenn ein Anteil herausgerechnet wird, da das Dachgeschoß noch nicht ausgebaut war. Jedoch kann es sich hier nicht um einen Anteil entsprechend dem Flächenverhältnis handeln.	= 225 000 DM
+ Grund und Boden zu ½	+ 60 000 DM
Bemessungsgrundlage	= 285 000 DM
davon 6 % Abzugsbetrag = 17 100 DM	= 9 000 DM

da Anschaffung nach dem 31. 12. 1993 max. Ab 1996 nur noch max. 7 500 DM.

Für die Modernisierung der Heizungsanlage ist kein Abzugsbetrag gem. § 10e EStG zu berücksichtigen. *(Friebel)*

FALL 65

Erbauseinandersetzung und § 10e EStG

Sachverhalt: A verstirbt im Juli 1993 und hinterläßt seinen beiden zu gleichen Teilen erbenden Söhnen Felix und Herbert ein Einfamilienhaus im Werte von 500 000 DM. Dieses Haus hatte A Mitte 1991 fertiggestellt, HK Gebäude 300 000 DM, AK Grund und Boden 100 000 DM. Im Februar 1994 setzen sich die beiden Erben dahingehend auseinander, daß Felix (verheiratet) das Einfamilienhaus (EFH) ganz übernimmt und seinem Bruder Herbert eine Abfindung in Höhe von 250 000 DM bezahlt. Diesen Betrag finanziert Felix durch ein Darlehen, für das er ab März monatliche Schuldzinsen in Höhe von 1 800 DM zu zahlen hat. Das EFH selbst bezieht er am 15. 4. 1994, nachdem er es zuvor mit einem Kostenaufwand von 10 800 DM renovieren ließ. Seit dem Erbfall stand das Haus leer.

Das Einfamilienhaus war bisher von A zu eigenen Wohnzwecken genutzt worden. A hatte dafür den Abzugsbetrag nach § 10e EStG erhalten.

Frage: Welche Abzugsbeträge können 1993 und 1994 von wem geltend gemacht werden?

Lösung

Mit dem Erbfall in 1993 erwerben Felix und Herbert das Einfamilienhaus je zur Hälfte unentgeltlich. Der Erbfall und die sich in 1994 anschließende Erbauseinandersetzung sind dabei als getrennte Vorgänge zu behandeln (BFH GrS 5. 7. 1990, BStBl II, 837). Eine Rückwirkung der Erbauseinandersetzung auf den Zeitpunkt des Erbfalles ist nicht möglich, da die Sechsmonatsfrist überschritten ist (BdF-Erlaß vom 11. 1. 1993, BStBl I, Tz. 8).

Zunächst geht das Einfamilienhaus unentgeltlich auf die Erbengemeinschaft über. Die Miterben können dabei den Abzugsbetrag gem. § 10e EStG des Erblassers fortführen, da es sich hier um eine Gesamtrechtsnachfolge handelt. In diesem Fall hat eine einheitliche und gesonderte Feststellung zu ergehen, nach der die Miterben je ½ des Abzugsbetrages beanspruchen können. Dies führt aber dazu, daß bei beiden Objektverbrauch eintritt, unabhängig davon, für welchen Zeitraum die Abzugsbeträge gewährt werden. Voraussetzung ist allerdings die Selbstbenutzung durch beide Miterben; das ist hier in 1993 nicht der Fall. Demnach kann der Abzugsbetrag in 1993 noch in vollem Umfang bei der Veranlagung des Erblassers A berücksichtigt werden.

HK Gebäude	= 300 000 DM
+ ½ Grund und Boden	= 50 000 DM
Bemessungsgrenze	= 350 000 DM
max. 5 % von 330 000 DM, verbleiben (da Herstellung nach dem 31. 12. 1990).	16 500 DM für A

Im Rahmen der Erbauseinandersetzung erwirbt Felix insoweit entgeltlich, als er Abfindungszahlungen leisten muß. Es handelt sich um einen teilentgeltlichen Erwerb (BdF-Erlaß vom 11. 1. 1993, a. a. O., Tz. 28).

Soweit er die Wohnung unentgeltlich erwirbt, kann er die Steuerbegünstigung des Erblassers fortführen, da er die Wohnung ab 1994 selbst nutzt.

Da Felix verheiratet ist, und vorausgesetzt, es ist bisher noch kein Objektverbrauch eingetreten, kann er für diese beiden Objekte § 10e EStG erhalten (BdF-Erlaß vom 22. 10. 1993, BStBl I, 828 Abs. 5).

Abzugsbetrag für den **unentgeltlichen Teil** als Gesamtrechtsnachfolger ab 1994:

5 % von max. 330 000 DM	= 16 500 DM
davon entsprechend dem Anteil ½	= 8 250 DM

Dieser Abzugsbetrag ist maßgebend von **1994–1998.**

Abzugsbetrag gem. § 10e Abs. 1 EStG für **entgeltl. Teil** ab 1994:

AK insgesamt	250 000 DM
davon entfallen auf den Grund und Boden ¼	62 000 DM
verbleiben AK Gebäudeteil	187 500 DM
+ ½ Grund und Boden	31 250 DM
Bemessungsgrenze	218 750 DM
davon 6 % max. 9 000 DM, da es sich um eine Anschaffung nach dem 31. 12. 1993 handelt. Da Felix nur einen Anteil an einer Wohnung von ½ erwirbt, ist der Abzugsbetrag nur anteilig zu ½ zu berücksichtigen, § 10e Abs. 1 Satz 6 EStG, max. ½ von 9 000 DM	= 4 500 DM

Dieser Abzugsbetrag gilt für **1994–1997**, ab **1998–2001** sind ½ von 7 500 DM = 3 750 DM abzugsfähig.

Vorkosten gem. § 10e Abs. 6 EStG:

Bis zur erstmaligen Selbstnutzung am 15. 4. 1994 sind die Schuldzinsen gem. § 10e Abs. 6 EStG abzugsfähig. Sie stehen in vollem Umfang im Zusammenhang mit der Anschaffung und sind deshalb in Höhe von 1 800 DM × 1½ Monate (ab März) = 2 700 DM abzugsfähig.

Die Renovierungskosten sind nur abzugsfähig, soweit sie mit dem entgeltlichen Teil – Anschaffung – zusammenhängen.

Abzugsfähig sind danach ½ von 10 800 DM = 5 400 DM.

Die Begrenzung für Erhaltungsaufwand gem. § 10e Abs. 6 Satz 3 EStG lt. StMBG auf 15 % von 150 000 DM = 22 500 DM greift nicht.

Der erweiterte Schuldzinsenabzug gem. § 10e Abs. 6a EStG kommt nicht in Betracht, da es sich um eine Anschaffung handelt. *(Friebel)*

FALL 66
Eigenheimzulage mit Wahlrecht, Vorkosten

Sachverhalt:

Der Steuerpflichtige A ist verheiratet, zum Haushalt gehört ein 10jähriges Kind. Am 10. 12. 95 stellten die Eheleute einen Bauantrag zur Errichtung eines Einfamilienhaus. Der Baubeginn erfolgte im Februar 1996, Fertigstellung und Einzug der Eheleute im Oktober 1996. Die Herstellungskosten betragen 350 000 DM, die in 1995 aufgewendeten Anschaffungskosten für den Grund und Boden 120 000 DM. Das Damnum in Höhe von 6 000 DM für das Darlehen wurde bei Auszahlung des Kredites im Februar 1996 einbehalten. Die in 1995 gezahlten Zinsen betragen 1 000 DM, in 1996 bis zum Bezug 10 000 DM, nach Bezug in 1996 3 000 DM.

Frage: Welche steuerlichen Möglichkeiten zur Förderung des selbstgenutzten Wohneigentums bestehen?

Lösung

Im vorliegenden Falle wurde mit der Herstellung vor dem 31. 12. 1995 begonnen gem. § 52 Abs. 14 Sätze 6 und 7 EStG n. F., Beginn der Herstellung – Bauantrag am 10. 12. 95. Demnach ist noch der Sonderausgabenabzug gem. § 10e EStG maßgebend. Da aber der Bauantrag nach dem 26. 10. 1995 gestellt worden ist, besteht gem § 19 Abs. 2 Nr. 2 EigZulG ein Wahlrecht zur Anwendung des Fördergrundbetrages nach dem Eigenheimzulagengesetz. Maßgebend für die Anwendung des Wahlrechtes ist der Zeitpunkt des Bauantrages gem. § 19 Abs. 3 EigZulG.

Bei Anwendung des Wahlrechtes ist aber zu beachten, daß in 1995 nicht bereits ein Vorkostenabzug gem. § 10e Abs. 6 EStG beantragt wurde. Dieser ist für die Ausübung des Wahlrechtes zur Eigenheimzulage schädlich, § 19 Abs. 2 Satz 4 EigZulG, § 52 Abs. 14c Satz 2 EStG.

Eigenheimzulage:

Die Eigenheimzulage ist ab dem Zeitpunkt der Fertigstellung, also ab 1996 als Jahresbetrag zu gewähren.

Bemessungsgrundlage, § 9 Abs. 2 EigZulG		
5 % der HK	350 000 DM	
+ AK Grund und Boden	120 000 DM = 470 000 DM	
max.		5 000 DM jährlich
+ Kinderzulage gem. § 9 Abs. 5 EigZulG		1 500 DM jährlich

insgesamt, solange sich keine Änderung ergibt, **6 500 DM** jährlich
für 8 Jahre von 1996–2003

Der Betrag wird durch einen Festsetzungsbescheid festgesetzt und jährlich bar ausgezahlt, § 11 EigZulG.

Vorkostenabzug:

§ 10i Abs. 1 Nr. 1 EStG
Für 1996 ist eine Finanzierungskostenpauschale von **3 500 DM**

als Sonderausgaben abzugsfähig. Der Abzug gilt nur für das Jahr der Fertigstellung 1996, § 52 Abs. 14c n. F. Für 1995 ist kein Vorkostenabzug möglich, weder gem. § 10i EStG noch gem. § 10e Abs. 6 EStG, da dieser gem. § 52 Abs. 14 Satz 6, Abs. 14c Satz 2 EStG i. d. F. des Jahressteuerergänzungsgesetzes vom 18. 12. 95 keine Anwendung mehr findet.

Abzugsbetrag gem. § 10e EStG:
BMG: HK von 350 000 DM
+ ½ der AK Grund und Boden 60 000 DM–410 000 DM

6 % max. = **19 800 DM** für 1996–1999
dann 5 % max. = **16 500 DM** für 2000–2003

als Sonderausgaben

Vorkostenabzug gem. § 10e Abs. 6 für **1996**		10 000 DM
+ Damnum		6 000 DM
		16 000 DM
Vorkostenabzug für **1995**	=	**1 000 DM**

Ein erweiterter Schuldzinsenabzug gem. § 10e Abs. 6a EStG kommt nicht mehr in Betracht. *(Friebel)*

FALL 67
Eigenheimzulage und Vorkosten

Sachverhalt:

Die Eheleute Anton und Berta Lustig erwerben mit Vertrag vom 10. 5. 96 ein Einfamilienhaus BJ 1994. Vertragsgemäß ist der Übergang von Nutzen und Lasten zum 1. 7. 96 vereinbart. Der Kaufpreis beträgt 400 000 DM, davon entfallen auf den Grund und Boden 50 000 DM. Im Kaufpreis enthalten sind die Kosten für eine Solar-Heizungsanlage, die mit einem Betrag von 35 000 DM in dem Kaufpreis enthalten ist. Vor dem Einzug am 15. 8. 96 lassen die Eheleute das Bad für 10 000 DM umgestalten und Schönheitsreparaturen, wie Tapezieren, Teppichböden und Holzdecken, mit einem Kostenaufwand von insgesamt

22 000 DM ausführen. Der Kaufpreis wird teilweise durch ein Darlehen finanziert. Als Damnum werden 3 000 DM bei Auszahlung im Mai einbehalten, die Zinsen betragen ab Juni 1996 800 DM monatlich.

Zum Haushalt gehören 2 Kinder im Alter von 5 und 8 Jahren.

Der Gesamtbetrag der Einkünfte der Eheleute Lustig beträgt 1995 = 190 000 DM, 1996 = 220 000 DM, 1997 = 290 000 DM.

Frage: Welche steuerliche Förderung ist für 1996 möglich? Objektverbrauch ist bisher noch nicht eingetreten.

Lösung

Die Anschaffung des bebauten Grundstücks, Abschluß des notariellen Kaufvertrages, erfolgte in 1996. Als steuerliche Förderung ist demnach nur die Eigenheimzulage lt. Eigenheimzulagengesetz – EigZUlG – möglich, da § 10e EStG zum 31. 12. 95 ausgelaufen ist. Maßgebend ist aber die Einkunftsgrenze gem. § 5 EigZulG, danach darf der GdE im Erstjahr 1996 und Vorjahr, hier 1995, 480 000 DM nicht übersteigen. Der GdE 1995 190 000 DM + 1996 220 000 DM = 410 000 DM überschreitet damit die Grenze nicht. Das spätere Überschreiten in 1997 (1996 220 000 + 1997 290 000 DM = 510 000 DM) ist ohne Bedeutung. Sind aber im Erstjahr + Vorjahr die Grenzen des GdE überschritten, so kann dennoch die Eigenheimzulage für die Jahre gewährt werden, bei denen erstmals die Grenze von 480 000 DM bzw. 240 000 DM unterschritten wird, § 11 Abs. 1 Satz 3 EigZulG.

Der Fördergrundbetrag beträgt 5 %, da die Anschaffung im 2. Jahr nach der Fertigstellung 1994 erfolgte, gem. § 9 Abs. 2 EigZulG. Bemessungsgrundlage sind die Anschaffungskosten incl. Grund und Boden, § 8 EigZulG.

Gesondert gefördert werden gem. § 9 Abs. 3 Nr. 2 EigZulG die anteiligen AK, soweit sie auf die Solaranlage entfallen. Diese Regelung gilt in Anschaffungsfällen nur bei Anschaffung von sog. Neuobjekten.

AK = 400 000 DM ·/. Solaranlage 35 000 DM	= 365 000 DM
davon 5 % max. aber	5 000 DM
+ Zusatzförderung für Solaranlage	
2 % der Kosten 35 000 DM = 700 DM aber max.	500 DM
Grundförderung	5 500 DM
+ § 9 Abs. 5 EigZulG	
Kinderzulage 2 × 1 500 DM	3 000 DM
jrl. Eigenheimzulage ab 1996	8 500 DM

Diese gilt grundsätzlich für den Förderzeitraum von 8 Jahren, falls sich keine Änderung ergibt. Der Höchstbetrag gem. § 9 Abs. 6 EigZulG von 400 000 DM wird nicht überschritten.

Vorkosten gem. § 10i EStG als Sonderausgaben:

Die Eheleute erhalten eine Finanzierungspauschale von in 1996, dem Jahr der Anschaffung. Diese Pauschale ist an die Gewährung der Eigenheimzulage gekoppelt. Die tatsächliche Höhe der Kosten ist dabei ohne Bedeutung, § 10i Abs. 1 EStG n. F.	3 500 DM
Nicht an die Gewährung der Eigenheimzulage gekoppelt ist der Abzug der Erhaltungsaufwendungen, § 10i Abs. 1 Nr. 2 EStG n. F. Die Kosten von insgesamt 32 000 DM stellen keine anschaffungsnahen Aufwendungen i. S. d. R. 157 Abs. 5 Satz 6 EStR dar, 15 % von 350 000 DM = 52 500 DM. Es handelt sich demnach um Erhaltungsaufwendungen, die, soweit sie bis zum Beginn der erstmaligen Selbstnutzung entstanden sind, abzugsfähig sind.	
Im Jahr der Zahlung aber max. abzugsfähig	22 500 DM
gesamte Sonderausgaben 1996	26 000 DM

(Friebel)

F. Berücksichtigung von Kindern

Vorbemerkungen

Ab VZ 1996 ist zu beachten, daß das Kindergeld oder der Kinderfreibetrag nur noch alternativ in Betracht kommt. Bei der Einkommensteuerveranlagung wird von Amts wegen geprüft, welche Regelung am günstigsten ist. Das Kindergeld beträgt monatlich

	VZ 1996	ab VZ 1997
für das 1. und 2. Kind	200 DM	220 DM
für das 3. Kind	300 DM	300 DM
ab dem 4. Kind	350 DM	350 DM

Der Kinderfreibetrag beträgt im VZ 1996 6 264 DM und ab VZ 1997 6 912 DM. Allerdings soll nach dem Referentenentwurf des Jahressteuergesetzes 1997 die

Erhöhung des Kindergeldes und des Kinderfreibetrages vom 1. 1. 1997 auf den 1. 1. 1998 verschoben werden.

Aufgrund der Wahlmöglichkeit wurden die kindbedingten Vergünstigungsvorschriften dahingehend ergänzt, daß sie auch in Anspruch genommen werden können, wenn der Steuerpflichtige Kindergeld erhält.

Mit dem Jahressteuergesetz 1996 wurde für das Kindergeld und den Kinderfreibetrag einheitlich das Monatsprinzip eingeführt. *(Siegle)*

FALL 68
Kinderfreibeträge und Kindergeld

Sachverhalt:

1. Zum Haushalt der Eheleute A und B gehört der 16jährige Sohn C, der das Gymnasium besucht. Die Eheleute unterliegen 1996 einem Steuersatz von
   a) 28 %
   b) 52 %
2. Am 30. 4. 1996 wird das Kind D der Eheleute A und B geboren.
3. Die 20jährige Tochter E der Eheleute A und B hat 1995 eine Ausbildung als Rechtsanwaltsgehilfin begonnen, die auch 1996 noch andauert. E erhält eine monatliche Ausbildungsvergütung von 1 600 DM.
4. Der über 18 Jahre alte Sohn F der Eheleute A und B befindet sich bis zum 30. August 1996 in Berufsausbildung. Während der Ausbildungszeit erhält F monatliche BaföG-Leistungen in Form eines Zuschusses von 850 DM und Büchergeld eines Begabtenförderungswerkes in Höhe von monatlich 200 DM. Ab 1. 9. 1996 erzielt F Arbeitslohn von monatlich 4 000 DM.
5. G, einziges Kind der Eheleute A und B, befindet sich noch in Berufsausbildung. Er vollendete am 24. 12. 1995 sein 27. Lebensjahr. Im Jahr 1996 studiert er ganzjährig Jura in München. G hat in der Vergangenheit seinen Grundwehrdienst von 15 Monaten abgeleistet.

Frage: Wie hoch sind jeweils die Entlastungen durch Kindergeld und Kinderfreibetrag?

Lösung

1. Zunächst wird im VZ 1996 Kindergeld in Höhe von monatlich 200 DM ausgezahlt. Bei der Veranlagung werden gem. § 2 Abs. 6 EStG zwei Veranla-

gungen durchgeführt. Die Prüfung, welche Veranlagung zu einer höchstmöglichen Vergünstigung führt, ergibt folgendes Ergebnis:

a) Entlastung durch Kinderfreibetrag

28 % von 6 264 DM	1 754 DM
Kindergeld	2 400 DM

Bei der Veranlagung wird also kein Kinderfreibetrag angesetzt. Es verbleibt beim günstigeren Kindergeld.

b) Entlastung durch Kinderfreibetrag

52 % von 6 264 DM	3 258 DM
Kindergeld	2 400 DM

Bei der Veranlagung wird der Kinderfreibetrag abgezogen und das bereits ausgezahlte Kindergeld im Wege der Verrechnung wieder zurückgefordert.

2. Gemäß § 32 Abs. 3 und 6 bzw. § 66 Abs. 2 EStG gilt ab 1996 sowohl beim Kindergeld als auch beim Kinderfreibetrag das Monatsprinzip.

   Dies hat zur Folge, daß die Eheleute 1996

   - entweder Kindergeld in Höhe von 9 × 200 DM = 1 800 DM oder
   - einen Kinderfreibetrag von 9 × 522 DM = 4 698 DM

   erhalten.

3. Die Eheleute A und B erhalten für 1996 weder Kindergeld noch einen Kinderfreibetrag, da die Einkünfte der Tochter die Grenze des § 32 Abs. 4 Satz 2 EStG mit 12 000 DM übersteigen.

4. Gemäß § 32 Abs. 4 Satz 4 EStG ermäßigt sich der Betrag von 12 000 DM für jeden Kalendermonat, in dem die Voraussetzungen für eine Berücksichtigung nicht vorliegen, um ein Zwölftel. Einkünfte und Bezüge, die auf den Zeitraum der Nichtberücksichtigung entfallen, bleiben außer Ansatz. Der Grenzbetrag für die eigenen Einkünfte und Bezüge beträgt also 8 000 DM. Bei der Prüfung, ob dieser Betrag überschritten wird, ist der Arbeitslohn von vornherein auszuscheiden. Außer Ansatz bleiben nach § 32 Abs. 4 Satz 3 EStG auch Bezüge, die für besondere Ausbildungszwecke bestimmt sind (zur Kritik an dieser Vorschrift vgl. FR 1996 S. 337 ff.). Darunter fällt z. B. das Büchergeld eines Begabtenförderungswerkes.

   Die anzurechnenden Bezüge des F mit 850 DM monatlich stehen also einem Abzug des Kinderfreibetrages für die Monate Januar bis August (4 176 DM) bzw. der Gewährung des Kindergeldes (1 600 DM) nicht entgegen.

5. Nach § 32 Abs. 4 EStG wäre eine Zurechnung ausgeschlossen, da G bereits das 27. Lebensjahr vollendet hat. Gemäß § 32 Abs. 5 Satz 1 Nr. 1 EStG verlängert sich aber der Begünstigugnszeitraum über das 27. Lebensjahr hinaus um die Dauer des gesetzlichen Grundwehrdienstes von 15 Monaten.

   Damit steht den Eltern 1996 ein Kinderfreibetrag von 6 264 DM oder Kindergeld von 2 400 DM zu. *(Siegle)*

FALL 69

Zurechnungsfragen

Sachverhalt:

a) Kind A lebt bei seinen Großeltern. Der leiblichen Mutter wurde vom Vormundschaftsgericht das Sorgerecht entzogen, der Aufenthalt des Vaters ist nicht bekannt.

b) Kind B lebt ebenfalls bei seinen Großeltern. Die Eltern tragen die Kosten des Unterhalts des Kindes, kümmern sich aber nur gelegentlich um das Kind. Zusätzlich erhalten die Pflegeeltern für die Betreuung ein angemessenes Entgelt.

c) Der Italiener A lebt mit seiner Ehefrau B in Deutschland. Das Kind C lebt in Italien.

d) Nach Bestehen des Abiturs wird Kind D am 2. 1. 01 zur Bundeswehr eingezogen. Nach Ableistung des Grundwehrdienstes beabsichtigt D, Jura zu studieren. D ist 21 Jahre alt.

e) Wie d mit der Abwandlung, daß D anstelle des gesetzlichen Grundwehrdienstes freiwillig für die Dauer von drei Jahren Wehrdienst leistet.

f) Nach Beendigung seiner Ausbildung verpflichtet sich Kind E, 22 Jahre, zur Ableistung eines freiwilligen ökologischen Jahres.

g) Kind F hat vor zwei Jahren die Prüfung zum Steuerfachgehilfen bestanden. Sein eigentliches Berufsziel ist der Beruf des Steuerberaters.

h) Kind G, 19 Jahre alt, ist arbeitslos und der Arbeitsvermittlung im Inland gemeldet.

i) Der 32jährige H ist wegen einer Lähmung erwerbsunfähig. Er ist außerstande, sich selbst zu unterhalten.

Frage: Bei wem kann ggf. eine Zurechnung erfolgen?

Lösung

a) Das Kind ist den Großeltern zuzurechnen, da ein Pflegekindschaftsverhältnis i. S. des § 32 Abs. 1 Nr. 2 EStG begründet worden ist (§ 32 Abs. 2 EStG). Ab 1996 kann der Kinderfreibetrag gemäß § 32 Abs. 6 Satz 6 EStG auch auf Großeltern übertragen werden, ohne daß sie Pflegeeltern sind.

b) Ein nicht unwesentlicher Unterhaltsbeitrag wird zwar i. d. R. unterstellt, wenn das Kind im Haushalt der Pflegeeltern lebt und von diesen betreut wird (BFH vom 12. 6. 1991, BStBl 1992 II, 20). Schädlich im Sinne der Zurechnung bei den Pflegeeltern ist aber, wenn von den Kindeseltern ein Entgelt gezahlt wird, das die Betreuungsdienste entlohnt. Das Kind wird also den Eltern zugerechnet. Abhilfe für eine evtl. unbefriedigende Lösung schafft die ab 1996 eingeführte Möglichkeit, den Kinderfreibetrag auf die Großeltern zu übertragen.

c) Ab 1994 kann auch ein Kinderfreibetrag für ein im Ausland lebendes Kind gewährt werden. § 32 Abs. 6 Satz 4 EStG regelt hierzu, daß ein Kinderfreibetrag nur abgezogen werden kann, soweit er nach den Verhältnissen des Wohnsitzstaates des Kindes notwendig und angemessen ist (BMF-Schreiben vom 1. 2. 1994, BStBl I, 119). Zu beachten ist, daß ein gekürzter Kinderfreibetrag nicht von der Gemeinde auf der Lohnsteuerkarte eingetragen werden kann. Dieser wird vielmehr gem. § 39 Abs. 3a Nr. 6 EStG auf Antrag des Arbeitnehmers vom Finanzamt berücksichtigt.

d) Ab 1996 werden Kinder, die den gesetzlichen Grundwehrdienst leisten, nicht mehr für die Dauer dieser Tätigkeit berücksichtigt. Vielmehr wird dem dadurch Rechnung getragen, daß die Jahresgrenze (27 bzw. 21 bei arbeitslosen Kindern) verlängert wird.

e) Gemäß § 32 Abs. 5 Satz 1 Nr. 2 EStG wird die Kinderberücksichtigung über das 21. bzw. 27. Lebensjahr verlängert um die Dauer des geleisteten Dienstes, höchstens aber um die Dauer des inländischen gesetzlichen Grundwehrdienstes.

f) Aufgrund des Gesetzes zur Förderung eines freiwilligen ökologischen Jahres (BGBl 1993 I, 2118) kann ab 1994 ein Kinderfreibetrag berücksichtigt werden. Für die Gewährung des Freibetrags ist nicht erforderlich, daß eine Berufsausbildung unterbrochen wird.

g) Das Kind kann bei seinen Eltern nicht mehr berücksichtigt werden, da die Berufsausbildung abgeschlossen ist (BStBl 1985 II, 91).

h) Das Kind kann nach § 32 Abs. 4 Satz 1 Nr. 1 EStG berücksichtigt werden. Diese Regelung erfolgte wegen der nach § 31 EStG erforderlichen Anpassung an das Kindergeldrecht.

i) H wird, unabhängig vom Alter, gem. § 32 Abs 4 Satz 1 Nr. 3 EStG den Eltern zugerechnet. Voraussetzung ist in diesen Fällen, daß das Kind unfähig sein muß, sich selbst durch eigene Erwerbstätigkeit zu unterhalten und daß es über keine dazu geeigneten Einkünfte und Bezüge verfügen darf. In R 180d Abs. 4 EStR 1993 ist geregelt, daß Einkünfte und Bezüge von weniger als 9 540 DM unschädlich sind. Dieser Betrag wird durch den Betrag von 12 000 DM ersetzt. *(Siegle)*

G. Sonderfreibeträge des § 32 EStG

FALL 70

Haushaltsfreibetrag nach § 32 Abs. 7 EStG

Sachverhalt:

a) Die ledige A (unbeschränkt steuerpflichtig) hat ein nichteheliches Kind, das bei ihr lebt. Der Vater des Kindes lebt im Ausland.

b) B ist Vater des nichtehelichen Kindes C. Das Kind lebt mit seiner Mutter im Ausland.

c) Frau A ist seit dem 1. 11. 01 verwitwet. Die Voraussetzungen des § 26 Abs. 1 Satz 1 EStG haben vorgelegen. A hat ein Kind, das bei ihr lebt. Sie beantragt im Jahr 02 den Haushaltsfreibetrag.

d) A und B sind geschieden. Sie haben eine gemeinsame Tochter C, die zu Beginn des Kalenderjahres 01 beim Vater und ab 1. 7. 01 bei ihrer Mutter gemeldet ist.

e) A und B sind geschieden und leben noch gemeinsam in einer Wohnung. Das Kind C ist in der gemeinsamen Wohnung der Eltern mit Hauptwohnung gemeldet.

f) Wie e. Der Vater weist jedoch durch eine Bescheinigung der zuständigen Behörde nach, daß das Kind zu seinem Haushalt gehört.

g) A und B sind die nichtehelichen Eltern des Kindes C. C lebt bei der Mutter B und ist dort gemeldet. B hat der Übertragung des ihr zustehenden Kinderfreibetrages auf A zugestimmt. Beide Eltern kommen ihrer Unterhaltspflicht nach.

h) A und B heiraten am 1. 2. 01. Am 1. 8. 01 wird das Kind C geboren. Um den Haushaltsfreibetrag zu erhalten, beantragen sie die besondere Veranlagung nach § 26c EStG.

Frage: Kann in den einzelnen Fällen ein Haushaltsfreibetrag gewährt werden und ggf. bei wem?

▶ Lösung

Voraussetzung für die Gewährung des Haushaltsfreibetrags ist, daß der Steuerpflichtige

1. nicht als Ehegatte oder Verwitweter nach dem Splittingverfahren besteuert und nicht als Ehegatte nach § 26a EStG getrennt veranlagt wird und
2. einen Kinderfreibetrag oder Kindergeld für mindestens ein Kind erhält, das in seiner Wohnung im Inland gemeldet ist, gleichgültig ob mit Haupt- oder Nebenwohnung.

Dadurch kann für ein auswärts – z. B. am Hochschulort – gemeldetes Kind kein Haushaltsfreibetrag mehr beansprucht werden. Andererseits läßt diese Regelung die Möglichkeit offen, daß sich das Kind je nach Interessenlage bei der Mutter oder beim Vater mit der Nebenwohnung anmeldet.

a) Das Kind eines Elternpaares, von denen nur ein Elternteil unbeschränkt steuerpflichtig ist, wird regelmäßig bei diesem berücksichtigt. A erhält somit Kinderfreibetrag oder Kindergeld und den Haushaltsfreibetrag von 5 616 DM.

b) Früher scheiterte die Gewährung eines Haushaltsfreibetrages bereits deshalb, weil für ein im Ausland lebendes Kind kein Kinderfreibetrag gewährt wurde. Nach § 32 Abs. 6 EStG ist bei B jedoch ab 1994 ein Kinderfreibetrag zu berücksichtigen. Gemäß § 32 Abs. 7 Satz 1 EStG ist weitere Voraussetzung, daß das Kind beim Steuerpflichtigen in der Wohnung **im Inland** gemeldet ist. Ein Haushaltsfreibetrag kann also nicht gewährt werden.

c) Im Jahr 02 kann kein Haushaltsfreibetrag gewährt werden, da Frau A nach § 32a Abs. 6 Nr. 1 EStG den Splittingtarif erhält.

d) Der Haushaltsfreibetrag ist gem. § 32 Abs. 7 Satz 2 EStG bei dem Elternteil zu berücksichtigen, in dessen Wohnung C im Kalenderjahr zuerst gemeldet war. Der Vater erhält also den Freibetrag von 5 616 DM.

e) Nach § 32 Abs. 7 Satz 2 EStG ist das Kind der Mutter zuzuordnen. Somit erhält die Mutter den Haushaltsfreibetrag. Mit der unwiderruflichen Zustimmung der Mutter kann das Kind dem Vater zugeordnet werden, bei dem dann auch der Haushaltsfreibetrag abgezogen wird.

f) Das Nachweisverfahren mit der Folge der Zuordnung beim Vater ist ab 1990 gestrichen worden. Das Kind wird in den angesprochenen Fällen grds. der Mutter zugeordnet. Eine Zuordnung beim Vater erfolgt nur mit Zustimmung der Mutter. Die Zustimmung kann nicht widerrufen werden.

g) Eine Übertragung des Kinderfreibetrages mit Zustimmung des anderen Elternteils ist ab VZ 1996 nicht mehr möglich (§ 32 Abs. 6 Satz 5 EStG). B erhält daher den Haushaltsfreibetrag von 5 616 DM.

h) Gemäß § 26c Abs. 3 EStG bleiben für die Anwendung des § 32 Abs. 7 EStG Kinder unberücksichtigt, wenn das Kindschaftsverhältnis in Beziehung zu beiden Ehegatten erst nach der Eheschließung begründet wird. Der Haushaltsfreibetrag kann nicht gewährt werden. *(Siegle)*

H. Außergewöhnliche Belastungen

Vorbemerkung

Die Einkommensteuer berücksichtigt als Personensteuer die steuerliche Leistungsfähigkeit des einzelnen. Um steuerliche Gleichmäßigkeit und soziale Gerechtigkeit zu erreichen, müssen Härten durch außergewöhnliche Umstände im Bereich der privaten Lebensführung ausgeglichen werden.

Bei der außergewöhnlichen Belastung handelt es sich regelmäßig um Aufwendungen der privaten Lebensführung gem. § 12 EStG. Sie werden ebenso wie die Sonderausgaben vom Gesamtbetrag der Einkünfte abgezogen.

Die außergewöhnlichen Belastungen lassen sich wie folgt aufgliedern:

§ 33 EStG

- Grundsätzliche Regelung der außergewöhnlichen Belastungen.
- Keine abschließende Aufzählung von Einzelfällen.
- Keine Begrenzung durch Höchstbeträge.
- Aufwendungen sind um Ersatzleistungen zu kürzen, auch wenn sie erst in einem späteren Jahr gezahlt werden.
- Kürzung um die zumutbare Eigenbelastung gem. § 33 Abs. 3 EStG.

§ 33a EStG

- Abschließende Regelung besonderer Fälle.
- Begrenzung durch Höchstbeträge.
- Für die hier genannten Fälle ist kein § 33 EStG möglich.
- Liegen die Voraussetzungen nicht während des ganzen Jahres vor, sind die Beträge zu zwölfteln (§ 33a Abs. 4 EStG).
- § 33a Abs. 1 EStG: Unterhalt und Berufsausbildung von Personen, für die der Steuerpflichtige keinen Kinderfreibetrag erhält bzw. 1988 bis 1993 für Auslandskinder.
  Beträge ab 1990 = 5 400 DM / 3 024 DM
  ab 1992 = 6 300 DM / 4 104 DM
  ab 1994 = 7 200 DM / 4 104 DM
  ab 1996 = 12 000 DM
- § 33a Abs. 2 EStG: Ausbildungsfreibetrag
  ab 1986 = 1 800 DM / 3 000 DM / 1 200 DM (unter 18 J.)
  ab 1988 = 2 400 DM / 4 200 DM / 1 800 DM (unter 18 J.)
  Die Grenze der unschädlichen Einkünfte beträgt 3 600 DM.
- § 33a Abs. 3 EStG: FB für Haushaltshilfe bis 1 200 DM, für Heimbewohner 1 200 DM oder ab 1990 für hilflose Personen bis 1 800 DM.

§ 33b EStG

- Pauschbetrag für Körperbehinderte.
- Wahlrecht, ob tatsächliche Aufwendungen nach § 33 EStG geltend gemacht werden oder die Pauschbeträge.
- Nachweis durch Bescheinigungen des Versorgungsamtes und dgl., aber nicht für Alterserscheinungen.
- Übertragung des Pauschbetrages von Kindern auf Eltern möglich (§ 33b Abs. 5 EStG).
- § 33b Abs. 4 EStG: Hinterbliebenenpauschbetrag 720 DM bei Gewährung von Hinterbliebenenbezügen.

§ 33c EStG

- Abschließende Regelung von Kinderbetreuungskosten erwerbstätiger Alleinstehender.

- Ab 1986 ebenfalls für behinderte oder kranke Alleinstehende und für Ehegatten in besonderen Fällen, s. § 33c Abs. 5 EStG.
- Tatsächliche Kinderbetreuungskosten ·/. zumutbare Belastung gem. § 33 Abs. 3 EStG, die zunächst von den Kinderbetreuungskosten abzurechnen ist – BdF v. 25. 9. 1992, BStBl I, 545, H 195 EStH, aber BFH v. 8. 3. 96 III R. 146/93.
- Höchstbeträge (HB) für die berücksichtigungsfähigen Aufwendungen: 4 000 DM für das 1. Kind + 2 000 DM für jedes weitere Kind.
- Mindest-Pauschbetrag von 480 DM je Kind.
- Liegen die Voraussetzungen nicht während des ganzen Jahres vor, sind die HB und PB zu zwölfteln (§ 33c Abs. 3 EStG). *(Friebel)*

FALL 71

Außergewöhnliche Belastung gem. § 33 EStG

Sachverhalt: Der ledige Steuerpflichtige A mit einem Gesamtbetrag der Einkünfte von 80 000 DM erwirbt in 01 einen Porsche für private Zwecke, AK = 85 000 DM brutto. Auf einer Ausflugsfahrt im August verursacht er mit dem neuen Wagen einen Totalschaden. Der Schrottwert beträgt nur noch 5 000 DM. Deshalb muß A sich einen neuen Pkw kaufen, AK = 30 000 DM. Bei dem Unfall wurde A erheblich verletzt. Die dadurch entstandenen Krankheitskosten belaufen sich auf 25 000 DM, von der Krankenkasse bekam er im Januar 02 5 000 DM erstattet. Die Kosten finanzierte A mit einem Darlehen in Höhe von 50 000 DM. Dafür zahlte er in 01 25 000 DM an Tilgungsbeträgen und 2 300 DM an Zinsen, 02 tilgte er den Restbetrag.

Frage: A möchte für 01 und 02 sämtliche Beträge als außergewöhnliche Belastung geltend machen. Nehmen Sie dazu Stellung!

Lösung

A kann lediglich außergewöhnliche Belastungen gem. § 33 EStG geltend machen. Die Anschaffungskosten für den Kauf des Porsche und den Kauf des neuen Pkw nach dem Unfall sind nicht abzugsfähig, da A hierdurch nicht belastet ist. A erhält für seine Aufwendungen einen Gegenwert. Bei dem Totalschaden des Porsche handelt es sich außerdem um einen Vermögensverlust. Der artige Vorgänge können nicht berücksichtigt werden, da sie das Einkommen nicht belasten.

Bei den Krankheitskosten handelt es sich allerdings um eine außergewöhnliche Belastung. Die Ersatzleistungen der Krankenversicherung sind dabei zu kürzen, da insoweit keine Belastung des Steuerpflichtigen gegeben ist. Dabei sind die 5 000 DM, unabhängig vom Zeitpunkt der Zahlung durch die Krankenkasse, abzurechnen. Die Kosten von 20 000 DM sind im Zeitpunkt der Zahlung 01 zu berücksichtigen. Diese Kosten wurden aber mit Darlehensmitteln gezahlt.

Lt. BFH-Urteil v. 10. 6. 1988, BStBl II, 814, H 186 (Darlehen) EStH, sind Aufwendungen des Steuerpflichtigen auch insoweit im VZ der Zahlung als außergewöhnliche Belastungen zu berücksichtigen, als die Aufwendungen aus einem Darlehen bestritten worden sind, das erst in späteren Jahren zu tilgen ist. In 01 sind demnach gem. § 33 EStG 20 000 DM als außergewöhnliche Belastung zu berücksichtigen. Dazu gehören auch die Zinsen, da die Schuldaufnahme zwangsläufig erfolgte. Da das Darlehen aber nur zu ⅖ auf die Krankheitskosten entfällt, sind die Zinsen auch nur insoweit abzugsfähig, ⅖ von 2 300 DM = 920 DM.

Kosten insgesamt	= 20 920 DM
·/. zumutbare Eigenbelastung (§ 33 Abs. 3 EStG) 6 % von 80 000 DM	·/. 4 800 DM
Überbelastungsbetrag bzw. zu berücksichtigende außergew. Bel.	= 16 120 DM

(Friebel)

FALL 72

Außergewöhnliche Belastung gem. § 33a EStG

Sachverhalt: A zahlt seiner vermögenslosen Oma für 1995 4 500 DM für deren Unterhalt. Die Oma hat folgende eigene Einkünfte und Bezüge:

Witwen-Pension insgesamt	6 000 DM
Wohngeld	1 720 DM
Rente seit dem 60. Lebensjahr aus der gesetzl. Rentenvers.	3 600 DM
Zinsen Sparbuch	900 DM

Frage: Wie hoch sind die abzugsfähigen Beträge für A 1995 bzw. 1996?

Lösung

Die Aufwendungen für den Unterhalt der Oma sind zwangsläufig gem. § 33 Abs. 2 EStG. Bei Verwandten in gerader Linie besteht eine Unterhaltspflicht nach § 1601 BGB und damit Zwangsläufigkeit aus rechtlichen Gründen.

Die typischen Unterhaltsaufwendungen sind gem. § 33a Abs. 1 Nr. 2 EStG nur bis höchstens 7 200 DM ab VZ 1994 abzugsfähig. Auf diesen Höchstbetrag sind die eigenen Einkünfte und Bezüge der unterstützten Person anzurechnen, soweit sie 6 000 DM übersteigen.

Berechnung der Einkünfte und Bezüge:

	Einkünfte	**Bezüge**
§ 19 Abs. 1 Nr. 2 EStG		
Versorgungsbezüge	6 000 DM	
·/. § 19 Abs. 2 EStG Freibetrag 40 %	2 400 DM	
·/. § 9a Nr. 1 EStG Arbeitnehmer-pauschbetrag	2 000 DM	
	1 600 DM	
Wohngeld § 3 Nr. 58 EStG steuerfrei		1 720 DM
Rente § 22 Nr. 1a EStG = 3 600 DM		
davon Ertragsanteil 32 %	= 1 152DM	
Der Tilgungsanteil der Rente ist ein Bezug (R 190 EStR, H 190 EStH)		2 448 DM
·/. § 9a Nr. 3 EStG Pauschbetrag WK	200 DM	
	952 DM	
Zinsen § 20 Abs. 1 Nr. 7 EStG	900 DM	
·/. § 9a Nr. 2 EStG	100 DM	
·/. § 20 Abs. 4 EStG 6000 DM max. Freibetrag	800 DM	
Summe		4 168 DM
·/. Unkosten-PB (R 190 Abs. 5 EStR 1993)		360 DM
Summe	2 552 DM	3 808 DM
Einkünfte und Bezüge	= 6 360 DM	
·/. unschädliche Einkünfte und Bezüge	6 000 DM	
schädlicher Betrag	= 360 DM	
Höchstbetrag (§ 33a Abs. 1 Nr. 2 EStG)	= 7 200 DM	
·/. schädliche Einkünfte/Bezüge	360 DM	
verbleiben	6 840 DM	
aber max. die tatsächlichen Aufwendungen		→ 4 500 DM

VZ 1996:	Einkünfte u. Bezüge	6 360 DM	
	·/. unschädlich	1 200 DM	
	schädlicher Betrag	5 160 DM	
	Höchstbetrag 1996	12 000 DM	
	·/. schädliche Eink/Bez.	5 160 DM	
	verbleiben	6 840 DM	
		max. Aufwendungen	4 500 DM

(Friebel)

FALL 73

Außergewöhnliche Belastung/Einfamilienhaus

Sachverhalt: wie vor, aber die Oma besitzt noch ein Einfamilienhaus, welches sie selbst bewohnt, Einheitswert = 50 000 DM.

Frage: Ermitteln Sie die Höhe der außergewöhnlichen Belastung 1995! Gehen Sie davon aus, daß Unterhaltszahlungen von 4 000 DM in der Zeit vom 1. 7.–31. 12. 1995 geleistet wurden.

Lösung

Die Oma hat nun eigenes Vermögen. Dieses Vermögen ist aber gem. R 190 Abs. 2 EStR außer Betracht zu lassen. Einkünfte aus dem Einfamilienhaus fallen ebenfalls nicht an, da ab 1987 gem. § 52 Abs. 21 Satz 1 EStG keine Nutzungswertbesteuerung mehr erfolgt.

Gem. § 33a Abs. 4 EStG erfolgt nun eine anteilige Berechnung.

Einkünfte und Bezüge für 6 Monate 6 360 : 2		= 3 180 DM
unschädlich		3 000 DM
schädliche Einkünfte/Bezüge		180 DM
Höchstbetrag 6/12	= 3 600 DM	
·/. Kürzungsbetrag	180 DM	
verbleiben	3 420 DM	

Die Aufwendungen von 4 000 DM sind höher. Es sind deshalb max. **3 420 DM** abzugsfähig.

(Friebel)

FALL 74

Unterhaltsleistungen

Sachverhalt: Der Steuerpflichtige Albert unterstützt seinen Vater Otto und dessen Ehefrau Ottilie mit monatlich 500 DM. Otto ist Rentner und erhält insgesamt 18 800 DM Rente. Zum Unterhalt trug ebenfalls der Bruder von Albert mit monatlich 200 DM bei.

Frage: Ermitteln Sie die Höhe der abzugsfähigen außergewöhnlichen Belastungen von Albert für 1995!

Lösung

Die Unterhaltszahlungen an Otto und Ottilie sind gem. § 33a Abs. 1 EStG zu berücksichtigen. Die Aufwendungen an unterhaltsberechtigte Personen sind zwangsläufig i. S. des § 33 Abs. 2 EStG. Da auch der Bruder regelmäßige Unterhaltszahlungen erbringt, ist § 33a Abs. 1 letzter Satz EStG zu beachten.

Freibetrag max. 2 × 7 200 DM =		14 400 DM
Aufwendungen monatlich 500 DM × 12 = 6 000 DM		
Einkünfte und Bezüge des Vaters:		
Einnahmen (§ 22 Nr. 1a EStG) =	18 800 DM	

Der Ertragsanteil stellt Einkünfte, der Tilgungsanteil stellt Bezüge des Vaters dar. Eine Aufteilung ist deshalb nicht notwendig, es ist aber zu beachten, daß alle PB gewährt werden.

·/. § 9a Nr. 3 EStG	200 DM	
·/. Unkosten-Pauschbetrag R 190 Abs. 5 EStR, H 190, da es sich beim Kapitalanteil der Rente um Bezüge handelt	360 DM	
	18 240 DM	
unschädlich 2 × 6 000 DM	12 000 DM	
schädliche Einkünfte und Bezüge = 6 240 DM		·/. 6 240 DM
verbleibender Freibetrag		8 160 DM

Tatsächliche Gesamtzahlungen:

von Albert	vom Bruder
6 000 DM	2 400 DM = 8 400 DM
$^{60}/_{84}$	$^{24}/_{84}$

Albert erhält demnach max. $^{60}/_{84}$ von 8 160 DM = 5 829 DM max. die tatsächlichen Aufwendungen von 6 000 DM.

Abzugsfähig sind daher = 5 829 DM.

(Friebel)

FALL 75

Außergewöhnliche Belastung/Unterstützung

Sachverhalt: Die Eheleute Anton und Doris sind seit Jahren in Neustadt verheiratet. Sie haben keine Kinder. Doris unterstützt ihre Eltern Franz und Anne Mauser (beide über 70 Jahre alt). Doris ist deren einzige Tochter. Franz Mauser erhält seit seinem 50. Lebensjahr eine Kriegsbeschädigtenrente von monatlich 950 DM, Anne hat keine eigenen Einkünfte. Beide sind vermögenslos und deshalb auf die monatliche Unterstützung von 600 DM angewiesen. In 1996 mußte Doris zusätzlich 5 300 DM an Operationskosten für ihre Mutter aufwenden, da ihre Eltern nicht ausreichend krankenversichert sind.

Frage: Wie hoch sind die abzugsfähigen außergewöhnlichen Belastungen 1996, wenn der Gesamtbetrag der Einkünfte der Eheleute Anton und Doris 85 000 DM beträgt?

 **Lösung**

Die Unterstützung der Eltern Mauser stellt für Doris eine außergewöhnliche Belastung nach § 33a Abs. 1 EStG dar. Die Aufwendungen erwachsen zwangsläufig nach § 33 Abs. 2 EStG, da gegenüber den Eltern eine gesetzliche Unterhaltsverpflichtung besteht. Außerdem haben die Eltern kein Vermögen, das sie zu ihrem Unterhalt einsetzen könnten.

Der Höchstbetrag beträgt je unterstützte Person nach § 33a Abs. 1 EStG n. F. 12 000 DM × 2 = 24 000 DM.

Die eigenen Einkünfte sind aber, soweit sie die Grenze von 1 200 DM übersteigen, auf diesen Höchstbetrag anzurechnen.

Berechnung:

Höchstbetrag		24 000 DM
Einnahmen Vater Franz 950 × 12	= 11 400 DM	
Da die Rente steuerfrei nach § 3 Nr. 4 EStG ist, handelt es sich um Bezüge		
– Unkostenpauschbetrag R 190 Abs. 5 EStR, H 190 EStH	·/. 360 DM	
	11 040 DM	

unschädlicher Betrag		
2 × 1 200 DM	2 400 DM	
schädlicher Betrag	8 640 DM	·/. 8 640 DM
verbleibender Höchstbetrag		15 360 DM
Die tatsächlichen Aufwendungen betragen aber nur 600 × 12 = 7 200 DM und sind damit in voller Höhe abzugsfähig		→ 7 200 DM

Die Krankheitskosten sind nach § 33 EStG abzugsfähig. Die Aufwendungen sind zwangsläufig i. S. des § 33 Abs. 2 EStG. Die Eheleute sind belastet und können sich den Aufwendungen aus tatsächlichen Gründen nicht entziehen. (H 190 (Abgrenzung) EStH).

Aufwendungen	= 5 300 DM
– zumutbare Eigenbelastung nach § 33 Abs. 3 EStG. 5 % von 85 000 DM	·/. 4 250 DM
abzugsfähiger Betrag	= 1 050 DM

(Friebel)

FALL 76

Ausbildungsfreibetrag gem. § 33a Abs. 2 EStG

Sachverhalt: Dem Steuerpflichtigen entstehen für sein Kind Aufwendungen zur Berufsausbildung. Das Kind ist Lehrling und besucht das Abendgymnasium. Das Kind vollendet sein 18. Lebensjahr am 10. 5. 1995. Von Januar bis Oktober ist es auswärtig untergebracht. Am 20. 11. 1995 endet die Berufsausbildung. Ab Dezember ist es als Angestellter beschäftigt.

Einkünfte und Bezüge:
Januar bis November monatlich 250 DM Bruttolohn als Lehrling, ab Dezember monatlich 2 000 DM brutto als Angestellter, von Januar bis November Zuschüsse aus öffentlichen Mitteln als Ausbildungshilfe monatlich 50 DM.

Frage: Wie hoch ist der Ausbildungsfreibetrag 1995?

Lösung

Die Aufwendungen des Steuerpflichtigen für die Berufsausbildung seines Kindes werden durch Ausbildungsfreibeträge berücksichtigt. Hierbei handelt es sich um einen Freibetrag, für den die Höhe der Aufwendungen ohne Bedeutung ist.

§ 33a Abs. 2 EStG:	
Januar–April § 33a Abs. 2 Nr. 1 EStG	
$^4/_{12}$ von 1 800 DM	= 600 DM
Mai–Oktober (für Mai gilt der jeweils höhere Betrag) § 33a Abs. 2 Nr. 2 EStG	
$^6/_{12}$ von 4 200 DM	= 2 100 DM
November § 33a Abs. 2 Nr. 2 EStG	
$^1/_{12}$ von 2 400 DM	= 200 DM
Summe	2 900 DM

Eigene Einkünfte und Bezüge:
(§ 33a Abs. 4 Satz 2EStG)

Anrechnung nur der Einkünfte und Bezüge, die während des Begünstigungszeitraumes angefallen sind.

Berechnung lt. H 190 EStH.

Aufteilung nach dem Verhältnis der in den jew. Zeitraum zugeflossenen Einnahmen.

Einkünfte:

11 × 250 DM	= 2 750 DM	
+ Dezember	2 000 DM	
·/. § 9a Nr. 1 EStG AN-Pauschbetrag	2 000 DM	
	2 750 DM	
Aufteilung auf Jan.–Nov.:		
2 750/4 750 × 2 750	= 1 592 DM	
unschädlich $^{11}/_{12}$ von 3 600 DM	3 300 DM	
schädlich	0 DM	
(§ 33a Abs. 2 Satz 4 EStG bzw. § 33a Abs. 2 Satz 3 lt. StMBG) Anrechnung der als Zuschuß gezahlten Ausbildungshilfen		
50 DM × 11	550 DM	
R 190 Abs. 5 EStR Unkostenpauschale	360 DM	
anzurechnende Bezüge	190 DM	·/. 190 DM
Ausbildungsfreibetrag 1995		2 710 DM

Der Ausbildungsfreibetrag für VZ 1996 beträgt ebenfalls 2 710 DM für ein Kind, für das ein Kinderfreibetrag oder Kindergeld gewährt wird. *(Friebel)*

FALL 77
Auslandskinder

Sachverhalt: Ein verheirateter Steuerpflichtiger mit spanischer Staatsangehörigkeit ist als Arbeitnehmer in der Bundesrepublik tätig. Seine Ehefrau und sein 1971 geborener Sohn leben in Spanien. Sein Sohn studiert außerhalb der elterlichen Wohnung in Barcelona, er hat keine eigenen Einkünfte und Bezüge. Die an den Sohn überwiesenen Unterhalts- und Ausbildungszahlungen belaufen sich auf insgesamt 10 000 DM.

Frage: Welche Abzugsbeträge gem. § 33a EStG kann der Steuerpflichtige für die Veranlagungszeiträume 1993 und 1994 geltend machen?

Lösung

Veranlagungszeitraum 1993:
Da der Sohn nicht unbeschränkt steuerpflichtig ist, kann für ihn kein Kinderfreibetrag nach § 32 Abs. 2 EStG a. F. gewährt werden. Diese Reglung gilt ab dem VZ 1986.

§ 33a Abs. 2 EStG wurde durch das Steuerreformgesetz 1990 mit Wirkung vom 1. 1. 1988 geändert. Danach ist der Ausbildungsfreibetrag auch für ein Kind zu gewähren, für das der Steuerpflichtige einen Kinderfreibetrag erhielte, wenn das Kind unbeschränkt steuerpflichtig wäre. Für den studierenden Sohn würde er bei unbeschränkter Steuerpflicht einen Kinderfreibetrag nach § 33 Abs. 4 Nr. 1 EStG erhalten. Er erhält einen Ausbidlungsfreibetrag nach § 33a Abs. 2 Nr. 2 EStG von 4 200 DM. Der anrechnungsfreie Betrag für eigene Einkünfte und Bezüge von 3 600 DM kann nach § 33a Abs. 2 Satz 5 EStG nicht in Anspruch genommen werden. Eine Ermäßigung entsprechend § 33a Abs. 1 Satz 4 EStG kommt für Spanien nicht in Betracht.

Daneben ist noch eine Berücksichtigung der Aufwendungen nach § 33a Abs. 1 EStG möglich. Der Höchstbetrag der berücksichtigungsfähigen Aufwendungen beträgt nach § 33a Abs. 1 Nr. 1 ab 1992 4 104 DM. Das entspricht der Höhe nach dem Kinderfreibetrag, der unbeschränkt steuerpflichtigen Kindern zu gewähren wäre.

Veranlagungszeitraum 1994:
Gem. der Änderung des § 32 lt StMBG (BGL 1993 I, 2 310 ff.) ist ab 1994 die Steuerpflicht nicht mehr Voraussetzung für den Kinderfreibetrag. Dies führte ebenfalls zu einer Änderung des § 33a Abs. 2 EStG.

Es ist demnach ein Kinderfreibetrag von 4 104 DM gem. § 32 Abs. 4 Nr. 1 EStG zu gewähren. Außerdem kommt ein Ausbildungsfreibetrag gem. § 33a Abs. 2 Nr. 2 EStG i. H. von 4 200 DM in Betracht. Das gilt ebenfalls für 1995. Ab **VZ 1996** ist zunächst Kindergeld gem. § 66 EStG von monatlich 200 DM × 12 = 2 400 DM zu gewähren.

Im Veranlagungsverfahren wird ein evtl. günstigerer Kinderfreibetrag gem. § 32 Abs. 6 EStG von 522 DM × 12 = 6 264 DM (ggfs.) unter Anrechnung des Kindergeldes gewährt – § 31 EStG 96 –. Außerdem § 33a Abs. 2 Nr. 2 EStG Ausbildungsfreibetrag von 4 200 DM. *(Friebel)*

FALL 78

§ 33a und § 33b EStG

Sachverhalt: Der Steuerpflichtige A ist seit Jahren verwitwet. Er hat eine leibliche Tochter Lydia, geb. am 15. 4. 1970, die bereits einen Sohn Egon, geb. am 10. 3. 1989, hat. Die Kosten des Unterhalts für o. g. Personen hat A allein zu tragen, monatlich 600 DM.

Lydia ist ebenfalls verwitwet und hat ihre Berufsausbildung beendet. Vom 1. 4. 1994 – 30. 3. 1995 leistet sie ein freiwilliges soziales Jahr ab. Sie erhält in dieser Zeit einen als Arbeitslohn steuerpflichtigen Betrag von 800 DM monatlich. Ab April 1995 ist L. nicht mehr erwerbstätig. Seit dem 1. 11. 1994 bezieht L. Hinterbliebenenbezüge aus der gesetzlichen Unfallversicherung in Höhe von monatlich 525 DM einschließlich Kinderzulage, da ihr Ehemann bei einem Berufsunfall ums Leben kam. Egon erhält eine Waisenrente in Höhe von monatlich 125 DM, die an seine Mutter ausgezahlt wird. Lydia hat einen eigenen Hausstand.

Frage: Beurteilen Sie die steuerlichen Folgen für den Veranlagungszeitraum 1995! Wie wären die steuerlichen Folgen für den VZ 1996?

Lösung

VZ 1995:

Lydia ist ein Kind i. S. des § 32 Abs. 1 Nr. 1 EStG und hat das 18., aber noch nicht das 27. Lebensjahr vollendet. Sie kann als Kind gem. § 32 Abs. 4 Nr. 6 EStG berücksichtigt werden, da sie bis April 1995 ein freiwilliges soziales Jahr ableistet. Nicht Voraussetzung ist, daß dadurch die Berufsausbildung unterbrochen wird (§ 32 Abs. 4 Satz 2 EStG).

Für L. erhält A einen Kinderfreibetrag von 4 104 DM gem. § 32 Abs. 6 Satz 3 Nr. 1 EStG. Egon kann bei A nicht berücksichtigt werden, da dieser zu A in keinem Kindschaftsverhältnis steht. Auch ein Pflegekindschaftsverhältnis kommt nicht in Betracht, da das natürliche Obhuts- und Pflegeverhältnis zu seiner leiblichen Mutter noch besteht. Egon kann nur bei Lydia gem. § 32 Abs. 3 EStG berücksichtigt werden. Sie erhält für ihn einen Kinderfreibetrag von 4 104 DM nach § 32 Abs. 6 Satz 3 Nr. 1 EStG.

Unterhaltsleistungen nach § 33a EStG:
Für Lydia und Egon erwachsen A zwangsläufig Unterhaltsaufwendungen (§ 33 Abs. 2 EStG). Die Zwangsläufigkeit ist dem Grunde nach aus rechtlichen Gründen gegeben, da eine gesetzliche Unterhaltspflicht gegenüber L. besteht. Für Egon sind zumindest sittliche Gründe gegeben, da es sich um einen Angehörigen i. S. des § 15 AO handelt. Wegen der Betreuung von E. kann bei Lydia der Einsatz der eigenen Arbeitskraft nicht verlangt werden.

Da aber jemand für L und E einen Kinderfreibetrag erhält, sind die Aufwendungen für den Unterhalt damit abgegolten und nicht mehr nach § 33a Abs. 1 EStG zu berücksichtigen.

Ausbildungsfreibetrag nach § 33a Abs. 2 EStG:
Da in 1995 keine Berufsausbildung mehr vorliegt, kommt der Ausbildungsfreibetrag nicht in Betracht.

Hinterbliebenenpauschbetrag nach § 33b EStG:
Lydia und Egon haben Anspruch auf den Hinterbliebenenpauschbetrag nach § 33b Abs. 4 EStG, da ihnen laufende Hinterbliebenenbezüge aus der gesetzlichen Unfallversicherung bewilligt wurden. Beide können den Pauschbetrag wegen fehlender bzw. zu geringer steuerpflichtiger Einkünfte nicht selbst in Anspruch nehmen. Nach § 33b Abs. 5 EStG kann der Pauschbetrag von Lydia auf A übertragen werden = 720 DM. Der Pauschbetrag von Egon kann auf Lydia übertragen werden, da E bei seiner Mutter berücksichtigt wird. Eine Weiterübertragung auf A ist aber nicht möglich, weil der Großvater keinen Kinderfreibetrag erhält.

VZ 1996:

Lydia ist als Kind gem. § 32 Abs. 4 Nr. 2d EStG 96 bis März 1996 zu berücksichtigen. Für L. erhält A Kindergeld von Januar bis März 1996 von 3 × 200 DM mtl. gem. § 66 EStG 96. Gem. § 32 Abs. 4 Satz 2 EStG 96 sind aber die eigenen Einkünfte und Bezüge des Kindes zu berechnen.

Höchstgrenze 12 000 DM, davon 3/12 = 3 000 DM

Einkünfte 800 DM × 3 =	2 400 DM
·/. § 9a Nr. 2 EStG	2 000 DM
verbleiben	400 DM

Berechnung lt. H 192a EStH

Die anteilige Höchstgrenze wird nicht überschritten.

Bei der Veranlagung von A kann gem. § 31 EStG 96, § 32 Abs. 6 Satz 3 Nr. 1 EStG ein Kinderfreibetrag von 3 × 522 DM = 1 566 DM vom Einkommen abgezogen werden, falls dies steuerlich günstiger ist.

Im übrigen gelten die Ausführungen zu VZ 1995. *(Friebel)*

FALL 79

Außergewöhnliche Belastungen (1)

Sachverhalt: Anton, geb. am 15. 12. 1924, lebt seit Jahren mit seiner Freundin, der verwitweten Berta, geb. 10. 4. 1936, in eheähnlicher Gemeinschaft in Neustadt.

Infolge einer Kriegsverletzung ist A zu 70 % körperbehindert. In seinem Schwerbeschädigtenausweis ist das Merkzeichen „G" eingetragen. Er erhält seit 1954 nach dem Bundesversorgungsgesetz eine Kriegsversehrtenrente von monatlich 500 DM.

Anton beschäftigt eine Haushaltshilfe für monatlich 300 DM. Anton ist Gesellschafter und Geschäftsführer einer GmbH. Er hat einen Pkw, den er u. a. für Privatfahrten (3 000 km) benutzt.

Berta erhält lediglich Hinterbliebenenbezüge nach beamtenrechtlichen Vorschriften in Höhe von brutto 24 000 DM.

Berta hat ein eheliches Kind, Dora, geb. am 18. 4. 1969. wohnhaft in Münster. Infolge Kinderlähmung ist Dora zu 30 % körperbehindert. Sie studierte bis August 1995 in Münster. Für ihren Lebensunterhalt überweist Berta ihr monatlich 300 DM. Dora erhält außerdem bis August Waisengeld nach beamtenrechtlichen Vorschriften in Höhe von 475 DM und Ausbildungshilfe einen Zuschuß aus öffentlichen Mitteln von monatlich 80 DM. Ab 1. 9. 1995 ist sie arbeitslos und übernimmt Gelegenheitsarbeiten, für die sie im Dezember einmalig 2 000 DM erhalten hat.

Gudrun, geb. am 1. 1. 1976, ist ein gemeinsames Kind von Anton und Berta. Sie besucht das Gymnasium in Neustadt und lebt im Haushalt ihrer Eltern. Wegen starker Beschwerden, verursacht durch eine Pollenallergie, war Gudrun während der Sommerferien zusammen mit ihren Eltern an der Nordseeküste. Der Amtsarzt hatte vor Antritt der Reise diese Klimakur für erforderlich gehalten. Die Kosten für Gudrun betrugen insgesamt 6 000 DM und wurden von A getragen. Davon entfallen 4 000 DM auf ärztliche Leistungen und ärztlich verordnete Anwendungen.

Frage: Nehmen Sie Stellung zu den Kinderfreibeträgen und ermitteln Sie die abzugsfähigen Beträge nach § 33 ff. EStG für den Veranlagungszeitraum 1995! Der Gesamtbetrag der Einkünfte von A beträgt 120 000 DM und von B 17 556 DM.

Lösung

A und B sind einzeln zu veranlagen, da sie nicht die Voraussetzungen des § 26 Abs. 1 EStG erfüllen. Dora ist leibliches Kind und mit Berta im ersten Grad verwandt, § 32 Abs. 1 Nr. 1 EStG. Sie wird bei B berücksichtigt nach § 32 Abs. 4 Nr. 1 EStG, da sie im VZ 1995 für einen Beruf ausgebildet wird (VZ 1996: § 32 Abs. 4 Nr. 2a EStG bis August).

Berta erhält einen Kinderfreibetrag nach § 32 Abs. 6 Satz 3 Nr. 1 EStG von 4 104 DM, weil der andere Elternteil verstorben ist.

(VZ 1996: Zunächst erhält Berta Kindergeld bis August mtl. 200 DM – bei der Veranlagung alternativ einen Kinderfreibetrag von 8 × 522 DM = 4 176 DM § 32 Abs. 6 Satz 3 Nr. 1 EStG 96, § 31 EStG 96)

Gudrun ist als leibliches Kind mit Anton und Berta im ersten Grad verwandt, § 32 Abs. 1 Nr. 1 EStG, und nach § 32 Abs. 4 Nr. 1 EStG zu berücksichtigen.

(VZ 1996: § 32 Abs. 4 Nr. 2a, Kindergeld mtl. 200 DM § 66 (1) EStG alternativ Kinderfreibetrag 12 × 261 DM = 3 132 DM jeweils gem. § 32 Abs. 6 Satz 5 EStG 96)

Anton und Berta erhalten nach § 32 Abs. 6 Satz 1 EStG jeder einen Kinderfreibetrag von 2 052 DM. Der Berta zustehende Freibetrag kann nach § 32 Abs. 6 Satz 4 EStG auf Antrag auf Anton übertragen werden.

Da Gudrun bei beiden Eltern gleichzeitig gemeldet ist, erhält Berta bei ihrer Veranlagung 1995 einen Haushaltsfreibetrag nach § 32 Abs. 7 Satz 2 EStG in Höhe von 5 616 DM.

Anton erhält nur dann den Haushaltsfreibetrag, wenn Berta dieser Zuordnung zustimmt.

Außergewöhnliche Belastungen bei der Veranlagung von Berta:
Berta steht der Ausbildungsfreibetrag nach § 33a Abs. 2 Nr. 2 EStG zu. Dora ist auswärtig untergebracht und hat das 18. Lebensjahr vollendet.

Höchstbetrag = 4 200 DM, davon anteilig $^{8}/_{12}$ nach § 33a Abs. 4 EStG		= 2 800 DM
Eigene Einkünfte und Bezüge:		
Versorgungsbezüge § 19 Abs. 1 Nr. 2 EStG 8 × 475 DM =	3 800 DM	
+ Dezember	2 000 DM	
·/. Freibetrag nach § 19 Abs. 2 EStG 40 %	·/. 1 520 DM	
·/. Arbeitnehmer-PB	·/. 2 000 DM	
Einkünfte	2 280 DM	
Aufteilen nach dem Verhältnis der Einnahmen, R 192a Abs. 2 EStR		
2 000/3 800 × 2 280 DM =	1 199 DM	
unschädliche Einkünfte 3 600 DM × $^{8}/_{12}$	2 400 DM	
schädliche Einkünfte	0 DM	
Anrechnung der Ausbildungshilfe, § 33a Abs. 2 Satz 3 EStG (VZ 1996 = Satz 2)		
8 × 80	640 DM	
·/. Unkostenpauschale	·/. 360 DM	
anzurechnende Beträge	280 DM	·/. 280 DM
verbleibender Ausbildungsfreibetrag		2 520 DM

Der Körperbehindertenpauschbetrag nach § 33b Abs. 3 EStG von 30 % = 600 DM für Dora kann nach § 33b Abs. 5 EStG auf Bertra übertragen werden, da ihn Dora wegen der geringen eigenen Einkünfte nicht ausnutzen kann.

Das gleiche gilt für den Hinterbliebenenpauschbetrag nach § 33b Abs. 4 EStG von 720 DM. Dora bezieht Hinterbliebenenbezüge nach beamtenrechtlichen Vorschriften. Nach § 33b Abs. 5 EStG kann der PB auf Berta übertragen werden.

Außerdem steht Berta der Hinterbliebenenpauschbetrag selbst zu nach § 33b Abs. 4 EStG von 720 DM.

Außergewöhnliche Belastungen bei der Veranlagung des Anton:

Die Kurkosten für Gudrun sind nach § 33 EStG zu berücksichtigen. Dabei können Kosten für eine Klimakur grds. nicht als außergewöhnliche Belastung geltend gemacht werden, wenn die Kur nach Art eines Familienurlaubs oder einer Ferienreise durchgeführt wird. Das gilt selbst dann, wenn der Amtsarzt dies befürwortet, H 188 (Kur) EStH. Die Kosten für ärztliche Leistungen und Anwendungen sind jedoch berücksichtigungsfähig = 4 000 DM.

Nach § 33 EStG sind auch die Pkw-Kosten für Privatfahrten zu berücksichtigen, da Anton zu 70 % körperbehindert und außerdem gehbehindert ist (Merkzeichen „G").

Nach H 188 (Fahrtkosten Behinderter) EStH können als angemessener Aufwand 3 000 km × 0,52 DM anerkannt werden	= 1 560 DM
Summe der außergewöhnlichen Belastungen nach § 33 EStG	= 5 560 DM
·/. zumutbare Eigenbelastung (§ 33 Abs. 3 EStG) 4 % von 120 000 DM	·/. 4 800 DM
verbleiben nach § 33 EStG	= 760 DM

§ 33a Abs. 3 EStG

Anton hat das 60. Lebensjahr vollendet, außerdem ist er zu mind. 45 % körperbehindert. Seine Zahlungen an die Haushaltshilfe sind abzugsfähig bis	= 1 200 DM
Anton erhält nach § 33b EStG einen Körperbehindertenpauschbetrag für 70 % Erwerbsminderung.	= 1 740 DM

Kinderbetreuungskosten nach § 33c EStG können weder bei Anton noch bei Berta berücksichtigt werden, da Gudrun das 16. Lebensjahr bereits am 1. 1. 1995 vollendet hatte. Die Lebensaltersgrenze von 16 wurde hier beibehalten. *(Friebel)*

FALL 80

Kinderbetreuungskosten

Sachverhalt: Ein alleinstehender Erwerbstätiger hat 2 Kinder unter 16 Jahren, für die er Kinderbetreuungskosten aufwendet. Seine sonstigen berücksichtigungsfähigen Krankheitskosten betragen 3 000 DM, seine zumutbare Eigenbelastung nach § 33 Abs. 3 EStG beträgt 1 500 DM.

Frage: Wie hoch sind die Kinderbetreuungskosten nach § 33c EStG, wenn er

a) 7 800 DM,

b) 1 000 DM aufwendet?

Lösung

Fallvariante a 7 800 DM Kosten:

Kinderbetreuungskosten nach § 33c Abs. 1 EStG =		7 800 DM
·/. zumutbare Eigenbelastung		·/. 1 500 DM
verbleiben =		6 300 DM
Höchstbetrag nach § 33c Abs. 3 EStG		
für das erste Kind	= 4 000 DM	
+ zweites Kind	+ 2 000 DM	
Die Kinderbetreuungskosten betragen		= 6 000 DM
zuzüglich sonstige außergewöhnliche Belastung		+ 3 000 DM
Summe der abzugsfähigen außergew. Belastungen		9 000 DM

Sind neben den Kinderbetreuungskosten andere außergewöhnliche Belastungen i. S. des § 33 EStG zu berücksichtigen, so ist die zumutbare Belastung zunächst auf die den Pauschbetrag von 480 DM übersteigenden Kinderbetreuungskosten anzurechnen, BdF v. 25. 9. 1992, BStBl I, 545, H 195 EStH. (entgegen BFH v. 8. 3. 96 III R 146/93)

Fallvariante b 1 000 DM Kosten:

Kinderbetreuungskosten		= 1 000 DM
– zumutbare Eigenbelastung		1 500 DM
also mindestens abzugsfähig nach § 33c Abs. 4 EStG		
die Pauschbeträge 2 × 480 DM		= 960 DM
andere außergewöhnliche		
Belastungen nach § 33 EStG	= 3 000 DM	
– zumutbare Belastung	1 500 DM	
·/. bereits berücksichtigt		
bei § 33c EStG, soweit sie den PB		
übersteigt (1 000 ·/. 960) = 40 DM		
1 500 ·/. 40 DM	·/. 1 460 DM	
verbleiben	= 1 540 DM	+ 1 540 DM
Summe der außergew. Belastungen		= 2 500 DM

(Friebel)

FALL 81

Kinderbetreuungskosten bei dauerndem Getrenntleben

Sachverhalt: Die Eheleute Anton und Berta sind seit Jahren verheiratet und leben in Neustadt. Anton ist 56 Jahre alt und Berta 32 Jahre. Seit 20. 6. 1995 leben die Eheleute, die beide berufstätig sind, dauernd getrennt.

Im Haushalt lebt die Tochter Else, geb. am 26. 5. 1979, sie besucht ein Internat im Schwarzwald. Die Kosten belaufen sich auf monatlich 2 000 DM, davon entfallen ¼ auf Unterrichtsgeld, ½ auf Unterkunft und Verpflegung und ¼ auf persönliche Fürsorge. Else ist bei Anton gemeldet und verbringt auch dort die Ferien.

Franz, geb. am 16. 11. 1988, besucht die Grundschule in Landau, wo er seit der Trennung mit seiner Mutter lebt. Ab 1. 9. 1995 hat Berta zur Beaufsichtigung von Franz eine Haushaltshilfe eingestellt, die ihn bei den Schularbeiten betreut. Außerdem erledigt sie in etwa der Hälfte der Zeit die Hausarbeit. Sie erhält einen Lohn in Höhe von monatlich 500 DM.

Frage: Wie hoch sind die abzugsfähigen Kinderbetreuungskosten im VZ 1995, wenn die zumutbare Belastung 5 300 DM beträgt?

Lösung

Die Eheleute sind in 1995 noch zusammen zu veranlagen, da sie zu Beginn des Veranlagungszeitraumes die Voraussetzungen des § 26 Abs. 1 EStG erfüllen. Für die Kinder Else und Franz erhalten sie jeweils einen Kinderfreibetrag nach § 32 Abs. 6 Satz 2 EStG von 2 × 4 104 DM.

Für Else kommt ein Ausbildungsfreibetrag nach § 33a Abs. 2 Nr. 1 EStG in Höhe von 1 800 DM in Betracht.

Für Franz kommt kein Ausbildungsfreibetrag in Betracht, da er – auch von Anton aus gesehen – nicht auswärtig untergebracht ist, R 191 Abs. 3 EStR.

Else hat zu Beginn des VZ das 16. Lebensjahr noch nicht vollendet. Eine Haushaltszugehörigkeit liegt vor, da sich Else mit Einwilligung ihrer Eltern zu Ausbildungszwecken außerhalb der elterlichen Wohnung aufhält, R 195 Abs. 3 EStR. Die Voraussetzungen des § 33c Abs. 1 Nr. 1 i. V. mit Abs. 2 (alleinstehend) liegen aber erst ab 20. 6. 1995 vor. Es fehlt aber der notwendige ursächliche Zusammenhang zwischen der Erwerbstätigkeit des Anton und dem Internatsbesuch der Else, denn diese besuchte bereits vor der Trennung der

Eltern das Internat. Die Aufwendungen des Anton von monatlich 500 DM für die persönliche Betreuung können deshalb nicht nach § 33c EStG berücksichtigt werden.

Franz hat noch nicht das 16. Lebensjahr vollendet, die Voraussetzungen des § 33c Abs. 1 Nr. 1 EStG liegen durch die Beschäftigung der Haushaltshilfe erst ab 1. 9. 1995 vor.
Berücksichtigungsfähige Aufwendungen 4 × 500 DM = 2 000 DM,
davon ½ für die Betreuung = 1 000 DM.
Mindestbetrag nach § 33c Abs. 4 EStG 4/12 von 480 DM = 160 DM
Höchstbetrag nach § 33c Abs. 3 EStG 4/12 von 4 000 DM = 1 334 DM
zumutbare Eigenbelastung nach § 33 Abs. 3 EStG = 5 300 DM

Berechnung:

Betreuungskosten	= 1 000 DM	= 1 000 DM
·/. Pauschbetrag	160 DM	
verbleibt	840 DM	
zumutbare Belastung =	5 300 DM	
max. anzurechnen	840 DM	·/. 840 DM
verbleiben		= 160 DM

Da der Höchstbetrag nicht überschritten wird, sind 160 DM als Kinderbetreuungskosten abzugsfähig. Die restliche zumutbare Belastung von 5 300 ·/. 840 DM = 4 460 DM ist auf die übrigen Aufwendungen nach § 33 EStG anzurechnen (BdF v. 25 9. 1992, BStBl I, 545; H 195 EStH).
(entgegen BFH 8. 3. 96 III R 146/93) *(Friebel)*

FALL 82

Außergewöhnliche Belastungen (2)

Sachverhalt: Xaver Lustig, geb. am 16. 8. 1941, ist seit Jahren mit Antonia, geb. am 21. 3. 1948, verheiratet. Zum Haushalt gehören der Sohn Florian, geb. am 6. 3. 1971, und die Tochter Thekla, geb. am 15. 12. 1980. Florian studiert an der Uni in Heidelberg. Er erhielt in 1995 für Aushilfstätigkeiten 4 000 DM brutto, die pauschal gem. § 40a EStG versteuert wurden. Xaver ist als Architekt tätig, seine Ehefrau ist Hausfrau. Antonia war in der Zeit vom 10. 3. bis 20. 8. 1995 so krank, daß sie ihren Haushalt nicht führen konnte. Deshalb wurde für die Zeit vom 1. 3. – 30. 9. 1995 eine Hausgehilfin angestellt. Diese führte den Haushalt, kochte und überwachte die Hausaufgaben von Thekla, wenn diese aus der Schule kam. Für die Betreuung von Thekla wendete sie etwa die Hälfte ihrer Zeit auf. Sie erhielt in der Zeit insgesamt 4 800 DM. Die Krankheitskosten von Antonia belaufen sich auf 24 300 DM in 1995, von der Krankenkasse wurden 9 800 DM erstattet.

Frage: Ermitteln Sie die Höhe der abzugsfähigen außergewöhnlichen Belastungen für den VZ 1995! Der Gesamtbetrag der Einkünfte beträgt 324 571 DM.

Lösung

Die Eheleute Xaver und Antonia sind gem. § 26b EStG zusammen zu veranlagen. Sie erhalten für Florian einen Kinderfreibetrag von 4 104 DM gem. § 32 Abs. 6 Satz 2 EStG, da er Kind i. S. des § 32 Abs. 1 Nr. 1 EStG und nach § 32 Abs. 4 Nr. 1 EStG zu berücksichtigen ist. Thekla ist ebenfalls nach § 32 Abs. 1 Nr. 1 EStG leibliches Kind und gem. § 32 Abs. 3 EStG zu berücksichtigen. Für sie erhalten die Eheleute einen Kinderfreibetrag von 4 104 DM.

Ausbildungsfreibetrag Florian:
Er beträgt nach § 33a Abs. 2 Nr. 2 EStG = 4 200 DM.

Bei dem pauschal versteuerten Lohn handelt es sich um Bezüge (H 190 EStH – Eigene Bezüge –)

Höchstbetrag		4 200 DM
Bezüge	4 000 DM	
– Unkostenpauschbetrag	·/. 360 DM	
	3 640 DM	
– unschädlich	3 600 DM	
schädliche Bezüge	40 DM	
Der Höchstbetrag ist zu kürzen um		40 DM
verbleiben		→ 4 160 DM

Hausgehilfin:

Abzugsfähig ist der Höchstbetrag nach § 33a Abs. 3 Nr. 2 EStG wegen Krankheit der Ehefrau vom 1. 3. – 31. 8. 1995. Demnach sind die Aufwendungen nur für diese Zeit zu berechnen. Gesamt 4 800 DM, davon entfallen auf Haushalt ½ = 2 400 DM für 1. 3. – 30. 9., davon für die Zeit, in der die Voraussetzungen erfüllt sind = 2 058 DM, max. für 6 Monate der anteilige Höchstbetrag, § 33a Abs. 4 EStG → 600 DM

Kinderbetreuungskosten:

Xaver ist erwerbstätig, Antonia ist nicht nur vorübergehend krank i. S. des § 33c Abs. 1 Nr. 1 und Satz 2 i. V. mit § 33c Abs. 5 Nr. 2 EStG.

Thekla ist ein Kind i. S. des § 32 Abs. 3 EStG unter 16 Jahren. Da die Voraussetzungen nur von März bis August vorlagen, betragen die Aufwendungen 6/7 von 2 400 DM = 2 058 DM.

Berechnung:

Kinderbetreuungskosten	= 2 058 DM
·/. zumutbare Eigenbelastung, da die Kosten als außergewöhnliche Belastung i. S. des § 33 EStG gelten. 4 % von 324 571 DM	= 12 982 DM
→ Es verbleibt damit mindestens der Pauschbetrag nach § 33c Abs. 4 EStG anteilig für 6 Monate	→ 240 DM

Der anteilige Höchstbetrag nach § 33c EStG von 2 000 DM wird nicht überschritten.

Krankheitskosten

Die Krankheitskosten für Antonia sind gem. § 33 EStG zu berücksichtigen. Maßgebend ist der Eigenanteil von 14 500 DM. Dieser Betrag ist um die zumutbare Eigenbelastung zu kürzen, soweit sie nicht auf Kinderbetreuungskosten entfällt.

12 982 DM ·/. (2 058 DM ·/. 240 DM) 1 818 DM = 11 164 DM

Damit verbleiben 14 500 DM ·/. 11 164 DM	→ 3 336 DM
gesamte außergewöhnliche Belastungen	= 8 336 DM

(Friebel)

I. Gewinnermittlung

Vorbemerkung

Bei den Gewinneinkünften des § 2 Abs. 1 Nrn. 1 bis 3 EStG gibt es grundsätzlich zwei Gewinnermittlungsarten:

- die Gewinnermittlung durch Betriebsvermögensvergleich (Bestandsvergleich) nach § 4 Abs. 1 bzw. § 5 EStG und
- die Gewinnermittlung durch Einnahme-Überschußrechnung nach § 4 Abs. 3 EStG.

Darüber hinaus kennt das Gesetz die Gewinnermittlung nach Durchschnittssätzen gem. § 13a EStG, die ausschließlich von Land- und Forstwirten unter bestimmten Voraussetzungen in Anspruch genommen werden kann.

1. Gewinnermittlung durch Betriebsvermögensvergleich

Die Gewinnermittlung durch Betriebsvermögensvergleich ist vorgesehen für buchführungspflichtige Land- und Forstwirte und Gewerbetreibende sowie für alle Bezieher von Gewinneinkünften, die freiwillig Bücher führen und regelmäßig Abschlüsse machen.

Gewinn ist hierbei der Unterschiedsbetrag zwischen dem Betriebsvermögen am Schluß des Wirtschaftsjahres und dem Betriebsvermögen am Schluß des vorangegangenen Wirtschaftsjahres, vermehrt um den Wert der Entnahmen und vermindert um den Wert der Einlagen (§ 4 Abs. 1 Satz 1 EStG). Das Endvermögen (Betriebsvermögen am Schluß des Wirtschaftsjahres) kann dadurch beeinflußt sein, daß der Stpfl. dem Betrieb Vermögen entzogen oder ihm solches Vermögen zugeführt hat. Da eine derartige Vermögensänderung nicht durch den Betrieb verursacht ist, muß sie durch Hinzurechnung einer Entnahme oder den Abzug einer Einlage ausgeglichen werden. Der durch Betriebsvermögensvergleich zu ermittelnde Gewinn läßt sich demnach aus folgender Formel herleiten:

	Betriebsvermögen am Schluß des Wirtschaftsjahres
·/.	Betriebsvermögen am Schluß des vorangegangenen Wirtschaftsjahres
	Betriebsvermögensmehrung bzw. -minderung
+	Entnahmen
·/.	Einlagen
=	Gewinn bzw. Verlust

2. Gewinnermittlung durch Einnahme-Überschußrechnung

Besteht keine Buchführungspflicht, kann der Gewinn durch Einnahme-Überschußrechnung, d. h. durch Gegenüberstellung der Betriebseinnahmen und Betriebsausgaben ermittelt werden (§ 4 Abs. 3 EStG). Diese Gewinnermittlungsart kommt in Betracht

- vor allem für die (generell nicht buchführungspflichtigen) Selbständigen i. S. von § 18 EStG, wenn sie nicht freiwillig Bücher führen, sowie
- für Land- und Forstwirte und Gewerbetreibende, wenn sie nicht zur Buchführung verpflichtet sind und dies auch nicht freiwillig tun.

Die Einnahme-Überschußrechnung nach § 4 Abs. 3 EStG ist im Grundsatz eine reine Geldrechnung, eine buchungstechnisch einfache Istrechnung nach dem Zu- und Abflußprinzip des § 11 EStG. Es sind jedoch viele Ausnahmen zu beachten. So können beispielsweise die Anschaffungs- oder Herstellungskosten für das abnutzbare Anlagevermögen nur im Wege der AfA abgesetzt werden (§ 4 Abs. 3 Satz 3 EStG). Die Anschaffungs- oder Herstellungskosten für nicht abnutzbare Wirtschaftsgüter des Anlagevermögens dürfen erst im Zeitpunkt der Veräußerung oder Entnahme als Betriebsausgaben berücksichtigt werden (§ 4 Abs. 3 Satz 4 EStG).

Der durch eine Einnahme-Überschußrechnung zu ermittelnde Gewinn kann nach folgender Formel errechnet werden:

Betriebseinnahmen
·/. Betriebsausgaben
= Gewinn bzw. Verlust

Der Begriff der Betriebseinnahmen ist gesetzlich nicht definiert. Die Rechtsprechung hat sich deshalb an die Begriffsbestimmung des § 8 Abs. 1 EStG angelehnt, der seinem Wortlaut nach lediglich für die Einkunftsarten des § 2 Abs. 1 Nr. 4 bis 7 EStG von Bedeutung ist; sie hat als Betriebseinnahmen alle Zugänge in Geld oder Geldeswert bezeichnet, die durch den Betrieb veranlaßt sind (BFH, in BFH/NV 1991 S. 537). Diese Begriffsbestimmung ist auch im Rahmen der Gewinnermittlung durch Betriebsvermögensvergleich von Bedeutung (BFH, in BStBl 1974 II, 210). Unter Betriebsausgaben sind die Ausgaben zu verstehen, die durch den Betrieb veranlaßt sind (§ 4 Abs. 4 EStG).

Die Gewinnermittlung nach § 4 Abs. 3 EStG soll im ganzen und auf Dauer gesehen denselben Gesamtgewinn wie der Betriebsvermögensvergleich ergeben, d. h. der Totalgewinn (das ist der in der Zeit von Betriebseröffnung bis zur Betriebsveräußerung bzw. Betriebsaufgabe erzielte Gewinn) muß bei beiden Gewinnermittlungsarten übereinstimmen (BFH, in BStBl 1972 II, 334).

Der Stpfl. kann von der Gewinnermittlung nach § 4 Abs. 3 EStG zur Gewinnermittlung durch Betriebsvermögensvergleich übergehen. Ein solcher Übergang erfordert bestimmte Gewinnkorrekturen (vgl. R 17 Abs. 1 EStR 1993). Ein Übergang zur Gewinnermittlung durch Bestandsvergleich ist zwingend erforderlich bei einer Betriebsäußerung oder Betriebsaufgabe (R 16 Abs. 7 EStR 1993). *(Schoor)*

FALL 83

Totalschaden eines privaten Kfz bei einer betrieblich veranlaßten Fahrt

Sachverhalt:

A ist als Zahnarzt selbständig tätig. Ende Juni 1996 erleidet er auf einer beruflich veranlaßten Fahrt mit seinem „Zweitwagen" einen selbstverschuldeten Verkehrsunfall, der zur Totalbeschädigung des verwendeten Pkw führt. Der Wagen gehört zum Privatvermögen des A, wird jedoch auch gelegentlich für betriebliche Fahrten genutzt. A hat den Pkw Anfang Januar 1991 als fabrikneues Fahrzeug für 32 000 DM angeschafft. Der Wiederbeschaffungswert des Fahrzeugs vor dem Unfall beträgt 14 000 DM, der Schrottwert nach dem Unfall 500 DM. Der Pkw weist eine Laufleistung zwischen 8 000 und 10 000 km im Jahr auf.

Frage: Kann A – ggf. in welchem Umfang – die durch die Totalbeschädigung des privaten Kfz eingetretene Vermögenseinbuße als Betriebsausgaben abziehen?

Lösung

Wird ein im Privatvermögen gehaltenes Kfz eines selbständig Tätigen bei einer beruflich veranlaßten Fahrt infolge eines Unfalls beschädigt und nicht repariert, so ist die Vermögenseinbuße im Wege der AfaA nach § 7 Abs. 1 Satz 5 EStG gewinnmindernd zu berücksichtigen. Die Höhe der AfaA richtet sich nach Ansicht des BFH nicht nach der Differenz der Zeitwerte vor und nach dem Unfall, sondern nach den Anschaffungskosten abzüglich der normalen AfA, die der Stpfl. hätte in Anspruch nehmen können, wenn er das Kfz im Betriebsvermögen gehalten hätte (BFH, in BStBl 1995 II, 318). Andernfalls würden sich infolge des Unfalls Aufwendungen gewinnmindernd auswirken, die durch die vorangegangene private Nutzung veranlaßt sind.

Zu beachten ist, daß der BFH zur Berechnung der normalen AfA als Nutzungsdauer bei einem Pkw mit einer Jahresfahrleistung von bis zu 15 000 km einen Zeitraum von acht Jahren zugrunde legt. Dies bedeutet: Erst wenn der Unfallwagen bei einer solchen Jahresfahrleistung älter ist als acht Jahre, ist der Abzug einer AfaA nicht mehr möglich. Wendet man diese Rechtsgrundsätze hier an, so errechnet sich die als Betriebsausgabe abzuziehende AfaA wie folgt:

Anschaffungskosten Pkw	32 000 DM
normale AfA bei einer Nutzungsdauer von acht Jahren:	
1991: ½ von (⅛ von 32 000 DM =)	·/. 2 000 DM

1992–1995: 4 × (1/8 von 32 000 DM =)	·/. 16 000 DM
1996: 1/8 von 32 000 DM = 4 000 DM	
hiervon 1/2 für die Monate Januar bis Juni	·/. 2 000 DM
fiktiver Restbuchwert	12 000 DM
Zeitwert (Schrotterlös) nach dem Unfall	·/. 500 DM
AfaA	11 500 DM

(Schoor)

FALL 84

Überführung eines Wirtschaftsguts aus dem gewerblichen in das landwirtschaftliche Betriebsvermögen

Sachverhalt: A bezieht als Inhaber einer Gärtnerei gewerbliche Einkünfte, die durch Betriebsvermögensvergleich ermittelt werden. Zugleich ist A Inhaber eines buchführenden land- und forstwirtschaftlichen Betriebs.

Zum 30. 6. 01 überführt A eine Lagerhalle mit dem dazugehörenden Grund und Boden aus seinem gewerblichen Betriebsvermögen in das Betriebsvermögen seines landwirtschaftlichen Betriebs. Der Buchwert der Wirtschaftsgüter (Grund und Boden und Gebäude) beträgt im Zeitpunkt der Überführung in das Betriebsvermögen des land- und forstwirtschaftlichen Betriebs 40 000 DM, ihr Teilwert 100 000 DM. Die Bilanzierung beim landwirtschaftlichen Betrieb erfolgt zum Buchwert.

Frage: Stellt die Überführung der Wirtschaftsgüter aus dem gewerblichen in das landwirtschaftliche Betriebsvermögen eine Entnahme dar mit der Folge, daß eine Gewinnrealisierung erforderlich ist?

▶ Lösung

Bei der Gewinnermittlung durch Bestandsvergleich ist das Ergebnis des Betriebsvermögensvergleichs um den Wert der Entnahmen zu vermehren (§ 4 Abs. 1 Satz 1, § 5 EStG). Die Frage, ob A mit der Überführung der Wirtschaftsgüter aus dem gewerblichen in das landwirtschaftliche Betriebsvermögen einen Entnahmetatbestand verwirklicht hat, ist zu verneinen. Nach ständiger Rechtsprechung liegt keine Entnahme vor, wenn ein Wirtschaftsgut innerhalb des betrieblichen Bereichs eines Stpfl. von einem Betrieb oder Betriebsteil in einen anderen übergeht und dabei eine spätere Erfassung der im Buchansatz für dieses Wirtschaftsgut enthaltenen stillen Reserven gewährleistet ist (BFH, in BStBl

1989 II, 187). Die Lagerhalle und der Grund und Boden scheiden zwar zum 30. 6. 01 aus der Gewinnermittlung des gewerblichen Betriebs aus. Das Einkommensteuerrecht kennt jedoch keinen allgemeinen Grundsatz des Inhalts, daß stille Reserven stets aufzudecken sind, wenn ein Wirtschaftsgut nicht mehr in die Gewinnermittlung einzubeziehen ist. Eine Gewinnrealisierung kommt daher nicht in Betracht. *(Schoor)*

FALL 85

Einlagefähigkeit von Nutzungen

Sachverhalt: A betreibt eine Steuerberaterpraxis. Er ermittelt seinen Gewinn durch Betriebsvermögensvergleich. Für das Jahr 01 beträgt der so ermittelte Gewinn 100 000 DM.

Anläßlich einer Betriebsprüfung stellt der Betriebsprüfer folgende im Rahmen der Gewinnermittlung noch nicht berücksichtigte Geschäftsvorfälle fest:

1. Frau A hat ihrem Ehemann ein zinsloses Darlehen von 100 000 DM zur Finanzierung der Praxisausstattung gewährt. Bei einer Bank hätte A für das Darlehen im Jahr 01 (9 % von 100 000 DM =) 9 000 DM Zinsen zahlen müssen.
2. Außerdem hat Frau A ihrem Ehemann einen Pkw unentgeltlich zu betrieblichen Zwecken überlassen. A hätte bei einem Autovermieter für die Anmietung des Kraftwagens im Jahr 01 einen Betrag von 2 500 DM aufwenden müssen.
3. Darüber hinaus hat Frau A ihrem Ehemann zur betrieblichen Nutzung eine Garage zu einem Mietzins von 300 DM jährlich vermietet; der gezahlte Mietzins liegt 50 % unter der erzielbaren Miete.
4. A nutzt einen Raum seines Einfamilienhauses als Lagerraum zur Aufbewahrung von Akten. Die mit dem Raum zusammenhängenden Aufwendungen belaufen sich im Jahr 01 auf 1 000 DM. Der Raum gehört wegen untergeordneter Bedeutung nicht zum Betriebsvermögen des A (§ 8 EStDV).

Frage: Wie wirken sich die vorstehenden Geschäftsvorfälle im Rahmen der Gewinnermittlung des A aus?

Lösung ◀

1\. Betriebsvermögensmehrungen, die nicht durch den Betrieb veranlaßt sind, dürfen den steuerpflichtigen Gewinn nicht erhöhen; sie müssen deshalb als Einlage bei der Gewinnermittlung wieder abgezogen werden. Der Vorteil, den A aus der Nutzung des Geldes gezogen hat, stellt keine Einlage in diesem Sinne dar. Nach dem Beschluß des Großen Senats des BFH (BStBl 1988 II, 348) können grundsätzlich nur Wirtschaftsgüter, die in eine Bilanz aufgenommen werden können, Gegenstand einer Einlage sein. Nutzungsvorteile sind keine selbständigen Wirtschaftsgüter; sie dürfen daher bei der Gewinnermittlung nicht erfaßt werden. Ein Abzug des Zinsvorteils (als Einlage) im Rahmen der Gewinnermittlung des A kommt daher nicht in Betracht.

2. Auch im Fall der unentgeltlichen Pkw-Überlassung kann A kein fiktives Entgelt als Einlage abziehen.

3. Dieselbe Beurteilung gilt für die teilweise entgeltlich überlassene Garage. Auch hier kommt es nicht zum Abzug einer Einlage in Höhe der ersparten Mietzinsen.

4. Nutzt ein Stpfl. eigene, nicht zum Betriebsvermögen, sondern zum Privatvermögen gehörende Wirtschaftsgüter für betriebliche Zwecke, so mindern die mit der betrieblichen Nutzung zusammenhängenden Aufwendungen den Gewinn. Es handelt sich nämlich um Betriebsausgaben i. S. des § 4 Abs. 4 EStG. Die Abziehbarkeit dieser Aufwendungen ergibt sich also nicht erst aus der Einlageregelung des § 4 Abs. 1 EStG, sondern aus der Regelung über den Betriebsausgabenabzug in § 4 Abs. 4 EStG. A kann daher die anteiligen Kosten für den Raum von 1 000 DM als Betriebsausgaben abziehen (Buchungssatz: Aufwand an Einlagen 1 000 DM). *(Schoor)*

FALL 86

Drittaufwand bei einem beiden Ehegatten gehörenden betrieblich genutzten Bauwerk

Sachverhalt: A und B sind Eheleute, die zusammen zur Einkommensteuer veranlagt werden. B betreibt eine Facharztpraxis. Die Eheleute errichten 01 auf einem gemeinsamen Grundstück ein Gebäude, das sie seit Bezugsfertigkeit ab 3. 12. 01 zur Hälfte für fremde Wohnzwecke und zur Hälfte für die freiberufliche Tätigkeit der B nutzen. A stellt seinen Anteil an den Praxisräumen seiner Ehefrau unentgeltlich zur Verfügung. Mit der Durchführung des Bauvorhabens haben die Eheleute einen Generalunternehmer beauftragt, dem sie für die in Auftrag gegebenen Arbeiten im Januar 01 eine Vorauszahlung von 50 000 DM geleistet haben. In Höhe des vorauserhaltenen Betrages von 50 000 DM erbringt der Generalunternehmer infolge Konkurses (30. 9. 01) keine Gegenleistung.

Die auf A entfallende AfA für die Praxisräume beläuft sich für 01 auf 5 000 DM.

Frage:

1. Wie ist die verlorene Anzahlung von 50 000 DM einkommensteuerrechtlich zu behandeln?
2. Ist die auf A entfallende AfA für die Praxisräume von 5 000 DM steuerlich berücksichtigungsfähig?

Lösung

1. Die verlorene Anzahlung von 50 000 DM entfällt zur Hälfte auf den fremden Wohnzwecken dienenden Gebäudeteil; sie stellt daher in Höhe von (½ von 50 000 DM =) 25 000 DM Werbungskosten bei den Einkünften aus Vermietung und Verpachtung dar (BFH GrS 1/89, BStBl 1990 II, 830).

Die auf den Praxisteil entfallende Vorauszahlung von 25 000 DM kann von B in Höhe von (½ von 25 000 DM =) 12 500 DM als Betriebsausgaben bei den Einkünften aus selbständiger Arbeit abgezogen werden. Der Anteil des A an diesem Teil der eingebüßten Vorauszahlung von (½ von 25 000 DM =) 12 500 DM ist steuerlich verloren; insoweit können die vergeblichen Aufwendungen weder von B als eigene Betriebsausgaben abgesetzt werden noch bilden sie für A Werbungskosten, weil er aus seinem Miteigentumsanteil an dem Praxisteil keine Einnahmen erzielt (BFH, in BStBl 1991 II, 82).

2. Für die auf den Praxisteil entfallende AfA gilt die gleiche Beurteilung, d. h. B kann nur die ihr selbst, nicht jedoch auch die dem Miteigentümer A zustehende AfA als Betriebsausgaben abziehen. Die auf den Hälfteanteil des A entfallende AfA kann von B auch nicht als sog. „Drittaufwand“ abgesetzt werden (BFH, in BStBl 1991 II, 82, in BStBl 1992 II, 948, in BStBl 1996 II, 192 und 193).

Die AfA von 5 000 DM kann demnach weder von B gewinnmindernd noch von A als Werbungskosten bei den Einkünften aus Vermietung und Verpachtung geltend gemacht werden. *(Schoor)*

FALL 87

Erwerb einer freiberuflichen Praxis auf Rentenbasis

Sachverhalt: A ist Steuerberater. Am 1. 1. 01 erwirbt er die Praxis seines Berufskollegen B. Übertragen werden folgende Wirtschaftsgüter:

	Kaufpreis = Teilwert
Praxisausstattung	200 000 DM
Praxiswert	200 000 DM
	400 000 DM

A verpflichtet sich zu folgender Gegenleistung: Zahlung einer monatlichen Rente in Höhe von 4 000 DM, zahlbar auf die Lebenszeit des Veräußerers.

Die Rente ist gesichert durch Anknüpfung an den Lebenshaltungsindex. Der nach versicherungsmathematischen Grundsätzen ermittelte Rentenbarwert beträgt am

1. 1. 01	400 000 DM,
31. 12. 01	384 000 DM,
30. 6. 02	375 000 DM.

Die Rente erhöht sich aufgrund der Wertsicherungsklausel ab 1. 1. 02 auf monatlich 4 200 DM. Der Erhöhungsbetrag der Rente hat am 1. 1. 02 einen Barwert von 20 000 DM und am 30. 6. 02 von 19 600 DM.

Der Veräußerer B stirbt am 30. 6. 02. Die Rente wurde letztmalig im Juni 02 bezahlt.

Frage:

1. Wie sind die Rentenzahlungen von monatlich 4 000 DM bei A steuerlich zu behandeln, wenn er seinen Gewinn

   a) durch Betriebsvermögensvergleich (§ 4 Abs. 1 EStG),

   b) durch Einnahmeüberschußrechnung (§ 4 Abs. 3 EStG) ermittelt?

2. Welche Steuerfolgen ergeben sich für A infolge des Eintritts der Wertsicherungsklausel, wenn er seinen Gewinn

   a) durch Betriebsvermögensvergleich (§ 4 Abs. 1 EStG),

   b) durch Einnahmeüberschußrechnung (§ 4 Abs. 3 EStG) ermittelt?

3. Welche Steuerfolgen hat der Wegfall der Rentenverpflichtung für A, wenn er seinen Gewinn

   a) durch Betriebsvermögensvergleich (§ 4 Abs. 1 EStG),

   b) durch Einnahmeüberschußrechnung ermittelt?

Lösung

1. a) Erwirbt ein Stpfl. – wie vorliegend A – eine freiberufliche Praxis gegen eine Veräußerungsleibrente, ist als Anschaffungskosten für die erworbenen Wirtschaftsgüter der Betrag anzusetzen, der dem kapitalisierten Barwert der Rente entspricht. Zugleich ist der Barwert der Rentenverpflichtung zu passivieren. Da sich die Verpflichtung in der Folgezeit durch die geringer werdende Laufzeit vermindert, ist ihr Barwert zu den einzelnen Bilanzstichtagen neu zu ermitteln und jeweils mit dem geänderten Wert als Schuldposten auszuweisen. Als Betriebsausgaben abziehbare Zinszahlungen liegen nur insoweit vor, als die jährlichen Rentenzahlungen die jährliche Barwertminderung übersteigen. Nur in dieser Höhe wird der Gewinn tatsächlich gemindert. Die in den monatlichen Rentenzahlungen des A von 4 000 DM enthaltenen Zinsanteile, die als Betriebsausgaben abzugsfähig sind, sind wie folgt zu ermitteln:

Ursprüngliche Rente

Rentenbarwert 1. 1. 01	400 000 DM
Rentenbarwert 31. 12. 01	384 000 DM
Differenz = Ertrag	16 000 DM
Rentenzahlungen 01 = Aufwand: 12 × 4 000 DM =	48 000 DM
Zinsanteil 01	32 000 DM
Rentenbarwert 31. 12. 01	384 000 DM
Rentenbarwert 30. 6. 02	375 000 DM
Differenz = Ertrag	9 000 DM
Rentenzahlungen 02 = Aufwand: 6 × 4 000 DM =	24 000 DM
Zinsanteil 02	15 000 DM

1. b) Ein Stpfl., der seinen Gewinn durch Einnahmeüberschußrechnung (§ 4 Abs. 3 EStG) ermittelt, muß seine Einnahmen und Ausgaben innerhalb desjenigen Kalenderjahres berücksichtigen, in dem sie ihm zu- bzw. abgeflossen sind (§ 11 EStG). Der Wert des Betriebsvermögens bleibt unberücksichtigt.

Allerdings bestimmt § 4 Abs. 3 Satz 3 EStG, daß die Vorschriften über die AfA zu befolgen sind. Daraus folgt, daß auch ein Stpfl. mit Gewinnermittlung nach § 4 Abs. 3 EStG, der – wie hier – abnutzbare Wirtschaftsgüter des Anlagevermögens erwirbt, im Jahr der Anschaffung die Anschaffungskosten mit dem versicherungsmathematischen Rentenbarwert aktivieren muß. Von den aktivierten Anschaffungskosten kann er dann AfA vornehmen. Um zu verhindern, daß der in den Rentenzahlungen enthaltene Kaufpreis, d. h. der Tilgungsanteil der

Rente, zweifach steuermindernd berücksichtigt wird, darf der Stpfl. die Rentenzahlungen insoweit nicht als Betriebsausgaben absetzen. Vielmehr darf nur der in den Rentenzahlungen enthaltene Zinsanteil den Gewinn mindern.

Der Zinsanteil errechnet sich – wie bei einem bilanzierenden Stpfl. – aus der Differenz zwischen den jährlichen Rentenzahlungen und den jeweiligen Barwertminderungen.

Technisch geschieht das in der Weise, daß in einer Art „Schattenbilanz" zum Ende eines jeden Veranlagungszeitraums der jeweils neue Rentenbarwert ermittelt wird. Die durch das Älterwerden des Rentenberechtigten bedingten Minderungen des Rentenbarwerts werden als Betriebseinnahmen erfaßt, die Rentenzahlungen selbst werden als Betriebsausgaben behandelt. Der Saldo beider Beträge entspricht dem Zinsanteil der Rente. Das bedeutet, daß A auch im Falle einer Einnahmeüberschußrechnung folgende – in der ursprünglichen Rente enthaltene – Zinsanteile als Betriebsausgaben absetzen kann:

01: Zinsanteil ursprüngliche Rente =	32 000 DM
02: Zinsanteil ursprüngliche Rente =	15 000 DM

Aus Vereinfachungsgründen läßt die Finanzverwaltung (R 16 Abs. 4 Satz 6 EStR 1993) auch zu, daß die einzelnen mit der Anschaffung von abnutzbaren Anlagegütern zusammenhängenden Rentenzahlungen zunächst mit dem anteiligen (ursprünglichen) Rentenbarwert verrechnet, also erfolgsneutral behandelt und nach Erreichen dieses Barwerts in vollem Umfang als Betriebsausgaben abgesetzt werden (sog. buchhalterische Methode). Wenn A von dieser Möglichkeit Gebrauch macht, kann er in 01 und 02 keine Zinsanteile als Betriebsausgaben absetzen.

2. a) Kommt es aufgrund einer Wertsicherungsklausel zu einer Erhöhung der Rentenzahlungen, so führt dies zu einer Erhöhung sowohl des Zinsanteils als auch des Stammrechtsanteils der Rente. Der Kapitalwert der Rente muß dann neu berechnet werden, wobei der Erhöhungsbetrag zweckmäßigerweise als selbständige Rente behandelt wird. Bei einem bilanzierenden Stpfl. hat die aus einer Wertsicherungsklausel resultierende Erhöhung der Rentenverpflichtung zur Folge, daß der Betrag, um den sich der Barwert der Rentenverpflichtung erhöht, im Jahr der Erhöhung gewinnmindernd passiviert wird (BFH, in BStBl 1984 II, 109, und BStBl 1985 II, 510). Der Kapitalwert des Erhöhungsbetrags am 1. 1. 02 von 20 000 DM wirkt sich demnach in 02 in vollem Umfang gewinnmindernd aus.

Mit dieser steuerlichen Behandlung wird dem Umstand Rechnung getragen, daß die Erhöhung der Rentenverpflichtung nicht zu einer Erhöhung der Anschaffungskosten und damit zu einer Erhöhung der AfA führt. Die in den erhöhten Rentenzahlungen enthaltenen Zinsanteile sind ebenfalls als Betriebsausgaben abzugsfähig. Sie errechnen sich aus der Differenz zwischen den jährlichen Barwertminderungen des Erhöhungsbetrages und dem jährlichen Erhöhungsbetrag:

Erhöhungsbetrag

Rentenbarwert 1. 1. 02	20 000 DM
Rentenbarwert 30. 6. 02	19 600 DM
Differenz = Ertrag	400 DM
Rentenzahlungen 02 = Aufwand: 6 × 200 DM =	1 200 DM
Zinsanteil 02	800 DM

2. b) Bei einem Stpfl. mit Einnahmeüberschußrechnung sind Betriebsausgaben nach § 11 Abs. 2 EStG grds. im Jahr der Zahlung zu berücksichtigen, wohingegen Veränderungen des Betriebsvermögens außer Betracht bleiben. Demzufolge ist es nach neuerer BFH-Rechtsprechung gerechtfertigt, den Fall der Erhöhung der Rentenverpflichtung infolge einer Wertsicherungsklausel hier anders zu behandeln als bei einem Stpfl., der seinen Gewinn durch Betriebsvermögensvergleich ermittelt (BFH, in BStBl 1991 II, 796). Bei einem Stpfl. mit Einnahmeüberschußrechnung soll danach eine gewinnmindernde Berücksichtigung des Stammrechtsanteils des Erhöhungsbetrags im Zeitpunkt des Eintritts der Wertsicherungsklausel unterbleiben: Die infolge der Wertsicherungsklausel erhöhten Rentenzahlungen sollen vielmehr im Zeitpunkt der Zahlung in voller Höhe abgesetzt werden. Diese Betrachtung hat zur Folge, daß A die erhöhten Rentenzahlungen von 6 × 200 DM = 1 200 DM in 02 als Betriebsausgaben abziehen kann.

3. a) Infolge des Todes des Rentenberechtigten B fällt die Rentenverpflichtung weg. Der Wegfall der Verpflichtung ist ein betrieblicher Vorgang. Die Auflösung des verbliebenen Passivpostens, d. h. des am 30. 6. 02 verbliebenen Rentenbarwerts, und zwar sowohl des Rentenbarwerts der ursprünglich vereinbarten Rente als auch des Rentenbarwerts des Erhöhungsbetrags, stellen für A einen Ertrag dar (BFH, in BStBl 1991 II, 358). Der Gewinn des Jahres 02 ist demgemäß um folgenden Betrag zu erhöhen:

Rentenbarwert ursprüngliche Rente am 30. 6.02		375 000 DM
Rentenbarwert Erhöhungsbetrag am 30. 6. 02	+	19 600 DM
Mehrgewinn 02		394 600 DM

3. b) Der Wegfall einer betrieblichen Rentenverpflichtung durch Tod des Berechtigten ist auch bei Gewinnermittlung nach § 4 Abs. 3 EStG ein betrieblicher Vorgang und wirkt sich dementsprechend gewinnerhöhend aus. Daraus folgt, daß ein Stpfl. mit Einnahmeüberschußrechnung – ebenso wie der mit Betriebsvermögensvergleich – in Höhe des aktuellen Rentenbarwerts, d. h. des im Todeszeitpunkt verbliebenen Rentenbarwerts, eine Betriebseinnahme ausweisen muß (BFH, in BStBl 1973 II, 51). Allerdings ist bei Wegfall der Rentenverpflichtung lediglich der (verbliebene) Rentenbarwert als Betriebseinnahme zu erfassen, der sich auf der Grundlage der ursprünglichen Rente errechnet (BFH, in BStBl 1991 II, 796). Dies beruht darauf, daß bei einem Stpfl. mit Einnahmeüberschußrechnung im Falle des Wirksamwerdens einer Wertsicherungsklausel eine gewinnmindernde Berücksichtigung des Stammrechtsanteils der Rente zu unterbleiben hat. Der Wegfall der Rentenverpflichtung führt also zu einer Erhöhung des Gewinns des Jahres 02 nur in Höhe des Rentenbarwerts der ursprünglichen Rente am 30. 6. 02 von 375 000 DM.

Wenn A von der Möglichkeit Gebrauch gemacht hat, die (ursprünglichen) tatsächlichen Rentenzahlungen von monatlich 4 000 DM zunächst gegen den Rentenbarwert von 400 000 DM zu verrechnen (R 16 Abs. 4 Satz 6 EStR 1993), ist der am 30. 6. 02 vorhandene Rentenbarwert der ursprünglichen Rente, d. h. der noch nicht verrechnete Teil, gewinnerhöhend zu erfassen (R 16 Abs. 4 Satz 7 EStR 1993):

Rentenbarwert ursprüngliche Rente	400 000 DM
Rentenzahlungen 01: 12 × 4 000 DM =	·/. 48 000 DM
Rentenzahlungen 02: 6 × 4 000 DM =	·/. 24 000 DM
Gewinnerhöhung wegen Wegfalls der Rentenverpflichtung	328 000 DM

(Schoor)

FALL 88

Besteuerung des laufenden Gewinns einer Erbengemeinschaft

Sachverhalt: Der Nachlaß des am 30. 6. 01 verstorbenen V besteht aus einem gewerblichen Einzelunternehmen. Das Kapitalkonto des V beträgt 100 000 DM. Erben des V sind seine Ehefrau A und seine Tochter B zu je ½. Der ererbte Gewerbebetrieb wird von den Erben fortgeführt. Der Gewinn des Jahres 01 beläuft sich auf 140 000 DM.

Lösung

Die ertragsteuerliche Behandlung des Erbfalls und der Erbauseinandersetzung hat durch den Beschluß des Großen Senats des BFH (BStBl 1990 II, 837) schwerwiegende Änderungen erfahren. Nach dieser Rechtsprechung werden alle Miterben mit dem Erbfall automatisch Mitunternehmer – sog. „geborene" Mitunternehmer – eines ererbten Gewerbebetriebs (§ 15 Abs. 1 Nr. 2 EStG). Der Übergang des Betriebs auf die Erbengemeinschaft ist weder eine Betriebsveräußerung (§ 16 Abs. 1 EStG) noch eine Betriebsaufgabe (§ 16 Abs. 3 EStG) durch den Erblasser. Die Erbengemeinschaft A/B muß daher die Buchwerte des Erblassers fortführen (Kapitalkonto A: 50 000 DM, Kapitalkonto B: 50 000 DM). V ist der bis zu seinem Todestag entstandene Gewinn zuzurechnen. Wird auf den Todestag keine Zwischenbilanz erstellt, kann dieser Gewinn zeitanteilig geschätzt werden: 6/12 von 140 000 DM = 70 000 DM (BFH, in BStBl 1973 II, 544). Der restliche Gewinn von 70 000 DM ist je zur Hälfte der Ehefrau und der Tochter des V im Rahmen einer gesonderten und einheitlichen Gewinnfeststellung (§§ 179, 180 AO) zuzurechnen. *(Schoor)*

FALL 89

Besonderheiten bei der Gewinnermittlung durch Überschußrechnung nach § 4 Abs. 3 EStG

Sachverhalt: Dr. Thomas Müller (M) betreibt als Zahnarzt eine freiberufliche Praxis. Er ermittelt seinen Gewinn durch Einnahme-Überschußrechnung gem. § 4 Abs. 3 EStG. Bei seiner nach § 164 Abs. 2 AO unter dem Vorbehalt der Nachprüfung ergangenen Einkommensteuerveranlagung für das Jahr 01 ist der von ihm erklärte Gewinn von 400 000 DM zugrunde gelegt worden.
Bei einer Betriebsprüfung stellt der Prüfer folgendes fest:

1. Aufgrund der gesunkenen Goldpreise hat M einen Betrag von 5 000 DM für Wertminderung seines auf Vorrat gehaltenen Zahngoldes als Betriebsausgabe abgesetzt.
2. M hat seine freiberufliche Tätigkeit bis zum 30. 6. 01 in einer eigenen zum Betriebsvermögen gehörenden Eigentumswohnung ausgeübt. Die Eigentumswohnung (einschl. Grund und Boden) hatte zum 30. 6. 01 einen Buchwert von 200 000 DM und einen Teilwert von 250 000 DM.

   Am 1. 7. 01 hat M seine Praxis in einen Neubau verlegt. Die Eigentumswohnung hat er ab diesem Zeitpunkt an einen Rechtsanwalt vermietet; die

Mieteinnahmen von 6 000 DM für die Zeit vom 1. 7. bis 31. 12. 01 sind als Betriebseinnahmen erfaßt worden.

3. Im Dezember 01 hat M einen PC für 2 000 DM angeschafft. Die Rechnung wurde am 20. 1. 02 bezahlt. M hat für den PC im Jahr 01 folgende degressive AfA gem. § 7 Abs. 2 EStG vorgenommen:
   30 % von 2 000 DM = 600 DM
4. M hat seinen zum Betriebsvermögen gehörenden Pkw Daimler-Benz am 28. 12. 01 für 15 000 DM verkauft. Der Restbuchwert des Pkw betrug im Zeitpunkt der Veräußerung 5 000 DM. Der Veräußerungserlös von 15 000 DM ging am 12. 1. 01 bei A ein. M hat aus diesem Grund den Geschäftsvorfall im Rahmen der Gewinnermittlung 01 unberücksichtigt gelassen.
5. Den Kaufpreis eines im November 01 für 400 DM angeschafften Diktiergeräts hat M im Januar 02 bezahlt und im Zeitpunkt der Bezahlung als Betriebsausgaben abgesetzt.
6. M hat im Dezember 01 einen Sessel für die Praxis bestellt und den Kaufpreis von 700 DM am 29. 12. 01 vorausbezahlt. Der Sessel wurde am 3. 1. 02 geliefert.
7. Im Zusammenhang mit der Praxisverlegung hat M einen vor Jahren für 20 000 DM erworbenen Parkplatz für die Patienten am 1. 8. 01 für 30 000 DM verkauft. Der Vorgang wurde bei der Gewinnermittlung für das Jahr 01 nicht berücksichtigt.
8. Am 20. 12. 01 hat M von einer Zahnfabrik Materialien zur Herstellung von Zahnersatz für 25 000 DM erworben. Der Kaufpreis wurde noch in 01 bezahlt. Die Materialien sind am 31. 12. 01 in vollem Umfang noch vorhanden. M hat die Zahlung von 25 000 DM im Jahr 01 als Betriebsausgaben abgesetzt.
9. Zu Weihnachten 01 hat M seiner Tochter einen Pkw geschenkt, der bisher von einem bei M angestellten Zahnarzt benutzt wurde. Der zum Betriebsvermögen gehörende Pkw hatte zum Zeitpunkt der Schenkung einen Buchwert von 10 000 DM und einen Teilwert von 12 000 DM. Der Geschäftsvorfall wurde in der Gewinnermittlung 01 nicht erfaßt.
10. M hat das Wartezimmer im Januar 01 mit einer bis dahin privat genutzten Sitzgarnitur ausgestattet, deren Teilwert 4 000 DM beträgt. Die Restnutzungsdauer beläuft sich auf zwei Jahre. M hat den Wert der Sitzgarnitur von 4 000 DM im Jahr 01 als Betriebsausgaben abgezogen.

11. Im April 01 hat M das Wartezimmer mit einer bisher privat genutzten Stereoanlage ausgestattet. Der Teilwert der Stereoanlage betrug 600 DM. Der Geschäftsvorfall wurde im Rahmen der Einnahme-Überschußrechnung 01 nicht erfaßt.
12. Im Zusammenhang mit dem Praxisneubau hat M am 1. 7. 01 ein bisher zu seinem Privatvermögen gehörendes unbebautes Grundstück als Parkplatz für die Patienten herrichten lassen. Der Teilwert des vor 10 Jahren angeschafften Grundstücks betrug am 1. 7. 01 20 000 DM. Ende 02 hat M das Grundstück unentgeltlich auf seine Ehefrau übertragen. Der Teilwert betrug zum Zeitpunkt der Schenkung 22 000 DM.
13. Bei einem Einbruch in die Praxisräume wurde das sich im Schreibtisch des M befindliche Geld in Höhe von 3 000 DM, das aus einer Honorarzahlung eines Patienten stammte, gestohlen. M zeichnet seine Bareinnahmen und Barausgaben auf. Seine Kassenführung ist so ausgestattet wie bei einem Bilanzierenden mit ordnungsmäßiger Buchführung. Den Geldverlust von 3 000 DM hat M im Jahr 01 als Betriebsausgabe abgesetzt.
14. M hat eine Zahnarzthelferin beauftragt, die Honorarzahlungen von Patienten in den Praxisräumen entgegenzunehmen. Die Helferin hat im Jahr 01 einen Betrag von 20 000 DM bar vereinnahmt, hiervon aber 5 000 DM für sich behalten. Die Unterschlagung ist im Jahr 02 vom Steuerberater festgestellt worden. Daraufhin hat M gegenüber der Helferin einen Regreßanspruch von 5 000 DM geltend gemacht. Die Angestellte hat M den entwendeten Betrag im Jahr 02 ersetzt. Als Betriebseinnahmen des Jahres 01 sind (20 000 DM ·/. 5 000 DM =) 15 000 DM berücksichtigt worden.
15. M lieferte das bei der Zahnbehandlung in Form von Brücken, Kronen und Zahnfüllungen angefallene Altgold, das ihm von seinen Patienten unentgeltlich überlassen wurde, an eine Scheideanstalt. Diese lieferte ihm dafür im Jahr 01 Feingold in Form von Barren im Werte von 5 000 DM.

Frage: Welche Gewinnkorrekturen ergeben sich aufgrund der Feststellungen des Betriebsprüfers?

Lösung

1. Eine Teilwertabschreibung ist nur möglich bei der Gewinnermittlung durch Betriebsvermögensvergleich. Bei der Gewinnermittlung nach § 4 Abs. 3 EStG bleibt jedoch der Wert des Betriebsvermögens unberücksichtigt, so daß auch die Bewertungsvorschriften des § 6 EStG nicht anwendbar sind. Die

von M vorgenommene Teilwertabschreibung ist daher unzulässig; der erklärte Gewinn ist um 5 000 DM zu erhöhen.

2. Die beruflich genutzte Eigentumswohnung gehörte bis zum 30. 6. 01 zum notwendigen Betriebsvermögen des M. Infolge der Nutzungsänderung hat die Eigentumswohnung die Eigenschaft als notwendiges Betriebsvermögen verloren. Die Gewinnermittlung nach § 4 Abs. 3 EStG kennt zwar kein gewillkürtes Betriebsvermögen (BFH, in BStBl 1964 III, 455). Ehemals notwendiges Betriebsvermögen, das infolge Nutzungsänderung seine Eigenschaft als notwendiges Betriebsvermögen verliert, darf aber auch bei der Gewinnermittlung nach § 4 Abs. 3 EStG weiterhin als sog. geduldetes Betriebsvermögen behandelt werden (§ 4 Abs. 1 Satz 4 EStG). Es bestand also für M ein Wahlrecht, die Eigentumswohnung weiterhin als Betriebsvermögen zu behandeln oder zu entnehmen. Da M die Eigentumswohnung weiterhin als Betriebsvermögen behandelt hat, ist eine Gewinnkorrektur nicht erforderlich; die Mieteinnahmen sind zutreffend als Betriebseinnahmen erfaßt worden.

3. Wirtschaftsgüter des Anlagevermögens werden bei der Gewinnermittlung durch Überschußrechnung – mit Ausnahme von Teilwertabschreibungen – genauso behandelt wie bei der Gewinnermittlung durch Vermögensvergleich; denn nach § 4 Abs. 3 Satz 3 EStG sind die Vorschriften über die AfA zu befolgen. Für den Beginn der AfA ist entscheidend, daß die Wirtschaftsgüter angeschafft oder hergestellt worden sind; es ist nicht erforderlich, daß die Bezahlung bereits erfolgt ist. M kann den PC daher bereits im Jahr 01 abschreiben. Da die Anschaffung im zweiten Halbjahr 01 erfolgte, kann jedoch nur die halbe Jahres-AfA in Anspruch genommen werden (R 44 Abs. 2 EStR 1993). Der erklärte Gewinn ist demnach um (½ von 600 DM =) 300 DM zu erhöhen.

4. Scheidet ein Anlagegut aus dem Betriebsvermögen aus, ist der noch nicht abgesetzte Teil der Anschaffungskosten unter dem Gesichtspunkt einer Absetzung für außergewöhnliche wirtschaftliche Abnutzung i. S. des § 7 Abs. 1 letzter Satz EStG abzuziehen; der bei der Veräußerung des Anlageguts erzielte Erlös gehört zu den Betriebseinnahmen (BFH, in BStBl 1961 III, 499 in BStBl 1972 II, 271 und in BStBl 1994 II, 353). Der Restbuchwert des verkauften Pkw von 5 000 DM muß daher im Jahr 01 als Betriebsausgabe behandelt werden. Der Verkaufserlös von 15 000 DM ist erst im Jahr des Zuflusses des Veräußerungserlöses – also im Jahr 02 – als Betriebseinnahme anzusetzen (BFH, in BStBl 1995 II, 635).

5. Die Anschaffungskosten für geringwertige Wirtschaftsgüter des Anlagevermögens können bei der Gewinnermittlung nach § 4 Abs. 3 EStG – ebenso wie bei der Gewinnermittlung durch Betriebsvermögensvergleich – im Jahr der Anschaffung in voller Höhe als Betriebsausgaben abgesetzt werden; auf den Zeitpunkt der Bezahlung kommt es nicht an. § 11 EStG ist gegenüber § 6 Abs. 2 EStG subsidiär. M kann daher die Anschaffungskosten für das Diktiergerät von 400 DM bereits im Jahr 01 als Betriebsausgaben abziehen.

6. Anschaffungskosten für geringwertige Wirtschaftsgüter sind grundsätzlich im Jahr der Anschaffung als Betriebsausgaben abzugsfähig. Die Finanzverwaltung läßt jedoch aus Vereinfachungsgründen zu, daß Vorauszahlungen oder Anzahlungen auf geringwertige Wirtschaftsgüter bereits im Jahr der Zahlung als Betriebsausgaben abgesetzt werden (OFD Frankfurt, WPg 1980 S. 81). Die Vorauszahlung auf den Sessel von 700 DM kann daher bereits im Jahr 01 als Betriebsausgaben abgezogen werden.

7. Die Anschaffungs- oder Herstellungskosten von nicht abnutzbaren Anlagegütern dürfen nicht im Zeitpunkt der Zahlung, sondern erst dann als Betriebsausgaben abgezogen werden, wenn die betreffenden Wirtschaftsgüter veräußert oder entnommen werden (§ 4 Abs. 3 Satz 4 EStG). Der Erlös aus dem Verkauf des Parkplatzes von 30 000 DM ist im Jahr 01 als Betriebseinnahme anzusetzen; andererseits sind die Anschaffungskosten des Parkplatzes von 20 000 DM in 01 als Betriebsausgaben abzuziehen. Der Gewinn 01 ist daher um 10 000 DM zu erhöhen.

8. Bei der Gewinnermittlung nach § 4 Abs. 3 EStG wirkt sich die Anschaffung von Umlaufvermögen in dem Zeitpunkt als Betriebsausgabe aus, in dem das erworbene Umlaufvermögen bezahlt wird. Da M die Anschaffungskosten der erworbenen Materialien in 01 gewinnmindernd berücksichtigt hat, ist eine Gewinnkorrektur nicht erforderlich.

9. Die in § 4 Abs. 1 Sätze 2 und 3 EStG enthaltenen Bestimmungen über die Entnahme und die Einlagen sind auch im Bereich der Überschußrechnung anzuwenden. Sie gelten bei der Überschußrechnung als reiner Geldrechnung jedoch nur für Sachentnahmen und Sacheinlagen. Barentnahmen und Bareinlagen dürfen nicht als Betriebseinnahmen und Betriebsausgaben berücksichtigt werden. Das bedeutet, daß der Restbuchwert des an die Tochter geschenkten Pkw von 10 000 DM im Jahr 01 als Betriebsausgabe behandelt werden muß; andererseits ist der Teilwert des Pkw von 12 000 DM im Jahr 01 als fiktive Betriebseinnahme zu behandeln, so daß sich eine Gewinnerhöhung von 2 000 DM ergibt.

10. Da auch bei der Gewinnermittlung durch Überschußrechnung die Bestimmungen über die AfA zu beachten sind (§ 4 Abs. 3 Satz 3 EStG), kann der Einlagewert von 4 000 DM nicht sofort als Betriebsausgabe abgesetzt werden. Er bildet vielmehr die Bemessungsgrundlage für die AfA nach § 7 EStG. Bei einer Restnutzungsdauer von zwei Jahren ergibt sich für die Jahre 01 und 02 eine abzugsfähige AfA von jeweils (4 000 DM : 2 =) 2 000 DM. Der erklärte Gewinn des Jahres 01 ist daher um 2 000 DM zu erhöhen.

11. Bei der Einlage von geringwertigen Wirtschaftsgütern aus dem Privatvermögen in das Betriebsvermögen kann die Bewertungsfreiheit im Wirtschaftsjahr der Einlage in Anspruch genommen werden (§ 6 Abs. 2 Satz 1 EStG). Der Teilwert der Stereoanlage von 600 DM ist daher im Jahr 01 als Betriebsausgabe abzugsfähig.

12. Aufgrund der betrieblichen Nutzung als Parkplatz wird das unbebaute Grundstück am 1. 7. 01 notwendiges Betriebsvermögen. Einlagen von nicht abnutzbarem Anlagevermögen haben grundsätzlich mit dem Teilwert zu erfolgen (§ 6 Abs. 1 Nr. 5 EStG). Aufgrund der Vorschrift des § 4 Abs. 3 Satz 4 EStG ist der Teilwert des Grund und Bodens zum 1. 7. 01 von 20 000 DM hier erst im Zeitpunkt der Entnahme, d. h. im Jahr 02, als Betriebsausgabe zu berücksichtigen. Infolge der Schenkung an die Ehefrau ist im Jahr 02 zugleich eine fiktive Betriebseinnahme von 22 000 DM anzusetzen, so daß sich der Gewinn des Jahres 02 um 2 000 DM erhöht. Einer Gewinnkorrektur für das Jahr 01 bedarf es nicht.

13. Geldverluste durch Diebstahl können bei Stpfl. mit Gewinnermittlung durch Überschußrechnung nur dann als Betriebsausgaben abgesetzt werden, wenn die Zugehörigkeit des entwendeten Geldes zum Betriebsvermögen in eindeutiger Weise durch eine den Grundsätzen ordnungsmäßiger Buchführung entsprechenden Buchhaltung klargestellt ist (BFH, in BStBl 1973 II, 480) oder wenn der betriebliche Zusammenhang anhand konkreter und objektiv greifbarer Anhaltspunkte festgestellt ist (BFH, in BStBl 1992 II, 343). Da im vorliegenden Fall die Zugehörigkeit des Geldes zum Betriebsvermögen durch eine einwandfreie Kassenführung nachgewiesen ist, kann A den durch den Einbruchdiebstahl eingetretenen Geldverlust von 3 000 DM als Betriebsausgaben absetzen.

14. Nehmen fremde Angestellte in den Geschäftsräumen auftragsgemäß im Namen des Stpfl. Gelder in Empfang und unterschlagen diese dann, kommt es nicht darauf an, ob die entwendeten Gelder zum Betriebsvermögen oder

zum Privatvermögen gehört haben oder ob sie innerhalb einer geschlossenen Kassenführung erfaßt wurden. Entscheidend ist, daß der Verlust des Geldes, das mit der Zahlung an die Angestellten als vereinnahmt anzusehen ist, durch den Betrieb veranlaßt ist (BFH, in BStBl 1976 II, 560). Das von der Helferin unterschlagene Honorar von 5 000 DM ist – als vom Zahnarzt vereinnahmt – im Jahr 01 als Betriebseinnahme zu erfassen. Gleichzeitig ist der M durch die Unterschlagung entstandene Verlust von 5 000 DM im Jahr 01 als Betriebsausgabe zu berücksichtigen. Eine Korrektur des erklärten Gewinns 01 ist somit nicht erforderlich. Die Schadensersatzleistung der Helferin ist im Jahr 02 als Betriebseinnahme zu erfassen.

15. Das von den Patienten überlassene Altgold ist für M ein zusätzliches Entgelt, also eine Betriebseinnahme. Dieses Entgelt in Form eines Sachwerts ist so zu behandeln, als ob zunächst Geld bezahlt und damit der Sachwert (d. h. das Altgold) als Umlaufvermögen angeschafft worden wäre. Die Fiktion der Anschaffung des Sachwerts zwingt zur Berücksichtigung einer Betriebsausgabe. Der Ansatz einer Betriebseinnahme und die gleichzeitige Berücksichtigung einer Betriebsausgabe in derselben Höhe kann unterbleiben, da das Betriebsergebnis dadurch nicht beeinflußt wird.

    Die Lieferung der Goldabfälle im Tausch gegen Feingold führt jedoch wiederum zu einer Betriebseinnahme, da M dadurch ein geldwerter Vorteil entsteht. Da das Feingold nicht für betriebliche, sondern für private Zwecke erworben wurde, kann hierfür allerdings keine Betriebsausgabe abgesetzt werden. Der Gewinn des Jahres 01 ist daher um den Wert des erhaltenen Feingolds von 5 000 DM zu erhöhen (BFH, in BStBl 1986 II, 607, und BFH/NV 1987 S. 760). *(Schoor)*

FALL 90

Schätzung bei Gewinnermittlung nach § 4 Abs. 3 EStG

Sachverhalt: A betreibt eine Gaststätte. Er ermittelt seinen Gewinn durch Einnahme-Überschußrechnung nach § 4 Abs. 3 EStG. Der Gewinnermittlung für die Jahre 01 bis 03 liegen formell ordnungsmäßig aufgezeichnete Betriebseinnahmen und Betriebsausgaben zugrunde.

Im Juli 04 findet eine Betriebsprüfung statt. Der Betriebsprüfer führt eine Nachkalkulation durch und stellt folgende Umsatzdifferenzen fest:

01 = 12 000 DM (Erhöhung gegenüber dem erklärten Umsatz = 6 %),
02 = 15 000 DM (Erhöhung gegenüber dem erklärten Umsatz = 7 %),
03 = 2 000 DM (Erhöhung gegenüber dem erklärten Umsatz = 1 %).

Nach einer eingehenden Erörterung mit dem Betriebsprüfer erklärt sich A für die Jahre 01 und 02 mit einer Zuschätzung in Höhe von 12 000 DM bzw. 15 000 DM einverstanden. Für das Jahr 03 hält A eine Zuschätzung im Hinblick auf die geringfügige Abweichung nicht für zulässig. Im übrigen beantragt er, die aufgrund der Betriebsprüfung nachzuzahlende Gewerbesteuer in dem jeweiligen Jahr des Prüfungszeitraums gewinnmindernd zu berücksichtigen.

Frage:

1. Ist eine Schätzung für alle Jahre des Prüfungszeitraums gerechtfertigt?
2. Sind die Gewerbesteuernachforderungen im jeweiligen Jahr des Prüfungszeitraums gewinnmindernd zu berücksichtigen?

▶ Lösung

Allgemeines: Die Schätzung ist nicht etwa eine eigene Gewinnermittlungsart. Sie hat vielmehr ihre Grundlage in § 162 AO, der für alle Steuern gilt. § 162 Abs. 2 Satz 2 AO sieht eine Gewinnschätzung in folgenden Fällen vor:

- Der Stpfl. kann Bücher oder Aufzeichnungen, die er nach den Steuergesetzen zu führen hat, nicht vorlegen.
- Die Buchführung oder Aufzeichnungen können nach § 158 AO der Besteuerung nicht zugrunde gelegt werden, weil Anlaß besteht, an deren sachlicher Richtigkeit zu zweifeln.

1. Häufiger ist in der Praxis der zweite Fall, in dem – wie hier – aufgrund einer Verprobung das Ergebnis der Aufzeichnungen widerlegt wird. An die Stelle eines formell ordnungsmäßig ermittelten Gewinns kann ein geschätzter Gewinn aber nur dann treten, wenn die Schätzungsmethode hohen Anforderungen genügt, d. h. in sich schlüssig und beweiskräftig ist (BFH, in BStBl 1986 II, 226). Diesen Anforderungen genügt eine Nachkalkulation, eine Geldverkehrsrechnung oder eine Vermögenszuwachsrechnung.

   Im vorliegenden Fall hat der Prüfer anhand von Kalkulationsgrundlagen nachvollzogen, welche Umsätze erzielt worden sind. Diese Nachkalkulation ermöglicht einen Rückschluß auf Rohgewinn und Gewinn. Da der erklärte Umsatz der Jahre 01 und 02 wesentlich vom kalkulierten Umsatz abweicht, ist die Annahme des Betriebsprüfers gerechtfertigt, daß die Umsatzdifferenzen nicht erklärte Betriebseinnahmen darstellen.

Für das Jahr 03 gilt diese Beurteilung aber nicht. Da für dieses Jahr die Abweichung vom erklärten Umsatz nur 1 % beträgt und sich demnach im Unschärfebereich einer Nachkalkulation hält, muß eine Schätzung unterbleiben. Nach der Rechtsprechung können Abweichungen bis zu 3 % geringfügig sein (BFH, in BStBl 1983 II, 618).

2. Da A seinen Gewinn nach § 4 Abs. 3 EStG ermittelt hat, ist der Gewinn in Anlehnung an § 4 Abs. 3 EStG zu schätzen, d. h. für eine gewinnmindernde Berücksichtigung der Gewerbesteuernachforderung für die Jahre 01 und 02 ist kein Raum (BFH, in BStBl 1984 II, 504). Die weitere Folge dieser Betrachtungsweise ist, daß für das erste Schätzungsjahr eine Gewinnkorrektur wegen Wechsels der Gewinnermittlungsart nicht in Betracht kommt. Aufgrund der Betriebsprüfung ergibt sich somit eine Gewinnerhöhung für das Jahr 01 von 12 000 DM (zuzüglich Umsatzsteuer) und für das Jahr 02 von 15 000 DM (zuzüglich Umsatzsteuer). Die nachzuzahlende Umsatzsteuer ist im Jahr ihrer Bezahlung als Betriebsausgabe abzugsfähig. *(Schoor)*

FALL 91

Betriebsausgabenabzug von Bewirtungskosten

Sachverhalt: Kaufmann A, dessen Wirtschaftsjahr mit dem Kalenderjahr übereinstimmt, sind in 1996 aus Anlaß einer geschäftlichen Bewirtung in einer Gaststätte Aufwendungen in Höhe von 2 000 DM entstanden. Auf A sowie einen an der Bewirtung teilnehmenden Arbeitnehmer des A entfallen anteilige Kosten von jeweils 200 DM.

Die betriebliche Veranlassung ist durch schriftliche Angaben über Anlaß und Teilnehmer der Bewirtung nachgewiesen; die spezifizierte Gaststättenrechnung liegt vor. Die Aufwendungen für die Bewirtung sind einzeln und gesondert von den sonstigen Betriebsausgaben aufgezeichnet (§ 4 Abs. 7 EStG).

Frage: Können die Bewirtungskosten von 2 000 DM gewinnmindernd berücksichtigt werden?

Lösung

Der Abzug von betrieblich veranlaßten Aufwendungen für die Bewirtung von Geschäftsfreunden ist bei der steuerlichen Gewinnermittlung auf 80 % der angemessenen und nachgewiesenen Aufwendungen begrenzt (§ 4 Abs. 5 Nr. 2 EStG). Die prozentuale Abzugsbeschränkung gilt auch für solche Aufwendungen, die auf den Stpfl. sowie seine an einer solchen Bewirtung teilnehmenden Arbeitnehmer entfallen.

Wendet man diese Grundsätze hier an, so sind (80 % der Bewirtungsaufwendungen von 2 000 DM =) 1 600 DM als Betriebsausgaben abzugsfähig. Der Restbetrag von 400 DM ist dem Gewinn außerhalb der Bilanz hinzuzurechnen; er unterliegt nicht der USt. *(Schoor)*

FALL 92

Unangemessene Bewirtungskosten

Sachverhalt: A betreibt einen Großhandel. Er ermittelt seinen Gewinn durch Bestandsvergleich (§ 5 EStG). In der Gewinnermittlung für das Jahr 1996 zieht A neben üblichen Bewirtungsaufwendungen auch Aufwendungen in Höhe von 5 000 DM ab, die für die Bewirtung und Unterhaltung von Geschäftsfreunden in einem Nachtlokal (bordellähnlicher Betrieb) angefallen sind. Der für den Verzehr geforderte Preis von 5 000 DM zuzüglich USt steht außer Verhältnis zum Wert der berechneten Speisen und Getränke.

Frage: In welcher Höhe sind die Bewirtungskosten als Betriebsausgaben abzugsfähig?

▶ Lösung

Eine Bewirtung i. S. des § 4 Abs. 5 Nr. 2 EStG liegt nur vor, wenn die Darreichung von Speisen und Getränken eindeutig im Vordergrund steht. Werden neben dieser Bewirtung im engeren Sinne auch noch andere Leistungen (wie insbesondere Varieté, Striptease u. ä.) geboten und steht der insgesamt geforderte Preis in einem offensichtlichen Mißverhältnis zu dem Wert der verzehrten Speisen und/oder Getränke, liegen keine Bewirtungskosten i. S. des § 4 Abs. 5 Nr. 2 EStG vor, sondern schon dem Grunde nach unangemessene Aufwendungen i. S. des § 4 Abs. 5 Nr. 7 EStG. Diese Beurteilung hat zur Folge, daß auch nicht ein evtl. gekürzter Betriebsausgabenabzug in Betracht kommt (BFH, in BStBl 1990 II, 575).

Die Aufwendungen von 5 000 DM sind außerhalb der Bilanz dem Gewinn hinzuzurechnen. Sie unterliegen gem. § 1 Abs. 1 Nr. 2c UStG als Eigenverbrauch der USt: 15 % von 5 000 DM = 750 DM. Die USt ist nach § 12 Nr. 3 EStG nicht abzugsfähig. *(Schoor)*

FALL 93
Nicht zeitnahe Verbuchung von Bewirtungskosten

Sachverhalt: A ist selbständiger Handelsvertreter. Er ermittelt seinen Gewinn aus Gewerbebetrieb durch Bestandsvergleich. Die bei Geschäftsreisen in 1996 angefallenen Bewirtungsrechnungen über 2 000 DM werden im Laufe des Wirtschaftsjahres zusammen mit anderen Reisekostenbelegen in einem Ordner gesammelt. Nach Ablauf des Geschäftsjahres zeichnet der Steuerberater die Einzelbeträge – getrennt nach Aufwandsarten (Bewirtungskosten und Reisekosten) – auf Sachkonten auf. Die Abzugsvoraussetzungen des § 4 Abs. 5 Nr. 2 EStG sind erfüllt.

Frage: Können die Bewirtungskosten gewinnmindernd berücksichtigt werden?

Lösung

Bewirtungskosten können nur dann gewinnmindernd berücksichtigt werden, wenn sie – bei Gewinnermittlung durch Bestandsvergleich – innerhalb der Buchführung einzeln und getrennt von den sonstigen Betriebsausgaben auf einem gesonderten Konto gebucht worden sind (§ 4 Abs. 7 EStG). Diese Buchung muß nach dem auch für Aufwendungen i. S. des § 4 Abs. 5 EStG geltenden § 146 Abs. 1 Satz 1 AO fortlaufend und damit zeitnah erfolgen. Eine Verbuchung, die nach Ablauf des Geschäftsjahres erfolgt, genügt diesen Anforderungen nicht, da sie nicht zeitnah ist (BFH, in BStBl 1988 II, 535, 613 und 655). Die Bewirtungskosten von 2 000 DM sind daher gem. § 4 Abs. 7 EStG nicht abziehbar und demgemäß dem Gewinn außerhalb der Bilanz hinzuzurechnen.

Außerdem löst dieser Geschäftsvorfall USt aus, da § 1 Abs. 1 Nr. 2c UStG eine Eigenverbrauchsbesteuerung auch in den Fällen vorsieht, in denen Bewirtungskosten nur wegen Verstoßes gegen die besondere Aufzeichnungspflicht des § 4 Abs. 7 EStG nicht abzugsfähig sind: USt: 15 % von 2 000 DM = 300 DM. Die USt ist nicht abziehbar (§ 12 Nr. 3 EStG). *(Schoor)*

FALL 94
Abzug von Bewirtungskosten in Bagatellfällen

Sachverhalt: A ist Steuerberater. Er ermittelt seinen Gewinn durch Einnahme-Überschußrechnung (§ 4 Abs. 3 EStG). Bei einer Betriebsprüfung für das Jahr 01 erkennt das Finanzamt die von A als Betriebsausgaben geltend gemachten Bewirtungskosten von (netto) 400 DM (= 80 % von 500 DM) nicht an, weil die

Aufwendungen nicht einzeln und getrennt von den sonstigen Betriebsausgaben aufgezeichnet worden sind (§ 4 Abs. 7 EStG).

A ist mit dieser Kürzung nicht einverstanden. Er trägt dem Betriebsprüfer vor, im Jahr 01 seien nur zwei Bewirtungsvorgänge angefallen. In Bagatellfällen dieser Art stelle im Hinblick auf das mit § 4 Abs. 7 EStG verfolgte Gesetzesziel das Beharren auf Aufzeichnungspflicht einen Formalismus dar; eine leichte und sichere Prüfung sei bei den wenigen Belegen ohnehin gewährleistet.

Frage: Sind die Bewirtungskosten als Betriebsausgaben abzugsfähig?

 **Lösung**

Auch bei zahlenmäßig geringen Bewirtungsvorgängen müssen die Aufwendungen hierfür einzeln und getrennt von den sonstigen Betriebsausgaben aufgezeichnet werden. Die vom Gesetzgeber in § 4 Abs. 7 EStG getroffene strikte formale Lösung läßt nicht zu, von der besonderen Aufzeichnungspflicht in sog. Bagatellfällen abzuweichen (BFH, in BFH/NV 1990 S. 495). A kann daher die Bewirtungskosten von 400 DM nicht als Betriebsausgaben abziehen. *(Schoor)*

J. Bewertung, Pensionsrückstellungen, Übertragung stiller Reserven

FALL 95

Betriebserwerb gegen Leibrente mit Wertsicherungsklausel

Sachverhalt: A veräußert mit Ablauf des 31. 12. 01 seinen Gewerbebetrieb an B gegen Zahlung einer lebenslänglichen Rente (mit Wertsicherungsklausel) in Höhe von zunächst monatlich 3 000 DM (beginnend ab dem 1. 1. 02).

Der Übertragung liegen folgende Wirtschaftsgüter zugrunde:

	Buchwert in der Schlußbilanz des A zum 31. 12. 01	**Teilwert zum 31. 12. 01**
Grund und Boden	50 000 DM	80 000 DM
Gebäude	150 000 DM	200 000 DM
Maschinen	40 000 DM	50 000 DM

Einrichtung	20 000 DM	30 000 DM
Waren	90 000 DM	90 000 DM
Firmenwert	–	100 000 DM
	350 000 DM	550 000 DM

Der versicherungsmathematische Rentenbarwert der monatlichen Rente in Höhe von 3 000 DM beträgt

- am 1. 1. 02 550 000 DM,
- am 31. 12. 02 524 000 DM,
- am 31. 12. 03 497 000 DM.

Aufgrund einer Wertsicherungsklausel erhöhen sich die Rentenzahlungen ab 1. 7. 03 auf monatlich 3 300 DM. Der versicherungsmathematische Barwert des Erhöhungsbetrages beläuft sich

- am 1. 7. 03 auf 51 000 DM,
- am 31. 12. 03 auf 49 700 DM.

Frage:

1. Welches Aussehen hat die Eröffnungsbilanz des B zum 1. 1. 02?
2. Welche Gewinnauswirkung ergibt sich im Zusammenhang mit den Rentenzahlungen der Jahre 02 und 03 in Höhe von monatlich 3 000 DM?
3. Welche einkommensteuerlichen Folgen löst die Rentenerhöhung ab 1. 7. 03 aus?

Lösung

1. Beim Erwerb eines Betriebs gegen eine Leibrente bildet der Barwert der Rentenverpflichtung zum Zeitpunkt des Erwerbs die Anschaffungskosten für die übernommenen Wirtschaftsgüter einschließlich eines etwaigen Firmenwerts. Der Rentenbarwert ist grds. nach versicherungsmathematischen Grundsätzen zu ermitteln (BFH, in BStBl 1969 II, 334, und BStBl 1980 II, 491). Die Finanzverwaltung läßt allerdings auch zu, daß der Erwerber den Rentenbarwert nach den Vorschriften des BewG ermitteln kann (R 32a Abs. 2 EStR 1993). Die erworbenen Wirtschaftsgüter sind mit ihrem Teilwert, höchstens mit den Anschaffungskosten zu aktivieren (§ 6 Abs. 1 Nr. 7 EStG); der darüber hinausgehende Betrag ist als Firmenwert auszuweisen. Die Eröffnungsbilanz des B hat danach folgendes Aussehen:

Aktiva	Eröffnungsbilanz zum 1. 1. 02		Passiva
Grund und Boden	80 000 DM	Kapital	0 DM
Gebäude	200 000 DM	Rentenverpflichtung	550 000 DM
Maschinen	50 000 DM		
Einrichtung	30 000 DM		
Waren	90 000 DM		
Firmenwert	100 000 DM		
	550 000 DM		550 000 DM

2. Die Rentenzahlungen der Jahre 02 und 03 in Höhe von monatlich 3 000 DM sind als Betriebsausgaben zu behandeln (Buchungssatz: Rentenaufwand an Geldkonto). Zu den Bilanzstichtagen 31. 12. 02 und 31. 12. 03 ist die Rentenverpflichtung mit ihrem versicherungsmathematischen Barwert zu passivieren. Die Minderung des Rentenbarwerts ist gewinnerhöhend zu berücksichtigen (Buchungssatz: Rentenverpflichtung an Rentenaufwand). Im Ergebnis wirkt sich also nur der Zinsanteil der Rente gewinnmindernd aus:

		02	**03**
Jährliche Rentenzahlung = Aufwand		36 000 DM	36 000 DM
·/. Barwertminderung			
a) Barwert 1. 1. 02	550 000 DM		
·/. Barwert 31. 12. 02	524 000 DM	26 000 DM	–
b) Barwert 31. 12. 02	524 000 DM		
·/. Barwert 31. 12. 03	497 000 DM	–	27 000 DM
Gewinnminderung		10 000 DM	9 000 DM

3. Die Erhöhung der Rentenzahlungen ab 1. 7. 03 hat auf die Anschaffungskosten der erworbenen Wirtschaftsgüter keinen Einfluß; es tritt also keine nachträgliche Erhöhung der Anschaffungskosten ein (BFH, in BStBl 1967 III 699). Der Erhöhungsbetrag der Rente ist vielmehr im Zeitpunkt der Rentenanpassung als Aufwand zu behandeln, und zwar mit seinem versicherungsmathematischen Barwert. Es empfiehlt sich, den Erhöhungsbetrag als gesonderte Rente zu behandeln. Für B ergibt sich somit aufgrund der Rentenanpassung im Jahr 03 folgende Gewinnauswirkung:

a) Rentenbarwert des Erhöhungsbetrages am 1. 7. 03 (= Aufwand);
Buchungssatz: Rentenaufwand an Rentenverbindlichkeit
(Erhöhungsbetrag) 51 000 DM

b) Rentenzahlungen (Erhöhungsbetrag) im Jahr 03:

6 × 300 DM =		1 800 DM	
·/. Barwertminderung			
Barwert 1. 7. 03	51 000 DM		
·/. Barwert 31. 12. 03	49 700 DM	1 300 DM	500 DM
Gewinnminderung 03			51 500 DM

(Schoor)

FALL 96

Betriebserwerb gegen Kaufpreisraten mit Wertsicherungsklausel

Sachverhalt: A betreibt einen Schuheinzelhandel. Mit Ablauf des 31. 12. 00 veräußert er seinen Gewerbebetrieb an B. Verkäufer und Käufer vereinbaren, daß der Kaufpreis von 500 000 DM in 10 Halbjahresraten zu je 50 000 DM entrichtet werden kann. Die Raten sind jeweils am 20. 3. und 20. 9. eines Jahres fällig; die erste Rate am 20. 3. 01, die letzte Rate am 20. 9. 05. Auf eine Verzinsung der Raten wurde verzichtet. Da die Raten der Versorgung des A dienen sollen, wurde jedoch eine Wertsicherungsklausel – Bindung an den Lebenshaltungskostenindex – vereinbart.

Aufgrund der Wertsicherungsklausel muß B ab 1. 1. 05 statt 50 000 DM nunmehr 55 000 DM halbjährlich zahlen.

Die übertragenen Wirtschaftsgüter haben folgenden Teilwert:

Grund und Boden	40 000 DM
Gebäude	140 000 DM
Betriebsausstattung	20 000 DM
Waren	60 000 DM
	260 000 DM

A und B sind sich darüber einig, daß ein Mehrbetrag des Kaufpreises auf den Firmenwert entfällt.

Frage:

1. Welches Aussehen hat die Eröffnungsbilanz des B zum 1. 1. 01?
2. Wie sind die Kaufpreisraten von (10 × 50 000 DM =) 500 000 DM bei B einkommensteuerlich zu behandeln?

3. Wie sind die Mehrbeträge, die aufgrund der Wertsicherungsklausel ab 1. 1. 05 zu entrichten sind, einkommensteuerlich zu behandeln?

▶ Lösung

1. Beim Erwerb eines Betriebes gegen unverzinsliche Raten bestehen die Anschaffungskosten – anders als bei angemessen verzinslichen Raten – nicht in der Summe der Raten, sondern in dem nach den Vorschriften des BewG ermittelten gemeinen Wert der Kaufpreisschuld. Der Barwert der Kaufpreisschuld stellt also die in der Eröffnungsbilanz zu aktivierenden Anschaffungskosten dar (§ 6 Abs. 1 Nr. 7 EStG); zugleich ist er in der Eröffnungsbilanz zu passivieren.

   Sofern die Parteien – wie hier – keine Zinsvereinbarung getroffen haben, ist bei der Abzinsung grundsätzlich von einem Rechnungszinsfuß von 5,5 % auszugehen (BFH, in BStBl 1975 II, 173 und BFH/NV 1993 S. 87). Zur Berechnung des Barwertes ist die Tabelle 2 zu § 12 Abs. 1 BewG anzuwenden, der ein Rechnungszinsfuß von 5,5 % zugrunde liegt (Anhang 4 Tabelle 2 VStR 1995). Anhand einer Berechnung nach der Tabelle 2 zu § 12 Abs. 1 BewG beträgt der Barwert der Kaufpreisraten zum 1. 1. 01 (100 000 DM x 4,388 =) 438 800 DM. Die Eröffnungsbilanz des A zum 1. 1. 01 hat danach folgendes Aussehen:

Aktiva	Eröffnungsbilanz zum 1. 1. 01		Passiva
Grund und Boden	40 000 DM	Kapital	0 DM
Gebäude	140 000 DM	Kaufpreisschuld	438 800 DM
Betriebsausstattung	20 000 DM		
Waren	60 000 DM		
Firmenwert	178 800 DM		
	438 800 DM		438 800 DM

2. Die in den jährlichen Ratenzahlungen von 50 000 DM enthaltenen Zinsanteile kann B im Jahr der Zahlung als Betriebsausgaben abziehen. Die abzugsfähigen Zinsanteile werden errechnet, indem von den jährlichen Ratenzahlungen die jährliche Barminderung abgezogen wird (BFH, in BStBl 1975 II, 431). Die jährlichen Zinsanteile errechnen sich anhand der Tabelle zu § 12 Abs. 1 BewG wie folgt:

	Barwert	*Ratenzahlung*	*Barwertminderung = Tilgungsanteil*	*Zinsanteil = Betriebsausgabe*
	DM	DM	DM	DM
1. 1. 01	438 800	–	–	–
01	–	100 000	78 600	21 400
1. 1. 02	360 200	–	–	–
02	–	100 000	83 000	17 000
1. 1. 03	277 200	–	–	–
03	–	100 000	87 500	12 500
1. 1. 04	189 700	–	–	–
04	–	100 000	92 300	7 700
1. 1. 05	97 400	–	–	–
05	–	100 000	97 400	2 600
1. 1. 06	0	–	–	–
		500 000	438 800	61 200

3. Die aufgrund der Wertsicherungsklausel ab 1. 1. 05 zu leistenden Mehrbeträge von jährlich 2 × 5 000 DM = 10 000 DM führen zu keiner Erhöhung der Anschaffungskosten für die erworbenen Wirtschaftsgüter; denn Erhöhungen aufgrund einer Wertsicherungsklausel sollen vor der Verschlechterung des Geldwerts schützen, sie erhöhen aber nicht den Wert der erworbenen Wirtschaftsgüter. Die Anschaffungskosten in Höhe des Barwertes der Kaufpreisraten zum Zeitpunkt der Anschaffung von 438 800 DM ändern sich also nicht, so daß auch die AfA unverändert bleibt.

   Die Mehrbeträge von jährlich 10 000 DM sind im Zeitpunkt der Zahlung in vollem Umfang als Betriebsausgaben abzugsfähig (BFH, in BStBl 1984 II, 109). *(Schoor)*

FALL 97

Anschaffungskosten bei einem Anschaffungsgeschäft in Fremdwährung

Sachverhalt: A betreibt eine Fabrikation. Am 10. 1. 01 bestellt er bei einem amerikanischen Lieferanten eine Maschine. Als Kaufpreis werden 10 000 US-Dollar vereinbart. A leistet noch im Januar 01 eine Vorauszahlung in Höhe des Kaufpreises. Der Kurs des US-Dollars beträgt im Zeitpunkt der Vorauszahlung 1,60 DM. Die Maschine wird im März 01 geliefert. Der US-Dollar ist bis dahin gegenüber der Deutschen Mark gesunken, und zwar auf 1,40 DM.

Frage: Wie hoch sind die Anschaffungskosten der Maschine?

Anschaffungskosten entstehen grundsätzlich an dem Tag, an dem der Stpfl. die wirtschaftliche Verfügungsmacht an dem angeschafften Wirtschaftsgut erlangt, regelmäßig also am Tag der Lieferung. Bei einem Anschaffungsgeschäft in ausländischer Währung ist die Fremdwährungsschuld zur Ermittlung der Anschaffungskosten umzurechnen. Maßgebend ist der Kurs im Anschaffungszeitpunkt (BFH, in BStBl 1978 II, 233). Das bedeutet, daß sich die Anschaffungskosten der Maschine auf (10 000 × 1,40 DM =) 14 000 DM belaufen.

Der A infolge der Vorauszahlung entstandene Kursverlust in Höhe von (10 000 × 0,20 DM =) 2 000 DM ist im Jahr 01 sofort als Betriebsausgabe abzugsfähig.

(Schoor)

FALL 98

Unentgeltlicher Erwerb eines Wirtschaftsguts aus betrieblichen Gründen

Sachverhalt: Frau A ist Inhaberin eines Juweliergeschäfts. Ihren Gewinn ermittelt sie durch Bestandsvergleich. Anläßlich ihres 25jährigen Geschäftsjubiläums am 1. 7. 01 erhält sie von einem Schmuckgroßhändler, der sie seit Jahren beliefert, ein Perlenarmband geschenkt. Im Falle eines Erwerbs hätte A für das Armband 1 000 DM (= Teilwert) zuzüglich 15 % Umsatzsteuer aufwenden müssen. A schenkt das Armband ihrer Tochter zu deren Geburtstag am 10. 7. 01.

Frage: Welche einkommensteuerliche Auswirkungen hat der Geschäftsvorfall?

▶ Lösung

Es handelt sich um einen unentgeltlichen Erwerb; denn A sind keine Anschaffungskosten entstanden. Für die steuerliche Beurteilung ist davon auszugehen, daß A das Armband aus betrieblichen Gründen zugewendet worden ist. Der Schmuckgroßhändler will nämlich mit dem Geschenk offensichtlich die langjährigen Geschäftsbeziehungen honorieren. Bei einem unentgeltlichen Erwerb aus betrieblichen Gründen gilt für den Empfänger der Betrag als Anschaffungskosten, den er für das Wirtschaftsgut im Zeitpunkt des Erwerbs hätte aufwenden müssen (§ 7 Abs. 2 EStDV). Es sind also die – fiktiven – üblichen Anschaffungskosten von 1 000 DM anzusetzen. Durch diese Bewertung des unentgeltlichen Erwerbs ergibt sich für A ein Gewinn von 1 000 DM, der auch steuerpflichtig ist (Buchungssatz: Wareneinkauf an sonstige betriebliche Erträge 1 000 DM).

Die Voraussetzungen für einen Vorsteuerabzug nach § 15 UStG liegen nicht vor.

Die Schenkung des Armbands an die Tochter stellt eine Entnahme dar, die mit dem Teilwert von 1 000 DM zu bewerten ist (§ 6 Abs. 1 Nr. 4 EStG). Diese Entnahme unterliegt als Eigenverbrauch der Umsatzsteuer (§ 1 Abs. 1 Nr. 2a UStG). Die Umsatzsteuer von (15 % von 1 000 DM =) 150 DM ist nach § 12 Nr. 3 EStG nicht abzugsfähig (Buchungssatz: Entnahmen 1 150 DM an Waren 1 000 DM und Umsatzsteuer 150 DM). *(Schoor)*

FALL 99

Ausweis von Pensionsrückstellungen in der Steuerbilanz

Sachverhalt: A betreibt ein gewerbliches Einzelunternehmen. Zwischen ihm und B besteht ein Arbeitsverhältnis. A hat B eine unmittelbare Pensionszusage erteilt: In einem Einzelvertrag hat er sich verpflichtet, die Pensionsleistungen bei Eintritt des Versorgungsfalls selbst (unmittelbar) zu erbringen.
Der Teilwert der Pensionszusage beträgt

- am 31. 12. 1996 30 000 DM,
- am 31. 12. 1997 36 000 DM.

Die Voraussetzungen des § 6a Abs. 1 und 2 EStG für die Bildung einer Pensionsrückstellung sind gegeben.

1. Es handelt sich um eine Pensionszusage, die nach dem 1. 1. 1987 gemacht worden ist (sog. Neuzusage).
2. Es handelt sich um eine Pensionszusage, die vor dem 1. 1. 1987 gemacht worden ist (sog. Altzusage). A hat die Pensionsverpflichtung in seiner Handelsbilanz nicht ausgewiesen.

Frage: Muß aufgrund der Pensionszusage in der Steuerbilanz des A eine gewinnmindernde Rückstellung gebildet werden?

Lösung

1. Vor Inkrafttreten des Bilanzrichtlinien-Gesetzes (BiRiLiG) bestand bezüglich der Passivierung von Pensionsverpflichtungen ein Passivierungswahlrecht. Das handelsrechtliche Passivierungswahlrecht hätte steuerrechtlich an sich ein Passivierungsverbot zur Folge gehabt. Aufgrund der speziellen Vor-

schrift des § 6a EStG fand dieser allgemeine Bilanzgrundsatz jedoch keine Anwendung: § 6a EStG gewährt auch steuerrechtlich ein Passivierungswahlrecht.

Mit dem Inkrafttreten des BiRiLiG ist eine veränderte Rechtslage eingetreten. § 249 Abs. 1 HGB sieht nämlich eine Passivierungspflicht für ungewisse Verbindlichkeiten vor.

Pensionsverpflichtungen gehören zu den ungewissen Verbindlichkeiten, die von der Rückstellungspflicht des § 249 Abs. 1 HGB erfaßt werden. Die Passivierungspflicht erstreckt sich aber aufgrund einer Ausnahme- und Übergangsregelung nur auf sog. Neuzusagen, d. h. auf Pensionszusagen, auf die der Pensionsberechtigte seinen Rechtsanspruch nach dem 31. 12. 1986 erworben hat (Art. 28 Abs. 1 Satz 1 EGHGB). A muß daher für die Pensionsverpflichtung (Neuzusage) in seiner Handelsbilanz und wegen des Maßgeblichkeitsgrundsatzes auch in seiner Steuerbilanz eine gewinnmindernde Rückstellung bilden (R 41 Abs. 1 Satz 2 EStR 1993; BMF-Schreiben vom 13. 3. 1987, BStBl 1987 I, 365). Die Pensionsverpflichtung muß somit in der Steuerbilanz zum 31. 12. 1996 mit ihrem Teilwert von 30 000 DM und in der Steuerbilanz zum 31. 12. 1997 mit ihrem Teilwert von 36 000 DM passiviert werden.

2. Für eine unmittelbare Pensionszusage aus einer sog. Altzusage, d. h. für eine vor dem 1. 1. 1987 rechtsverbindlich erteilte Pensionszusage, braucht keine Rückstellung gebildet zu werden (Art. 28 Abs. 1 Satz 1 EGHGB). Bei Altzusagen besteht also ein Passivierungswahlrecht. Da A in seiner Handelsbilanz für die Altzusage keine Rückstellung gebildet hat, kann die Bildung einer solchen auch in der Steuerbilanz unterbleiben.

   Hätte A die Altzusage in seiner Handelsbilanz passiviert, so hätte diese wegen des Maßgeblichkeitsprinzips auch in der Steuerbilanz ausgewiesen werden müssen. *(Schoor)*

FALL 100

Pensionszusagen an Gesellschafter-Geschäftsführer von Personengesellschaften

Sachverhalt: An der X-OHG sind Frau A und ihr Sohn B zu je 50 % beteiligt. Geschäftsführer der Gesellschaft ist B. Anfang 1995 hat die OHG dem B sowie dem bei ihr angestellten C Pensionszusagen erteilt, deren Teilwerte sich auf folgende Beträge belaufen:

	31. 12. 1995	31. 12. 1996
Teilwert Pensionszusage B	10 000 DM	18 000 DM
Teilwert Pensionszusage C	8 000 DM	14 000 DM

Die X-OHG hat für die Verpflichtungen aus den Pensionszusagen in ihren Handels- und Steuerbilanzen zum 31. 12. 1995 und 31. 12. 1996 zu Lasten ihres Gewinns Rückstellungen in Höhe der Teilwerte gebildet.

C ist am 31. 12. 1996 als weiterer (geschäftsführender) Gesellschafter in die OHG eingetreten.

Frage:

1. Wie ist die B erteilte Pensionszusage einkommensteuerrechtlich zu behandeln?
2. Wie ist die C erteilte Pensionszusage einkommensteuerrechtlich zu behandeln?

Lösung

1. Nach der Rechtsprechung wird im Steuerrecht eine Pensionszusage an den Gesellschafter-Geschäftsführer einer Personengesellschaft als Gewinnverteilungsabrede zwischen den Gesellschaftern angesehen, die den Gewinn der Gesellschaft nicht beeinflussen darf und dementsprechend auch nicht zur Rückstellungsbildung für die zukünftigen Pensionsleistungen berechtigt (BFH, in BStBl 1975 II, 437). Das bedeutet, daß die für B gebildete Pensionsrückstellungen im Hinblick auf § 15 Abs. 1 Nr. 2 EStG gewinnerhöhend aufzulösen sind:

Gewinnerhöhung 1995	10 000 DM
Gewinnerhöhung 1996 (= Zuführung zur Rückstellung)	8 000 DM

Die steuerlichen Mehrgewinne, die durch das Abzugsverbot entstehen, sind A und B nach Maßgabe des allgemeinen Gewinnverteilungsschlüssels zur Versteuerung zuzurechnen (BFH, in BStBl 1973 II, 298 f.):

	1995	1996
Mehrgewinn A	5 000 DM	4 000 DM
Mehrgewinn B	5 000 DM	4 000 DM
insgesamt	10 000 DM	8 000 DM

Der Mehrgewinn kann allerdings dem durch die Pensionszusage begünstigten B allein zugerechnet werden, wenn dies im Gesellschaftsvertrag ausdrücklich vereinbart ist.

2. Wird ein Arbeitnehmer einer Personengesellschaft zum Gesellschafter (Mitunternehmer) der Gesellschaft und war ihm zuvor eine Pensionszusage erteilt worden, ist die bis zu seinem Eintritt zulässigerweise gebildete Pensionsrückstellung nicht gewinnerhöhend aufzulösen (BFH, in BStBl 1977 II, 798). Für die Zeit ab Gesellschaftseintritt dürfen Rückstellungen mit steuerlicher Wirkung jedoch nicht mehr gebildet werden. Allerdings darf die Rückstellung mit steuerlicher Wirksamkeit jährlich um die Aufzinsung bis zum Eintritt des Versorgungsfalls fortentwickelt werden. Die Zuführungen zur Rückstellung aufgrund der Fortentwicklung des Anwartschaftsbarwerts sind als Nachwirkung der früheren Arbeitnehmereigenschaft nicht nach § 15 Abs. 1 Nr. 2 EStG dem Gewinn der Gesellschaft zuzurechnen. Nach alledem kommt hier eine gewinnerhöhende Auflösung der für C gebildeten Pensionsrückstellung am 31. 12. 1995 bzw. 31. 12. 1996 nicht in Betracht. *(Schoor)*

FALL 101

Pensionszusage an Arbeitnehmer-Ehegatten

Sachverhalt: Zwischen dem Unternehmen von Frau B und ihrem Ehemann A besteht ein steuerlich anzuerkennendes Arbeitsverhältnis. Eine im Rahmen dieses Arbeitsverhältnisses erteilte Pensionszusage schließt auch die Witwenversorgung ein. Aufgrund der Pensionszusage ist zum Bilanzstichtag 31. 12. 1996 eine gewinnmindernde Rückstellung gebildet worden; dabei wurde auch die zugesagte Witwenversorgung berücksichtigt:

Zuführung zur Rückstellung	10 000 DM
davon entfallen auf die Anwartschaft auf Witwenversorgung	4 000 DM

1. Bei dem Unternehmen der B handelt es sich um ein Einzelunternehmen.
2. Bei dem Unternehmen der B handelt es sich um eine Einmann-GmbH & Co. KG, d. h. B ist alleinige Kommanditistin der KG und zugleich alleinige Gesellschafterin der Komplementär-GmbH.

Frage: Ist die Bildung der Pensionsrückstellung steuerlich anzuerkennen?

▶ Lösung

1. Pensionszusagen zwischen Ehegatten, die im Rahmen von steuerlich anzuerkennenden Arbeitsverhältnissen erteilt werden, sind auch steuerlich grds. zu beachten und berechtigen zur Bildung von Pensionsrückstellungen, vorausgesetzt, daß der Arbeitgeber auch tatsächlich mit der Inanspruchnahme

aus der gegebenen Pensionszusage rechnen muß (BFH, in BStBl 1994 II, 111). Eine Zusage auf Witwen- oder Witwerversorgung im Rahmen von Ehegatten-Pensionszusagen in Einzelunternehmen ist jedoch nach Auffassung der Finanzverwaltung nicht rückstellungsfähig, da hier bei Eintritt des Versorgungsfalls Anspruch und Verpflichtung in einer Person zusammenfallen (R 41 Abs. 11 Satz 6 EStR 1993). Die Zuführung zur Rückstellung ist daher, soweit sie auf den Witwenanteil in der Pensionszusage entfällt (= 4 000 DM), nicht als Betriebsausgaben abzugsfähig.

2. Die Einmann-GmbH & Co. KG ist zivil- und steuerrechtlich grds. eine Personengesellschaft und kein Einzelunternehmen. Die Mitunternehmerschaft besteht aus der GmbH und dem Kommanditisten. Der Eigenständigkeit der Einmann-GmbH & Co. KG muß auch bei der Bewertung der Pensionsrückstellung Rechnung getragen werden. Das bedeutet, daß die Mitunternehmerschaft auch nicht partiell, nämlich in bezug auf den Witwenanteil in der Pensionszusage einem Einzelunternehmen, gleichgestellt werden darf. Bei Eintritt des Versorgungsfalls erfüllt die KG auch mit dem Witwenanteil der Pensionszusage nicht eine Verpflichtung der Witwe gegenüber sich selbst, sondern eine eigene Verbindlichkeit. Ein Durchgriff auf die hinter der GmbH stehende natürliche Person ist nicht zulässig. Die von der Einmann-GmbH & Co. KG erteilte Zusage auf Witwenversorgung ist in die Bildung der Rückstellung für die Pensionsverbindlichkeit miteinzubeziehen, da hier bei Eintritt des Versorgungsfalls Anspruch und Verpflichtung nicht in einer Person zusammenfallen (BFH, in BStBl 1988 II, 883); die Zuführung zur Rückstellung in Höhe von 10 000 DM ist daher nicht zu beanstanden. *(Schoor)*

FALL 102

Ausscheiden eines Wirtschaftsguts aus dem Betriebsvermögen infolge höherer Gewalt bei Gewinnermittlung nach § 4 Abs. 3 EStG

Sachverhalt: Frau A ist selbständige Krankengymnastin. Sie ermittelt ihren Gewinn durch Einnahme-Überschußrechnung nach § 4 Abs. 3 EStG. Ihre Praxis betreibt sie in einem eigenen Gebäude. Im Dezember 01 brennt das Betriebsgebäude ab. Der Restbuchwert des Gebäudes betrug im Zeitpunkt des Schadenseintritts 200 000 DM. Die Brandversicherung leistet im Jahr 02 eine Entschädigungsleistung von 250 000 DM. A beginnt im Jahr 02 mit der Errichtung eines neuen Betriebsgebäudes. Das neue Gebäude wird im Jahr 03 fertiggestellt; seine Herstellungskosten belaufen sich auf 300 000 DM.

Frage: Kann A den Schadenseintritt und die Entschädigungszahlung als Geschäftsvorfälle des Jahres 03 behandeln?

Scheidet ein Wirtschaftsgut infolge höherer Gewalt (z. B. Brand) aus dem Betriebsvermögen aus, so sind Entschädigungsleistungen, die im Zusammenhang hiermit geleistet werden, grundsätzlich Betriebseinnahmen des Jahres, in dem sie zufließen. Ist die Entschädigungsleistung höher als der im Zeitpunkt des Ausscheidens des Wirtschaftsguts noch vorhandene Restbuchwert – dieser ist erfolgswirksam auszubuchen –, so kann der Differenzbetrag im Wirtschaftsjahr der Ersatzbeschaffung von den Anschaffungs- oder Herstellungskosten des Ersatzwirtschaftsguts abgesetzt werden. Voraussetzung ist, daß die Anschaffung oder Herstellung des Ersatzwirtschaftsguts am Schluß des Wirtschaftsjahres, in dem der Schadensfall eingetreten ist, ernstlich geplant ist und das Ersatzwirtschaftsgut bei beweglichen Gegenständen tatsächlich bis zum Schluß des ersten und bei Gebäuden bis zum Schluß des zweiten Wirtschaftsjahres, das auf das Wirtschaftsjahr des Eintritts des Schadensfalls folgt, angeschafft oder hergestellt oder bestellt wird. Diese Reinvestitionsfrist kann unter Umständen angemessen verlängert werden. Fallen der Schadenseintritt, die Zahlung der Entschädigung und die Beseitigung des Schadens jeweils in verschiedene Wirtschaftsjahre, so kann (nicht muß) der Stpfl. aus Billigkeitsgründen den Schadenseintritt und die Zahlung der Entschädigung als Geschäftsvorfälle des Jahres behandeln, in dem der Schaden beseitigt wird (R 35 Abs. 8 Satz 4 EStR 1993). A kann daher von der Ausbuchung des Restbuchwerts im Jahr 01 und der Erfassung der Entschädigungsleistung als Betriebseinnahme des Jahres 02 absehen und beide Geschäftsvorfälle im Jahr 03 berücksichtigen. In diesem Fall werden im Jahr 03 der Restbuchwert von 200 000 DM und die den Restbuchwert übersteigende Entschädigungsleistung von (250 000 DM ·/. 200 000 DM =) 50 000 DM als Betriebsausgabe erfaßt; zugleich wird die Entschädigungsleistung von 250 000 DM im Jahr 03 als Betriebseinnahme berücksichtigt.

Andererseits darf die AfA für das neue Gebäude nur von folgender Bemessungsgrundlage vorgenommen werden:

Herstellungskosten Neubau	300 000 DM
·/. abgezogene Entschädigungsleistung	50 000 DM
Bemessungsgrundlage für die AfA	250 000 DM

(Schoor)

FALL 103

Gewinnabzug nach § 6b EStG von den Anschaffungskosten eines Gästehauses

Sachverhalt: A betreibt in Mainz ein Hoch- und Tiefbauunternehmen. In Rottach-Egern unterhält er eine Ferienwohnung, die er seinen Geschäftsfreunden unentgeltlich zur Verfügung stellt.

Das Gästehaus wurde vor 10 Jahren für 125 000 DM erworben. In seinen Bilanzen für die Jahre 01 bis 03 hat A die Ferienwohnung mit folgenden Werten aktiviert:

a) Grund und Boden

Buchwert 31. 12. 01 – 31. 12. 03	25 000 DM

b) Gebäude

Buchwert 1. 1. 01	80 000 DM
·/. AfA 01: 2 % von 100 000 DM =	2 000 DM
Buchwert 31. 12. 01	78 000 DM
·/. AfA 02: 2 % von 100 000 DM =	2 000 DM
Buchwert 31. 12. 02	76 000 DM
·/. AfA 03: 2 % von 100 000 DM =	2 000 DM
Buchwert 31. 12. 03	74 000 DM

Anfang Januar 04 verkauft A die Ferienwohnung für 199 000 DM. In diesem Zusammenhang hat er folgenden Veräußerungsgewinn ermittelt:

	Grund und Boden	**Gebäude**
Restbuchwert zum Zeitpunkt des Verkaufs	25 000 DM	74 000 DM
Verkaufserlös	45 000 DM	154 000 DM
Veräußerungsgewinn	20 000 DM	80 000 DM

Noch im selben Jahr, nämlich am 20. 2. 04, erwirbt A eine im Schwarzwald gelegene Ferienwohnung für 300 000 DM (Grund und Boden 60 000 DM und Gebäude 240 000 DM). Das erworbene Grundstück wird – ebenso wie das veräußerte Gästehaus – Geschäftspartnern unentgeltlich zur Verfügung gestellt. A überträgt die durch die Veräußerung aufgedeckten stillen Reserven gem. § 6b EStG auf das erworbene Grundstück:

	Grund und Boden	**Gebäude**
Anschaffungskosten	60 000 DM	240 000 DM
·/. übertragene stille Reserven	20 000 DM	80 000 DM
	40 000 DM	160 000 DM

Frage:

1. Ist die AfA für das Gästehaus für die Jahre 01 bis 03 als Betriebsausgabe abzugsfähig?
2. Welche einkommensteuerlichen Folgen hat die Übertragung der stillen Reserven auf die Anschaffungskosten des neuen Gästehauses im Jahr 04?

▶ Lösung

1. Aufwendungen für eigene nicht am Ort des Betriebs belegene Gästehäuser, die Geschäftsfreunden unentgeltlich zur Verfügung gestellt werden, gehören zu den nicht abziehbaren Betriebsausgaben des § 4 Abs. 5 Nr. 3 EStG. Zu den nicht abzugsfähigen Aufwendungen im Sinne dieser Vorschrift zählt auch die AfA. Die Gewinnkorrektur wird hier dadurch erreicht, daß die AfA für die Jahre 01 bis 03 von jährlich 2 000 DM dem Gewinn außerhalb der Bilanz hinzugerechnet wird.

   Außerdem fällt USt in Höhe von jährlich (15 % von 2 000 DM =) 300 DM an (§ 1 Abs. 1 Nr. 2c UStG). Die USt ist nach § 12 Nr. 3 EStG nicht abzugsfähig.

2. Die Veräußerung der Ferienwohnung Anfang 04 führt nach dem Regelungsinhalt des § 4 Abs. 5 Nr. 3 EStG zu einem voll zu versteuernden Veräußerungsgewinn. Zur Berechnung des Veräußerungsgewinns ist daher – wie geschehen – dem Veräußerungserlös ein um die nicht abziehbare AfA geminderter Bilanzwert gegenüberzustellen (BFH, in BStBl 1974 II, 207). A ist auch berechtigt, den Veräußerungsgewinn von (20 000 DM + 80 000 DM =) 100 000 DM in voller Höhe auf das erworbene Grundstück zu übertragen (§ 6b Abs. 1 EStG). Der nach Abzug der übertragenen stillen Reserven verbleibende Restbetrag gilt als Anschaffungskosten des neuen Grundstücks (§ 6b Abs. 6 EStG); soweit er auf das Gebäude entfällt (= 160 000 DM), stellt er die Bemessungsgrundlage für die AfA dar. Zu beachten ist aber, daß sich der Abzug gem. § 6b Abs. 1 EStG in Höhe von 80 000 DM von den Anschaffungskosten des neuen Gebäudes in gleicher Weise auswirkt wie eine Abschreibung. Durch den Abzug werden nämlich Abschreibungen vorweggenommen, die sonst erst in späteren Jahren hätten vorgenommen werden können. Abschreibungen auf Gästehäuser gehören aber zu den nicht

abzugsfähigen Aufwendungen i. S. des § 4 Abs. 5 Nr. 3 EStG (R 21 Abs. 11 Satz 1 EStR 1993). Das bedeutet, daß der wie eine vorweggenommene Abschreibung wirkende Abzug nach § 6b Abs. 1 EStG in Höhe von 80 000 DM im Jahr 04 als nicht abzugsfähige Betriebsausgabe dem Gewinn außerhalb der Bilanz hinzuzurechnen ist.

Die nach § 1 Abs. 1 Nr. 2c UStG zu erhebende USt von (15 % von 80 000 DM =) 12 000 DM ist nach § 12 Nr. 3 EStG nicht abzugsfähig.

(Schoor)

FALL 104

Übertragung einer Rücklage nach § 6b EStG auf ein in das Betriebsvermögen eingelegtes Wirtschaftsgut

Sachverhalt: A betreibt ein Bauunternehmen. Zu seinem Betriebsvermögen gehörte ein vor 20 Jahren erworbenes unbebautes Grundstück, das dem Bauunternehmen als Lagerplatz diente. A verkaufte den Lagerplatz am 31. 12. 1992. Der Buchwert betrug zum Zeitpunkt der Veräußerung 50 000 DM, der Verkaufserlös 150 000 DM. Da die Veräußerungskosten vom Erwerber getragen wurden, entstand A ein Veräußerungsgewinn von (150 000 DM ·/. 50 000 DM =) 100 000 DM.

A hat in seiner Bilanz zum 31. 12. 1992 eine den steuerlichen Gewinn mindernde Rücklage nach § 6b EStG von 100 000 DM ausgewiesen. In den Bilanzen bis zum 31. 12. 1995 wurde die Rücklage in Höhe von 100 000 DM fortgeführt.

Im Jahr 1996 legt der Stpfl. ein bis dahin zu seinem Privatvermögen gehörendes unbebautes Grundstück mit seinem Teilwert von 120 000 DM in das Unternehmen ein. Das Grundstück wird ebenfalls als Lagerplatz des Bauunternehmens genutzt. Die Rücklage nach § 6b EStG von 100 000 DM wird auf den Einlagewert des Grundstücks übertragen:

Einlagewert 1996	120 000 DM
·/. übertragene stille Reserven	100 000 DM
Buchwert Lagerplatz 31. 12. 1996	20 000 DM

Frage: Kann die Rücklage nach § 6b EStG von 100 000 DM vom Teilwert des eingelegten Grundstücks abgezogen werden?

Lösung

Die Bildung der Rücklage nach § 6b EStG in der Bilanz zum 31. 12. 1992 ist zulässig. Eine Übertragung der Rücklage auf den Teilwert des im Jahr 1996 eingelegten Grundstücks ist jedoch unzulässig. § 6b EStG begünstigt nämlich nur die Anschaffung oder Herstellung eines in dieser Vorschrift benannten Wirtschaftsguts. Die Einlage des Grundstücks in das Betriebsvermögen ist aber nach der Rechtsprechung keine Anschaffung i. S. des § 6b EStG (BFH, in BStBl 1985 II, 250). Das bedeutet, daß die Rücklage von 100 000 DM zum 31. 12. 1996 – zu diesem Zeitpunkt läuft die Reinvestitionsfrist von vier Jahren ab (§ 6b Abs. 3 Satz 2 EStG) – gewinnerhöhend aufgelöst werden muß. Der eingelegte Lagerplatz ist mit 120 000 DM zu bilanzieren.

Infolge der zwangsweisen Auflösung der Rücklage ist für jedes volle Wirtschaftsjahr, in dem die Rücklage bestanden hat, der aufzulösende Rücklagebetrag um 6 % zu erhöhen (§ 6b Abs. 7 EStG). Dieser Erhöhungsbetrag ist dem laufenden Gewinn des Jahres 1996 außerhalb der Bilanz zuzuschlagen, da es sich hierbei um einen Gewinnzuschlag und nicht um einen Geschäftsvorfall des Betriebs handelt:

Gewinnzuschlag somit: 4 × (6 % von 100 000 DM =) 24 000 DM

(Schoor)

FALL 105

Übertragung eines Veräußerungsgewinns auf ein im Vorjahr angeschafftes bzw. hergestelltes Wirtschaftsgut nach § 6b EStG

Sachverhalt: A betreibt in einem Vorort von Koblenz eine Fabrikation. Mit notariellem Vertrag vom 5. 1. 01 erwirbt er im Koblenzer Industriegebiet ein unbebautes Grundstück; die Anschaffungskosten betragen 200 000 DM. A errichtet auf dem Grundstück ein Betriebsgebäude, das Anfang November 01 fertiggestellt wird. Die Herstellungskosten belaufen sich auf 800 000 DM; für das Gebäude wird die lineare AfA nach § 7 Abs. 4 EStG in Anspruch genommen (jährlicher AfA-Satz: 4 %). A verlegt noch im Jahr 01 seine Fabrikation in das neue Betriebsgebäude.

Das bisherige Betriebsgrundstück, das A seit 15 Jahren gehörte, wird im Februar 02 für insgesamt 1,1 Mio. DM veräußert; vom Veräußerungspreis entfallen 380 000 DM auf den Grund und Boden und 720 000 DM auf das Gebäude. Im Veräußerungszeitpunkt hatte das bisherige Betriebsgrundstück einen Buchwert von 400 000 DM (Grund und Boden 80 000 DM und Gebäude 320 000 DM), so daß A in 02 folgender Veräußerungsgewinn entsteht:

	Grund und Boden	**Gebäude**
Buchwert	80 000 DM	320 000 DM
Veräußerungspreis	380 000 DM	720 000 DM
Veräußerungsgewinn	300 000 DM	400 000 DM

Frage: Kann A den bei der Veräußerung des bisherigen Betriebsgrundstücks in 02 erzielten Veräußerungsgewinn von insgesamt 700 000 DM auf die Anschaffungskosten des in 01 angeschafften Grund und Bodens bzw. die Herstellungskosten des in 01 fertiggestellten Betriebsgebäudes übertragen?

Lösung

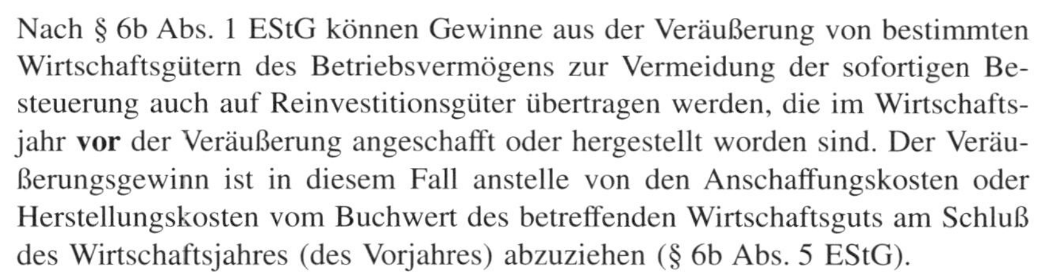

Nach § 6b Abs. 1 EStG können Gewinne aus der Veräußerung von bestimmten Wirtschaftsgütern des Betriebsvermögens zur Vermeidung der sofortigen Besteuerung auch auf Reinvestitionsgüter übertragen werden, die im Wirtschaftsjahr **vor** der Veräußerung angeschafft oder hergestellt worden sind. Der Veräußerungsgewinn ist in diesem Fall anstelle von den Anschaffungskosten oder Herstellungskosten vom Buchwert des betreffenden Wirtschaftsguts am Schluß des Wirtschaftsjahres (des Vorjahres) abzuziehen (§ 6b Abs. 5 EStG).

Der Abzug des Veräußerungsgewinns ist hier zulässig

- beim Buchwert des Grund und Bodens, soweit der Gewinn bei der Veräußerung von Grund und Boden entstanden ist, und
- beim Buchwert des Gebäudes, soweit der Gewinn bei der Veräußerung von Grund und Boden und Gebäude entstanden ist.

Der bei der Veräußerung des Grund und Bodens entstandene Gewinn von 300 000 DM kann daher im Jahr 02 in Höhe von 199 999 DM auf den Buchwert des in 01 erworbenen Grund und Bodens übertragen werden. Der Restbetrag von 100 001 DM sowie der bei der Veräußerung des Gebäudes entstandene Gewinn von 400 000 DM (insgesamt also 500 001 DM) sind auf den Buchwert des in 01 hergestellten Gebäudes übertragbar.

Es ergibt sich danach folgende Wertentwicklung:

a) Grund und Boden

Buchwert 31. 12. 01	200 000 DM
·/. übertragene stille Reserven des Grund und Bodens	199 999 DM
Buchwert 31. 12. 02	1 DM

b) Gebäude

Herstellungskosten 01		800 000 DM
·/. AfA nach § 7 Abs. 4 EStG: 4 % von 800 000 DM = 32 000 DM für die Zeit vom 1. 11. bis 31. 12. 01: 2/12 von 32 000 DM =		5 334 DM
Buchwert 31. 12. 01		794 666 DM
·/. verbliebene stille Reserven des Grund und Bodens	100 001 DM	
·/. übertragene stille Reserven des Gebäudes	400 000 DM	500 001 DM
Verbleibender Betrag		294 665 DM

Als AfA-Bemessungsgrundlage sind für das Gebäude ab 02 die um den Abzugsbetrag von 500 001 DM geminderten Herstellungskosten anzusetzen (§ 6b Abs. 6 Satz 2 EStG). Die für das Gebäude ab 02 maßgebende AfA-Bemessungsgrundlage beträgt somit (800 000 DM ·/. 500 001 DM =) 299 999 DM. *(Schoor)*

K. Absetzung für Abnutzung (ohne Gebäude-AfA)

FALL 106

Abschreibungsbeginn

Sachverhalt: A betreibt eine Drogerie. Im September 01 hat er bei einem Kfz-Händler einen Pkw bestellt, der am 30. 12. 01 ausgeliefert wird. Die Anschaffungskosten des Pkw betragen 30 000 DM. A bezahlt die auf den 30. 12. 01 datierte Rechnung noch im Dezember 01 per Scheck. Das Kraftfahrzeug wird am 2. 1. 02 auf A zugelassen. Der zum Betriebsvermögen gehörende Pkw soll degressiv abgeschrieben werden (§ 7 Abs. 2 EStG).

Frage: Kann A bereits für das Jahr 01 Absetzungen für Abnutzung vornehmen?

Die planmäßige Abschreibung bzw. AfA (§ 253 Abs. 2 HGB, § 7 EStG) beginnt grundsätzlich mit der Anschaffung des betreffenden Wirtschaftsguts. Jahr der Anschaffung ist das Jahr der Lieferung (§ 9a EStDV). Die Ingebrauchnahme des

Wirtschaftsguts ist nicht Voraussetzung für die Inanspruchnahme der AfA, da auch ein nicht in Gebrauch stehendes Wirtschaftsgut, wenn schon keiner technischen, so immerhin bereits einer wirtschaftlichen Abnutzung fähig ist (BFH, in BStBl 1977 II, 708). Auf den zeitlichen Beginn der effektiven Nutzung kommt es somit nicht an. Ebenso ist für den Beginn der AfA unerheblich, ob das Anlagegut bereits bezahlt ist oder nicht. Entscheidend ist allein, daß das Anlagegut angeschafft, d. h. geliefert ist. A kann daher bereits für das Jahr 01 folgende AfA vornehmen:

degressive AfA (§ 7 Abs. 2 EStG): 30 % v. 30 000 DM =	9 000 DM
hiervon ½ (R 44 Abs. 2 EStR 1993) =	4 500 DM

Die Finanzverwaltung billigt dem Stpfl. ein Wahlrecht zu. Der Stpfl. kann danach wählen, ob er AfA vom Zeitpunkt der Anschaffung oder erst vom Zeitpunkt der Ingebrauchnahme des Anlageguts vornimmt (OFD Hamburg, DB 1970 S. 709). *(Schoor)*

FALL 107

AfA-Fähigkeit von Kunstgegenständen und antiken Möbeln

Sachverhalt: Der größere Firmen und anspruchsvolle Mandanten beratende Rechtsanwalt A betreibt in Köln eine Anwaltspraxis. Im ersten Halbjahr 01 erwarb er

- anläßlich einer Ausstellung ein Gemälde eines mehrfach preisgekrönten Malers für 15 000 DM, das in der Kanzlei aufgehängt ist;
- einen in den Praxisräumen stehenden Schreibtisch nebst Sessel zu einem Kaufpreis von 7 000 DM bzw. 4 000 DM. Beide Möbelstücke sind über 100 Jahre alt.

In seiner Überschußrechnung für das Jahr 01 macht A folgende AfA als Betriebsausgaben geltend:

AfA Bild: 1/20 von 15 000 DM =	750 DM
AfA Möbel: 1/20 von 11 000 DM =	550 DM
	1 300 DM

Frage: Kann für das Gemälde bzw. die antiken Möbel AfA in Anspruch genommen werden?

 **Lösung**

AfA sind bei körperlichen Gegenständen nur möglich, wenn diese abnutzbar sind. Dabei wird zwischen einer wirtschaftlichen und einer technischen Abnutzung unterschieden.

Nach der BFH-Rechtsprechung kann für Werke anerkannter Meister eine steuermindernde Abschreibung nicht in Anspruch genommen werden, weil ein Wertverzehr wirtschaftlich nicht eintritt. Zwar kann für derartige Kunstgegenstände eine technische Abnutzung nicht generell verneint werden. Diese vollzieht sich jedoch in so großen Zeitabständen und ist dementsprechend im jeweiligen Veranlagungszeitraum so geringfügig, daß sie nach Auffassung des BFH vernachlässigt werden kann. Für Bilder anerkannter Meister ist daher – anders als bei Stücken einer sog. Gebrauchskunst – eine Abschreibung wegen wirtschaftlicher oder technischer Abnutzung nicht zulässig (BFH, in BStBl 1965 III, 382, BStBl 1978 II, 164, und BFH/NV 1989 S. 129). A kann daher für das Bild des preisgekrönten Malers keine AfA in Anspruch nehmen.

Eine technische Abnutzung ist jedoch nur dann zu vernachlässigen, wenn sie – wie bei Bildern anerkannter Meister in den Praxisräumen eines Rechtsanwalts – praktisch nicht eintritt, weil das Anlagegut nicht oder kaum benutzt wird. Etwas anderes gilt jedoch für im Gebrauch befindliche Möbelstücke. In diesem Fall ist – auch bei pfleglicher Behandlung – ihre technische Abnutzung nicht in Frage zu ziehen. D. h. es kommen insoweit AfA für eine technische Abnutzung in Betracht (BFH, in BStBl 1986 II, 355 und BFH/NV 1994 S. 472). Der Ansatz einer AfA für die beiden Möbelstücke ist daher gerechtfertigt. *(Schoor)*

FALL 108
Abschreibung kurzlebiger Wirtschaftsgüter

Sachverhalt: Einzelgewerbetreibender A, dessen Wirtschaftsjahr mit dem Kalenderjahr übereinstimmt, erwirbt Anfang Juli 1996 ein Anlagegut (Werkzeug), das eine betriebsgewöhnliche Nutzungsdauer von 12 Monaten hat, für 3 000 DM.

Frage: Kann A im Anschaffungsjahr 1996 die vollen Anschaffungskosten von 3 000 DM als Betriebsausgaben abziehen oder hat eine Verteilung der Anschaffungskosten auf die Jahre 1996 und 1997 mit jeweils ½ von 3 000 DM = 1 500 DM zu erfolgen?

 **Lösung**

Anschaffungs- oder Herstellungskosten eines Wirtschaftsguts sind im Wege der AfA (§ 7 EStG) zu verteilen, wenn die gesamte Nutzungsdauer einen Jahreszeitraum im Sinne eines Zeitraums von mehr als 365 Tagen übersteigt. Das bedeutet, daß es bei sog. kurzlebigen Wirtschaftsgütern nicht zu einer genau periodengerechten Aufwandsverteilung über den gesamten Nutzungszeitraum kommt: A kann seine Anschaffungskosten von 3 000 DM im Jahr 1996 voll als Betriebsausgaben abziehen (BFH, in BStBl 1994 II, 232). *(Schoor)*

FALL 109

Willkürlich unterlassene AfA

Sachverhalt: A ist Inhaber eines gewerblichen Großbetriebs. Er wird mit seiner Ehefrau zusammenveranlagt. Infolge von Verlustzuweisungen aufgrund von Beteiligungen an Personengesellschaften bzw. Bauherrenmodellen beläuft sich das zu versteuernde Einkommen der Eheleute für das Jahr 01 nach einer vorläufigen Berechnung des Steuerberaters auf 17 000 DM. A bittet seinen Steuerberater daraufhin, von einer Geltendmachung der AfA für einen Anfang Juli 01 für 70 000 DM angeschafften – zum Betriebsvermögen gehörenden – Pkw abzusehen. Dadurch erhöht sich zwar das zu versteuernde Einkommen auf 24 000 DM. Nach der Einkommensteuer-Splittingtabelle (gültig ab dem 1. 1. 1996) fällt aber auch bei diesem Betrag eine Einkommensteuer noch nicht an.

Der Pkw wird in den Bilanzen der Jahre 02 bis 04 wie folgt abgeschrieben:

Anschaffungskosten (= Buchwert 31. 12. 01)	70 000 DM
·/. AfA 02–04: (20 % v. 70 000 DM =) 14 000 × 3	42 000 DM
Buchwert 31. 12. 04	28 000 DM

Anfang 05 verkauft A den Pkw für 40 000 DM. Der Veräußerungsgewinn von (40 000 DM ·/. 28 000 DM =) 12 000 DM ist im erklärten Gewinn für das Jahr 05 enthalten.

Die Veranlagungen bis einschließlich 01 sind bestandskräftig und nach den Vorschriften der AO nicht berichtigungsfähig. Die Veranlagung der Jahre 02 bis 05 sind unter Vorbehalt der Nachprüfung ergangen (§ 164 Abs. 2 AO).

Frage: Darf die von A im Jahr 01 unterlassene AfA den im Zusammenhang mit dem Pkw-Verkauf im Jahr 05 erzielten Veräußerungsgewinn mindern?

Lösung

Ein Kaufmann hat kein Wahlrecht, ob er Abschreibungen vornehmen will oder nicht. Denn nach dem Gesetzeswortlaut besteht sowohl handels- als auch steuerrechtlich eine Pflicht zur Abschreibung (§ 253 Abs. 2 HGB, § 7 EStG). Unterläßt es der Stpfl. – entgegen dieser zwingenden Anordnung –, Abschreibungen überhaupt oder in der gebotenen Höhe vorzunehmen, stellt sich die Frage, ob eine Nachholung der zu Unrecht unterlassenen AfA zulässig ist.

Steuerrechtlich ist hier zu unterscheiden,

- ob die AfA bewußt unterlassen wurde, um infolge der Verlagerung auf spätere Veranlagungszeiträume zu einer unberechtigten Steuerersparnis zu kommen, oder
- ob die gebotene AfA versehentlich unterlassen wurde.

Im ersten Fall, in dem der Stpfl. – wie hier – von der Vornahme einer AfA abgesehen hat, ist eine Nachholung der nach den Grundsätzen von Treu und Glauben unterlassenen AfA unzulässig (BFH, in BStBl 1972 II, 271). Da die Voraussetzungen für eine Änderung des Einkommensteuerbescheids für das Jahr 01 nicht vorliegen und daher eine Bilanzberichtigung (§ 4 Abs. 2 EStG) im Hinblick auf die unterlassene AfA nicht möglich ist, muß sich A so behandeln lassen, als ob er die AfA im Jahr 01 zutreffend vorgenommen hätte. Die bewußt unterlassene AfA für das Jahr 01 von 7 000 DM fällt damit endgültig aus (BFH, in BStBl 1981 II, 255 f.). Buchungstechnisch wird unter Durchbrechung des Bilanzenzusammenhangs der Buchwert des Pkw in der Anfangsbilanz des Wirtschaftsjahres 02 erfolgsneutral durch entsprechend niedrigeren Ansatz berichtigt. Der Pkw wird also in der Steuerbilanz der Jahre 02 – 05 mit dem Wert angesetzt, der sich bei Vornahme einer AfA für das Jahr 01 ergeben hätte:

Anschaffungskosten 01	70 000 DM
·/. AfA 01: 20 % v. 70 000 DM = 14 000 DM	
hiervon ½ =	7 000 DM
Berichtigter Buchwert 1. 1. 02	63 000 DM
·/. AfA 02–04: 3 × 14 000 DM =	42 000 DM
Buchwert 31. 12. 04	21 000 DM

Aus dieser Behandlung folgt zwangsläufig, daß aufgrund des Pkw-Verkaufs im Jahr 05 folgender Veräußerungsgewinn entsteht:

Veräußerungserlös	40 000 DM
·/. Buchwert im Zeitpunkt der Veräußerung	21 000 DM
Veräußerungsgewinn	19 000 DM

(Schoor)

FALL 110

Versehentlich unterlassene AfA

Sachverhalt: A betreibt einen Fabrikationsbetrieb. In der zweiten Hälfte des Wirtschaftsjahres 01 hat er eine Maschine angeschafft, deren betriebsgewöhnliche Nutzungsdauer fünf Jahre beträgt. Die Anschaffungskosten der Maschine belaufen sich auf 100 000 DM.

Im Jahre 01 hat A für die Maschine zulässigerweise die halbe Jahres-AfA von 10 000 DM in Anspruch genommen. In den Jahren 02 und 03 hat er diese AfA-Höhe versehentlich beibehalten, so daß die Maschine zum 31. 12. 03 mit einem Buchwert von 70 000 DM bilanziert ist. Die Veranlagungen der Jahre 01 bis 03 sind bestandskräftig und nach den Vorschriften der AO nicht mehr berichtigungsfähig.

Die Maschine hat am 31. 12. 03 eine Restnutzungsdauer von 2,5 Jahren.

Frage: Kann die zu niedrige AfA der Jahre 02 und 03 nachgeholt werden?

Lösung

Ist die gebotene AfA versehentlich unterlassen worden und sind die Voraussetzungen einer Bilanzberichtigung (§ 4 Abs. 2 EStG) – wie im vorliegenden Fall – nicht gegeben, ist eine Nachholung der unterlassenen AfA möglich. Die unterlassene AfA darf aber nicht etwa in der Weise nachgeholt werden, daß sie in einer Summe gewinnmindernd berücksichtigt wird. Es erfolgt vielmehr eine Verteilung des Restbuchwerts auf die Restnutzungsdauer, und zwar entsprechend der schon bisher angewendeten AfA-Methode in gleichbleibenden oder fallenden Jahresbeträgen (BFH, in BStBl 1967 III, 386). Die Restnutzungsdauer ist ggf. neu zu schätzen. Diese Beurteilung hat zur Folge, daß A in den Jahren 04 – 06 folgende AfA vornehmen kann:

Restbuchwert 31. 12. 03	70 000 DM
AfA 04: 70 000 DM : 2,5 =	28 000 DM
Restbuchwert 31. 12. 04	42 000 DM
·/. AfA 05	28 000 DM
Restbuchwert 31. 12. 05	14 000 DM
·/. AfA 06	13 999 DM
Restbuchwert 31. 12. 06	1 DM

(Schoor)

L. Die Einkunftsarten

I. Einkünfte aus Land- und Forstwirtschaft

Vorbemerkung

Bei den Einkünften aus Land- und Forstwirtschaft handelt es sich um eine Gewinneinkunftsart nach § 2 Abs. 1 Nr. 1 und § 13 Abs. 1 EStG. Unter Landwirtschaft versteht man die planmäßige Nutzung der natürlichen Kräfte des Grund und Bodens und die Verwertung der dadurch gewonnenen Erzeugnisse einschl. Tierzucht und Tierhaltung. Einzelne Betriebsarten sind in § 13 Abs. 1 EStG aufgeführt. Bedeutung hat vor allem die Abgrenzung zur steuerlich nicht relevanten Liebhaberei und zum Gewerbebetrieb. Zu den Einkünften aus Land- und Forstwirtschaft gehört auch der Nutzungswert der Wohnung des Land- und Forstwirtes nach § 13 Abs. 2 Nr. 2 EStG, wenn die Wohnung die bei Betrieben der gleichen Art übliche Größe nicht überschreitet und die Wohnung zum land- und forstwirtschaftlichen Betriebsvermögen gehört. Ab 1987 ist § 13 Abs. 2 Nr. 2 EStG nicht mehr anzuwenden, § 52 Abs. 15 Satz 1 EStG. Es gibt aber auch

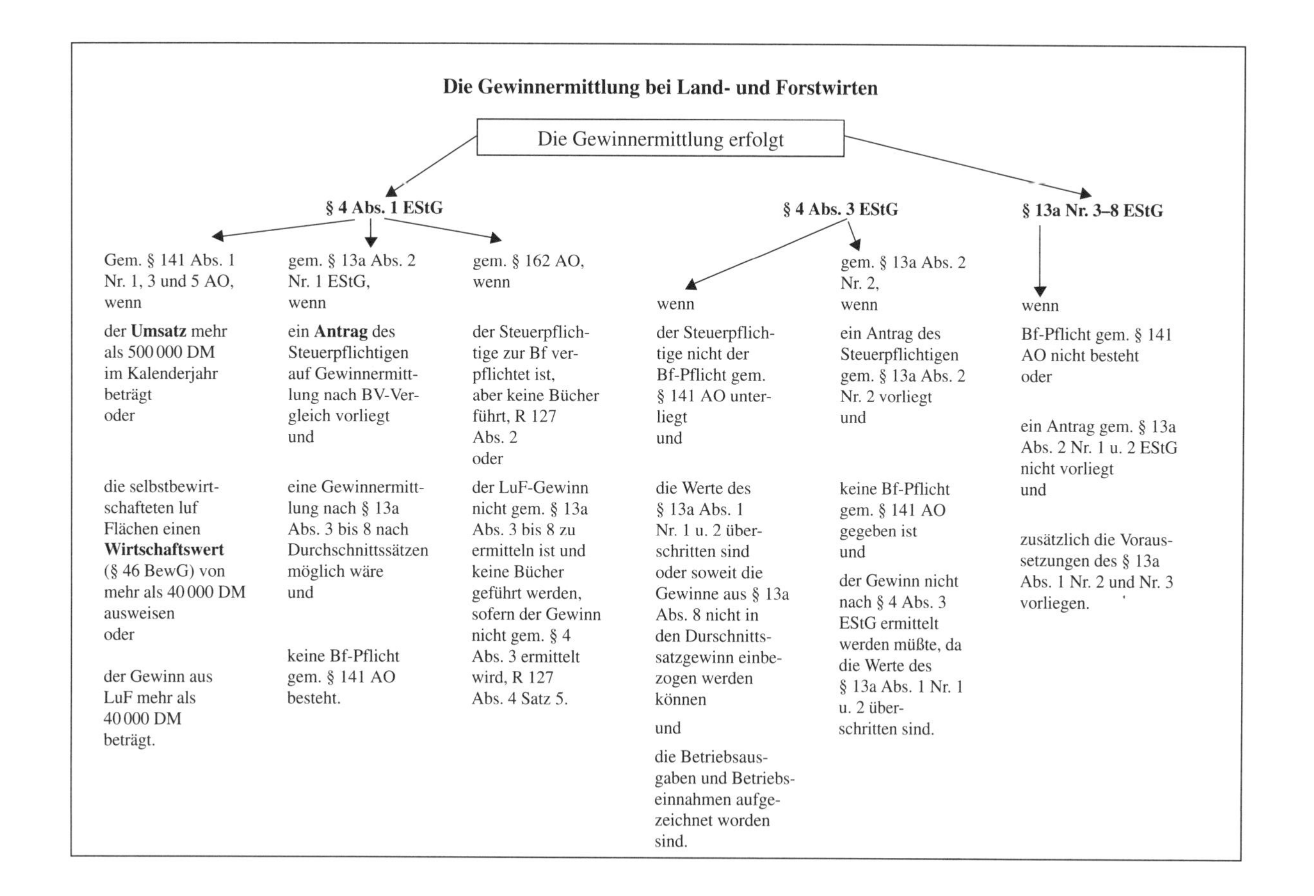
Die Gewinnermittlung bei Land- und Forstwirten
Die Gewinnermittlung erfolgt
§ 4 Abs. 1 EStG
§ 4 Abs. 3 EStG
§ 13a Nr. 3–8 EStG
Gem. § 141 Abs. 1 Nr. 1, 3 und 5 AO, wenn
der Umsatz mehr als 500 000 DM im Kalenderjahr beträgt oder
die selbstbewirtschafteten luf Flächen einen Wirtschaftswert (§ 46 BewG) von mehr als 40 000 DM ausweisen oder
der Gewinn aus LuF mehr als 40 000 DM beträgt.
gem. § 13a Abs. 2 Nr. 1 EStG, wenn
ein Antrag des Steuerpflichtigen auf Gewinnermittlung nach BV-Vergleich vorliegt und
eine Gewinnermittlung nach § 13a Abs. 3 bis 8 nach Durchschnittssätzen möglich wäre und
keine Bf-Pflicht gem. § 141 AO besteht.
gem. § 162 AO, wenn
der Steuerpflichtige zur Bf verpflichtet ist, aber keine Bücher führt, R 127 Abs. 2 oder
der LuF-Gewinn nicht gem. § 13a Abs. 3 bis 8 zu ermitteln ist und keine Bücher geführt werden, sofern der Gewinn nicht gem. § 4 Abs. 3 ermittelt wird, R 127 Abs. 4 Satz 5.
wenn
der Steuerpflichtige nicht der Bf-Pflicht gem. § 141 AO unterliegt und
die Werte des § 13a Abs. 1 Nr. 1 u. 2 überschritten sind oder soweit die Gewinne aus § 13a Abs. 8 nicht in den Durschnittssatzgewinn einbezogen werden können
und
die Betriebsausgaben und Betriebseinnahmen aufgezeichnet worden sind.
gem. § 13a Abs. 2 Nr. 2, wenn
ein Antrag des Steuerpflichtigen gem. § 13a Abs. 2 Nr. 2 vorliegt und
keine Bf-Pflicht gem. § 141 AO gegeben ist und
der Gewinn nicht nach § 4 Abs. 3 EStG ermittelt werden müßte, da die Werte des § 13a Abs. 1 Nr. 1 u. 2 überschritten sind.
wenn
Bf-Pflicht gem. § 141 AO nicht besteht oder
ein Antrag gem. § 13a Abs. 2 Nr. 1 u. 2 EStG nicht vorliegt und
zusätzlich die Voraussetzungen des § 13a Abs. 1 Nr. 2 und Nr. 3 vorliegen.

hier, wie im Privatbereich, eine 12jährige Übergangsregelung nach § 52 Abs. 15 Satz 2 ff. EStG, die unter bestimmten Voraussetzungen anzuwenden ist.

Bei der Gewinnermittlung für Land- und Forstwirte sind drei verschiedene Gewinnermittlungsarten denkbar (siehe Übersicht und Fall 240).

Land- und Forstwirte können von der Summe der Einkünfte (bei der Ermittlung des Gesamtbetrags der Einkünfte) einen Freibetrag gem. § 13 Abs. 3 EStG abziehen. Er beträgt 2 000 DM, bei Ehegatten, die nach §§ 26, 26b EStG zusammenveranlagt werden, 4 000 DM max. bis zur Höhe der positiven Einkünfte aus Land- und Forstwirtschaft. Lt. StÄndG 1992 wird ab VZ 1992 der Freibetrag nur noch gewährt, wenn das ohne Berücksichtigung des Freibetrages für Land- und Forstwirte ermittelte Einkommen nicht mehr als 50 000 DM/100 000 DM beträgt. *(Friebel)*

FALL 111

Abgrenzung zum Gewerbebetrieb

Sachverhalt: Der Steuerpflichtige besitzt folgende Flächen:

- landwirtschaftliche Flächen 10,0 ha
- Weinbaufläche 0,5 ha
- Sonderkultur Hopfen 1,0 ha
- forstwirtschaftliche Flächen 10,0 ha

Er hat 4 ha Ackerland verpachtet.

Der durchschnittliche Viehbestand beträgt seit Jahren:

- 3 Milchkühe
- 50 Zuchtschweine
- 100 Zuchtputen
- 3 000 Legehennen

Frage: In welchem Umfang gehört der Viehbestand noch zur landwirtschaftlichen Tierhaltung?

Lösung

Der Steuerpflichtige erzielt Einkünfte nach § 13 Abs. 1 Nr. 1 EStG. Dazu gehören auch seine Einkünfte aus der Tierzucht, wenn die Grenzen des § 13 Abs. 1 Nr. 1 Satz 2 EStG nicht überschritten sind.

Berechnung:
landwirtschaftlich genutzte Fläche (R 124 a Abs. 3 EStR)

Eigenland	=	11 ha
·/. Verpachtung	=	4 ha
		7 ha

Die landwirtschaftlichen Sonderkulturen i. S. des § 52 BewG sind einzubeziehen. Dies ergibt sich aus R 124a Abs. 3 EStR, der eine Ausklammerung nicht vorsieht.

Höchstbestand an Vieheinheiten (VE):
7 ha × 10 VE = 70 VE

Tatsächlicher Viehbestand: § 13 Abs. 1 Nr. 1 Sätze 3 und 4 EStG und R 124a Abs. 1 und 2 EStR:

3 Milchkühe × 1,00 VE	=	3,0 VE
50 Zuchtschweine × 0,33 VE	=	16,5 VE
100 Zuchtputen × 0,04 VE	=	4,0 VE
3 000 Legehennen × 0,02 VE	=	60,0 VE
Summe	=	83,5 VE

Da der Höchstbestand von 70 Vieheinheiten überschritten wird, sind die weniger flächenabhängigen Zweige eines Tierbestandes der gewerblichen Tierzucht zuzurechnen. Weniger flächenabhängig ist die Haltung von Schweinen und Geflügel. Innerhalb dieser Gruppe ist zuerst der Zweig der gewerblichen Tierhaltung zuzurechnen, der die größere Zahl von Vieheinheiten hat. Dabei muß immer ein gesamter Zweig eines Tierbestandes herausgerechnet werden. Deshalb sind im vorliegenden Fall die Legehennen der gewerblichen Tierhaltung zuzurechnen und daraus die Einkünfte aus Gewerbebetrieb zu ermitteln. Der restliche Tierbestand gehört zur Landwirtschaft. *(Friebel)*

FALL 112

Einkünfte aus Weinbaubetrieb

Sachverhalt: Der Steuerpflichtige unterhält einen Weinbaubetrieb und eine Weinhandlung. Zur Weinerzeugung werden nicht nur Trauben aus eigener Ernte verwendet, sondern auch fremde Trauben, Moste und Weine zugekauft. Der Zukauf betrug, berechnet nach dem Verhältnis des Einkaufswertes der zugekauften Trauben, Moste und Weine und dem Gesamtumsatz

im Wj. 01 = 54 %
im Wj. 02 = 32,5 % und im Wj. 03 = 49,2 %.

Ein Vergleich der erzeugten und zugekauften Weinmengen ergibt:

Wj. 01: 31 700 Liter	Zukauf: 39 800 Liter
Wj. 02: 18 400 Liter	Zukauf: 52 900 Liter
Wj. 03: 28 350 Liter	Zukauf: 42 200 Liter

Frage: Welche Einkünfte erzielt der Steuerpflichtige?

▶ Lösung

Nach § 13 Abs. 1 Nr. 1 EStG gehören zu den Einkünften aus Land- und Forstwirtschaft auch Einkünfte aus einem Weinbaubetrieb. Veräußert der Steuerpflichtige in seinem Betrieb nicht nur selbstgewonnene landwirtschaftliche Produkte, sondern auch fremde Erzeugnisse, die er nachhaltig hinzukauft, so ist zu prüfen, ob nicht Einkünfte aus Gewerbebetrieb vorliegen (R 135 EStR). Fremde Erzeugnisse sind danach solche, die zur Weiterveräußerung zugekauft wurden und die nicht im eigenen Betrieb des Steuerpflichtigen bei der Bewirtschaftung des Bodens oder der landwirtschaftlichen Tierzucht weiterverwendet werden. Dazu gehört der Zukauf der fremderzeugten Trauben, Moste und Weine. Die Kelterung und kellermäßige Bearbeitung der Trauben ist nur dann Teil der landwirtschaftlichen Tätigkeit, wenn es sich um die Verarbeitung der Erzeugnisse handelt, die im Wege der eigenen Urproduktion gewonnen werden. Der Zukauf darf bestimmte Grenzen nicht überschreiten. Beträgt, wie im vorliegenden Fall, der dauernde und nachhaltige Zukauf fremder Erzeugnisse, gemessen am Einkaufswert, mehr als 30 % des Umsatzes, so ist ein Gewerbebetrieb anzunehmen (R 135 Abs. 2 EStR). Auch die Prüfung, ob ein landwirtschaftlicher Nebenbetrieb gegeben sein könnte, führt zum gleichen Ergebnis. Ein derartiger Be- oder Verarbeitungsbetrieb liegt dann vor, wenn die be- oder verarbeiteten Produkte überwiegend zum Verkauf bestimmt sind und die eingesetzte Rohstoffmenge zu mehr als 50 % im eigenen Hauptbetrieb erzeugt wurde (H 135 (Nebenbetriebe) EStH). Führt man diesen Mengenvergleich nach den o. g. Zahlen durch, so läßt sich erkennen, daß die steuerschädliche Grenze in allen Jahren überschritten war. Der Steuerpflichtige erzielt demnach Einkünfte aus Gewerbebetrieb nach § 15 Abs. 1 Nr. 1 EStG. *(Friebel)*

FALL 113

Gewinnermittlung gem. § 13a EStG / Abgrenzung zum Gewerbebetrieb

Sachverhalt: Die Eheleute Xaver (geb. 5. 8. 1937) und Herta (geb. 12. 3. 1941) Gersternkorn unterhalten einen land- und forstwirtschaftlichen Betrieb, für den sie zu Recht die Gewinnermittlung gem. § 13a EStG vornehmen. Sie führen keine Bücher und wurden vom Finanzamt auch nicht zur Buchführung aufgefordert. Der Einheitswert setzt sich wie folgt zusammen:

Vergleichswert landwirtschaftliche Nutzung		
(Hektarwert = 1 948 DM)	6,47 ha =	12 600 DM
Vergleichswert Weinbau	3,29 ha =	19 139 DM
Geringstland	2,00 ha =	100 DM
Wirtschaftswert	=	31 839 DM
Wohnungswert	=	20 134 DM

Die o. g. Flächen gehören den Eheleuten gemeinsam.

Zugepachtete Flächen:
0,8 ha landwirtschaftliche Nutzung, Hektarwert = 1 650 DM,
Pachtzinsen = 300 DM
1 ha Weinbau, Hektarwert = 4 800 DM, 1 800 DM Pachtzinsen

Verpachtete Flächen:
0,5 ha Weinbau, Hektarwert = 4 800 DM, Pachtzinsen = 1 000 DM

Am 3. 10. 1995 wurde ein Acker von 0,8 ha für 16 800 DM veräußert, die Anschaffungskosten betrugen 2 480 DM.

Der Gewinn des Wirtschaftsjahres 1994/95 betrug 32 800 DM.

Im Betrieb tätig sind:

Xaver, geb. 5. 8. 1937, zu ½ in der Landwirtschaft, zu ½ im Weinbau;
Herta, geb. 12. 3. 1941, führt den Haushalt;
Irmgard, geb. 5. 6. 1967, leibl. Tochter, zu ½ in der Landwirtschaft, zu ½ in der Weinstube;
Kurt, geb. 15. 7. 1977, leibl. Sohn, nur zu 40 % in der Landwirtschaft, da er noch zur Schule geht;
Manfred, geb. 3. 5. 1979, leibl. Sohn, aufgrund eines schriftlichen Arbeitsvertrages in der Landwirtschaft zu ½ und im Weinbau zu ½ tätig. Arbeitslohn monatl. brutto 500 DM.

Anzahl der im Haushalt voll beköstigten und untergebrachten Personen = 5.

Am 23. 7. 1995 erwarben die Eheleute einen Mähdrescher für 40 000 DM + 14 % USt, die Nutzungsdauer beträgt 10 Jahre.

Zum Betrieb gehörender Viehbestand:
15 Stück Rindvieh unter 1 Jahr,
20 Kühe,
200 Legehennen aus zugekauften Junghennen,
20 Mastschweine.

Die Ernte aus dem Weinbaubetrieb wird voll an die Winzergenossenschaft abgeliefert. Die sachliche Bebauungskostenpauschale soll im Wirtschaftsjahr 1995/96 5 300 DM je ha betragen.

Die Einnahmen belaufen sich auf:

Zeit vom 1. 7.–31. 12. 1995	= 28 200 DM
Zeit vom 1. 1.–30. 06. 1996	= 24 300 DM

An Aushilfslöhnen im Weinbaubetrieb wurden 2 925 DM gezahlt.

Das von den übrigen Gebäuden getrennt stehende Wohnhaus (Baujahr 1986, Herstellungskosten insgesamt 346 000 DM) enthält eine Wohnung mit 180 qm Wohn- und Nutzfläche, die von den Eheleuten und den Kindern gemeinsam bewohnt wird. Die Kinder haben keinen eigenen Hausstand.

Im Erdgeschoß des Gebäudes befindet sich eine Weinstube von 50 qm mit dazugehöriger Küche von 20 qm Nutzfläche. Die Weinstube selbst ist von außen nur durch ein Schild an der Hauswand mit der Aufschrift „Weinstube Gerstenkorn" zu erkennen.

Die Schuld zur Finanzierung des Gebäudeneubaus beträgt am 1. 1. 1995 insgesamt 184 000 DM. Die Schuldzinsen belaufen sich auf 820 DM monatlich. Die Weinstube wird seit Oktober 1994 von Herta Gerstenkorn geführt. Die Tochter Irmgard hilft aufgrund eines steuerlich anzuerkennenden Arbeitsvertrages mit. Die Öffnungszeiten sind täglich von 17.00 bis 24.00 Uhr, montags ist Ruhetag. In der Weinstube wird lediglich Wein der Winzergenossenschaft ausgeschenkt und echte Pfälzer Hausmannskost serviert. Die Fleisch- und Wurstwaren und das Brot werden angeliefert. Für die der Weinstube dienenden Räume wurde der Einheitswert auf 33 800 DM als Geschäftsgrundstück zum 1. 1. 1995 festgestellt. Für den Betrieb Weinstube wurde zum 1. 1. 1995 ein Einheitswert im Wege der Hauptfeststellung von 56 000 DM festgestellt.

Herta Gerstenkorn reichte folgende Zusammenstellung für 1995 ein:

Einnahmen 1995:

Erlöse aus dem Verkauf von Speisen und Getränken brutto = 67 401 DM (inkl. noch nicht bezahlter Rechnung eines Stammkunden vom 28. 12. 1994 von 2 161 DM).

Ausgaben 1995:

Wareneinkauf brutto	=	23 122 DM
Bruttolohn für Irmgard Gerstenkorn	=	17 957 DM
Arbeitgeberanteil zur Sozialversicherung	=	3 195 DM
anteilige Werksgebühren für Strom, Gas, Wasser	=	2 787 DM
Telefongebühren	=	324 DM
sonstige Kosten, wie Geschirr, Gläser, Versicherungen, Werbung, Dekoration	=	1 230 DM
AfA für Inventar und geringwertige Wirtschaftsgüter	=	850 DM
Summe Ausgaben	=	49 465 DM
Gewinn aus der Weinstube	=	17 936 DM

Dabei sind die Umsatzsteuerzahlungen an das Finanzamt noch nicht berücksichtigt.

USt IV/1994 bezahlt am 8. 1. 1995	=	1 920 DM
USt I–III/1995 bezahlt bei Fälligkeit	=	2 801 DM
USt IV/1995 bezahlt am 10. 1. 1996	=	2 169 DM

Frage: Ermitteln Sie die sich aus dem Sachverhalt ergebenden Einkünfte der Eheleute Gerstenkorn für den Veranlagungszeitraum 1995!

Lösung

Die Eheleute Gerstenkorn betreiben gemeinsam einen land- und forstwirtschaftlichen Betrieb und erzielen damit Einkünfte gem. § 13 Abs. 1 Nr. 1 EStG (H 126 EStH 1993). Eine einheitliche und gesonderte Feststellung der Einkünfte gem. § 179 Abs. 2, § 180 Abs. 1 Nr. 2a AO kann unterbleiben, da nur zusammenzuveranlagende Ehegatten beteiligt sind (§ 180 Abs. 3 Nr. 2 AO). Das Wirtschaftsjahr erstreckt sich gem. § 4a Abs. 1 Nr. 1 EStG auf die Zeit vom 1. 7. 95 bis 30. 6. 1996.

Da die zulässige Höchstgrenze von 7,27 ha (6,47 ha landwirtschaftliche Fläche + 0,8 ha Zupacht) × 10 VE = 72,7 VE durch den tatsächlichen Viehbestand von:

15 × 0,3 VE	=	4,5 VE
20 × 1,0 VE	=	20,0 VE
200 × 0,0183 VE	=	3,66 VE
20 × 0,16 VE	=	3,20 VE
Summe	=	31,36 VE

nicht überstiegen wird, gehört die Viehhaltung zum land- und forstwirtschaftlichen Betrieb.

Gewinnermittlung gem. § 13a EStG:

Ausgangswert nach § 13a Abs. 4 EStG:

Vergleichswert landwirtschaftliche Nutzung			=	12 600 DM
+ zugepachtete Flächen 0,8 ha × 1 650 DM			=	1 320 DM
				13 920 DM
Vergleichswert Weinbau	=	19 139 DM		
+ zugepachtete Flächen 1 ha × 4 800 DM	+	4 800 DM		
·/. verpachtete Flächen 0,5 ha × 4 800 DM	·/.	2 400 DM		
+ Geringstland	+	100 DM		
Summe	=	21 639 DM		

Da dieser Wert 2 000 DM übersteigt, ist diese Sondernutzung nicht einzubeziehen, sondern nach § 13a Abs. 8 EStG hinzuzurechnen.

Der Flächenabgang durch den Verkauf des Ackers ist nach § 13a Abs. 4 Nr. 1 Satz 4 EStG nicht zu berücksichtigen.

Grundbetrag:

1/6 von 13 920 DM			=	2 320 DM
+ Wert der Arbeitsleistung: (§ 13a Abs. 5 EStG)				
– Xaver Gerstenkorn, § 13a Abs. 5 Nr. 1a, Nr. 3 EStG zu 1/2, da auch im Weinbau tätig	=	0,5 VAK		
– Herta, § 13a Abs. 5 Nr. 1a, Nr. 4 EStG 1 VAK ·/. 5 × 20 %	=	0,0 VAK		
– Irmgard, § 13a Abs. 5 Nr. 1a, Nr. 3 EStG 1 VAK zu 1/2 in Landwirtschaft	=	0,5 VAK		

– Kurt, § 13a Abs. 5 Nr. 1a, Nr. 2, Nr. 3 EStG, er hat zu Beginn des Wj. 1995/96 das 18. Lebensjahr noch nicht vollendet 0,5 VAK, davon zu 40 %	=	0,2 VAK		
		1,2 VAK		
Höchstwert gem. § 13a Abs. 5 Nr. 5 EStG 0,07 VAK × 7,27 ha	=	0,51 VAK		
·/. entgeltlich beschäftigte Arbeitskräfte Manfred zu ½ gem. § 13a Abs. 5 Nr. 2 EStG nur 0,5 VAK davon ½	·/.	0,25 VAK		
verbleiben als Höchstwert	=	0,26 VAK		
0,26 VAK × 12 000 DM			=	3 120 DM
+ Betriebsleitung der Eheleute, § 13a Abs. 5 Nr. 1b EStG 5 % von 13 920 DM (R 130a Abs. 3 EStR)			+	696 DM
+ **Nutzungswert der Wohnung** § 13a Abs. 7 EStG 1/18 von 20 134 DM			+	1 118 DM

Gem. § 52 Abs. 15 S. 2 EStG läuft die Nutzungswertbesteuerung auch nach 1987 weiter, da kein Antrag auf Wegfall gestellt worden ist.

·/. verausgabte Pachtzinsen, § 13a Abs. 6 Satz 1 EStG 300 DM max. 1/6 von 1 320 DM		·/.	220 DM

·/. Schuldzinsen betreffend Wohnhaus
12 × 820 DM = 9 840 DM, soweit die Zinsen auf die Wohnung entfallen

Wohnfläche	180 qm =	72 %
Weinstube	70 qm =	28 %
	250 qm	

9 840 DM, davon 72 %		·/.	7 085 DM
Summe § 13a Abs. 4 – 7 EStG	=	·/.	51 DM

Sondernutzungen etc.

Weinbau (§ 13a Abs. 8 Nr. 1 EStG)

Da der Vergleichswert inkl. Zupachtung abzgl. Verpachtung mehr als 2 000 DM beträgt, ist der Gewinn gesondert nach § 4 Abs. 3 EStG zu ermitteln.

Einnahmen aus Ablieferungen	= 52 500 DM	
Pachteinnahmen	+ 1 000 DM	
Summe	= 53 500 DM	
·/. Ausgaben:		
– sachliche Bebauungskostenpauschale Die sachlichen Bebauungskosten können durch Pauschbeträge berücksichtigt werden. Die lt. Vfg. der Oberfinanzdirektionen mitgeteilten Sätze gelten alle Kosten inkl. der AfA auf BV ab.		
3,29 ha		
+ 1,0 ha zugepachtet		
·/. 0,5 ha verpachtet		
3,79 ha × 5 300 DM	20 087 DM	
zusätzlich abzugsfähig sind:		
• Pachtzinsen	1 800 DM	
• Aushilfslöhne	2 925 DM	
• Lohn Manfred 500 × 12 = 6 000 DM davon ½	3 000 DM	
Summe Ausgaben	= 27 812 DM	
Überschuß		= 25 688 DM

§ 13a Abs. 8 Nr. 4 EStG:

Verkauf Acker	= 16 800 DM	
·/. Anschaffungskosten	2 480 DM	
Überschuß		= 14 320 DM
Summe § 13a Abs. 8 EStG		= 40 008 DM
·/. Freibetrag		3 000 DM
verbleiben		= 37 008 DM

AfA nach § 7b i. V. mit § 52 EStDV

Losgelöst vom land- und forstwirtschaftlichen Betrieb handelt es sich um ein Einfamilienhaus i. S. des § 75 Abs. 5 BewG. Das Wohngebäude wird zu weniger als 50 % seiner Nutzfläche zu gewerblichen Zwecken (Weinstube) genutzt, die Eigenart als Einfamilienhaus wird dadurch nach außen hin nicht beeinträchtigt.

Es war deshalb die erhöhte AfA gem. § 7b Abs. 1 EStG a. F. zu gewähren. Da das Gebäude noch mangels Entnahmeerklärung gem. § 52 Abs. 15 EStG zum BV gehört, ist die AfA auch weiterhin abzugsfähig aber nur bis zum Ablauf des Begünstigungszeitraums in 1993.

Die AfA gem. § 7 Abs. 4 EStG bzw. gem .§ 7b Abs. 1 Satz 2 EStG a. F. sind mit dem Ansatz des Grundbetrages nach § 13a Abs. 4 EStG abgegolten.

Sonderabzug gem. § 78 EStDV (Mähdrescher):

Der Sonderabzug gilt nur noch für WG, die bis zum 30. 6. 1992 angeschafft worden sind, § 78 Abs. 4 EStDV.	
Gewinn gem. § 13a Abs. 3–8 EStG	= 36 957 DM

Einkünfte aus Land- und Forstwirtschaft:

zeitanteilig gem. § 4a Abs. 2 Nr. 1 EStG	
Wj. 1994/95 = 32 800 DM, davon ½	= 16 400 DM
Wj. 1995/96 = 36 957 DM, davon ½	= 18 478 DM
Einkünfte 1995	= 34 878 DM

Einkünfte aus Gewerbebetrieb:

Durch die Bewirtschaftung der Weinstube erzielt Herta Gerstenkorn Einkünfte aus Gewerbebetrieb gem. § 15 Abs. 1 Nr. 1 EStG. Es handelt sich nicht um einen Nebenbetrieb zur Land- und Forstwirtschaft, sondern um einen selbständigen gewerblichen Betrieb (R 135 Abs. 2 EStR), denn es werden keine eigenerzeugten Waren umgesetzt, sondern Wein und Lebensmittel ausschließlich zugekauft.

Das Wirtschaftsjahr ist gem. § 4a Abs. 1 Nr. 3 EStG das Kalenderjahr. Der Gewinn ist nach § 4 Abs. 3 EStG zu ermitteln.

Einnahmen 1995		= 67 401 DM
Die Forderung an den Stammkunden ist erst bei Bezahlung gem. § 11 Abs. 1 EStG als Einnahme zu erfassen		·/. 2 161 DM
Summe der Einnahmen:		= 65 240 DM
·/. **Betriebsausgaben:**		
– anteilige AfA nach § 7b Abs. 1 Satz 2 EStG a. F.		·/. 1 699 DM
– Berechnung:		
HK	= 346 000 DM	
·/. AfA gem. § 7b EStG		
8 × 5 % von max. 200 000 DM	80 000 DM	
·/. AfA gem. § 7 Abs. 4 EStG für übersteigenden Teil 146 000 DM davon 2 % = 2 920 DM		
× 8 Jahre (1986 ggfs. zeitanteilig)	23 360 DM	
Restwert	242 640 DM	
davon 2,5 %	6 066 DM	
davon anteilig 28 %	= 1 699 DM	
– anteilige Schuldzinsen 9 840 DM, davon 28 %		·/. 2 755 DM
(Hinweis: die Ehefrau ist zwar nur zu ½ Eigentümer, aber bezgl. der Hälfte des Ehemannes handelt es sich um ein Nutzungsrecht. Hierfür ist AfA wie für das materielle WG Gebäude abzugsfähig.)		
● Umsatzsteuer: maßgebend ist der Zeitpunkt des Abflusses nach § 11 Abs. 2 Satz 1 EStG		
USt IV/94 und I–III/1995		·/. 4 721 DM
USt IV/95 ist erst in 1996 als Betriebsausgabe zu erfassen; es handelt sich hierbei nicht um eine regelmäßig wiederkehrende Ausgabe i. S. des § 11 Abs. 2 Satz 2 EStG.		
Gewinn 1995 aus Gewerbebetrieb		= 56 065 DM

(Friebel)

FALL 114

Gewinnermittlung nach § 4 Abs. 3 EStG/Abgrenzung

Sachverhalt: Die Eheleute Wutz betreiben gemeinsam in Neustadt/Diedesfeld einen Weinbaubetrieb. Außerdem werden noch 3 Doppelzimmer zeitweise an

Feriengäste vermietet. Die Eheleute führen keine Bücher für ihren Betrieb und wurden vom Finanzamt auch nicht dazu aufgefordert. Belege über Betriebseinnahmen und Betriebsausgaben liegen aber vor.

Der zuletzt festgestellte Einheitswert setzt sich wie folgt zusammen:

Vergleichswert Weinbau	6,4 ha	= 35 596 DM
Wirtschaftswert		= 35 596 DM
Wohnungswert		= 21 936 DM
Einheitswert		= 57 500 DM

An Weinbauflächen haben die Eheleute 1,2 ha für 1 500 DM jährlich hinzugepachtet (Hektarwert = 4 900 DM), 0,5 ha wurden für 600 DM verpachtet (Hektarwert = 4 900 DM). Im Weinbaubetrieb sind beide Eheleute tätig, wobei die Ehefrau den Haushalt führt. Der 20jährige Sohn Kurt hilft unentgeltlich in den Semesterferien mit. Die Ernteerträge werden an die Winzergenossenschaft zur Weiterverarbeitung veräußert, die dabei erzielten Einnahmen belaufen sich auf die

Zeit vom 1. 7. 1995 bis 31. 12. 1995 = 44 600 DM

Zeit vom 1. 1. 1996 bis 30. 6. 1996 = 25 800 DM

Die Löhne für Erntehelfer betragen 3 115 DM.

Der Gewinn des Wirtschaftsjahres 1994/95 betrug = 21 800 DM.

Außerdem erklären die Eheleute noch folgende Beträge:

Vermietung Fremdenzimmer im Wj. 1995/96

Mieteinnahmen:	= 8 200 DM
Ausgaben:	
Kauf von Lebensmitteln für die Feriengäste im Wj.	= 540 DM
Kauf neuer Bettwäsche und Handtücher im Januar 1996	= 280 DM

Einrichtung Fremdenzimmer, Anschaffung September 1993,
für 12 000 DM Nutzungsdauer = 10 Jahre.

Das Wohnhaus enthält eine Wohnung und steht von den übrigen Wirtschaftsgebäuden getrennt. Die Wohnung hat eine Fläche von 130 qm und wird von der Familie Wutz genutzt (Mietwert monatlich = 650 DM).

Zusätzlich 70 qm betreffen die 3 Doppelzimmer inkl. Frühstücksraum. Die Kellerräume mit einer Fläche von 50 qm werden als Lagerfläche für den Haushalt genutzt.

Das Wohngebäude war im Jahre 1989 mit einem Kostenaufwand von 320 000 DM neu errichtet worden. Die für das Gebäude zu zahlenden Schuldzinsen belaufen sich auf 4 760 DM für das Kalenderjahr 1995 und 3 640 DM für 1996.

Die sachliche Bebauungskostenpauschale soll bei Vollablieferern mit Gewinnermittlung gem. § 4 Abs. 3 EStG 3 800 DM betragen.

Die AfA auf Betriebsvermögen beträgt unstreitig 5 200 DM.

Frage: Ermitteln Sie die Einkünfte der Eheleute Wutz, soweit sie sich aus dem Sachverhalt ergeben!

Lösung

Die Eheleute Wutz betreiben gemeinsam einen Weinbaubetrieb und erzielen damit Einkünfte gem. § 13 Abs. 1 Nr. 1 EStG. Eine einheitliche und gesonderte Gewinnfeststellung nach § 179 Abs. 2, § 180 Abs. 1 Nr. 2a AO kann unterbleiben, da nur zusammenzuveranlagende Ehegatten beteiligt sind (§ 180 Abs. 3 Nr. 2 AO).

Das Wirtschaftsjahr ist nach § 4a Abs. 1 Nr. 1 EStG die Zeit vom 1. 7.–30. 6. Der Gewinn ist nicht nach Durchschnittssätzen gem. § 13a Abs. 1 EStG zu ermitteln, da der Ausgangswert gem. § 13a Abs. 4 EStG mehr als 32 000 DM beträgt (Vergleichswert Weinbau = 35 596 DM + Zupachtung = 5 880 DM ·/. Verpachtung = 2 450 DM → insgesamt 39 026 DM). Der Gewinn aus dem Weinbaubetrieb ist demnach gem. § 4 Abs. 3 EStG zu ermitteln. Eine Aufzeichnung der Betriebseinnahmen und Betriebsausgaben liegt vor.

Einnahmen im Wj. 1995/96		= 70 400 DM
+ Pachteinnahmen		+ 600 DM
Betriebseinnahmen		= 71 000 DM
Betriebsausgaben:		
Bebauungskostenpauschale für die bewirtschaftete		
Fläche von	6,4 ha	
+ Zupachtung	1,2 ha	
·/. Verpachtung	0,5 ha	
insgesamt	7,1 ha × 3 800 DM	= 26 980 DM
·/. Pachtzinsen		= 1 500 DM
·/. Aushilfslöhne		= 3 115 DM
·/. AfA auf BV		= 5 200 DM
Überschuß		= 34 205 DM

Bei dem Wohngebäude handelt es sich losgelöst vom landw. Betrieb um ein Einfamilienhaus i. S. des § 75 Abs. 5 BewG, da es nur eine Wohnung enthält. Da das Gebäude nach dem 31. 12. 1986 fertiggestellt worden ist, kommt eine Nutzungswertbesteuerung gem. § 52 Abs. 15 Satz 1 EStG nicht mehr in Betracht. Die mit diesem Gebäude zusammenhängenden Aufwendungen, hier die Schuldzinsen, können nicht als BA abgezogen werden, da das Gebäude nicht zum BV gehört.

Für die eigengenutzte Wohnung ist der Sonderausgaben-Abzugsbetrag gem. § 10e Abs. 1 EStG zu gewähren.

Die Schuldzinsen sind nicht abzugsfähig, kein Fall des § 10e Abs. 6 EStG.

Fremdenzimmer:

Die Vermietung von Ferienzimmern ist keine typische landwirtschaftliche Tätigkeit. Die daraus erzielten Einnahmen gehören aber zu den Einkünften nach § 13 EStG, wenn die vermieteten Räume zum landw. Betriebsvermögen gehören. Eine gewerbliche Vermietungsleistung ist nicht gegeben, da außer dem Frühstück keine sonstigen Leistungen angeboten werden. Die Anzahl der vermieteten Betten ist grds. ohne Bedeutung, lt. FinVerw. aber bis zu 4 Zimmern oder 6 Betten keine gewerbliche Tätigkeit. Die Gewinnermittlung erfolgt nach § 4 Abs. 3 EStG.

Einnahmen im Wj. 1995/96		= 8 200 DM
·/.	anteilige AfA gem. § 7 Abs. 4 EStG HK = 320 000 DM, davon betr. Fremdenzimmer lt. Nutzflächenverhältnis: gesamt = 130 qm + 70 qm + 50 qm = 250 qm Fremdenzimmer = 70 qm → 28 % 28 % von 320 000 DM = 89 600 DM, davon 2 % AfA = 1 792 DM	1 792 DM
·/.	anteilige Schuldzinsen betr. Wj. 95/96 ½ von 4 760 DM = 2 380 DM ½ von 3 640 DM = 1 820 DM Gesamt = 4 200 DM, davon anteilig 28 %	= 1 176 DM
·/.	Lebensmittel	540 DM
·/.	Wäsche	280 DM
·/.	AfA auf Einrichtung § 7 Abs. 1 EStG 1/10 von 12 000 DM	1 200 DM
Überschuß Fremdenzimmer		= 3 212 DM
Gewinn aus Land- und Forstwirtschaft insgesamt		37 417 DM

Einkünfte aus Land- und Forstwirtschaft:

zeitanteilig nach § 4a Abs. 2 Nr. 1 EStG

Wj. 1994/95 = 21 800 DM, davon ½	= 10 900 DM
Wj. 1994/95 = 37 417 DM, davon ½	18 708 DM
Einkünfte 1995	= 29 608 DM

Die Eheleute erhalten bei der Ermittlung des Gesamtbetrags der Einkünfte einen Freibetrag gem. § 13 Abs. 3 EStG von insgesamt 4 000 DM, da das Einkommen weniger als 100 000 DM beträgt. *(Friebel)*

FALL 115
Gewinnermittlung nach Durchschnittssätzen

Vorbemerkung

Die Gewinnermittlung der Land- und Forstwirtschaft erfolgt nach Durchschnittssätzen gem. § 13a Abs. 3–8 EStG, wenn:

- keine Buchführungspflicht aufgrund gesetzlicher Vorschriften des § 141 AO besteht;
- kein Antrag nach § 13a Abs. 2 EStG auf Gewinnermittlung durch Betriebsvermögensvergleich gem. § 4 Abs. 1 EStG bzw. durch Vergleich der Betriebseinnahmen mit den Betriebsausgaben gem. § 4 Abs. 3 EStG gestellt wurde;
- der Ausgangswert nach § 13a Abs. 4 EStG mehr als 0 DM, jedoch nicht mehr als 32 000 DM beträgt;
- keine Intensivtierhaltung nach § 13a Abs. 1 Nr. 3 EStG gegeben ist.

Sachverhalt: Der Steuerpflichtige hat einen landwirtschaftlichen Betrieb mit Ackerbau, Viehhaltung und Weinbau. Er führt keine Bücher. Der Gewinn des vorangegangenen Wirtschaftsjahres beträgt 26 200 DM (Vorjahr = 17 800 DM), seine Umsätze liegen unter 500 000 DM. Der zuletzt festgestellte Einheitswert setzt sich wie folgt zusammen:

Vergleichswert landwirtschaftliche Nutzung 8,47 ha	= 16 500 DM
Vergleichswert Weinbau	= 19 139 DM
Geringstland	= 100 DM
Wirtschaftswert	= 35 739 DM
Wohnungswert	= 20 134 DM
Summe Einheitswert abgerundet	= 55 800 DM

Er hat noch 0,8 ha Ackerland und 1 ha weinbauliche Fläche zugepachtet, außerdem sind 0,5 ha Weinberg verpachtet. Der Hektarwert des zugepachteten Ackerlandes beträgt 1 650 DM, der Hektarwert für das zugepachtete und verpachtete Weinbergsgelände jeweils 4 800 DM.

Der durchschnittliche Viehbestand beträgt:
20 Kühe, 15 Kälber unter 1 Jahr, 10 Mastschweine aus selbsterzeugten Ferkeln, 100 Legehennen.

Frage: Welche Gewinnermittlungsart kommt in Betracht?

Lösung

Die Gewinnermittlung nach Durchschnittssätzen gem. § 13a Abs. 3–8 EStG ist vorzunehmen, wenn die Voraussetzungen des § 13a Abs. 1 EStG vorliegen.

- **§ 13a Abs. 1 Nr. 1 EStG:**

Eine Buchführungspflicht gem. § 141 Abs. 1 AO besteht nicht, da die Umsätze unter 500 000 DM liegen,
der Wirtschaftswert der selbstbewirtschafteten land- und forstwirtschaftlichen Flächen nicht mehr als 40 000 DM beträgt.
Ermittlung (R 130a Abs. 1 EStR):

Wirtschaftswert lt. Einheitswertbescheid	=	35 739 DM
+ Zupachtung Ackerland 0,8 ha × 1 650 DM	=	1 320 DM
+ Zupachtung Weinberg 1 ha × 4 800 DM	=	4 800 DM
– Verpachtung Weinberg 0,5 ha × 4 800 DM	=	2 400 DM
Summe	=	39 459 DM

also unter 40 000 DM
und da der Gewinn aus L + F des vorangegangenen Kalenderjahres nicht mehr als 48 000 DM beträgt.

- **§ 13a Abs. 1 Nr. 2 EStG:**

Der Ausgangswert muß mehr als 0 DM, darf aber nicht mehr als 32 000 DM betragen.

Ausgangswert gem. § 13a Abs. 4 EStG:

Vergleichswert der landwirtschaftlichen Nutzung	=	16 500 DM
+ Zupachtung landwirtschaftlich 0,8 ha (§ 13a Abs. 4 Nr. 2) EStG)	+	1 320 DM
+ Geringstland (§ 13a Abs. 4 Nr. 1 S. 2 EStG)	+	100 DM

Sondernutzung Weinbau:

Vergleichswert weinbauliche Nutzung	= 19 139 DM	
+ 1 ha zugepachteter Weinberg	= 4 800 DM	
·/. 0,5 ha verpachtete Fläche	·/. 2 400 DM	
Summe	= 21 539 DM	

Da der Wert 2 000 DM übersteigt, sind diese Flächen nicht einzubeziehen.

Ausgangswert	= 17 920 DM

Der Ausgangswert beträgt nicht mehr als 32 000 DM.

- **§ 13a Abs. 1 Nr. 3 EStG:**

Es darf keine Intensivtierhaltung vorliegen:
landwirtschaftlich genutzte Fläche:

eigene Fläche	8,47 ha
+ Zupachtung	0,80 ha
Summe	9,27 ha (ohne Geringstland)

Der Tierbestand ist in Vieheinheiten umzurechnen (R 124a EStR).

20 Kühe × 1,0 Vieheinheiten	= 20,0 VE
15 Kälber × 0,3 VE	= 4,5 VE
10 Mastschweine × 0,16 VE	= 1,6 VE
100 Legehennen × 0,02 VE	= 2,0 VE
Summe	= 28,1 VE

Die Vieheinheiten betragen insgesamt 28,1 VE, das sind weniger als insgesamt 30 VE. Das heißt, der tatsächliche Viehbestand liegt unter den Höchstgrenze des § 13a Abs. 1 Nr. 3 EStG.

Die Gewinnermittlung nach § 13a Abs. 3–8 EStG ist somit zulässig. Der Steuerpflichtige hat auch keinen Antrag auf eine andere Gewinnermittlungsart nach § 13a Abs. 2 EStG gestellt. *(Friebel)*

II. Einkünfte aus selbständiger Arbeit

FALL 116

Zusammenschluß von Freiberuflern mit berufsfremden Personen

Sachverhalt: Mit Vertrag vom 1. 6. 01 schließen sich A und B zum Ankauf und gemeinsamen Betrieb einer durch Tod verwaisten Steuerberaterpraxis in Form einer Gesellschaft bürgerlichen Rechts (GbR) zusammen. A ist Steuerberater. B hat diese Qualifikation noch nicht; er beabsichtigt aber, später die Steuerberaterprüfung abzulegen, und hat aus diesem Anlaß bereits an einem entsprechenden Vorbereitungslehrgang teilgenommen. Nach dem Gesellschaftsvertrag sind A und B an der Praxis und am Gewinn der Praxis je zur Hälfte beteiligt.

Frage: Welcher Einkunftsart sind die von A und B erzielten Einkünfte zuzuordnen?

Lösung

Geht ein Angehöriger eines freien Berufs i. S. des § 18 Abs. 1 Nr. 1 EStG mit einer berufsfremden Person eine GbR ein, so erzielt die GbR für ihre Gesellschafter Einkünfte aus Gewerbebetrieb (§ 15 Abs. 3 Nr. 1 EStG). Die Tätigkeit einer Personengesellschaft kann nur dann als „freiberuflich" anerkannt werden, wenn alle Gesellschafter der Personengesellschaft die Voraussetzungen einer freiberuflichen Tätigkeit nach § 18 Abs. 1 Nr. 1 EStG erfüllen. Erfüllt nur ein Gesellschafter diese Voraussetzungen nicht, erzielen alle Gesellschafter Einkünfte aus Gewerbebetrieb nach § 15 Abs. 1 Nr. 2 EStG (BFH, in BStBl 1995 II, 171). Auch eine Aufteilung der Einkünfte als solche des Freiberuflers nach § 18 EStG und solche des Berufsfremden aus Gewerbebetrieb ist nicht möglich. Sowohl A als auch B beziehen daher Einkünfte aus Gewerbebetrieb. *(Schoor)*

FALL 117

Einkünfte einer Freiberufler-GmbH & Co. KG

Sachverhalt: Kommanditisten der X-GmbH & Co. KG, zugleich geschäftsführende Gesellschafter der Komplementär-GmbH, sind die promovierten und diplomierten Ingenieure A und B. Die Gesellschaft hat die Erstellung von Gutachten für Kfz-Unfallschäden und die Bewertung von Kfz und Maschinen zum Gegenstand.

Frage: Entfaltet die Personengesellschaft eine freiberufliche Tätigkeit?

Lösung

Eine Personengesellschaft entfaltet nur dann eine freiberufliche Tätigkeit, wenn alle ihre Gesellschafter freiberuflich tätig sind (BFH, in BStBl 1985 II, 584). Sowohl die persönlich haftenden Gesellschafter als auch die Kommanditisten müssen selbst eine freiberufliche Tätigkeit ausüben. Diese Voraussetzung ist nicht erfüllt, wenn – wie im Fall einer GmbH & Co. KG – an einer Personengesellschaft auch eine Kapitalgesellschaft beteiligt ist; denn eine Kapitalgesellschaft kann nicht die Merkmale eines freien Berufs erfüllen. Ihre Tätigkeit gilt stets als Gewerbebetrieb (§ 2 Abs. 2 GewStG). Die Ingenieure A und B beziehen daher keine freiberuflichen, sondern gewerbliche Einkünfte (BFH, in BFH/NV 1987 S. 509). *(Schoor)*

FALL 118

Fortführung einer Arztpraxis durch die Erben mit Hilfe eines Arztvertreters

Sachverhalt: Der Ehemann der A betrieb bis zu seinem Tod am 18. 10. 01 eine Arztpraxis. Nach dem Tod ihres Ehemannes führt A die Praxis bis zum 31. 3. 02 mit Hilfe eines Arztvertreters fort. Dann gibt sie die Arztpraxis auf. A war bei ihrem Ehemann bis zu dessen Tod als Arzthelferin angestellt.

Frage: Unter welche Einkunftsart fallen die von A in der Zeit vom 18. 10. 01 bis 31. 3. 02 erwirtschafteten Einkünfte?

Lösung

Stirbt ein Arzt und führt ein Erbe mangels eigener beruflicher Qualifikationen die Praxis auf eigene Rechnung in der Weise fort, daß er die ärztliche Tätigkeit durch eine dafür qualifizierte Person ausüben läßt, so erzielt der Erbe keine Einkünfte nach § 18 Abs. 1 Nr. 1 EStG. Denn ihm fehlt die berufliche Qualifikation des Erblassers und damit das Recht zur eigenverantwortlichen und selbständigen Ausübung der Arztpraxis, das mit dem Tod des Freiberuflers erloschen ist und nicht vererbt werden kann. In einem solchen Fall stellt die Fortführung der Praxis dann eine gewerbliche Tätigkeit dar. Die Einkünfte der A aus der Weiterführung der Arztpraxis ihres verstorbenen Ehemannes durch den Arztvertreter sind also keine Einkünfte aus selbständiger Tätigkeit, sondern solche aus Gewerbebetrieb (BFH, in BStBl 1981 II, 665). *(Schoor)*

FALL 119

Abschreibung des Praxiswerts bei Aufnahme eines Sozius

Sachverhalt: A bringt seine Steuerberaterpraxis am 1. 1. 01 unter Aufdeckung der stillen Reserven in eine zwischen ihm und B neu gegründete GbR ein, und zwar die Praxisausstattung mit 50 000 DM und den Praxiswert mit 300 000 DM. B erbringt eine dem tatsächlichen Wert des eingebrachten Betriebsvermögens entsprechende Bareinlage von 350 000 DM. A ist weiterhin in der Praxis tätig.

Frage: Kann der aufgedeckte Praxiswert – ggf. innerhalb welchen Zeitraums – abgeschrieben werden?

Lösung

Der beim entgeltlichen Erwerb einer Praxis miterworbene Praxiswert kann nach der Rechtsprechung innerhalb eines Zeitraumes von drei bis fünf Jahren abgeschrieben werden (BFH, in BStBl 1994 II, 449). Begründet wird diese Abschreibung damit, daß der Praxiswert auf einem besonderen Vertrauensverhältnis zum bisherigen Praxisinhaber beruhe, das zwangsläufig mit dessen Ausscheiden ende, so daß sich der Praxiswert verflüchtige.

Eine AfA hat die Rechtsprechung früher jedoch abgelehnt, wenn der Praxiswert bei Veräußerung eines Praxisanteils im Wege der entgeltlichen Aufnahme eines Sozius oder bei Eintritt in eine Sozietät aufgedeckt wird und die bisherigen Mitglieder der Sozietät weiterhin mitarbeiten (BFH, in BStBl 1975 II, 381). Hier hielt die Rechtsprechung eine AfA für unzulässig, weil derjenige, der den Praxiswert geschaffen habe, weiterhin in der Praxis tätig sei; der Praxiswert wurde in diesen Fällen als nicht abnutzbares Wirtschaftsgut angesehen.

In neueren Entscheidungen hat sich der BFH jedoch unter Änderung seiner bisherigen Rechtsprechung auf den Standpunkt gestellt, daß der anläßlich der Gründung einer Sozietät aufgedeckte Praxiswert ein abnutzbares und abschreibbares Wirtschaftsgut darstellt (BFH, in BStBl 1994 II, 590 und in BFH/NV 1995 S. 385).

Der BFH geht wegen der weiteren Mitarbeit des bisherigen Praxisinhabers typisierend davon aus, daß die betriebsgewöhnliche Nutzungsdauer eines derivativ erworbenen „Sozietätspraxiswerts" doppelt so lang ist wie die Nutzungsdauer des Werts einer Einzelpraxis, also 6 bis 10 Jahre beträgt (ebenso BMF in BStBl 1995 I, 14). Der Sozietätspraxiswert von 300 000 DM kann also hier innerhalb von 6 bis 10 Jahren abgeschrieben werden. *(Schoor)*

FALL 120

Abschreibung des Praxiswerts bei Gründung einer Freiberufler-GmbH

Sachverhalt: Steuerberater A und Steuerberater B bringen ihre beiden Einzelpraxen zum Teilwert, d. h. auch unter Aufdeckung der Praxiswerte von je 300 000 DM, in die X-GmbH ein. Beide Freiberufler sind zu je 50 % an der X-GmbH beteiligt.

Frage: Innerhalb welchen Zeitraums können die Praxiswerte von der X-GmbH abgeschrieben werden?

 **Lösung**

Behalten die bisherigen Praxisinhaber – bei Einbringung ihrer Einzelpraxen in eine GmbH – in der erwerbenden GmbH weiterhin entscheidenden Einfluß, sollte nach früherer Auffassung der Finanzverwaltung die für den gewerblichen Geschäftswert geltende 15jährige Nutzungsdauer zugrunde gelegt werden. Diese Auffassung ist überholt, nachdem der BFH entschieden hat, daß in den Fällen, in denen ein Steuerberater den Praxiswert seiner bisherigen Einzelpraxis auf eine von ihm mitgegründete Steuerberatungs-GmbH überträgt, die GmbH einen abnutzbaren und abschreibungsfähigen Praxiswert – und keinen Geschäftswert – erwirbt (BFH, in BStBl 1994 II, 903). Die Mitarbeit des Übertragenden in der GmbH in herausgehobener Stellung kann nach Ansicht des BFH allerdings für die Bemessung der Nutzungsdauer von Bedeutung sein. Die Finanzverwaltung geht in diesen Fällen davon aus, daß die betriebsgewöhnliche Nutzungsdauer – wie im Fall des „Sozietätspraxiswerts" – doppelt so lang ist wie die Nutzungsdauer des Werts einer erworbenen Einzelpraxis, also 6 bis 10 Jahre beträgt (BMF, in BStBl 1995 I, 14). *(Schoor)*

FALL 121

Vergütungen einer Personengesellschaft an einen an ihr beteiligten Freiberufler

Sachverhalt: A betreibt als selbständiger Architekt ein Architekturbüro. Für das Jahr 01 hat er dem Finanzamt einen Gewinn aus selbständiger Arbeit in Höhe von 200 000 DM erklärt:

Betriebseinnahmen	420 000 DM
·/. Betriebsausgaben	220 000 DM
Gewinn	200 000 DM

A ist zugleich als Kommanditist an einer GmbH & Co. KG beteiligt, die sich mit dem Bau und Verkauf von Eigentumswohnungen befaßt. Er hat es nach dem Gesellschaftsvertrag übernommen, für die KG Architektenleistungen zu erbringen, die nach Maßgabe der Gebührenordnung für Architekten vergütet werden. Die KG hat das Honorar für das Jahr 01 in Höhe von 95 000 DM als Betriebsausgaben abgesetzt; der auf A danach entfallende Gewinnanteil beträgt 130 000 DM.

A hat die Honorarzahlungen der KG von 95 000 DM im Rahmen seiner Überschußrechnung 01 als Betriebseinnahmen berücksichtigt. Die mit der Tätigkeit für die KG zusammenhängenden Aufwendungen belaufen sich auf 45 000 DM; sie sind in den erklärten Betriebsausgaben von 220 000 DM enthalten.

Frage: Welcher Einkunftsart sind die von der KG geleisteten Architektenhonorare zuzuordnen?

Lösung

Ist ein Freiberufler Gesellschafter einer gewerblich tätigen oder gewerblich geprägten Personengesellschaft und erbringt er für diese Leistungen im Rahmen seiner freiberuflichen Tätigkeit, so handelt es sich bei den dafür gezahlten Vergütungen nicht um Einkünfte aus freiberuflicher Tätigkeit, sondern um Einkünfte aus Gewerbebetrieb (§ 15 Abs. 1 Nr. 2 EStG); die mit den Leistungen für die Personengesellschaft zusammenhängenden Aufwendungen stellen Sonderbetriebsausgaben des betreffenden Gesellschafters dar (BFH, in BStBl 1979 II, 764, und BStBl 1979 II, 767). Die Vergütungen und die damit zusammenhängenden Sonderbetriebsausgaben sind in die gesonderte und einheitliche Gewinnfeststellung der Personengesellschaft einzubeziehen.

Diese Beurteilung hat für A folgende steuerlichen Konsequenzen:

Korrektur der Einkünfte aus selbständiger Arbeit

Gewinn lt. Erklärung		200 000 DM
·/. Vergütungen der KG	95 000 DM	
+ damit zusammenhängende Betriebsausgaben	45 000 DM	50 000 DM
		150 000 DM

Korrektur der Einkünfte aus Gewerbebetrieb

Gewinnanteil lt. Erklärung		130 000 DM
+ Vergütungen der KG	95 000 DM	
·/. damit zusammenhängende Sonderbetriebsausgaben	45 000 DM	50 000 DM
		180 000 DM

(Schoor)

FALL 122

Gründung einer Freiberuflersozietät durch Einbringung einer Einzelpraxis

Sachverhalt: A betreibt eine Rechtsanwaltspraxis. Zum 31. 12. 01 stellt er folgende vereinfacht dargestellte Schlußbilanz auf:

Aktiva	Schlußbilanz zum 31. 12. 01		Passiva
Praxisausstattung	40 000 DM	Kapital	100 000 DM
Sonstige Aktiva	60 000 DM		
	100 000 DM		100 000 DM

Der Praxiswert beträgt 200 000 DM; weitere stille Reserven sind im Betriebsvermögen nicht enthalten.

A bringt die Praxis am 31. 12. 01 in eine zwischen ihm und dem Rechtsanwalt B neu gegründete GbR ein. B erbringt eine Bareinlage von 300 000 DM, die dem wahren Wert des eingebrachten Betriebsvermögens entspricht. A und B sind an der GbR zu je 50 % beteiligt. Ihre Kapitalkonten sollen in der Eröffnungsbilanz der GbR gleich hoch sein (= je 300 000 DM). A will im Rahmen der Sozietätsgründung keinen Gewinn versteuern.

Frage: Welches Aussehen müssen die Eröffnungsbilanzen haben, damit der Gründungsvorgang erfolgsneutral behandelt werden kann?

Lösung

Die Einbringung einer freiberuflichen Praxis in eine Personengesellschaft fällt unter § 24 UmwStG; der Einbringungsvorgang kann daher durch Fortführung der Buchwerte erfolgsneutral gestaltet werden.

Da im vorliegenden Fall die Kapitalkonten des A und B in der Eröffnungsbilanz der Sozietät in gleicher Höhe ausgewiesen werden sollen, hat diese folgendes Aussehen:

Aktiva	Eröffnungsbilanz		Passiva
Praxisausstattung	40 000 DM	Kapital A	300 000 DM
Sonstige Aktiva	60 000 DM	Kapital B	300 000 DM
Praxiswert	200 000 DM		
Bareinlage (des B)	300 000 DM		
	600 000 DM		600 000 DM

Für A entsteht bei dieser Behandlung ein Veräußerungsgewinn von (300 000 DM ·/. 100 000 DM =) 200 000 DM, weil sich sein Kapital im Rahmen der Einbringung um 200 000 DM erhöht hat. Diesen Veräußerungsgewinn kann A dadurch neutralisieren, daß er eine negative Ergänzungsbilanz mit einem Minderkapital von 200 000 DM aufstellt (BMF, in BStBl 1978 I, 235, Tz 79):

Aktiva	Eröffnungsbilanz A		Passiva
Minderkapital	200 000 DM	Praxiswert	200 000 DM
	200 000 DM		200 000 DM

Das eingebrachte Betriebsvermögen ist nunmehr in der Bilanz der GbR und der Ergänzungsbilanz des A wie folgt ausgewiesen: mit 300 000 DM in der Bilanz der GbR, abzüglich 200 000 DM in der Ergänzungsbilanz des A, insgesamt also mit 100 000 DM. Dieser Wert gilt für den einbringenden A als Veräußerungspreis (§ 24 Abs. 3 UmwStG). Da der Buchwert des eingebrachten Betriebsvermögens ebenfalls 100 000 DM beträgt, entsteht kein Veräußerungsgewinn.

Die Ergänzungsbilanz ist bei der künftigen Gewinnermittlung zu berücksichtigen und weiterzuentwickeln. Die Auflösung des Praxiswerts bewirkt bei A einen jährlichen Gewinn aus der Ergänzungsbilanz von (1/10 von 200 000 DM =) 20 000 DM, wenn man für den „Sozietätspraxiswert" eine Nutzungsdauer von 10 Jahren zugrunde legt (vgl. BMF in BStBl 1995 I, 14, wonach ein Sozietätspraxiswert innerhalb von 6 bis 10 Jahren abgeschrieben werden darf).

III. Einkünfte aus Gewerbebetrieb

Vorbemerkung

Nach § 15 Abs. 2 EStG liegt ein Gewerbebetrieb vor bei einer selbständigen, nachhaltigen Betätigung, die mit Gewinnabsicht unternommen wird und sich als Beteiligung am allgemeinen wirtschaftlichen Verkehr darstellt, wenn die Betätigung weder als Ausübung von Land- und Forstwirtschaft noch als Ausübung eines freien Berufs noch als eine andere selbständige Arbeit im Sinne des Einkommensteuerrechts anzusehen ist. Eine durch die Betätigung verursachte Minderung der Steuern vom Einkommen ist kein Gewinn.

Arten der Einkünfte aus Gewerbebetrieb:

- Einkünfte aus gewerblichen Unternehmen § 15 Abs. 1 Nr. 1 EStG, wie z. B. Handwerksbetriebe, Einzelhandelsbetriebe, Großhandelsbetriebe, Industriebetriebe, Handelsvertreter, Handelsmakler, Spediteure.

- Gewinnanteile der Gesellschafter einer Gesellschaft, bei der die Gesellschafter als Mitunternehmer anzusehen sind, § 15 Abs. 1 Nr. 2 EStG. Hierzu gehören die Gewinnanteile und Vergütungen, die der Gesellschafter von der Gesellschaft für seine Tätigkeit im Dienst der Gesellschaft oder für die Hingabe von Darlehen oder für die Überlassung von Wirtschaftsgütern bezogen hat.

  § 15 Abs. 1 Nr. 2 EStG i. d. F. des StÄndG 1992 bestimmt, daß ein mittelbar über eine Personengesellschaft beteiligter Gesellschafter einem unmittelbar Beteiligten gleichsteht.

  Es handelt sich grds. um die Gesellschafter einer offenen Handelsgesellschaft (OHG), einer Kommanditgesellschaft (KG), einer Gesellschaft des bürgerlichen Rechts, die gewerblich tätig ist (GdbR), einer atypischen stillen Gesellschaft, einer atypischen Unterbeteiligung.

  Diese Gesellschaften sind selbst weder einkommen- noch körperschaftsteuerpflichtig. Die von diesen Gesellschaften erzielten Einkünfte sind den einzelnen Gesellschaftern zuzurechnen und bei diesen steuerlich zu erfassen.

  Über die Höhe der Einkünfte ist eine einheitliche und gesonderte Feststellung nach den §§ 179 und 180 AO vorzunehmen.

- Gewinnanteile des Komplementärs einer Kommanditgesellschaft auf Aktien, § 15 Abs. 1 Nr. 3 EStG.

- Zu den Einkünften aus Gewerbebetrieb gehören auch der Veräußerungsgewinn gem. § 16 EStG und der Gewinn aus der Veräußerung wesentlicher Beteiligungen an Kapitalgesellschaften gem. § 17 EStG.

Gewinnermittlungsmethoden:

- § 4 Abs. 3 EStG durch Gegenüberstellung der Betriebseinnahmen und Betriebsausgaben: Für Gewerbetreibende, die nicht zur Buchführung verpflichtet sind und auch freiwillig keine Bücher führen.

- § 5 EStG durch Betriebsvermögensvergleich: Für Gewerbetreibende, die nach Handels- oder Steuerrecht zur Buchführung verpflichtet sind (§§ 140, 141 AO, §§ 1, 38 ff. HGB) oder freiwillig Bücher führen. *(Friebel)*

FALL 123

Abgrenzung und Gewinnermittlung

Sachverhalt: Ein verheirateter Steuerpflichtiger ist als selbständiger Handelsvertreter tätig und reicht dem Finanzamt folgende Einnahmen-/Ausgaben-Rechnung ein:

Einnahmen:

Provisionen	100 000 DM
+ Umsatzsteuer 15 %	15 000 DM
Verkauf der betriebl. genutzten Schreibmaschine brutto	690 DM
Verkauf Kinderfahrrad	100 DM
Zinsen Geschäftskonto	350 DM
Zinsen Sparbuch privat	1 850 DM
Erbschaft Mietwohngrundstück	200 000 DM
Mieteinnahmen daraus	10 000 DM

Ausgaben:

Miete Arbeitszimmer	1 200 DM
Miete Wohnung	6 000 DM
Hausunkosten Mietwohngrundstück	13 000 DM
Pkw-Kosten beruflich	21 000 DM
Kauf neue Schreibmaschine	
Nutzungsdauer = 4 Jahre brutto	1 380 DM
Schreibmaterial	900 DM
Die Vorsteuern sind in den o. g. Beträgen enthalten	
Umsatzsteuer an das Finanzamt	10 316 DM
Anschaffungskosten Pkw Ehefrau	18 000 DM
Einkommensteuer-Vorauszahlungen	8 900 DM

Frage: Ermitteln Sie die Höhe der jeweiligen Einkünfte für den Veranlagungszeitraum! Eine Aufforderung zur Buchführung nach § 141 Abs. 2 AO ist bisher noch nicht ergangen.

Lösung

Als selbständiger Handelsvertreter übt der Steuerpflichtige eine gewerbliche Tätigkeit nach § 15 Abs. 2 EStG aus und erzielt Einkünfte gem. § 15 Abs. 1 Nr. 1 EStG. Wirtschaftsjahr ist das Kalenderjahr nach § 4a Abs. 1 Nr. 3 EStG. Die Gewinnermittlung erfolgt nach § 4 Abs. 3 EStG.

Betriebseinnahmen:

Provisionen	100 000 DM
Umsatzsteuer	15 000 DM
Verkauf Schreibmaschine	690 DM
Zinsen Geschäftskonto	350 DM
Summe	116 040 DM

Keine BE sind der Verkauf des Kinderfahrrades, die Erbschaft; es handelt sich hier nicht um Einkünfte i. S. des EStG.

Betriebsausgaben:

Miete Arbeitszimmer	1 200 DM
Pkw-Kosten	21 000 DM
Schreibmaschine, da sie eine Nutzungsdauer von mehr als 1 Jahr hat, ist nur die AfA abzugsfähig. AK netto (§ 9b Abs. 1 EStG) = 1 200 DM, davon ¼, § 7 Abs. 1 EStG	300 DM
Die Vorsteuer darauf ist voll zu berechnen	180 DM
Schreibmaterial	900 DM
Umsatzsteuer an das Finanzamt	10 316 DM
Summe	33 896 DM

Keine BA sind die Miete Wohnung (§ 12 Nr. 1 EStG), Pkw Ehefrau, Einkommensteuer-Vorauszahlungen, § 12 Nr. 3 EStG.

Der Gewinn aus Gewerbebetrieb beträgt	= 82 144 DM

Der Steuerpflichtige ist zur Buchführung aufzufordern.

Außerdem liegen noch folgende Einkunftsarten vor:

Einkünfte aus Kapitalvermögen:

Zinsen gem. § 20 Abs. 1 Nr. 7 EStG	1 850 DM
• Werbungskostenpauschbetrag gem. § 9a Nr. 2 EStG	·/. 200 DM
• Sparerfreibetrag gem. § 20 Abs. 4 EStG 12 000 DM max.	·/. 1 650 DM
Einkünfte gem. § 20 EStG	0 DM

Einkünfte aus Vermietung und Verpachtung:

Mieteinnahmen gem. § 21 Abs. 1 Nr. 1 EStG	10 000 DM
• Werbungskosten	·/. 13 000 DM
Verlust	·/. 3 000 DM

(Friebel)

FALL 124

Gewinnermittlung gem. § 4 Abs. 3 EStG

Sachverhalt: Gustav Klingemann, 60 Jahre alt, seit Jahren verheiratet, 2 Kinder, betreibt in Neustadt ein kleines Lebensmittel-Einzelhandelsgeschäft. Seinen Gewinn ermittelt er zulässigerweise gem. § 4 Abs. 3 EStG. Klingemann versteuert seine Umsätze nach den allgemeinen Vorschriften des UStG. Er meldet die Umsätze monatlich an. Laut der dem Finanzamt eingereichten Aufstellung betragen die Betriebseinnahmen 62 800 DM und die Betriebsausgaben 47 200 DM.

Aus den eingereichten Unterlagen und den Erläuterungen ergibt sich folgendes:

1. Die Miete für die Räume des Ladengeschäftes von monatlich 400 DM ist jeweils am Monatsende fällig. Klingemann zahlte die Mieten durch Überweisung von seinem betrieblichen Bankkonto i. d. R. einige Tage nach dem Fälligkeitstermin.

Die Miete für Januar 01 überwies er bereits am 28. 12. 00 (Tag der Abgabe bei der Bank). Die Mieten für November und Dezember 01 überwies er zusammen am 5. 1. 02 (Tag der Abgabe). Die Mieten sind in der Aufstellung für 01 als Betriebsausgaben abgesetzt worden.

2. Um einen genügend großen Warenvorrat für das Weihnachtsgeschäft erwerben zu können, kauft Klingemann Anfang November 01 Waren im Werte von 5 750 DM einschl. Umsatzsteuer auf Kredit. Die Bank gewährt Klingemann einen Kredit in Höhe von 6 000 DM, behält aber ein Damnum von 250 DM ein. Die Tilgung wurde zum Monatsanfang mit jeweils 1 000 DM vereinbart, beginnend am 1. 12. 01; an Zinsen sind 50 DM monatlich zu zahlen. Die Dezemberrate zahlt Klingemann am 15. 12. 01, die Januarrate am 10. 1. 02. Als Betriebsausgaben für diesen gesamten Geschäftsvorfall erfaßt Klingemann für 01 6 800 DM, als Betriebseinnahmen 6 000 DM. Soweit die Waren zum Ende des Jahres bereits verkauft wurden, sind die Einnahmen in den Betriebseinnahmen enthalten.

3. Bei einem Einbruch im Juli 01 werden Zigaretten im Werte von 100 DM, Schmuck der Ehefrau im Werte von 5 000 DM und Bargeld aus den Tageseinnahmen des letzten Geschäftstages in Höhe von 300 DM gestohlen. Klingemann behandelt 5 415 DM als Betriebsausgabe. Eine Versicherung für derartige Fälle hat Klingemann nicht abgeschlossen.

4. Anläßlich der Heirat seiner Tochter feiert Klingemann mit Frau, 10 Freunden und 6 Stammkunden im Gasthaus „Zur frohen Einkehr“. Die Rechnung beläuft

sich auf 1 200 DM zuzüglich Umsatzsteuer. Die Kosten werden als Betriebsausgaben behandelt.

5. Am 20. 8. 01 wird Klingemann ein Pkw Kombi geliefert. Er bezahlt vereinbarungsgemäß Mitte September 01.
Nutzungsdauer des Pkw 4 Jahre, Kosten 16 800 DM zuzüglich 2 520 DM Umsatzsteuer. Klingemann holt mit diesem Pkw Waren ab und liefert sie an Kunden aus; zu 40 % benutzt er den Pkw für private Zwecke. Als Abschreibung setzt er in 01 4 830 DM ab. Als Betriebsausgaben sind außerdem die sonstigen Kosten (Benzin, Reparaturen etc.) in Höhe von insgesamt 3 900 DM netto abgezogen, darin enthalten Versicherung und Steuer mit 1 200 DM. Weitere Konsequenzen zieht er nicht.

Frage: Ermitteln Sie die Einkünfte aus Gewerbebetrieb des Gustav Klingemann für den Veranlagungszeitraum 01!

▶ Lösung

G. Klingemann bezieht aus dem Lebensmittelgeschäft Einkünfte aus Gewerbebetrieb gem. § 15 Abs. 1 Nr. 1 EStG. Der Gewinn nach § 4 Abs. 3 EStG für 01 in Höhe von 15 600 DM
ist wie folgt zu korrigieren:

1. Die Januarmiete von 400 DM ist gem. § 11 Abs. 2 Satz 1 EStG am 28. 12. 00 abgeflossen. Der Fälligkeitszeitpunkt ist der 31. 1. 01. Die Miete war bereits in 00 zu berücksichtigen.
   Folge: Gewinnerhöhung + 400 DM
   Die Novembermiete fließt am 5. 1. 02 ab und ist gem. § 11 Abs. 2 Satz 1 EStG in 02 als Betriebsausgabe zu erfassen. Der Fälligkeitszeitpunkt liegt nicht im 10-Tage-Zeitraum.
   Folge: Gewinnerhöhung + 400 DM
   Die Dezembermiete fließt am 5. 1. 02 ab und ist fällig am 31. 12. 01, demnach ist sie als regelmäßig wiederkehrende Ausgabe gem. § 11 Abs. 2 Satz 2 EStG im Jahr der wirtschaftlichen Zugehörigkeit – in 01 – als Betriebsausgabe zu erfassen. Der Abzug erfogte demnach zu Recht.
2. Der Kauf der Waren stellt im Zeitpunkt der Zahlung Betriebsausgaben in Höhe von 5 750 DM dar. Die Umsatz-

steuer ist ebenfalls als Betriebsausgabe zu berücksichtigen, R 86 Abs. 4 EStR. Die Aufnahme und Tilgung des Darlehens berühren den Gewinn nicht (R 16 Abs. 2 Satz 6 EStR). Die Kreditkosten stellen aber Betriebsausgaben nach § 4 Abs. 4 EStG dar.

Das Damnum in Höhe von 250 DM ist im Zeitpunkt der Auszahlung des Darlehensbetrages abgeflossen (§ 11 Abs. 2 Satz 1 EStG). Die Zinsen für Dezember 01 von 50 DM sind ebenfalls Betriebsausgaben, während die Zinsen für Januar 02 erst als Betriebsausgabe in 02 zu berücksichtigen sind. Die Regelung nach § 11 Abs. 2 Satz 2 EStG findet keine Anwendung, da sowohl der Fälligkeitszeitpunkt (1. 1. 02) als auch der Zahlungszeitpunkt (10. 1. 02) in das Jahr 02 fallen.

Betriebsausgaben lt. Erklärung	6 800 DM	
Betriebsausgaben richtig	6 050 DM	
Gewinnerhöhung	+ 750 DM	+ 750 DM
Betriebseinnahmen lt. Erklärung	6 000 DM	
Betriebseinnahmen richtig	0 DM	
Gewinnminderung	·/. 6 000 DM	·/. 6 000 DM

3. Da sich der Einkauf der Zigaretten inkl. USt von 15 % bereits als Betriebsausgabe ausgewirkt hat, ist ein nochmaliger Aufwand nicht gerechtfertigt. Folge: Gewinnerhöhung + 115 DM

   Bei dem Schmuck der Ehefrau handelt es sich um notwendiges Privatvermögen. Eine Gewinnauswirkung darf sich nicht ergeben. + 5 000 DM

   Das Bargeld von 300 DM wurde bei der Vereinnahmung bereits als Betriebseinnahme behandelt und ist deshalb bei Diebstahl als Betriebsausgabe rückgängig zu machen. Dieser Betrag wurde richtig als Betriebsausgabe erfaßt.

4. Da die Feier privat veranlaßt ist, sind die Gesamtkosten gem. § 12 Nr. 1 EStG nicht abzugsfähig. Folge: Gewinnerhöhung + 1 380 DM

5. Bei dem Pkw handelt es sich um ein abnutzbares Wirtschaftsgut des Anlagevermögens. Da der Pkw zu mehr als 50 % betrieblich genutzt wird, stellt er notwendiges Betriebsvermögen dar.

Die Anschaffungskosten betragen 16 800 DM, die USt von 2 520 DM ist gem. § 9b Abs. 1 EStG nicht den AK zuzurechnen. Dieser Betrag ist aber im Zeitpunt der Zahlung als Betriebsausgabe abzugsfähig, das wäre im September 01	·/. 2 520 DM
Die AfA ist unabhängig von der Zahlung im Jahr der Anschaffung zu berücksichtigen. Die jährliche AfA beträgt demnach AK 16 800 DM : 4 Jahre = 4 200 DM. Für 01 sind gem. R 44 Abs. 2 EStR lediglich 2 100 DM abzusetzen (erklärt 4 830 DM).	
Folge: Gewinnerhöhung	+ 2 730 DM
Die darauf entfallende Privatnutzung von 40 % darf gem. § 12 Nr. 1 EStG (R 118 EStR) ebenso wie der Privatanteil der sonstigen Kosten von 3 900 DM den Gewinn nicht mindern. Deshalb sind folgende Beträge als Betriebseinnahmen zu erfassen:	
40 % von 3 900 DM Pkw-Kosten	+ 1 560 DM
40 % von 2 100 DM AfA	+ 840 DM
Die USt auf den Eigenverbrauch nach § 1 Abs. 1 Nr. 2b UStG ist gem. § 12 Nr. 3 EStG nicht abzugsfähig. Lt. EuGH v. 25. 5. 1993, BStBl II, 812, ist die USt vom Eigenverbrauch ohne Versicherung und Steuer zu berechnen, da hierauf keine USt entfällt, BdF 28. 9. 1993, BStBl I, 912. – R 155 Abs. 2 UStR –	
BMG = 2 100 DM + 2 700 DM = 4 800 DM	
davon 40 % = 1 920 DM davon 15 %	+ 288 DM
Die USt ist aus Vereinfachungsgründen wie eine Betriebseinnahme zu behandeln.	
Im Zeitpunkt der Verausgabung, d. h. Abführung an das Finanzamt, wirkt sie sich als Betriebsausgabe aus. Da Klingemann diesen Eigenverbrauch lt. Sachverhalt nicht anmeldete, ist der Gewinn zu erhöhen. Die zu berichtigende USt wirkt sich erst bei Zahlung als Betriebsausgabe auf den Gewinn aus.	
Berichtigter Gewinn 01	20 543 DM

(Friebel)

FALL 125

Mitunternehmerschaft

Sachverhalt: A ist zu 30 % an der Baufirma Stein OHG mit Sitz in Neustadt beteiligt. Nach der von der Firma erstellten Handelsbilanz beträgt der Gewinn für 01 87 300 DM. Bei Ermittlung des Gewinns wurde ein an A gezahltes Gehalt von 42 000 DM für dessen Tätigkeit im Dienste der Gesellschaft als Aufwand verbucht.

Der Gesellschafter hat im übrigen noch einen Zinsanspruch in Höhe von 3 000 DM gegen die OHG aufgrund eines der OHG gewährten Darlehens. Die Zinsen wurden zum Jahresende bezahlt und als Aufwand behandelt.

Bei der Gewinnermittlung wurde eine an A gezahlte Miete für das Betriebsgebäude, welches A der OHG aufgrund eines Mietvertrages zur Nutzung überlassen hat, in Höhe von 24 000 DM als Betriebsausgabe verbucht. Die von A privat getragenen Grundstückskosten von 13 000 DM inkl. AfA sind nicht berücksichtigt.

Frage: Ermitteln Sie die Höhe der Einkünfte des A für den Veranlagungszeitraum 01!

Lösung ◀

A erzielt als Mitunternehmer der Stein OHG Einkünfte gem. § 15 Abs. 1 Nr. 2 EStG. Zu diesen Einkünften gehört auch die Vergütung an A für Tätigkeiten im Dienste der Gesellschaft, die Vergütung für die Hingabe von Darlehen und die Vergütung für die Überlassung des Gebäudes an die OHG. Bei dem der OHG zur Nutzung überlassenen Grundstück handelt es sich um notwendiges Sonderbetriebsvermögen I des A, welches in seiner Sonderbilanz zu aktivieren ist. Die privat getragenen Kosten hängen mit dem Grundstück zusammen und sind als Sonderbetriebsausgaben des A gewinnmindernd zu behandeln.

Handelsrechtlicher Gewinn	= 87 300 DM
+ Tätigkeitsvergütung	42 000 DM
+ Zinsen	3 000 DM
+ Miete	24 000 DM
·/. Grundstückskosten	·/. 13 000 DM
steuerlicher Gewinn der OHG	143 300 DM

Davon entfallen auf den Gesellschafter A:

Vorwegvergütung Gehalt	42 000 DM
+ Zinsen	3 000 DM
+ Miete	24 000 DM
·/. Grundstückskosten	·/. 13 000 DM
30 % vom Restgewinn	26 190 DM
Einkünfte gem. § 15 Abs. 1 Nr. 2 EStG	82 190 DM

(Friebel)

FALL 126

Unterbeteiligung

Sachverhalt: A, B und C sind zu je ⅓ Gesellschafter einer OHG. An dem Anteil des C ist aufgrund vertraglicher Regelungen noch D beteiligt. D ist mit einem Anteil von 10 % am Gewinn und Verlust des C beteiligt. Der Gewinn der OHG für das Kalenderjahr 01 beträgt 210 000 DM. Der Gewinnanteil des D wird im Jahr 02 ausgezahlt.

Frage:

a) Wie hoch sind die Einkünfte von C und D, wenn nur eine Gewinn- und Verlustbeteiligung vereinbart ist? Welche Einkünfte erzielen beide?

b) Welche Einkünfte erzielen C und D, wenn C noch anteilig mit 10 % an den stillen Reserven beteiligt ist? Nehmen Sie in beiden Fällen Stellung zur Art der Beteiligung!

▶ Lösung

Die Unterbeteiligung ist eine Innengesellschaft in der Form einer BGB-Gesellschaft, wobei der Unterbeteiligte an einem Mitunternehmeranteil eines Gesellschafters beteiligt ist. Ziel ist die gemeinsame Berechtigung an dem Gesellschaftsanteil des Hauptbeteiligten. Die Innengesellschaft hat kein Gesamthandsvermögen, es handelt sich lediglich um eine schuldrechtliche Beziehung zwischen Hauptgesellschafter und Unterbeteiligtem. Die Unterbeteiligungsgesellschaft ist keine stille Gesellschaft, da der an der OHG beteiligte Hauptgesellschafter kein Handelsgewerbe betreibt. Es handelt sich um zwei Personengesellschaften, die Hauptgesellschaft OHG und die Unterbeteiligungsgesellschaft GbR C–D.

zu a) Da D nicht an den stillen Reserven beteiligt ist, trägt er auch kein Mitunternehmerrisiko. Es handelt sich demnach um eine typische stille Unterbeteiligung.

Unterbeteiligter D:

D erzielt Einkünfte gem. § 20 Abs. 1 Nr. 4 EStG als Unterbeteiligter. Die Einnahmen sind bei Zufluß in 02 nach § 11 Abs. 1 Satz 1 EStG zu versteuern. Bei Zufluß ist im übrigen Kapitalertragsteuer von 25 % nach § 43 Abs. 1 Nr. 3 EStG von C einzubehalten und an das Finanzamt abzuführen.

Gewinnanteil C: ⅓ von 210 000 DM	=	70 000 DM	
davon 10 %	=	7 000 DM	brutto
·/. Werbungskostenpauschbetrag gem. § 9a Nr. 2 EStG	·/.	100 DM	
·/. Sparerfreibetrag gem. § 20 Abs. 4 EStG	·/.	6 000 DM	
Einkünfte aus Kapitalvermögen D	=	900 DM	

Für die OHG ist eine einheitliche und gesonderte Feststellung nach §§ 179 Abs. 2, 180 Abs. 1 Nr. 2a AO durchzuführen. Für die Unterbeteiligung ist grundsätzlich keine gesonderte Gewinnfeststellung vorzunehmen. Der Anteil des Unterbeteiligten ist als Sonderbetriebsausgabe des Hauptbeteiligten C zu erfassen und im Feststellungsverfahren zu berücksichtigen. Eine Nachholung im Veranlagungsverfahren des Hauptbeteiligten ist nicht zulässig (Anwendungserlaß zu § 179 AO).

Gewinnanteil des C gem. § 15 Abs. 1 Nr. 2 EStG		=	70 000 DM
– Sonderbetriebsausgaben Anteil des D		·/.	7 000 DM
Einkünfte 01			63 000 DM
Der Gewinn der OHG beträgt danach	210 000 DM		
·/. Sonderbetriebsausgaben C	7 000 DM		
Gewinn 01	203 000 DM		

zu b) Da D an den stillen Reserven beteiligt ist, trägt er ein Mitunternehmerrisiko. Der Unterbeteiligte kann außerdem über den Hauptbeteiligten Mitunternehmerinitiative entwickeln, das ist lt. BFH dann der Fall, wenn ihm mindestens die Kontrollrechte eines Kommanditisten zustehen. Geht man im vorliegenden Fall davon aus, handelt es sich demnach um eine atypische stille Unterbeteiligung. D ist analog eines atypischen stillen Gesellschafters als Mitunternehmer mit Einkünften nach § 15 Abs. 1 Nr. 2 EStG zu behandeln.

Besteht für die Betroffenen ein Geheimhaltungsbedürfnis, so kann für die atypische stille Unterbeteiligung am Anteil des Gesellschafters C eine besondere gesonderte und einheitliche Feststellung vorgenommen werden. Die Berücksichtigung der Unterbeteiligung im Feststellungsverfahren für die OHG ist nur im Einverständnis aller Beteiligten zulässig (Anwendungserlaß zu § 179 AO, § 179 Abs. 2 Satz 3 AO).

D erzielt Einkünfte in 01 nach § 15 Abs. 1 Nr. 2 EStG in Höhe von **7 000 DM.**

C erzielt Einkünfte in 01 nach § 15 Abs. 1 Nr. 2 EStG in Höhe von **63 000 DM.**

Einheitliche und gesonderte Feststellung der OHG für 01:

A	B	C	D
70 000 DM	70 000 DM	63 000 DM	7 000 DM

(Friebel)

FALL 127

Tätigkeitsvergütungen

Sachverhalt: Der ledige Steuerpflichtige Anton ist seit Jahren an der Stein & Bruch KG mit 10 % als Kommanditist beteiligt. Der Gewinn der KG 1995 beträgt 200 000 DM. Das Bruttogehalt des Anton beträgt 60 000 DM, der Arbeitgeberanteil zur Sozialversicherung 11 220 DM. Diese Beträge wurden als Betriebsausgabe behandelt. Die darin enthaltene Kirchensteuer beträgt 840 DM. Aus beruflichen Gründen entstanden Anton Aufwendungen von 600 DM, die er privat zahlte.

Frage: Wie hoch sind der Gewinn der KG 1995 und das zu versteuernde Einkommen des Anton 1995?

Lösung

Der Gewinn der KG ist gem. § 179 Abs. 2 i. V. mit § 180 Abs. 1 Nr. 2a AO einheitlich und gesondert festzustellen. Die Tätigkeitsvergütungen stellen Sondervergütungen nach § 15 Abs. 1 Nr. 2 EStG dar und dürfen den Gewinn nicht mindern, da Anton als Mitunternehmer der KG (Kommanditist) anzusehen ist. Die Vergütung ist durch das Gesellschaftsverhältnis veranlaßt. Eine gesellschaftliche Veranlassung ist auch dann gegeben, wenn die Leistungen auf besonderen schuldrechtlichen Verträgen beruhen (Arbeitsvertrag, Darlehensvertrag, Mietvertrag).

Gewinn lt. Handelsbilanz 1995		= 200 000 DM
+	Tätigkeitsvergütung Anton, da es sich hier nicht um steuerlichen Aufwand der KG handelt.	+ 60 000 DM
+	Arbeitgeberanteil zur Sozialversicherung, da Anton kein Arbeitnehmer i. S. des EStG ist. Er ist nur AN lt. Sozialversicherungsrecht, da er zu weniger als 50 % beteiligt ist.	+ 11 220 DM
·/.	Sonderbetriebsausgaben	·/. 600 DM
Gewinn der KG 1995		270 620 DM

Als Kommanditist in der gesetzestypischen Stellung lt. HGB ist Anton Mitunternehmer und erzielt Einkünfte gem. § 15 Abs. 1 Nr. 2 EStG.

Tätigkeitsvergütung		60 000 DM
+	Arbeitgeberanteil	+ 11 220 DM
·/.	Sonderbetriebsausgaben	·/. 600 DM
+	Gewinnanteil 10 %	+ 20 000 DM
Einkünfte		90 620 DM

Zu versteuerndes Einkommen des Anton:

Einkünfte gem. § 15 Abs. 1 Nr. 2 EStG				90 620 DM
·/.	Sonderausgaben gem. § 10 Abs. 1 Nr. 4 EStG Kirchensteuer			840 DM
·/.	Vorsorgeaufwendungen: Arbeitnehmeranteil zur Sozialversicherung = § 10 Abs. 1 Nr. 2a EStG	11 220 DM		
+	Arbeitgeberanteil, da es sich hier um steuerpflichtige Einnahmen handelt (kein § 10 Abs. 2 Nr. 2 EStG)	+ 11 220 DM		
	Summe	22 440 DM		
·/.	Vorwegabzug § 10 Abs. 3 Nr. 2 EStG	·/. 6 000 DM	6 000 DM	
	Eine Kürzung kommt nicht in Betracht, da er keine steuerfreien Leistungen des Arbeitgebers nach § 3 Nr. 62 EStG erhält,			
	verbleiben	16 440 DM		

·/. Grundhöchstbetrag			
§ 10 Abs. 3 Nr. 1 EStG	2 610 DM	2 610 DM	
verbleiben	13 830 DM		
·/. Erhöhungsbetrag			
§ 10 Abs. 3 Nr. 3 EStG	1 305 DM	1 305 DM	
Vorsorgeaufwendungen		9 915 DM	·/. 9 915 DM
zu versteuerndes Einkommen 1995			= 79 865 DM

(Friebel)

FALL 128

Mitunternehmerschaft/Sondervergütung

Sachverhalt: An der ABC-OHG sind die Gesellschafter A, B und C mit jeweils ⅓ beteiligt. Die OHG erzielt für 01 einen Gewinn von 120 000 DM. Zwischen der Gesellschaft und ihren Gesellschaftern bestehen folgende besondere Vereinbarungen:

A hat der OHG ein bebautes Grundstück zur betrieblichen Nutzung überlassen. Dafür erhält er lt. vertraglicher Vereinbarungen eine jährliche Pacht von 36 000 DM. Die laufenden Hausunkosten betragen 12 300 DM und werden vereinbarungsgemäß von der OHG getragen. Die AfA für das Gebäude beträgt 4 500 DM und ist ebenso wie die von A privat gezahlten Schuldzinsen von 3 500 DM nicht bei der Gewinnermittlung berücksichtigt.

B betreibt neben seiner Beteiligung an der OHG ein Ingenieurbüro und einen Baustoffgroßhandel. Er erhielt von der OHG den Auftrag, die Baubetreuung für den Büroneubau zu übernehmen und die Baustoffe zu liefern. Für die Baubetreuung erhielt er ein Honorar von 40 000 DM, Baustoffe lieferte er für 120 000 DM. An eigenen Aufwendungen entstanden ihm für die Baubetreuung, an Personalkosten und Büromaterial, 21 000 DM. Die Selbstkosten der Baustoffe betrugen 85 000 DM. Die Einnahmen und die Kosten wurden in den jeweiligen Einzelunternehmen erfaßt.

C ist als Geschäftsführer tätig und erhält dafür eine jährliche Vergütung von 60 000 DM, die als Betriebsausgabe verbucht wurde. Für die Fahrten zum Betrieb nutzt er seinen privaten Pkw. Die einfache Entfernung von seiner Wohnung bis zum Betrieb beträgt 15 km, die er an 230 Tagen im Jahr zurücklegt. Die Kosten sind nicht berücksichtigt.

Frage: Ermitteln Sie den Gewinn der OHG und die steuerlichen Gewinnanteile der Gesellschafter für 01!

Lösung

Der Gewinn der OHG ist gem. §§ 179 Abs. 2, 180 Abs. 1 Nr. 2a AO einheitlich und gesondert festzustellen. Die Gesellschafter erzielen als Mitunternehmer Einkünfte gem. § 15 Abs. 1 Nr. 2 EStG. Dazu gehört nicht nur der Gewinnanteil, sondern auch alle Vergütungen, die die Gesellschafter für Leistungen im Dienste der Gesellschaft erhalten.

Die Pacht, die A für die Überlassung des Grundstücks von der OHG erhält, ist nicht als Betriebsausgabe der OHG abzusetzen, sondern stellt eine Sondervergütung i. S. des § 15 Abs. 1 Nr. 2 EStG dar, die dem A vorweg bei der Gewinnverteilung zuzurechnen ist. Das Grundstück ist als notwendiges Sonderbetriebsvermögen in der Sonderbilanz des A bei der OHG zu erfassen. Alle mit diesem Grundstück in Zusammenhang stehenden Kosten, die von A getragen werden, sind außerdem als Sonderbetriebsausgaben abzugsfähig und bei A zu berücksichtigen. Auch das Darlehen zur Finanzierung des Grundstücks ist als Sonderbetriebsvermögen zu passivieren, die Zinsen sind als Sonderbetriebsausgaben abzugsfähig.

Das Honorar, das B von der OHG erhält, ist ebenfalls eine Sondervergütung für Leistungen im Dienste der Gesellschaft und darf nicht als Betriebsausgabe abgezogen werden (Tz 81 des Mitunternehmererlasses v. 20. 12. 1977, BStBl 1978 I, 8 ff.). Alle damit im Zusammenhang stehenden Kosten sind als Sonderbetriebsausgaben abzuziehen. Diese Beträge sind bei der Gewinnermittlung des Ingenieurbüros nicht mehr zu berücksichtigen.

Die Lieferungen der Baustoffe an die OHG fallen nicht unter § 15 Abs. 1 Nr. 2 EStG (Tz 86 Mitunternehmererlaß, a. a. O.), da diese Vorschrift nur von der Überlassung, aber nicht von der Veräußerung bzw. Lieferung von Wirtschaftsgütern spricht. Die Beträge sind deshalb im Baustoffgroßhandel zu erfassen.

Die Tätigkeitsvergütungen, die C von der OHG erhält, stellen Sondervergütungen dar, die den Gewinn der OHG nicht mindern dürfen. Die damit zusammenhängenden Fahrtkosten sind aber als Sonderbetriebsausgaben abzugsfähig. Dabei ist die Begrenzung gem. § 4 Abs. 5 Nr. 6 i. V. mit § 9 Abs. 1 Nr. 4 EStG zu beachten. Abzugsfähig sind 230 Tage × 15 km × 0,70 DM = 2 415,– DM (ab 1994 lt. StMBG).

Gewinnermittlung:

	OHG	A	B	C
Pacht	+ 36 000 DM	+ 36 000 DM		
AfA	·/. 4 500 DM	·/. 4 500 DM		
Zinsen	·/. 3 500 DM	·/. 3 500 DM		
Honorar	+ 40 000 DM		+ 40 000 DM	
Kosten	·/. 21 000 DM		·/. 21 000 DM	
Gehalt	+ 60 000 DM			+ 60 000 DM
Fahrtkosten	·/. 2 415 DM			·/. 2 415 DM
Gewinn	120 000 DM	+ 40 000 DM	+ 40 000 DM	+ 40 000 DM
Gewinn	224 585 DM	68 000 DM	59 000 DM	97 585 DM

(Friebel)

FALL 129

Familienpersonengesellschaft

Sachverhalt: Der Vater Anton beteiligt an seinem bisher als Einzelunternehmen geführten Gewerbebetrieb seinen 12jährigen Sohn Harald ab 1. 1. 01 als Kommanditist. Der schriftliche Gesellschaftsvertrag vom 10. 11. 00 wurde am 5. 12. 00 durch das Vormundschaftsgericht genehmigt. Bei Abschluß des Vertrages war Harald durch einen Pfleger vertreten, den das Amtsgericht bestellt hatte. Der Gesellschaftsvertrag bestimmt, daß der Vater sein Einzelunternehmen mit allen Aktiven und Passiven zu Buchwerten in die neu gegründete KG einbringt. Vom Festkapital der KG von 500 000 DM entfallen auf Anton 450 000 DM und auf seinen Sohn 50 000 DM. Harald erbringt seine Kapitaleinlage vereinbarungsgemäß dadurch, daß die Beträge vom Konto des Anton schenkweise umgebucht werden. Zur Geschäftsführung und Vertretung ist nur Anton berechtigt. Für seine Tätigkeit und für seine unbeschränkte Haftung erhält Anton monatlich 10 000 DM. Anton und Harald sind im Verhältnis ihrer Kapitalanteile an den stillen Reserven des Unternehmens beteiligt.

Der Handelsbilanzgewinn der KG in 01 beträgt 380 000 DM. Anton erhält 80 % als Gewinn- und Verlustanteil, Harald ist mit 20 % am Gewinn und Verlust beteiligt. Die steuerlichen Gewinne der letzten 5 Jahre betrugen bei dem Einzelunternehmen durchschnittlich 400 000 DM. Der gemeine Wert der Beteiligung des Sohnes kann mit 100 000 DM angenommen werden.

Frage: 1. Kann die KG steuerlich anerkannt werden?
2. Kann die Gewinnverteilung steuerlich anerkannt werden?

Lösung

1. Ein Gesellschaftsvertrag unter Familienangehörigen ist dann steuerlich anzuerkennen, wenn der Gesellschaftsvertrag zivilrechtlich wirksam ist, tatsächlich durchgeführt wurde und es sich um eine Mitunternehmerschaft handelt.

   Der Gesellschaftsvertrag wurde zivilrechtlich wirksam unter Beachtung der Formvorschriften abgeschlossen. Eine notarielle Beurkundung des Gesellschaftsvertrages ist nicht erforderlich. Erforderlich ist aber, daß der Sohn bei Abschluß des Gesellschaftsvertrages durch einen Ergänzungspfleger vertreten war (§ 1909 BGB) und die vormundschaftliche Genehmigung des Vertrages unverzüglich nach Vertragsabschluß eingeholt und erteilt wird (§ 1822 Nr. 3 BGB, R 138a Abs. 3 Sätze 12 und 13 EStR). Eine Dauerergänzungspflegschaft ist nicht erforderlich. Diese Voraussetzungen sind im vorliegenden Fall erfüllt. Die Genehmigung des Vormundschaftsgerichts wirkt hier auf den Zeitpunkt des Vertragsabschlusses zurück.

   Der Sohn Harald wird durch eine Schenkung des Kapitalanteils als Gesellschafter beteiligt. Grundsätzlich ist hierfür eine notarielle Beurkundung des Schenkungsversprechens erforderlich gem. § 518 Abs. 1 BGB. Diese ist im vorliegenden Fall nicht gegeben. Dieser Formmangel kann aber durch Bewirkung der versprochenen Leistung geheilt werden nach § 518 Abs. 2 BGB. Die Heilung erfolgt hier durch die Einrichtung eines entsprechenden Kapitalkontos zugunsten des Harald in der Bilanz.

   Eine Mitunternehmerschaft kann dann bejaht werden, wenn einem minderjährigen Kind in einem ernsthaft gewollten und zivilrechtlich wirksamen Vertrag wenigstens annähernd die Rechte eines Kommanditisten nach den Vorschriften des HGB eingeräumt werden (R 138a Abs. 2 Satz 1, R 138 Abs. 3 EStR). Da keine entgegenstehenden vertraglichen Vereinbarungen bezüglich etwaiger Einschränkungen der Gesellschafterrechte bestehen, ist Harald als Mitunternehmer anzusehen. Er trägt demnach Mitunternehmerinitiative und Mitunternehmerrisiko durch die Beteiligung an den stillen Reserven.

2. Unabhängig von der steuerlichen Anerkennung der KG ist zu prüfen, ob die vereinbarte und entsprechend durchgeführte Gewinnverteilung anerkannt werden kann (R 138a Abs. 5 Satz 1 EStR). Bei der Prüfung der Angemessenheit sind Vergleiche mit Gewinnverteilungsabreden unter Fremden anzu-

stellen. Eine derartige Möglichkeit besteht aber hier nicht, da Harald seinen Kapitalanteil geschenkt erhielt, was unter Fremden nicht üblich ist. Die Prüfung der Angemessenheit richtet sich nach den Grundsätzen des Großen Senats des BFH vom 29. 5. 1972, BStBl 1973 II, 5 ff., R 138a Abs. 5 Satz 6 EStR. Danach ist bei einem nicht mitarbeitenden Familienangehörigen, der seine Beteiligung geschenkt erhielt, ein Gewinnanteil angemessen, der eine Rendite von 15 % des tatsächlichen Werts des Gesellschaftsanteils ergibt. Dieser Wert ist im Zeitpunkt der Gründung zu ermitteln und beträgt lt. Sachverhalt 100 000 DM.

Berechnung:

gemeiner Wert der Beteiligung	=	100 000 DM
davon 15 %	=	15 000 DM
zu erwartender jährlicher Gewinn (geschätzt auf der Grundlage der letzten 5 Jahre, abzüglich Vorwegvergütung des Komplementärs) = 400 000 DM ·/. 120 000 DM	=	280 000 DM
steuerlich höchstmöglicher Gewinnanteil (Rendite) $\frac{15\,000 \text{ DM} \times 100}{280\,000 \text{ DM}}$	=	5,36 %

Damit ist für Harald ein Gewinnanteil von 5,36 % angemessen. Das bedeutet, für 01 ist ein Gewinnanteil von 5,36 % von 380 000 DM = 20 368 DM angemessen.

Der steuerliche Gewinn der KG beträgt: HB	=	380 000 DM
+ Tätigkeitsvergütung Anton, da es sich hier um Sondervergütungen i. S. des § 15 Abs. 1 Nr. 2 EStG handelt, die den HB-Gewinn gemindert haben.	+	120 000 DM
steuerlicher Gewinn		500 000 DM

Vereinbarte Gewinnverteilung:

	KG	Anton	Harald
Gewinn	500 000 DM		
·/. Gehalt	120 000 DM	120 000 DM	
	380 000 DM		
Rest 80 : 20		304 000 DM	76 000 DM
		424 000 DM	76 000 DM

Diese Gewinnverteilung ist wegen Unangemessenheit nicht anzuerkennen. Die **steuerliche** Gewinnverteilung sieht wie folgt aus:

	KG	Anton	Harald
Gewinn	500 000 DM		
·/. Vorweg	120 000 DM	120 000 DM	
Rest	380 000 DM		
		359 632 DM	20 368 DM
		479 632 DM	20 368 DM

Die unangemessenen Gewinnanteile sind dem Mitunternehmer zuzurechnen, dem sie wirtschaftlich aufgrund des Gesellschaftsvertrages zustehen, also dem Komplementär, dem Schenker Anton. Es handelt sich hier um einkommensteuerlich unbeachtliche Zuwendungen des Vaters in Höhe von (76 000 DM ·/. 20 368 DM =) 55 632 DM gem. § 12 Nr. 2 EStG. Da der Kommanditist Anspruch auf den vertraglich vereinbarten Gewinnanteil hat, müssen die Beträge dem Kapitalkonto des Harald erfolgsneutral gutgeschrieben werden.

Der so ermittelte angemessene Gewinnanteilsatz von 5,36 % tritt an die Stelle des im Gesellschaftsvertrag vereinbarten höheren Satzes von 20 %. *(Friebel)*

FALL 130

GmbH & Co. KG

Sachverhalt: An der Globus GmbH & Co. KG sind als Geschäftsführer die Komplementär-GmbH mit 10 % und als Kommanditisten die Gesellschafter A und B mit jeweils 45 % beteiligt. Der Gewinn der KG beträgt im Wirtschaftsjahr = Kalenderjahr 1995 300 000 DM. An der GmbH sind A und B zu je 50 % beteiligt. Am 20. 12. 1995 wird auf einer Gesellschafterversammlung der GmbH eine Vorabgewinnausschüttung für 1995 beschlossen. Die beiden Gesellschafter erhalten am 10. 1. 1996 jeweils 9 000 DM auf ihr Konto überwiesen.

Frage: Führen Sie die Gewinnfeststellung der KG und die Gewinnverteilung für die Gesellschafter der KG durch!

Lösung

Die GmbH & Co. KG ist eine Personengesellschaft, deren Gewinn einheitlich und gesondert gem. §§ 179 Abs. 2, 180 Abs. 1 Nr. 2a AO festzustellen ist. Die Gesellschaft ist ein Gewerbebetrieb, wenn nicht durch gewerbliche Betätigung nach § 15 Abs. 1 Nr. 1 EStG, dann zumindest als gewerblich geprägte Gesellschaft nach § 15 Abs. 3 Nr. 2 EStG.

Die Gesellschafter der KG erzielen Einkünfte aus Gewerbebetrieb nach § 15 Abs. 1 Nr. 2 EStG. Zum Sonderbetriebsvermögen der Gesellschafter A und B gehört auch die Beteiligung an der Komplementär GmbH. Diese ist für den Betrieb der GmbH & Co. KG nicht nur förderlich, sondern für diese Rechtsform unerläßlich. Die Gewinnausschüttungen sind demnach Sonderbetriebseinnahmen der Kommanditisten. Der Auszahlungsanspruch entsteht im Zeitpunkt der Beschlußfassung und ist deshalb bereits in 1995 zu berücksichtigen. Als Betriebseinnahmen sind auch die Kapitalertragsteuer und die anrechenbare Körperschaftsteuer anzusetzen, § 20 Abs. 3 i. V. m. § 20 Abs. 1 Nr. 1, § 12 Nr. 3, § 20 Abs. 1 Nr. 3 EStG.

Gewinnfeststellung:

	KG	GmbH	A	B
Gewinn	300 000 DM	30 000 DM	135 000 DM	135 000 DM
+ Ausschüttung netto	18 000 DM		9 000 DM	9 000 DM
+ Kapitalertragsteuer = 1/3 der Netto-Dividende	6 000 DM		3 000 DM	3 000 DM
+ 3/7 von 24 000 DM anrechenbare Körperschaftsteuer	10 286 DM		5 143 DM	5 143 DM
steuerlicher Gewinn	334 286 DM	30 000 DM	152 143 DM	152 143 DM

Die Kommanditisten A und B können bei ihrer Einkommensteuerveranlagung die Kapitalertragsteuer von jeweils 3 000 DM und die Körperschaftsteuer von jeweils 5 143 DM auf die Einkommensteuer anrechnen, § 36 Abs. 2 Nr. 2 und 3 EStG. Bei der Ermittlung des Gewerbeertrags der KG ist die Gewinnausschüttung der GmbH gem. § 9 Nr. 2a GewStG in Höhe des Bruttobetrages von 34 286 DM zu kürzen.

Bei der Körperschaftsteuerveranlagung der GmbH ist die Gewinnausschüttung bei der Steuerermittlung für 1995 zu berücksichtigen. Es ist die Ausschüttungsbelastung gem. § 27 Abs. 1 KStG herzustellen. *(Friebel)*

FALL 131

GmbH & Co. KG / Sonderbetriebsvermögen

Sachverhalt: wie Fall 130, aber an der Komplementär-GmbH sind die Gesellschafter X und B beteiligt.

Frage: Welche Folgerungen ergeben sich bei vorliegender Fallgestaltung?

Lösung

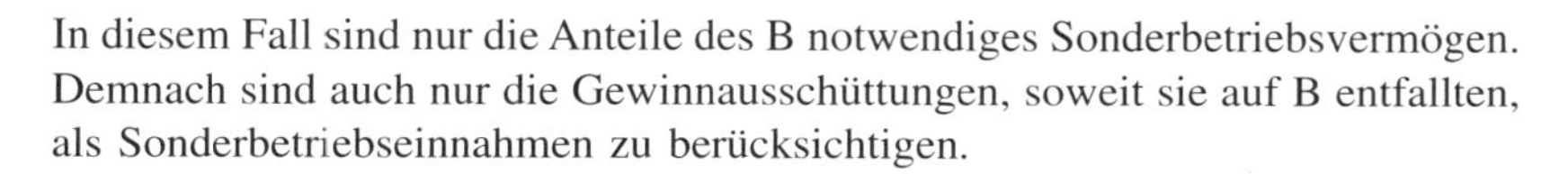

In diesem Fall sind nur die Anteile des B notwendiges Sonderbetriebsvermögen. Demnach sind auch nur die Gewinnausschüttungen, soweit sie auf B entfallten, als Sonderbetriebseinnahmen zu berücksichtigen.

Gewinnermittlung:

	KG	GmbH	A	B
Gewinn	300 000 DM	30 000 DM	135 000 DM	135 000 DM
Ausschüttg.	9 000 DM			9 000 DM
Kapitalertrag-steuer	3 000 DM			3 000 DM
Körperschaft-steuer	5 143 DM			5 143 DM
	317 143 DM	30 000 DM	135 000 DM	152 143 DM

Der Gesellschafter X erzielt Einkünfte aus Kapitalvermögen gem. § 20 Abs. 1 Nr. 1 und Nr. 3 EStG. Die Einnahmen sind im Zeitpunkt des Zuflusses 1996 zu berücksichtigen, § 11 Abs. 1 Satz 1 EStG.

Einnahmen	= 9 000 DM
+ Kapitalertragsteuer § 12 Nr. 3 EStG	+ 3 000 DM
+ anrechenbare Körperschaftsteuer 3/7 (ab 1994 lt. StMBG)	+ 5 143 DM
Einnahmen	17 143 DM
·/. Werbungskosten Pauschbetrag § 9a Nr. 2 EStG	·/. 100 DM
·/. Sparerfreibetrag § 20 Abs. 4 EStG	·/. 6 000 DM
Einkünfte	= 11 043 DM

(Friebel)

FALL 132

Gewinnermittlung GmbH & Co. KG

Sachverhalt: Xaver Lustig ist Geschäftsführer der Fröhlich Verwaltungs-GmbH mit Sitz in Neustadt. Er erhält in 1995 ein Bruttogehalt von 91 000 DM. Das Stammkapital der GmbH beträgt 50 000 DM. Gesellschafter der GmbH sind seit der Gründung Xaver Lustig zu 60 % und seine Ehefrau Antonia zu 40 %. Am 23. 6. 1995 beschließt die GmbH eine Gewinnausschüttung für 1994. Die Ausschüttung wurde am 10. 7. 1995 an die Eheleute Lustig in Höhe von 42 000 DM per Überweisung gezahlt (= Tag der Abgabe bei der Bank). Eine Steuerbescheinigung liegt vor.

Xaver Lustig erhält am 1. 12. 1995 vereinbarungsgemäß 12 000 DM jährliche Zinsen von der GmbH überwiesen, da er der Gesellschaft am 2. 1. 1995 ein Darlehen von 60 000 DM zur Verfügung gestellt hatte mit einem Zinssatz von 20 % p. a. Bei einer Bank hätte die GmbH den Kredit allerdings für die Hälfte erhalten. Der Kredit war nicht für die Existenz der GmbH notwendig.

Xaver Lustig ist außerdem an der Fröhlich GmbH & Co. KG (Baufirma) als Kommanditist mit einer Kapitaleinlage von 40 000 DM beteiligt.

Weitere Gesellschafter sind:

- Willi Wutz, Kapitaleinlage 50 000 DM, als Kommanditist,
- Fröhlich Verwaltungs-GmbH, Kapitaleinlage 10 000 DM, als Komplementär und Geschäftsführerin der KG.

Die Gesellschafter sind entsprechend ihren Einlagen am Gewinn/Verlust und an den stillen Reserven beteiligt. Vorab erhalten sie eine Verzinsung der Einlagen von 15 %, die GmbH erhält Auslagenersatz in Höhe des Geschäftsführergehalts an Xaver Lustig. Diese Beträge wurden als Betriebsausgaben behandelt.

Der Handelsbilanzgewinn der KG im Wirtschaftsjahr = Kalenderjahr 1995 beträgt 360 000 DM.

Frage: Ermitteln Sie den festzustellenden Gewinn der Fröhlich GmbH & Co. KG für 1995 und verteilen Sie ihn auf die Gesellschafter!

Die Fröhlich GmbH & Co. KG unterhält einen Gewerbebetrieb i. S. des § 15 Abs. 2 EStG. Es ist eine einheitliche und gesonderte Gewinnfeststellung nach § 179 Abs. 2 i. V. mit § 180 Abs. 1 Nr. 2a AO vorzunehmen.

Als Kommanditist der KG erzielen Willi Wutz und Xaver Lustig Einkünfte gem. § 15 Abs. 1 Nr. 2 EStG. Sie sind Mitunternehmer der KG, da ihre Stellung der gesetzestypischen Stellung eines Kommanditisten lt. HGB entspricht. Xaver ist zu 40 % und Willi ist zu 50 % am Gewinn beteiligt.

Xaver ist gleichzeitig Geschäftsführer der Fröhlich Verwaltungs-GmbH und führt als solcher die Geschäfte der KG. Damit wird er im Dienste der KG tätig, an der er als Kommanditist beteiligt ist.

Der von der Komplementär-GmbH gezahlte Arbeitslohn stellt für Xaver Lustig keine Einkünfte aus nichtselbständiger Arbeit dar, sondern gehört als Sondervergütung zu den Einkünften gem. § 15 Abs. 1 Nr. 2 EStG. Beiträge zur Sozialversicherung wurden keine geleistet, da Xaver nicht sozialversicherungspflichtig i. S. des Sozialversicherungsrechts ist, denn er ist mit seiner 60%igen Beteiligung an der Komplementär-GmbH beherrschender Gesellschafter-Geschäftsführer. Der Gewinn der KG ist demnach um den Bruttolohn von 91 000 DM zu erhöhen und vorweg bei der Gewinnverteilung dem Xaver zuzurechnen.

Der Auslagenersatz an die GmbH stellt ebenfalls eine Sondervergütung dar, um die der Gewinn zu erhöhen ist. Gleichzeitig hat die GmbH in Höhe des Geschäftsführergehalts an Xaver Sonderbetriebsausgaben, um die der Gewinn wieder zu mindern ist. Diese Beträge sind bereits bei der einheitlichen und gesonderten Gewinnfeststellung der KG zu berücksichtigen.

Die GmbH-Anteile des Xaver von 30 000 DM (60 % von 50 000 DM Stammkapital) gehören zum notwendigen Sonderbetriebsvermögen des Xaver, da die Beteiligung an der Komplementär-GmbH seiner Beteiligung als Kommanditist an der KG förderlich und für diese Gesellschaftsform erforderlich ist. Das gilt nicht für die Anteile von Antonia Lustig, da sie nicht als Mitunternehmerin an der KG beteiligt ist und somit kein Sonderbetriebsvermögen haben kann. Die Anteile gehören bei ihr zum Privatvermögen.

Zu den Sonderbetriebseinnahmen des Xaver zählen deshalb die Gewinnausschüttungen der GmbH inkl. Kapitalertragsteuer und anrechenbarer Körperschaftsteuer gem. § 20 Abs. 3 i. V. mit § 20 Abs. 1 Nr. 1 und Nr. 3 EStG, § 12 Nr. 3 EStG.

Hinzuzurechnen sind:

60 % von 42 000 DM, netto	= 25 200 DM
+ Kapitalertragsteuer 1/3	+ 8 400 DM
Summe	33 600 DM
+ 3/7 Körperschaftsteuer	+ 14 400 DM
Sonderbetriebseinnahmen	= 48 000 DM

Ebenso sind verdeckte Gewinnausschüttungen bei der einheitlichen und gesonderten Gewinnfeststellung der KG als Sonderbetriebseinnahmen zu berücksichtigen. Der Darlehensvertrag zwischen Xaver und der GmbH ist steuerlich anzuerkennen. Allerdings ist der Zinssatz überhöht, denn bei einem Vertrag zwischen fremden Dritten wäre lediglich ein Zinssatz von 10 % vereinbart worden. Insoweit gewährt die GmbH ihrem Gesellschafter Vorteile, die sie fremden Dritten nicht gewährt hätte. In Höhe von 10 % = 6 000 DM liegt demnach eine verdeckte Gewinnausschüttung an Xaver vor. Als Sonderbetriebseinnahmen sind zu erfassen:

6 000 DM	(die Kapitalertragsteuer ist bei einer verdeckten Gewinnausschüttung nicht einbehalten)
+ 2 571 DM	(3/7 anrechenbare Körperschaftsteuer)
8 571 DM	

(Anmerkung: Die anrechenbare Körperschaftsteuer ist hier zu berücksichtigen, da im vorliegenden Falle bilanzsteuerliche Grundsätze gelten und zum Abschlußzeitpunkt ein Anspruch auf Steuerbescheinigung besteht. Es ist aber auch zu akzeptieren, wenn wegen fehlender Steuerbescheinigung eine Berücksichtigung noch nicht erfolgt, H 213 g EStH.)

Die Zinsen für das Darlehen selbst sind als Einkünfte aus Kapitalvermögen zu erfassen, da das Darlehen kein notwendiges Sonderbetriebsvermögen des Xaver darstellt. Darlehen und GmbH-Anteile sind unabhängig voneinander zu beurteilen (BFH, BStBl 1976 II, 380).

Die Kapitalverzinsung ist lediglich eine Gewinnverteilungsabrede und darf den Gewinn nicht mindern. Einlagen insgesamt = 100 000 DM, davon 15 % = 15 000 DM. Diese Beträge sind entsprechend der Höhe der Einlage auf die Gesellschafter zu verteilen.

Der Restgewinn ist entsprechend dem Verhältnis der Einlagen zu verteilen, 40 : 50 : 10.

Gewinnverteilung:

KG			Xaver	Willi	GmbH
Handelsbilanzgewinn	=	360 000 DM			
Gehalt	+	91 000	91 000		
Vergütung GmbH	+	91 000			91 000
Sonder-BA GmbH	·/.	91 000			·/. 91 000
Dividende	+	48 000	48 000		

verdeckte Gewinnausschüttung	+	8 571	8 571		
Kapitalverzinsung	+	15 000	6 000	7 500	1 500
Restgewinn		360 000	144 000	180 000	36 000
Summe KG	=	522 571	297 571	187 500	37 500

(Friebel)

FALL 133

Betriebsaufspaltung

Sachverhalt: In seiner Einkommensteuererklärung 1995 gibt A Einnahmen aus Vermietung und Verpachtung von monatlich 6 000 DM an. Die laufenden Aufwendungen hierzu betragen (unstreitig) 2 100 DM monatlich. Das Finanzamt ist bei der Veranlagung für die Vorjahre den Angaben des Steuerpflichtigen gefolgt. Diesen liegt folgender Sachverhalt zugrunde:

Am 1. 3. 1989 hatte A ein altes Fabrikgrundstück (Baujahr 1930) für 320 000 DM (darin enthalten sind 60 000 DM für den Grund und Boden) erworben (Einheitswert 1. 1. 1990 = 160 000 DM). Dieses Gebäude hat er durchgreifend renoviert und modernisiert mit einem Kostenaufwand von 40 000 DM (neuer EW 1. 1. 1991 = 180 000 DM, Wertsteigerung des Gebäudes um 20 %). Infolgedessen konnte A das ziemlich heruntergewirtschaftete Gebäude genau auf den Mieter zugeschnitten verbessern. Neuer Mieter wurde ab Oktober 1989 die „Heimat Brotfabriken GmbH", die diesen Gebäudekomplex nunmehr als alleiniges Betriebsgebäude nutzt.

Ende Mai 1990 erwarb A 80 % der Anteile an der nun florierenden GmbH (Stammkapital 100 000 DM, der gemeine Wert der Anteile wurde zum 31. 12. 1994/1. 1. 1995 auf 160 % festgestellt) zum günstigen Kaufpreis von 96 000 DM von dem bisherigen Alleingesellschafter Schneider. Schneider wollte sich teilweise aus der Firma zurückziehen, da er zeitlich bereits in anderen Geschäften sehr beansprucht ist. Als neuer Geschäftsführer wurde ein Fremder eingestellt. Ende des Jahres 1994 auftretende finanzielle Schwierigkeiten veranlaßten A, der GmbH ab Januar 1995 ein Darlehen von 200 000 DM zu gewähren. A konnte dadurch erreichen, daß sich die Vermögens- und Ertragslage der Firma wieder verbesserte. A verlangte einen marktüblichen Zinssatz von 10 %. Die Zinsen sind monatlich, jeweils zum Monatsende, fällig und wurden in zwei gleichen Beträgen am 30. 6. 1995 und 31. 12. 1995 bezahlt.

Gewinnausschüttungen hat A wegen der wirtschaftlichen Situation der GmbH in 1994 und 1995 nicht erhalten.

Frage: Ermitteln Sie die Höhe der Einkünfte des A für den Veranlagungszeitraum 1995!

Nehmen Sie ggf. Stellung zu den gewerbesteuerlichen Folgen!

▶ Lösung

Bis zum Erwerb der GmbH-Anteile erzielte A aus der Vermietung des Grundstücks – wie erklärt – Einnahmen gem. § 21 Abs. 1 Nr. 1 EStG.

Durch den Erwerb von 80 % der Anteile an der „Heimat Brotfabriken GmbH" sind die Voraussetzungen der Betriebsaufspaltung zu prüfen. Da A die GmbH durch die Mehrheit der Anteile beherrscht (abweichendes Stimmrecht liegt lt. Sachverhalt nicht vor), liegt eine personelle Verflechtung zwischen A und der GmbH vor.

Es ist ebenfalls eine sachliche Verflechtung gegeben, da das vermietete Grundstück die wesentliche Betriebsgrundlage der GmbH darstellt, da es für die Bedürfnisse der Betriebsgesellschaft GmbH besonders gestaltet wurde. Es handelt sich zumindest um eine der wesentlichen Betriebsgrundlagen.

Da eine sachliche und personelle Verflechtung zwischen A (Besitzgesellschaft) und der GmbH (Betriebsgesellschaft) besteht, handelt es sich um eine unechte Betriebsaufspaltung, da sie nicht durch Aufspaltung einer Gesellschaft entstanden ist (R 137 Abs. 5 und 6 EStR). Die Vermietung und Verpachtung wird in diesem Fall nicht mehr als Vermögensverwaltung, sondern als gewerbliche Tätigkeit angesehen. A erzielt deshalb Einkünfte nach § 15 Abs. 1 Nr. 1 EStG.

Einkünfte aus Gewerbebetrieb:

Das Wirtschaftsjahr ist gem. § 4a Abs. 1 Nr. 3 EStG das Kalenderjahr. Die Gewinnermittlung erfolgt gem. § 4 Abs. 3 EStG.

Mieteinnahmen nach § 15 Abs. 1 Nr. 1 EStG 6 000 DM × 12 =	72 000 DM
• laufende Aufwendungen 2 100 DM × 12 =	·/. 25 200 DM

- **AfA auf Fabrikgebäude:**

  Anschaffungskosten Gebäude 1989 = 260 000 DM.
  Die Kosten von 40 000 DM waren sofort abzugsfähige Erhaltungsaufwendungen nach R 157 Abs. 1 und Abs. 5 EStR.

Ende Mai 1990 wird das Grundstück notwendiges BV. Es handelt sich um eine Einlage nach § 6 Abs. 1 Nr. 5 EStG. Ebenso werden die GmbH-Anteile notwendiges BV. Die Einlage erfolgt mit dem Teilwert, max. mit den AK/HK ·/. AfA.

AfA gem. § 7 Abs. 4 Nr. 2a EStG für die Zeit von März 1989 bis Mai 1990 2 % von 260 000 DM = 5 200 DM,

davon $^{15}/_{12}$ = 6 500 DM
260 000 DM ·/. 6 500 DM = 253 500 DM
neue AfA-Bemessungsgrundlage bei Einlage
AfA ab Juni 1990 = 2 % von 253 500 DM = 5 070 DM
(R 43 Abs. 6 Satz 1 und R 44 Abs. 12 Nr. 1 EStR)
für 1995 als AfA abzugsfähig. ·/. 5 070 DM

- Das Darlehen an die GmbH gehört ebenfalls zum Betriebsvermögen des Besitzunternehmens, da das Darlehen dazu diente, die Vermögens- und Ertragslage der GmbH zu verbessern und damit auch den Wert der GmbH-Beteiligung, die zum notwendigen BV gehört (BFH, v. 7. 3. 1978, BStBl 1978 II, 378 ff.).

  Die Zinseinnahmen daraus stellen deshalb Einnahmen gem. § 15 Abs. 1 Nr. 1 EStG dar. Zinsen lt. Zahlung am 30. 6. 1995 und 31. 12. 1995 + 20 000 DM

laufender Gewinn aus Gewerbebetrieb 61 730 DM

Gewerbesteuer:

Bezüglich der Betriebsaufspaltung handelt es sich um Einkünfte aus Gewerbebetrieb. Die Feststellungen des einheitlichen Gewerbesteuermeßbetrages sind, soweit noch nicht die Verjährung eingetreten ist, ab 1990 nachzuholen.

Gewerbeertrag der Besitzgesellschaft 1995:

Gewinn gem. § 15 EStG, § 7 GewStG	61 730 DM
·/. § 9 Nr. 1 GewStG: Kürzung für Grundbesitz 1,2 % von (180 000 DM zuzüglich 40 % nach § 121a BewG) 252 200 DM	·/. 3 024 DM
Gewerbeertrag	= 58 706 DM
Abrundung gem. § 11 Abs. 1 GewStG	58 700 DM
·/. Freibetrag gem. § 11 Abs. 1 GewStG	·/. 48 000 DM
	10 700 DM
Meßbetrag gem. § 11 Abs. 2 GewStG 1 %	= 107 DM

Gewerbekapital 1995:

Gemäß § 12 Abs. 1 und Abs. 5 GewStG ist der Einheitswert zum 1. 1. 1995 lt. Hauptfeststellung maßgebend. Ermittlung des Einheitswertes:

Einheitswert Betriebsgrundstück	= 252 000 DM	
+ Darlehen erst ab Januar 1995	0 DM	
+ GmbH-Anteile 80 000 DM × 160 %	= 128 000 DM	
Einheitswert	380 000 DM	380 000 DM
·/. Einheitswert Betriebsgrundstück gem. § 12 Abs. 3 Nr. 1 GewStG		·/. 252 000 DM
·/. GmbH-Anteile gem. § 12 Abs. 3 Nr. 2a GewStG		·/. 128 000 DM
Gewerbekapital		0 DM
Der einheitliche Gewerbesteuermeßbetrag für 1995 beträgt gem. § 14 Abs. 2 GewStG		= 107 DM

(Friebel)

FALL 134

Verluste bei beschränkter Haftung, § 15a EStG

Sachverhalt: Am 2. 1. 01 wird eine KG gegründet, die aus den Gesellschaftern A, B und C besteht. A ist Komplementär und hat eine Einlage von 100 000 DM zu leisten. Er erhält eine monatliche Geschäftsführervergütung von 3 000 DM. Die beiden Kommanditisten B und C haben eine Einlage von je 50 000 DM zu leisten, die vereinbarungsgemäß mit je 25 000 DM bei Gründung der Gesellschaft erbracht wird.

B hat der KG ein Darlehen von 50 000 DM zur Verfügung gestellt, für das er jährlich 5 000 DM an Zinsen erhält.

C stellt der Gesellschaft ein unbebautes Grundstück gegen eine jährliche Pacht von 5 000 DM zur Verfügung, welches er in 00 für 50 000 DM erworben hatte. Den Kaufpreis hat er durch ein Darlehen von 40 000 DM bestritten, für das er jährlich Zinsen von 3 000 DM zu zahlen hat. Weiter entstehen ihm keine Grundstücksaufwendungen.

Die Handelsbilanzgewinne betragen:

01 = Verlust 300 000 DM,

02 = Verlust 160 000 DM.

Die o. g. Beträge sind hier, soweit möglich, als Betriebsausgaben abgezogen worden.

Der Gewinn/Verlust ist im Verhältnis 50 : 25 : 25 % zu verteilen.

Die Kommanditisten haben folgende Entnahmen aus dem Gesellschaftsvermögen getätigt:

01: B = 5 000 DM C = 10 000 DM

02: B = 0 DM C = 10 000 DM

Frage: Ermitteln Sie die Einkünfte der Gesellschafter für die Veranlagungszeiträume 01 und 02!

Lösung

Veranlagungszeitraum 01:

Die Gesellschafter erzielen als Mitunternehmer Einkünfte gem. § 15 Abs. 1 Nr. 2 EStG. Die von der KG erhaltenen Vergütungen für Leistungen im Dienste der Gesellschaft sind nicht als Betriebsausgaben abzugsfähig, sondern stellen Einkünfte nach § 15 Abs. 1 Nr. 2 EStG dar. Sie sind den betr. Gesellschaftern bei der Gewinnverteilung vorweg zuzurechnen.

Der Gewinn ist im Rahmen einer einheitlichen und gesonderten Feststellung nach § 179 Abs. 2, § 180 Abs. 1 Nr. 2a AO zu ermitteln.

Gewinnermittlung und Gewinnverteilung:

	KG	GmbH	A	B
Verlust lt. HB	·/. 300 000 DM	·/. 150 000 DM	·/. 75 000 DM	·/. 75 000 DM
+ Geschäftsführergehalt	+ 36 000 DM	+ 36 000 DM		
+ Zinsen Darlehen	+ 5 000 DM		+ 5 000 DM	
+ Pacht Grundstück	+ 5 000 DM			+ 5 000 DM
·/. Schuldzinsen	·/. 3 000 DM			·/. 3 000 DM
Verlust lt. StB	·/. 257 000 DM	·/. 114 000 DM	·/. 70 000 DM	·/. 73 000 DM

Es ist nun zu prüfen, inwieweit die festgestellten Verlustanteile (§ 179 Abs. 2, § 180 Abs. 1 Nr. 2a AO) bei der Einkommensteuerveranlagung berücksichtigt werden können.

Der Komplementär A kann seine Verlustanteile uneingeschränkt absetzen. § 15a EStG beschränkt aber die Möglichkeit, gewerbliche Verluste mit anderen positiven Einkünften für beschränkt haftende Gesellschafter wie die Kommanditisten zu verrechnen. Diese Beschränkung gilt für Verluste, die zu einem negativen Kapitalkonto führen oder ein negatives Kapitalkonto erhöhen. Diese über den Haftungsbetrag hinausgehenden Beträge belasten den Kommanditisten im Jahr der Entstehung weder rechtlich noch wirtschaftlich, sondern nur, wenn und soweit spätere Gewinne entstehen.

Kapitalkonten der Kommanditisten lt. Handelsbilanz:

	B	C
geleistete Einlage	25 000 DM	25 000 DM
·/. Entnahmen 01	·/. 5 000 DM	·/. 10 000 DM
Kapital vor Verlust	20 000 DM	15 000 DM
·/. Verlustanteil 01 lt. HB ohne Sonderbetriebsvermögen	·/. 75 000 DM	·/. 75 000 DM
Kapital HB 31. 12. 01	·/. 55 000 DM	·/. 60 000 DM

Da durch die Zurechnung der Verlustanteile ein negatives Kapitalkonto der Kommanditisten entsteht, ist gem. § 15a Abs. 1 EStG zu prüfen, wie hoch die in 01 ausgleichsfähigen Verluste sind. Dabei ist der Stand des Kapitalkontos lt. HB am Bilanzstichtag vor Verlustberücksichtigung maßgebend. Das Kapitalkonto lt. Sonderbilanz ist nicht einzubeziehen (R 138d Abs. 1 EStR).

B: Das Kapitalkonto des B vor Verlustberücksichtigung beträgt 20 000 DM. Gem. § 15a Abs. 1 Satz 1 EStG sind Verluste bis zu dieser Höhe ausgleichsfähig. Da B seine Einlage noch nicht voll geleistet hat, haftet er insoweit (für 25 000 DM) unbeschränkt. Es besteht wegen der nicht gezahlten Einlage eine erweiterte Haftung gem. § 171 Abs. 1 HGB von 25 000 DM. Gem. § 15a Abs. 1 Satz 2 EStG kann B deshalb diese 25 000 DM zusätzlich als ausgleichsfähig berücksichtigen. Durch die Entnahme von 5 000 DM lebt die Haftung gem. § 172 Abs. 4 i. V. m. § 171 Abs. 1 HGB wieder auf; d. h. gem. § 15a Abs. 1 Satz 2 EStG sind weitere 5 000 DM ausgleichsfähig. Der Rest ist lediglich mit späteren Gewinnen verrechenbar.

C: C kann gem. § 15a Abs. 1 Satz 1 EStG in Höhe seines positiven Kapitalkontos von 15 000 DM Verluste ausgleichen. Auch bei ihm besteht eine erweiterte Haftung wegen der noch nicht voll eingezahlten Einlage. Er kann demnach in Höhe des Haftungsbetrages von 25 000 DM weitere Verluste ausgleichen. Durch die Entnahme von 10 000 DM lebt außerdem die Haftung gem. § 172 Abs. 4 i. V. m. § 171 Abs. 1 HGB wieder auf; es sind gem. § 15a Abs. 1 Satz 2 EStG weitere 10 000 DM ausgleichsfähig. Der Restbetrag ist gem. § 15a Abs. 2 EStG mit späteren Gewinnen verrechenbar. Über die Höhe des jeweiligen verrechenbaren Verlustes ist eine gesonderte Feststellung durchzuführen, § 15a Abs. 4 EStG.

Verlustausgleich 01 für Verluste von je 75 000 DM:

	B	C
§ 15a Abs. 1 Satz 1 EStG	20 000 DM	15 000 DM
§ 15a Abs. 1 Satz 1 EStG	25 000 DM	25 000 DM
und wegen erweiterter Haftung durch Entnahme	5 000 DM	10 000 DM
ausgleichsfähig	50 000 DM	50 000 DM
Rest verrechenbar	25 000 DM	25 000 DM
und gesondert festzustellen		

Zu versteuern gem. § 15 Abs. 1 Nr. 2 EStG:

	B	C
ausgleichsfähig	·/. 50 000 DM	·/. 50 000 DM
+ Gewinne aus Sonderbetriebsvermögen	+ 5 000 DM	+ 2 000 DM
Einkünfte	·/. 45 000 DM	·/. 48 000 DM

Die Verluste lt. HB sind für die Berechnung des ausgleichsfähigen Verlustes nach § 15a EStG nicht mit den Gewinnen aus der Sonderbilanz zu saldieren, BdF v. 15. 2. 1993, BStBl I, 976.

Verluste aus der Sonderbilanz sind uneingeschränkt abzugsfähig.

Veranlagungszeitraum 02:

Gewinnermittlung und Gewinnverteilung:

	KG	A	B	C
Verlust lt. HB	·/. 160 000 DM	·/. 80 000 DM	·/. 40 000 DM	·/. 40 000 DM
+ Gehalt	+ 36 000 DM	+ 36 000 DM		
+ Zinsen	+ 5 000 DM		+ 5 000 DM	
+ Pacht	+ 5 000 DM			+ 5 000 DM
·/. Kosten	·/. 3 000 DM			·/. 3 000 DM
	·/. 117 000 DM	·/. 44 000 DM	·/. 35 000 DM	·/. 38 000 DM

Kapitalkonten der Kommanditisten lt. HB:

	B	C
1. 1. 02	·/. 55 000 DM	·/. 60 000 DM
·/. lfd. Entnahmen	·/. 0 DM	·/. 10 000 DM
Zwischensumme	·/. 55 000 DM	·/. 70 000 DM
·/. Verlustanteil HB	·/. 40 000 DM	·/. 40 000 DM
Kapital 31. 12. 02	·/. 95 000 DM	·/. 110 000 DM

B: Da B ein negatives Kapitalkonto hat, kann er keine Verluste gem. § 15a Abs. 1 Satz 1 EStG ausgleichen. Der Haftungsbetrag von 25 000 DM gem. § 15a Abs. 1 Satz 2 EStG ist ebenfalls bereits ausgeschöpft. Der Verlust aus der HB ist demnach gem. § 15a Abs. 2 EStG nur mit späteren Gewinnen verrechenbar.

C: Da C ein negatives Kapitalkonto hat, kann er ebenfalls keine Verluste gem. § 15a Abs. 1 Satz 1 EStG ausgleichen. Durch die Entnahme aus dem Gesellschaftsvermögen von 10 000 DM lebt aber die persönliche Haftung gem. § 172 Abs. 4 i. V. m. § 171 Abs. 1 HGB wieder auf. Bisher waren berücksichtigt 25 000 DM + 10 000 DM = 35 000 DM + neu dazu 10 000 DM = 45 000 DM, die Höchstgrenze von 50 000 DM gemäß der gezeichneten Einlage ist nicht überschritten. Eine Einlagenminderung gem. § 15a Abs. 3 Satz 1 EStG kommt nicht in Betracht. Der Restbetrag ist gem. § 15a Abs. 2 EStG mit späteren Gewinnen verrechenbar.

Verlustausgleich 02 für HB-Verluste von je 40 000 DM:

	B	C
§ 15a Abs. 1 Satz 1 EStG	0 DM	0 DM
§ 15a Abs. 1 Satz 2 EStG	0 DM	0 DM
aber Wiederaufleben der Haftung durch Entnahmen		10 000 DM
ausgleichsfähig	0 DM	10 000 DM
Rest verrechenbar	40 000 DM	30 000 DM
gesondert festzustellen: § 15a Abs. 4 EStG	65 000 DM	55 000 DM

inkl. Betrag aus 01 § 15 Abs. 1 Nr. 2 EStG zu versteuern: ausgleichsfähiger Verlust lt. HB	0 DM	·/. 10 000 DM
+ Gewinne aus Sonderbetriebsvermögen	+ 5 000 DM	+ 2 000 DM
Einkünfte	5 000 DM	·/. 8 000 DM

(Friebel)

FALL 135

Einlageminderung

Sachverhalt: A ist an einer KG als Kommanditist beteiligt. Er hat seine Einlage von 100 000 DM voll geleistet und folgendes Kapitalkonto:

lt. Steuerbilanz zum 1. 1. 01	= 100 000 DM
zusätzliche Einlage	+ 100 000 DM
Zwischensumme	200 000 DM
Verlustanteil 01	·/. 200 000 DM
31. 12. 01	0 DM
·/. Entnahme 02	·/. 100 000 DM
Zwischensumme	·/. 100 000 DM
·/. Verlustanteil 02	·/. 50 000 DM
31. 12. 02	·/. 150 000 DM

Frage: Wie hoch sind die Einkünfte 01 und 02?

Lösung

Im Kalenderjahr 01 ist der Verlustanteil von 200 000 DM voll ausgleichsfähig, da durch die Verlustzurechnung kein negatives Kapitalkonto entsteht, § 15a Abs. 1 Satz 1 EStG. A erzielt Einkünfte nach § 15 Abs. 1 Nr. 2 EStG von ·/. 200 000 DM.

Im Kalenderjahr 02 ist der Verlustanteil von 50 000 DM nicht ausgleichsfähig gem. § 15a Abs. 1 Satz 1 EStG, da sich das negative Kapitalkonto erhöht. Der Verlustanteil von 50 000 DM ist gem. § 15a Abs. 2 EStG mit Gewinnen aus späteren Jahren verrechenbar. Über die Höhe des verrechenbaren Verlustes muß eine gesonderte Feststellung nach § 15a Abs. 4 EStG ergehen.

Durch die Einlage von 100 000 DM im Vorjahr 01 hatte A aber 100 000 DM in 01 mehr ausgleichen können. Diese Einlage wurde nach dem Bilanzstichtag wieder rückgängig gemacht.

Um Mißbräuche zu verhindern, die dadurch entstehen, daß durch kurzfristige Einlagen, die später wieder abgezogen werden, die ausgleichsfähigen Verluste erhöht werden, regelt § 15a Abs. 3 Sätze 1 und 2 EStG, daß, soweit ein negatives Kapitalkonto des Kommanditisten durch Entnahmen entsteht oder sich erhöht, eine fiktive Gewinnzurechnung vorzunehmen ist.

Im Ergebnis wird der Teil des Verlustes, der im vorangegangenen Jahr ausgleichsfähig war, nunmehr durch eine Gewinnzurechnung rückgängig gemacht und in einen verrechenbaren Verlust umgewandelt.

Die Gewinnzurechnung in 02 gem. § 15a Abs. 3 Satz 1 EStG beträgt 100 000 DM.

A erzielt demnach Einkünfte nach § 15 Abs. 1 Nr. 2 EStG in 02 von 100 000 DM. In gleicher Höhe ist ein verrechenbarer Verlust nach § 15a Abs. 4 EStG festzustellen.

Eine Verrechnung der 100 000 DM mit dem nicht ausgleichsfähigen Verlustanteil 02 von 50 000 DM ist nicht zulässig, da es sich bei der fiktiven Gewinnzurechnung nicht um Gewinne aus der Beteiligung i. S. d. § 15a Abs. 2 EStG handelt. *(Friebel)*

FALL 136

Haftungsminderung

Sachverhalt: A ist an einer KG als Kommanditist beteiligt. Er hat eine Einlage von 100 000 DM gezeichnet. Tatsächlich bezahlt hat er lediglich 20 000 DM. In den Jahren 01 – 04 werden ihm Verlustanteile von insgesamt 150 000 DM zugerechnet. Das Kapitalkonto zum 31. 12. 04 beträgt demnach ·/. 130 000 DM. Ende des Jahres 05 wird der Haftungsbetrag auf 20 000 DM herabgesetzt. Der Gewinnanteil des Jahres 05 beträgt 150 000 DM. Entnahmen und Einlagen wurden nicht getätigt.

Frage: Wie hoch sind die Einkünfte aus Gewerbebetrieb des A in 01 bis 05?

Lösung

Das Kapitalkonto des A beträgt:

gezahlte Einlage 01	= 20 000 DM
·/. Verlustanteil 01 – 04	·/. 150 000 DM
Kapital 31. 12. 04	·/. 130 000 DM
+ Gewinnanteil 05	+ 150 000 DM
31. 12. 05	+ 20 000 DM

Ausgleichsfähige Verluste 01 – 04:

Gem. § 15a Abs. 1 Satz 1 EStG waren in Höhe des positiven Kapitalkontos vor Verlustberücksichtigung abzugsfähig	= 20 000 DM
Gem. § 15a Abs. 1 Satz 2 EStG besteht wegen der noch nicht voll eingezahlten Einlage eine erweiterte Haftung nach § 171 Abs. 1 HGB. In Höhe von 80 000 DM haftet der Kommanditist wie ein unbeschränkt haftender Gesellschafter und kann deshalb die Verluste insoweit ausgleichen.	80 000 DM
Ausgleichsfähige Verluste 01 – 04	= 100 000 DM
Restbetrag verrechenbar gem. § 15a Abs. 2 EStG	= 50 000 DM

Im Jahr 05 wird der Haftungsbetrag von 100 000 DM auf 20 000 DM gemindert. Der in den Vorjahren wegen der erweiterten Haftung als Verlust nach § 15a Abs. 1 Satz 2 EStG ausgleichsfähige Betrag wird nun wieder korrigiert. Im Jahr der Herabsetzung des Haftungsbetrages wird dieser Betrag als Gewinn nach § 15a Abs. 3 Satz 3 EStG wieder hinzugerechnet, insoweit liegt eine Rückgängigmachung vor.

Die Haftungsminderung beträgt 80 000 DM.

Die Gewinnzurechnung anch § 15a Abs. 3 Satz 3 EStG ist in Höhe von 80 000 DM zu berücksichtigen, da insoweit Verluste erweitert ausgleichsfähig waren. Dieser Betrag wird gleichzeitig in einen verrechenbaren Verlust umgewandelt nach § 15a Abs. 3 Satz 4 EStG.

Fallen im Jahr der Gewinnzurechnung nach § 15a Abs. 3 EStG gleichzeitig Gewinne aus der Beteiligung an der KG an, können diese Gewinne bereits mit dem um die Gewinnzurechnungen erhöhten verrechenbaren Verlust ausgeglichen werden.

Gewinnanteil 05	= 150 000 DM
Gewinnzurechnung	= 80 000 DM
Bestand verrechenbarer Verlust bisher	50 000 DM

+ Gewinnzurechnung gem. § 15a Abs. 3 Satz 4 EStG	+ 80 000 DM
insgesamt verrechenbar	130 000 DM
abzgl. Verrechnung in 05 mit Gewinn aus der Beteiligung von 150 000 DM	·/. 130 000 DM
gesonderte Feststellung des verrechenbaren Verlustes zum 31. 12. 05	0 DM
Einkünfte nach § 15 Abs. 1 Nr. 2 EStG für 05:	150 000 DM
·/. verrechenbarer Verlust	130 000 DM
	20 000 DM
+ Gewinnzurechnung	80 000 DM
zu versteuernde Einkünfte	100 000 DM

(Friebel)

IV. Besteuerung der Veräußerungsgewinne i. S. der §§ 14, 16 und 18 Abs. 3 EStG

Vorbemerkung

1. Allgemeines

Zu den Einkünften aus Gewerbebetrieb gehören auch Gewinne oder Verluste, die erzielt werden bei der Veräußerung oder Aufgabe eines ganzen Gewerbebetriebs, eines Teilbetriebs oder einer im Betriebsvermögen gehaltenen 100%igen Beteiligung an einer Kapitalgesellschaft (§ 16 Abs. 1 Nr. 1 EStG). Veräußerungs- und Aufgabegewinne sind also einkommensteuerpflichtig, Veräußerungs- und Aufgabeverluste sind ausgleichs- und abzugsfähig.

2. Freibetragsregelung und Tarifermäßigung

Bei der Veräußerung oder Aufgabe eines ganzen Betriebs wird dem Stpfl. ab 1996 ein Freibetrag von 60 000 DM gewährt, wenn er das 55. Lebensjahr vollendet hat oder im sozialversicherungsrechtlichen Sinne dauernd berufsunfähig ist (§ 16Abs. 4 Satz 1 EStG). Jeder Stpfl. kann diesen Freibetrag nur einmal in Anspruch nehmen (§ 16 Abs. 4 Satz 2 EstG). Der Freibetrag von 60 000 DM ermäßigt sich um den Betrag, um den der Veräußerungs- oder Aufgabegewinn 300 000 DM übersteigt (§ 16 Abs. 4 Satz 3 EStG). Die neue Freibetragsregelung ist erstmals auf Veräußerungen anzuwenden, die nach dem 31. 12. 1995 erfolgen. Hat der Stpfl. bereits für Veräußerungen vor dem 1. 1. 1996 Veräußerungsfreibeträge „nach altem Recht" in Anspruch genommen, bleiben diese unberücksichtigt (§ 52 Abs. 19a EStG).

Der einkommensteuerpflichtige Teil des Veräußerungs- oder Aufgabegewinns wird bis zu 30 Mio. DM als außerordentliche Einkünfte mit dem halben Durchschnittssteuersatz besteuert (§ 34 EStG), wobei für die Frage, ob die 30-Mio.-DM-Grenze überschritten ist, alle außerordentlichen Einkünfte des Stpfl. zusammenzurechnen sind.

Durch das Gesetz zur Bekämpfung des Mißbrauchs und zur Bereinigung des Steuerrechts (StMBG) ist § 16 Abs. 2 EStG ab 1. 1. 1994 um einen weiteren Satz erweitert worden, wonach Gewinne aus der Betriebsveräußerung insoweit nicht begünstigt sind, als auf der Seite des Veräußerers und des Erwerbers dieselben Personen Unternehmer oder Mitunternehmer sind. Eine entsprechende Regelung gilt für § 24 Abs. 3 UmwStG. Betroffen von dieser Regelung sind insbes. die Fälle, in denen ein Gesellschafter neu in eine bisher bestehende Personengesellschaft aufgenommen wird und die bisherigen Gesellschafter die Gelegenheit nutzen, die stillen Reserven durch Ansatz des Teilwerts aufzudekken. Hier wird künftig nur noch der Betrag als begünstigter Veräußerungsgewinn besteuert, der von den stillen Reserven auf den neu aufgenommenen Gesellschafter entfällt.

3. Begriff der Veräußerung

Der zivilrechtliche Begriff der Veräußerung erfaßt sowohl die entgeltliche als auch die unentgeltliche Übertragung, während das EStG unter einer Veräußerung nur die entgeltliche bzw. teilentgeltliche Übertragung des Eigentums an einem Gegenstand versteht. Für die Annahme einer Veräußerung bedarf es einkommensteuerrechtlich nicht des Übergangs des rechtlichen Eigentums, der Übergang des wirtschaftlichen Eigentums reicht aus (BFH, in BStBl 1977 II, 145, und BStBl 1986 II, 552).

Entgeltlich ist eine Veräußerung, wenn ihr ein schuldrechtliches Verpflichtungsgeschäft (z. B. ein Kauf- oder Tauschvertrag) zugrunde liegt, bei dem der Wert der Leistung und Gegenleistung nach kaufmännischen Gesichtspunkten gegeneinander abgewogen worden ist; wesentlich ist, daß die Beteiligten subjektiv von der Gleichwertigkeit von Leistung und Gegenleistung ausgegangen sind (BFH, in BStBl 1983 II, 99). Auch bei teilentgeltlichen Rechtsgeschäften, d. h. bei gemischten Schenkungen, kann ein Veräußerungsgewinn i. S. von § 16 Abs. 1 Nr. 1 EStG entstehen (BFH, in BStBl 1986 II, 811, und BStBl 1993 II, 436).

Die Einbringung eines ganzen Gewerbebetriebs oder eines Teilbetriebs in eine Kapitalgesellschaft oder eine Personengesellschaft ist an sich auch eine Veräußerung i. S. von § 16 EStG (BFH, in BStBl 1982 II, 622, und BStBl 1984 II, 233). Die Rechtsfolgen richten sich hier aber primär nach den vorrangigen §§ 20 – 23 UmwStG bzw. § 24 UmwStG.

4. Gegenstand der Veräußerung

a) Der ganze Betrieb

Eine Betriebsveräußerung im ganzen i. S. des § 16 Abs. 1 Nr. 1 EStG liegt nur vor, wenn der Veräußerer alle wesentlichen Grundlagen des Betriebs in einem einheitlichen Vorgang entgeltlich bzw. teilentgeltlich auf einen Erwerber überträgt und damit seine bisherige gewerbliche Betätigung mit dem bisherigen Betriebsvermögen beendet (BFH, in BFH/NV 1988 S. 558). Die Annahme einer Betriebsveräußerung wird nicht dadurch ausgeschlossen, daß der Veräußerer Wirtschaftsgüter von untergeordneter Bedeutung zurückbehält, um sie bei sich bietender Gelegenheit zu veräußern (BFH, in BStBl 1975 II, 232). Unerheblich ist auch, ob der Erwerber den Betrieb tatsächlich fortführt oder stillegt (R 139 Abs. 1 Satz 2 EStR 1993).

Was als wesentliche Betriebsgrundlage anzusehen ist, kann nur im Einzelfall bestimmt werden. Zu den wesentlichen Betriebsgrundlagen gehören zum einen solche Wirtschaftsgüter, die bei funktionaler Betrachtungsweise zur Erreichung des Betriebszwecks erforderlich sind und ein besonderes wirtschaftliches Gewicht für die Betriebsführung besitzen (BFH, in BStBl 1975 II, 232); das sind in der Regel Wirtschaftsgüter des Anlagevermögens, insbesondere Betriebsgrundstücke. Daneben werden aufgrund einer rein quantitativen Betrachtungsweise im allgemeinen auch solche Wirtschaftsgüter den wesentlichen Betriebsgrundlagen zugerechnet, die erhebliche stille Reserven enthalten (BFH, in BStBl 1983 II, 312).

b) Teilbetrieb

Eine Teilbetriebsveräußerung i. S. des § 16 Abs. 1 Nr. 1 EStG liegt vor, wenn

- ein organisch geschlossener, mit einer gewissen Selbständigkeit ausgestatteter Teil eines Gesamtbetriebs,
- der für sich allein lebensfähig ist,

entgeltlich bzw. teilentgeltlich auf einen Erwerber übertragen wird (BFH, in BStBl 1985 II, 245).

Für die Frage, ob der veräußerte Betriebsteil selbständig und allein lebensfähig ist, sind die Verhältnisse beim Veräußerer im Zeitpunkt der Veräußerung maßgebend (BFH, in BStBl 1984 II, 486).

c) Die 100%ige Beteiligung an einer Kapitalgesellschaft

Als Teilbetrieb gilt auch die in einem Betriebsvermögen gehaltene Beteiligung, die das gesamte Nennkapital einer Kapitalgesellschaft umfaßt (§ 16 Abs. 1 Nr. 1 zweiter Halbsatz EStG). Aufgrund dieser gesetzlichen Fiktion ist die Veräußerung einer solchen Beteiligung ebenso nach §§ 16, 34 EStG steuerbegünstigt wie die Veräußerung eines Teilbetriebs.

Zu beachten ist jedoch, daß ein anfallender Veräußerungsgewinn – anders als der Gewinn aus der Veräußerung eines Teilbetriebs – der Gewerbesteuer unterliegt (BFH, in BStBl 1978 II, 100). Eine Ausnahme gilt nur für den Fall, daß die Veräußerung der 100%igen Beteiligung in engem Zusammenhang mit der Veräußerung oder Aufgabe des ganzen Betriebs erfolgt (Abschn. 40 Abs. 1 GewStR).

5. Betriebsaufgabe

Als Veräußerung gilt auch die Aufgabe des Betriebs (§ 16 Abs. 3 Satz 1 EStG). Eine Aufgabe des ganzen Betriebs liegt vor, wenn der Inhaber des Betriebs die wesentlichen Grundlagen des Betriebs in einem einheitlichen Vorgang innerhalb kurzer Zeit an mehrere Abnehmer veräußert oder wenn er sie objektiv erkennbar in sein Privatvermögen überführt (BFH, in BStBl 1984 II, 711, und BStBl 1985 II, 456). In diesem Fall besteht der Betrieb als selbständiger Organismus des Wirtschaftslebens nicht mehr fort. Eine Betriebsaufgabe setzt demnach die Einstellung der werbenden Tätigkeit voraus (BFH, in BStBl 1981 II, 460).

Obwohl in § 16 Abs. 3 Satz 1 EStG die Aufgabe eines Teilbetriebs nicht erwähnt ist, hat die Rechtsprechung indessen auch einen Teilbetrieb für aufgabefähig gehalten (BFH, in BStBl 1986 II, 896 f.). Ein Teilbetrieb ist danach aufgegeben, wenn alle wesentlichen Betriebsgrundlagen des Teilbetriebs in einem einheitlichen Vorgang entweder an verschiedene Erwerber veräußert oder insgesamt entnommen oder teilweise veräußert und teilweise entnommen werden.

6. Betriebsverpachtung

Bei einer Betriebsverpachtung hat der Verpächter ein Wahlrecht, ob er die Verpachtung als Betriebsaufgabe i. S. des § 16 Abs. 3 EStG oder ob er den Betrieb als fortbestehend behandelt sehen will.

Erklärt der Unternehmer die Betriebsaufgabe, so sind damit die Wirtschaftsgüter des Betriebsvermögens in das Privatvermögen überführt (BFH, in BStBl 1985

II, 456); es entsteht ein nach §§ 16, 34 EStG steuerbegünstigter Aufgabegewinn. Die künftigen Pachteinnahmen sind bei den Einkünften aus Vermietung und Verpachtung zu erfassen.

Gibt der Verpächter keine Aufgabeerklärung ab, bleiben die verpachteten Wirtschaftsgüter Betriebsvermögen. Der Verpächter bezieht einkommensteuerrechtlich weiterhin Einkünfte aus Gewerbebetrieb, die jedoch nicht der Gewerbesteuer unterliegen, weil ein werbender Betrieb i. S. des § 1 Abs. 1 GewStDV nicht (mehr) gegeben ist.

Eine Betriebsverpachtung im vorstehenden Sinne setzt zwar nicht voraus, daß der Betrieb als geschlossener Organismus verpachtet wird, wohl aber, daß alle wesentlichen Grundlagen des ganzen Betriebes oder Teilbetriebs verpachtet werden (BFH, in BFH/NV 1987 S. 578). *(Schoor)*

FALL 137

Betriebsveräußerung gegen Leibrente mit Wertsicherungsklausel

Sachverhalt: Der 61 Jahre alte A verkauft am 30. 6. 01 seinen Gewerbebetrieb an B gegen eine im voraus – ab 1. 7. 01 – zahlbare lebenslängliche Rente (mit Wertsicherungsklausel) von monatlich 5 000 DM. Das Kapitalkonto des A beträgt im Zeitpunkt der Betriebsveräußerung 122 000 DM. Die von A getragenen Veräußerungskosten belaufen sich auf 3 260 DM. Am 1. 7. 03 tritt die Wertsicherungsklausel in Kraft; deswegen erhöht sich die Rente von bisher 5 000 DM auf nunmehr 5 500 DM.

Frage: Welche Wahlmöglichkeiten hat A, und welche Rechtsfolgen ergeben sich für ihn hinsichtlich der Versteuerung des Veräußerungsgewinns?

 Lösung

Bei einer Betriebsveräußerung gegen eine Leibrente hat der Veräußerer nach Verwaltungsauffassung und Rechtsprechung ein Wahlrecht: Er kann den Veräußerungsgewinn sofort oder nachträglich bei Zufluß versteuern.

a) Sofortversteuerung

Entscheidet sich der Stpfl. für die Sofortversteuerung, so ist Veräußerungsgewinn der Unterschiedsbetrag zwischen dem Barwert der Rente, vermindert um etwaige Veräußerungskosten des Stpfl., und dem Buchwert des steuerlichen Kapitalkontos im Zeitpunkt der Veräußerung des Betriebs. Fraglich ist, ob der

Rentenbarwert nach den Vorschriften des BewG ermittelt werden muß (so die Finanzverwaltung in R 139 Abs. 12 Satz 4 EStR 1993, und FG Köln in EFG 1986 S. 561) oder auch aufgrund eines versicherungsmathematischen Gutachtens ermittelt werden kann. Höchstrichterlich ist diese Frage noch nicht entschieden (Hessisches FG, in EFG 1990 S. 308, wonach diese Frage ernstlich zweifelhaft ist). Der Gewinn ist steuerbegünstigt (§§ 16, 34 EStG). Wenn man in Übereinstimmung mit der Ansicht der Finanzverwaltung den Rentenbarwert nach den Vorschriften des BewG ermittelt, ergibt sich für A folgender Veräußerungsgewinn:

Jahresbetrag der Rente (12 × 5 000 DM =)	60 000 DM
Vervielfältiger lt. Tabelle in Anhang 3 VStR 1995 bei einem Lebensalter von 61 Jahren = 10,171	
Kapitalwert der Rente somit: 60 000 DM × 10,171 =	610 260 DM
·/. von A getragene Veräußerungskosten	3 260 DM
	607 000 DM
·/. Buchwert des steuerlichen Kapitalkontos	122 000 DM
Veräußerungsgewinn	485 000 DM

Der Veräußerungsgewinn wird mit dem halben Steuersatz versteuert (§ 34 Abs. 1 EStG).

Die zufließenden Rentenzahlungen sind von A mit ihrem Ertragsanteil als sonstige Einkünfte zu versteuern (§ 22 Nr. 1 Satz 3 Buchst. a EStG). Der Eintritt der Wertsicherungsklausel bewirkt keine Änderung des Veräußerungsgewinns. Eine steuerliche Auswirkung ergibt sich für A nur insoweit, als der bisherige Ertragsanteil der Rente auch auf den Erhöhungsbetrag angewendet wird:

Sonstige Einkünfte 01

Rentenzahlungen: 6 × 5 000 DM	30 000 DM	
Ertragsanteil: 31 % von 30 000 DM =		9 300 DM
·/. Werbungskosten-Pauschbetrag (§ 9a Nr. 3 EStG)		200 DM
		9 100 DM

Sonstige Einkünfte 02

Rentenzahlungen: 12 × 5 000 DM =	60 000 DM	
Ertragsanteil: 31 % von 60 000 DM =		18 600 DM
·/. Werbungskosten-Pauschbetrag (§ 9a Nr. 3 EStG)		200 DM
		18 400 DM

Sonstige Einkünfte 03

Rentenzahlungen:	6 × 5 000 DM = 30 000 DM	
	6 × 5 500 DM = 33 000 DM	
	63 000 DM	
Ertragsanteil: 31 % von 63 000 DM =		19 530 DM
·/. Werbungskosten-Pauschbetrag (§ 9a Nr. 3 EStG)		200 DM
		19 330 DM

b) Zuflußbesteuerung

Wählt A die Zuflußbesteuerung, d. h. eine Versteuerung der laufenden Rentenzahlungen nach Maßgabe des tatsächlichen Zuflusses, so ist wie folgt zu verfahren:

Die Rentenzahlungen stellen nachträgliche Einkünfte aus Gewerbebetrieb (§§ 15, 24 Nr. 2 EStG) dar, die erst zu versteuern sind, sobald sie das steuerliche Kapitalkonto von 122 000 DM (zuzüglich der von A getragenen Veräußerungskosten von 3 260 DM) übersteigen, denn erst dann kommt es zur Realisierung des Veräußerungsgewinns. Es handelt sich um einen laufenden Gewinn, für den die Tarifermäßigung nach § 34 Abs. 1 EStG nicht in Anspruch genommen werden kann. Die Rentenzahlungen der Jahre 01 und 02 werden nicht versteuert. Im Jahr 03 übersteigen die Rentenzahlungen erstmalig das Kapitalkonto (zuzüglich Veräußerungskosten), so daß sie ab diesem Zeitpunkt als nachträgliche gewerbliche Einkünfte zu erfassen sind.

	01	**02**	**03**
Rentenzahlungen	30 000 DM	60 000 DM	63 000 DM
·/. verrechnet mit Kapitalkonto (zuzüglich Veräußerungskosten) von 125 260 DM	30 000 DM	60 000 DM	35 260 DM
Nachträgliche gewerbliche Einkünfte	0 DM	0 DM	27 740 DM

(Schoor)

FALL 138

Betriebsveräußerung gegen Einmalbetrag und Leibrente

Sachverhalt: Der 53 Jahre alte A veräußert am 31. 12. 01 seinen Gewerbebetrieb gegen einen festen Kaufpreis von 160 000 DM und eine ab 1. 1. 02 zahlbare monatliche Leibrente, deren Kapitalwert im Zeitpunkt der Veräußerung

240 000 DM beträgt. Das steuerliche Kapitalkonto des A beläuft sich zum 31. 12. 01 auf 100 000 DM.

Frage: Welche Wahlmöglichkeiten hat A hinsichtlich der Versteuerung des Veräußerungsgewinns?

Lösung

Bei einer Veräußerung eines Betriebs gegen einen festen Kaufpreis und eine Leibrente steht dem Veräußerer das Wahlrecht zwischen Sofortversteuerung und Zuflußbesteuerung nur hinsichtlich der Leibrente zu (R 139 Abs. 12 Satz 9 EStR 1993).

a) Sofortversteuerung

Wählt A die Sofortversteuerung, so ergibt sich folgender Veräußerungsgewinn:

Fester Kaufpreis	160 000 DM
+ Kapitalwert der Rente	240 000 DM
	400 000 DM
·/. Buchwert des steuerlichen Kapitalkontos	100 000 DM
Veräußerungsgewinn	300 000 DM

Der Veräußerungsgewinn von 300 000 DM ist mit dem halben Steuersatz zu versteuern (§ 34 Abs. 1 EStG); ein Freibetrag nach § 16 Abs. 4 EStG kann nicht gewährt werden.

Die laufenden Rentenzahlungen unterliegen bei A mit ihrem Ertragsanteil als sonstige Einkünfte der Einkommensteuer (§ 22 Nr. 1 Satz 3 Buchst. a EStG).

b) Zuflußbesteuerung

Wählt A hinsichtlich der Leibrente die Zuflußbesteuerung, so ist der durch den festen Kaufpreis realisierte Veräußerungsgewinn gleichwohl sofort zu versteuern; obgleich in diesem Fall nicht alle stillen Reserven realisiert werden, ist die Tarifermäßigung nach § 34 Abs. 1 EStG zu gewähren (BFH, in BStBl 1968 II, 76). Für die Ermittlung des Freibetrags nach § 16 Abs. 4 EStG ist der Kapitalwert der Rente jedoch auch dann miteinzubeziehen, wenn die Rente erst bei Zufluß als nachträgliche Einkünfte (§ 24 Nr. 2 EStG) versteuert wird (BFH, in BStBl 1968 II, 75).

Diese Beurteilung hat hier zur Folge, daß A den durch den festen Kaufpreis realisierten Veräußerungsgewinn von (160 000 DM ·/. 100 000 DM =) 60 000 DM mit dem halben Steuersatz zu versteuern hat (§ 34 Abs. 1 EStG). Ein Freibetrag nach § 16 Abs. 4 EStG kann nicht gewährt werden. Die laufenden

Rentenzahlungen sind im Zeitpunkt des Zuflusses als nachträgliche (nicht tarifbegünstigte) Einkünfte aus Gewerbebetrieb zu versteuern (§§ 15, 24 Nr. 2 EStG). *(Schoor)*

FALL 139

Ablösung einer betrieblichen Veräußerungsrente durch eine Einmalzahlung

Sachverhalt: Einzelunternehmer A hat am 1. 1. 01 seinen Gewerbebetrieb an B gegen eine Leibrente von jährlich 36 000 DM veräußert und die Zuflußversteuerung, d. h. die nachträgliche Versteuerung gewählt. Das steuerliche Kapitalkonto des A betrug im Zeitpunkt der Veräußerung 108 000 DM. Anfang 04 vereinbart A mit dem Erwerber, daß dieser zur Ablösung der eingegangenen Rentenverpflichtung 420 000 DM zahlt.

▶ Lösung

Ist ein Gewerbebetrieb gegen eine Leibrente veräußert worden und hat der Steuerpflichtige – wie vorliegend A – die Zuflußbesteuerung gewählt, führt die spätere Ablösung der Rentenverbindlichkeit durch eine Einmalzahlung zu einem tarifbegünstigten Veräußerungsgewinn (BFH, HFR 1992 S. 8, und in HFR 1994 S. 209). Nach Ansicht des BFH kann es für die Besteuerung keinen Unterschied machen, ob der Steuerpflichtige von vornherein eine größere Einmalzahlung und zusätzlich eine Rente erhält oder ob er zunächst eine Rente und anschließend (zur Ablösung der Rentenschuld) eine größere Einmalzahlung erhält. In beiden Fällen kommt es – bei Wahl der nachträglichen Versteuerung hinsichtlich der Rente – kumulativ zu einer tarifbegünstigten Versteuerung eines Veräußerungsgewinns und zu einer Versteuerung der laufenden Zahlungen nach ihrem Zufluß.

Damit in beiden Fällen ein gleiches steuerrechtliches Ergebnis gewährleistet ist, muß jedoch die Tarifbegünstigung des § 34 Abs. 1 EStG für den Teil des Ablösebetrages entfallen, der dem Gesamtvolumen der mit dem steuerlichen Kapitalkonto verrechneten Rentenzahlungen entspricht.

A entsteht danach in 04 ein Veräußerungsgewinn von 420 000 DM. Von dem Veräußerungsgewinn sind (420 000 DM ·/. 108 000 DM =) 312 000 DM tarifbegünstigt, der restliche Veräußerungsgewinn von 108 000 DM unterliegt dem Normaltarif. Der nicht begünstigte Gewinn von 108 000 DM entspricht dem

Betrag der Rentenzahlungen, die in den Jahren 01 bis 03 mit dem steuerlichen Kapitalkonto des A verrechnet worden sind. *(Schoor)*

FALL 140

Betriebsveräußerung gegen Zeitrente

Sachverhalt: Der 65 Jahre alte A veräußert am 1. 1. 01 seinen Gewerbebetrieb an B. Der Erwerber verpflichtet sich, dem A für die Dauer von 15 Jahren – monatlich im voraus – Rentenzahlungen von jeweils 5 000 DM zu erbringen. Das steuerliche Kapitalkonto des A beträgt im Zeitpunkt der Betriebsveräußerung 180 000 DM. Der Kapitalwert der Rente von 618 840 DM entspricht dem Verkehrswert des Betriebes.

a) Der Vertrag enthält keinen Hinweis dahingehend, daß die Rente der Versorgung des A dienen soll.

b) Der Vertrag enthält den Hinweis, daß die Rente der Versorgung des A dienen soll.

Frage: Wie sind die A zufließenden Zahlungen einkommensteuerlich zu behandeln?

Lösung

Im vorliegenden Fall handelt es sich um eine Betriebsveräußerung gegen Zeitrente. Veräußerungszeitrenten müssen von Kaufpreisraten abgegrenzt werden. Diese Unterscheidung ist nur bedeutsam für das von der Rechtsprechung und Verwaltung eingeräumte Wahlrecht zwischen Sofortversteuerung und Zuflußbesteuerung (BFH, in BFH/NV 1993 S. 87).

Bei Zeitrenten ist zu prüfen, ob die Beteiligten eine Versorgung des Veräußerers gewollt haben. Fehlt der Rente der Versorgungscharakter, sind die Zahlungen als Kaufpreisraten zu behandeln, d. h. der Gewinn gilt als im Zeitpunkt der Veräußerung realisiert. Der Veräußerungsgewinn ist steuerbegünstigt (§§ 16, 34 EStG); der in den jährlichen Rentenzahlungen enthaltene Zinsanteil ist vom Veräußerer als Einnahmen aus Kapitalvermögen zu versteuern, wenn man in Übereinstimmung mit der bislang ständigen höchstrichterlichen Rechtsprechung davon ausgeht, daß die Kaufpreisforderung notwendig in das Privatvermögen des Veräußerers übergeht. Die Zinsanteile sind als nachträgliche Betriebseinnahmen (§ 24 Nr. 2 EStG) zu erfassen, wenn man mit dem Vorlagebeschluß des VIII. Senats (BStBl 1992 II, 479) davon ausgeht, daß die Kaufpreisforderung dem Betriebsvermögen zugeordnet bleibt (BFH, in BFH/NV 1993 S. 87). Der Große Senat des BFH (BStBl 1993 II, 897) hat diese Frage offengelassen.

Hat die Rente Versorgungscharakter, sind die Rentenzahlungen erst ab dem Zeitpunkt als nachträgliche gewerbliche Einkünfte (§ 24 Nr. 2 EStG) zu erfassen, in dem sie das steuerliche Kapitalkonto und die vom Rentenberechtigten getragenen Veräußerungskosten übersteigen. Die Rechtsprechung fordert für die Annahme einer betrieblichen Veräußerungsrente, daß der Betriebserwerber die Leistungen über einen Zeitraum von mehr als 10 Jahren zu erbringen hat und in der sonstigen Ausgestaltung des Vertrages eindeutig die Absicht des Veräußerns zum Ausdruck kommt, sich eine Versorgung zu verschaffen (BFH, in BStBl 1981 II, 358). Die Entscheidung darüber, ob die vereinbarten Leistungen Versorgungscharakter haben, liegt weitgehend auf tatsächlichem Gebiet. Man wird deshalb dort, wo der Veräußerer zur Erlangung des Veräußerungsfreibetrages (§ 16 Abs. 4 EStG) und/oder der Tarifermäßigung (§ 34 EStG) das Vorliegen von Kaufpreisraten behauptet, ihm folgen müssen; für spätere Jahre ist der Veräußerer allerdings an seine Wahl gebunden (BFH, in BStBl 1959 III, 152).

Steuerliche Behandlung im Fall a

Hier hat die Rente offensichtlich keinen Versorgungscharakter, so daß sie wie Kaufpreisraten zu behandeln ist. Im Zeitpunkt der Veräußerung entsteht ein nach § 34 EStG begünstigter Veräußerungsgewinn, der wie folgt zu ermitteln ist:

Kapitalwert der Kaufpreisraten am 1. 1. 01	618 840 DM
·/. steuerliches Kapitalkonto am 1. 1. 01	180 000 DM
mit dem halben Steuersatz zu versteuernder Veräußerungsgewinn	438 840 DM

Der in den jährlichen Rentenzahlungen enthaltene Zinsanteil gehört bei A zu den Einnahmen aus Kapitalvermögen bzw. den nachträglichen Betriebseinnahmen. Dieser Zinsanteil wird errechnet, indem von der jährlichen Rentenzahlung die jährliche Barwertminderung abgezogen wird (BFH, in BStBl 1975 II, 173, und BStBl 1975 II, 431):

Rentenzahlung 01:	5 000 DM × 12 =		60 000 DM
Barwert der Rente lt. Tabelle 2 in Anhang 4 VStR 1995:			
1. 1. 01:	60 000 DM × 10,314 =	618 840 DM	
1. 1. 02:	60 000 DM × 9,853 =	591 180 DM	
Barwertminderung		27 660 DM	27 660 DM
Differenz = Zinsanteil 01			32 340 DM

Steuerliche Behandlung im Fall b

Da die Rente Versorgungscharakter hat, muß A die Rentenzahlungen erst versteuern, wenn sie sein steuerliches Kapitalkonto von 180 000 DM übersteigen. Die Rentenzahlungen der ersten drei Jahre von (3 × 60 000 DM =) 180 000 DM werden daher steuerlich nicht erfaßt. Ab dem Jahr 04 sind jährlich 60 000 DM als nachträgliche Einkünfte aus Gewerbebetrieb zu versteuern (§§ 15, 24 Nr. 2 EStG). *(Schoor)*

FALL 141

Veräußerung einer zum Betriebsvermögen gehörenden 100%igen Beteiligung an einer Kapitalgesellschaft

Sachverhalt: A und B sind zu je 50 % als Gesellschafter an der X-OHG und zugleich zu je 50 % an der Y-GmbH beteiligt. Die Beteiligungen an der Y-GmbH gehören steuerlich zum Sonderbetriebsvermögen von A und B bei der X-OHG. Am 1. 7. 01 veräußern A und B ihre GmbH-Anteile an C für jeweils 225 000 DM; der Buchwert der GmbH-Anteile beträgt im Zeitpunkt der Veräußerung jeweils 25 000 DM. Im Betriebsvermögen der X-OHG sind stille Reserven von 1 Mio. DM enthalten.

Frage: Welche ertragsteuerlichen Folgen ergeben sich für A und B im Zusammenhang mit der Veräußerung der GmbH-Anteile?

Lösung

Die Veräußerung einer im Betriebsvermögen gehaltenen Beteiligung, die das gesamte Nennkapital einer Kapitalgesellschaft umfaßt, gilt als Teilbetriebsveräußerung (§ 16 Abs. 1 Nr. 2 zweiter Halbsatz EStG). Für die Anwendung der Vorschrift spielt es keine Rolle, ob sich die 100%ige Beteiligung im Betriebsvermögen eines Einzelunternehmers oder im Gesamthandsvermögen einer Personengesellschaft befindet; es reicht auch aus, wenn die Beteiligung im Eigentum eines oder – wie hier – mehrerer Mitunternehmer derselben Personengesellschaft steht und steuerlich zum Sonderbetriebsvermögen gehört (R 139 Abs. 3 Satz 16 EStR 1993; ebenso OFD Münster vom 11. 9. 1987, DStR 1987 S. 732).

Die gesetzliche Fiktion einer Teilbetriebsveräußerung hat zur Folge, daß der Gewinn aus der Veräußerung einer 100%igen Beteiligung (ebenso wie der Gewinn aus einer Teilbetriebsveräußerung) nach §§ 16, 34 EStG steuerbegünstigt ist. Zu beachten ist jedoch, daß eine 100%ige Beteiligung zwar als Teilbetrieb gilt, in Wahrheit aber kein solcher ist, so daß der Verkauf der Beteiligung nicht einer Teilbetriebsveräußerung i. S. einer teilweisen Einstellung der gewerblichen Tätigkeit gleichgestellt werden kann. Diese Beurteilung hat hier zur Folge, daß der von A und B erzielte Veräußerungsgewinn von jeweils (225 000 DM ·/. 25 000 DM =) 200 000 DM bei der Einkommensteuer zwar tarifbegünstigt zu versteuern ist (§ 34 EStG), zugleich aber der Gewerbesteuer unterliegt (BFH, in BStBl 1978 II, 100). Die auf den Veräußerungsgewinn entfallende Gewerbesteuer mindert den laufenden Gewinn 01 der X-OHG.

(Schoor)

FALL 142

Aufgabe einer zum Betriebsvermögen gehörenden 100%igen Beteiligung an einer Kapitalgesellschaft

Sachverhalt: A betreibt als Einzelunternehmer einen Gewerbebetrieb. Zugleich ist er Alleingesellschafter der X-GmbH. Die GmbH-Anteile gehören zum Betriebsvermögen seines Einzelunternehmens, dessen Gewinn durch Bestandsvergleich ermittelt wird. Mit Kaufvertrag vom 20. 12. 01 verkauft A 40 % seiner GmbH-Anteile an seinen Schwiegersohn B; nach dem Vertrag soll das Eigentum an den GmbH-Anteilen am 1. 4. 02 auf B übergehen. Ende 02 überträgt A die ihm noch verbliebenen 60 % der GmbH-Anteile unentgeltlich auf seine Tochter C.

Aufgrund des Verkaufs der GmbH-Anteile an seinen Schwiegersohn hat A einen Gewinn von 40 000 DM erzielt. Die der Tochter übertragenen GmbH-Anteile hatten im Zeitpunkt der Übertragung einen Buchwert von 60 000 DM und einen Teilwert (= gemeiner Wert) von 120 000 DM.

Im Einzelunternehmen des A sind stille Reserven von 500 000 DM enthalten. Das Wirtschaftsjahr des Einzelunternehmens stimmt mit dem Kalenderjahr überein.

Frage: Welche einkommensteuerlichen Folgen ergeben sich für A aufgrund der Veräußerung bzw. unentgeltlichen Übertragung der GmbH-Anteile?

▶ Lösung

Eine steuerbegünstigte Veräußerung einer 100%igen Beteiligung an einer Kapitalgesellschaft i. S. des § 16 Abs. 1 Nr. 2 zweiter Halbsatz EStG liegt nur vor, wenn die gesamte Beteiligung im Laufe eines Wirtschaftsjahres auf einen Erwerber übertragen wird. Wird die Beteiligung in einem Wirtschaftsjahr zwar insgesamt, aber an verschiedene Erwerber veräußert, handelt es sich nicht um eine begünstigte Veräußerung, aber um eine nach § 16 Abs. 3 Satz 1 EStG ebenso begünstigte Aufgabe.

Dasselbe gilt für den Fall, daß die Beteiligung in einem Wirtschaftsjahr insgesamt in das Privatvermögen überführt oder teilweise veräußert und im übrigen entnommen wird (BFH, in BStBl 1982 II, 751).

Diese letztere Voraussetzung ist bei A erfüllt. Denn der Gewinn aus der Veräußerung einer Beteiligung entsteht bei einem bilanzierenden Stpfl. nicht schon mit Abschluß des entgeltlichen schuldrechtlichen Verpflichtungsgeschäfts, z. B. eines Kaufvertrags, sondern erst zu dem Zeitpunkt, in dem aufgrund dieses entgeltlichen schuldrechtlichen Verpflichtungsgeschäfts das rechtliche oder wenigstens das wirtschaftliche Eigentum an den Anteilen vom Veräußerer auf den Erwerber übergeht (BFH, in BStBl 1983 II, 640, und BStBl 1988 II, 832). Da A die GmbH-Anteile im Jahr 02 teilweise veräußert und im übrigen – aufgrund der unentgeltlichen Übertragung auf die Tochter – entnommen hat, ist der Veräußerungs- und Entnahmegewinn von insgesamt (40 000 DM + 60 000 DM =) 100 000 DM tarifbegünstigt (§ 34 EStG). Der Veräußerungs- bzw. Entnahmegewinn unterliegt der Gewerbesteuer (BFH, in BStBl 1978 II, 100). Die Gewerbesteuer mindert den laufenden Gewinn 02 des Einzelunternehmens des A. *(Schoor)*

FALL 143

Realteilung einer OHG

Sachverhalt: Gesellschafter der X-OHG sind die Brüder A und B zu je ½. Der Buchwert des Betriebsvermögens der OHG beträgt 300 000 DM, der gemeine Wert 800 000 DM. Das Unternehmen der OHG besteht aus zwei Teilbetrieben. Der Buchwert des Teilbetriebs 1 beträgt 100 000 DM, der des Teilbetriebs 2 200 000 DM. Im Teilbetrieb 1 sind stille Reserven von 300 000 DM enthalten, im Teilbetrieb 2 von 200 000 DM. Die Buchwerte der Kapitalkonten der beiden Gesellschafter betragen je 150 000 DM, die gemeinen Werte je 400 000 DM. Die Bilanz der OHG zum 31. 12. 01 hat folgendes Aussehen (gemeine Werte = Teilwerte in Klammern):

Aktiva	Bilanz zum 31. 12. 01		Passiva
Teilbetrieb 1	100 000 DM (400 000 DM)	Kapital A	150 000 DM (400 000 DM)
Teilbetrieb 2	200 000 DM (400 000 DM)	Kapital B	150 000 DM (400 000 DM)
	300 000 DM (800 000 DM)		300 000 DM (800 000 DM)

Zum Sonderbetriebsvermögen des A gehört ein Grundstück, das am 31. 12. 01 einen Buchwert von 50 000 DM und einen gemeinen Wert (= Teilwert) von 250 000 DM hat.

Die Gesellschafter wollen die OHG auflösen und sich im Wege der Realteilung in der Weise auseinandersetzen, daß der Gesellschafter A den Teilbetrieb 1 und der Gesellschafter B den Teilbetrieb 2 erhält. Mit den übernommenen Wirtschaftsgütern wollen A und B selbständige Gewerbebetriebe (Einzelunternehmen) fortführen. Das bisher zum Sonderbetriebsvermögen gehörende Grundstück überführt A in das Betriebsvermögen seines Einzelunternehmens.

Frage:

1. Haben die Gesellschafter ein Wahlrecht, die Realteilung erfolgswirksam oder erfolgsneutral zu vollziehen?
2. An welche Voraussetzung ist die Buchwertübertragung geknüpft?
3. Wie hoch sind die Aufgabegewinnanteile des A und B, wenn die stillen Reserven aufgedeckt werden?

▶ Lösung

1. Wird eine Personengesellschaft – wie vorliegend – in der Weise aufgelöst, daß auf der Grundlage eines entsprechenden Auflösungsbeschlusses das Gesellschaftsvermögen in natura unter die Gesellschafter verteilt wird, spricht man von einer Realteilung (Naturalteilung). Handelsrechtlich stellt die Realteilung eine „andere Art der Auseinandersetzung“ (§ 145 Abs. 1 HGB) dar, die statt der grds. vorgesehenen Liquidation vereinbart werden kann.

Steuerrechtlich wird die Realteilung einer Personengesellschaft als Betriebsaufgabe (§ 16 Abs. 3 EStG) angesehen (BFH, in BStBl 1982 II, 456). Die Realteilung führt demzufolge an sich dazu, daß bei der Gesellschaft ein Aufgabegewinn entsteht. Die Rechtsprechung des BFH gewährt den Gesellschaftern aber ein Wahlrecht, wenn sie die auf diese Weise erlangten Wirtschaftsgüter in einen bestehenden oder neu eröffneten Betrieb überführen. Die Gesellschafter können einen Aufgabegewinn nach § 16 Abs. 3 EStG versteuern und dürfen dann in ihren Bilanzen die ihnen zugeteilten Wirtschaftsgüter mit den Teilwerten ansetzen, oder sie können die Buchwerte dieser Wirtschaftsgüter in ihren Bilanzen fortführen (BFH, in BStBl 1972 II, 419, und BStBl 1982 II, 456).

Das Wahlrecht der Gesellschafter, ob sie im Rahmen der Realteilung nach § 16 Abs. 3 EStG einen Aufgabegewinn versteuern oder dies vermeiden und die Buchwerte fortführen wollen, ist in der steuerrechtlichen Schlußbilanz, der Realteilungs(schluß-)bilanz, der Personengesellschaft auszuüben. Die Ansätze der Wirtschaftsgüter in dieser Bilanz sind maßgebend dafür, mit welchem Wert die Wirtschaftsgüter in den Bilanzen, den Fortführungs(eröffnungs-)bilanzen der Gesellschafter für ihre eigenen Betriebe fortzuführen sind.

2. Die Rechtsprechung knüpft die Zulässigkeit der Buchwertübertragung in Realteilungsfällen an die Voraussetzung, daß die spätere steuerliche Erfassung der stillen Reserven sichergestellt bleibt. Hinsichtlich der Art und Weise, wie zu diesem Zweck zu bilanzieren ist, ergeben sich dann Schwierigkeiten bei der Bilanzierung der Nachfolgebetriebe, wenn – wie hier – die Summe der Buchwerte der einem Gesellschafter zugeteilten Wirtschaftsgüter nicht dem Betrag seines Kapitalkontos entspricht. Der BFH löst dieses Problem durch Anwendung der sog. Kapitalkontenanpassungsmethode. Diese sieht vor, daß die Realteiler ihr jeweiliges Kapitalkonto erfolgsneutral durch Auf- bzw. Abstocken dahin anpassen, daß ihre Höhe der Summe der übernommenen Wirtschaftsgüter entspricht. A muß sein Kapitalkonto erfolgsneutral von 150 000 DM auf 100 000 DM abstocken, B von 150 000 DM auf 200 000 DM aufstocken. Dies führt zu einer Verlagerung von stillen Reserven von einem Realteiler auf den anderen, was vom BFH in Kauf genommen wird. Die steuerrechtliche Realteilungsbilanz weist bei einer Buchwertübertragung demzufolge folgendes Bild auf:

Aktiva	Realteilungsbilanz der X-OHG		Passiva
Teilbetrieb 1	100 000 DM	Kapital A	100 000 DM
Teilbetrieb 2	200 000 DM	Kapital B	200 000 DM
	300 000 DM		300 000 DM

Nach Ansicht des BFH ist die Kapitalkontenanpassungsmethode die allein zulässige Methode. Die Buchwertanpassungsmethode und die Kapitalausgleichskontenmethode, die in der Literatur zur Lösung des Problems erörtert wurden, hat der BFH ausdrücklich verworfen (BFH, in BStBl 1991 II, 385).

Anzumerken ist noch, daß auch die Überführung des bisher zum Sonderbetriebsvermögen gehörenden Grundstücks in das Einzelunternehmen des A erfolgsneutral vonstatten gehen kann. Eine Entnahme des Grundstücks liegt nicht vor (BFH, in BStBl II 1972, 903).

3. Üben die Gesellschafter ihr Wahlrecht i. S. einer Betriebsaufgabe (§ 16 Abs. 3 EStG) aus, müssen in der steuerrechtlichen Realteilungsbilanz die Wirtschaftsgüter des Betriebsvermögens der Personengesellschaft mit ihrem gemeinen Wert angesetzt werden. Aufgabegewinn ist dann der Unterschied zwischen dem Buchwert der Wirtschaftsgüter des Betriebsvermögens der Gesellschaft und dem anzusetzenden gemeinen Wert dieser Wirtschaftsgüter nach Abzug der Aufgabekosten (§ 16 Abs. 3 EStG).

Die Verteilung des Aufgabegewinns der Gesellschaft bestimmt sich im Falle der Realteilung nach dem Wert der Wirtschaftsgüter, die auf die einzelnen Gesellschafter übertragen werden. Dazu schreibt § 16 Abs. 3 Satz 4 EStG vor, daß für jeden Beteiligten der gemeine Wert der Wirtschaftsgüter anzusetzen ist, die er bei der Auseinandersetzung erhalten hat. Aufgabegewinnanteil von A und B ist danach der Unterschied zwischen dem gemeinen Wert der ihnen zugeteilten Wirtschaftsgüter und dem Buchwert ihres Kapitalkontos, wobei zu beachten ist, daß sich der Aufgabegewinnanteil des A noch um die in dem Grundstück enthaltenen stillen Reserven erhöht:

Aufgabegewinnanteil A

Gemeiner Wert der Wirtschaftsgüter des Teilbetriebs 1	400 000 DM
Buchwert des Kapitalkontos des A	·/. 150 000 DM
	250 000 DM
stille Reserven Grundstück	+ 200 000 DM
	450 000 DM

Aufgabegewinnanteil B

Gemeiner Wert der Wirtschaftsgüter des Teilbetriebs 2	400 000 DM
Buchwert des Kapitalkontos des B	·/. 150 000 DM
	250 000 DM

Die Aufgabegewinnanteile unterliegen der Einkommensteuer m. E. mit dem ermäßigten Steuersatz (§ 34 EStG) - strittig -, aber nicht der Gewerbesteuer.

A und B müssen in diesem Fall die übernommenen Wirtschaftsgüter in ihren Fortführungseröffnungsbilanzen mit ihren Teilwerten ansetzen (§ 6 Abs. 1 Nr. 6 i. V. m. Nr. 5 EStG).

(Schoor)

FALL 144

Realteilung mit Spitzenausgleich bei Buchwertübertragung

Sachverhalt: Gesellschafter der X-OHG sind die Brüder A und B zu je ½. Der Buchwert des Betriebsvermögens der OHG beträgt 200 000 DM, der gemeine Wert 700 000 DM. Das Unternehmen der Personengesellschaft besteht aus zwei Teilbetrieben. Der Buchwert des Teilbetriebs 1 beträgt 150 000 DM, der gemeine Wert (= Teilwert) 400 000 DM, der Buchwert des Teilbetriebs 2 beläuft sich auf 50 000 DM, der gemeine Wert (= Teilwert) auf 300 000 DM. Die Kapitalkonten der Gesellschafter betragen je 100 000 DM.

Die Gesellschafter beschließen, die OHG zum 31. 12. 01 durch Realteilung in der Weise zu beenden, daß A den Teilbetrieb 1 und B den Teilbetrieb 2 erhält. Wegen der Wertdifferenz zwischen dem Teilbetrieb 1 (Wert 400 000 DM) und dem Teilbetrieb 2 (Wert 300 000 DM) zahlt A aus seinem Eigenvermögen an B einen Wertausgleich von 50 000 DM. Sowohl A als auch B eröffnen mit dem ihnen zugewiesenen Teilbetrieb ein eigenes gewerbliches Einzelunternehmen. Die Gesellschafter wollen – soweit möglich – die Buchwerte der ihnen zugeteilten Teilbetriebe fortführen.

Die steuerrechtliche Schlußbilanz der Personengesellschaft zum 31. 12. 01 hat folgendes Aussehen:

Aktiva	Bilanz zum 31. 12. 01		Passiva
Teilbetrieb 1	150 000 DM	Kapital A	100 000 DM
Teilbetrieb 2	50 000 DM	Kapital B	100 000 DM
	200 000 DM		200 000 DM

Frage: Welche Steuerfolgen ergeben sich für A und B?

Lösung

Zahlt bei der Realteilung einer Personengesellschaft der Gesellschafter (hier A), der wertmäßig zuviel erhalten hat, dem anderen Gesellschafter (hier B), der wertmäßig zuwenig erhalten hat, einen Wertausgleich (sog. Spitzenausgleich), steht dies der gewinneutralen Realteilung des Gesellschaftsvermögens nicht entgegen. Das bedeutet, daß auch in einem solchen Fall in der steuerlichen Realteilungsbilanz die Buchwerte der steuerlichen Schlußbilanz der Personengesellschaft fortgeführt werden können. Voraussetzung hierfür ist jedoch, daß die Kapitalkonten der Gesellschafter, die sie in der Schlußbilanz der Gesellschaft hatten, durch Auf- oder Abstocken dahin angepaßt werden, daß ihre Höhe der

Summe der Buchwerte der übernommenen Wirtschaftsgüter entspricht. Das Kapitalkonto des A ist daher von 100 000 DM auf 150 000 DM erfolgsneutral aufzustocken, das des B von 100 000 DM auf 50 000 DM erfolgsneutral abzustocken. Die Begründung des Ausgleichsanspruchs bzw. dessen Erfüllung führt allerdings zur Realisierung eines (Veräußerungs-)Gewinns. Es handelt sich dabei um einen laufenden Gewinn, für den die Steuerbegünstigung der §§ 16, 34 EStG nicht in Anspruch genommen werden kann (BFH, in BStBl 1994 II, 607 und BFH/NV 1995 S. 98).

Dem ausgleichsberechtigten B entsteht danach ein laufender Gewinn in Höhe von 50 000 DM, der in die gesonderte und einheitliche Gewinnfeststellung der OHG einzubeziehen ist. Beim ausgleichsverpflichteten Realteiler A führt der Spitzenausgleich von 50 000 DM zu Anschaffungskosten mit der Folge, daß die aus der steuerrechtlichen Schlußbilanz der Personengesellschaft übernommenen Buchwerte der Wirtschaftsgüter und das diesen angepaßte Kapitalkonto in der Fortführungseröffnungsbilanz entsprechend aufzustocken sind. Die Fortführungseröffnungsbilanzen der beiden Realteiler haben danach folgendes Aussehen:

Aktiva — Fortführungseröffnungsbilanz A — Passiva

Aktiva			Passiva		
Buchwerte			Kapital A	150 000 DM	
Teilbetrieb 1	150 000 DM				
+ Aufstockung	50 000 DM	200 000 DM	+ Aufstockung	50 000 DM	200 000 DM
		200 000 DM			200 000 DM

Aktiva — Fortführungseröffnungsbilanz B — Passiva

Aktiva		Passiva	
Buchwerte Teilbetrieb 2	50 000 DM	Kapital B	50 000 DM
	50 000 DM		50 000 DM

Anmerkung: Die vorstehende Lösung entspricht den Grundsätzen des BFH-Urteils vom 1. 12. 1992 (in BStBl 1994 II, 607). Die Finanzverwaltung hat dieses Urteil zum Teil mit einem sog. Nichtanwendungserlaß belegt. Sie nimmt zur Ermittlung des Gewinns aus der Abfindungszahlung eine anteilige Gegenrechnung der Buchwerte vor. Außerdem wendet sie die Vergünstigungen der §§ 16, 34 EStG auf den Spitzenausgleich an, wenn es sich bei dem zugeteilten Vermögen – wie hier – um Teilbetriebe handelt (BMF vom 11. 8. 1994 in BStBl 1994 I, 601).

(Schoor)

FALL 145

Realteilung mit Spitzenausgleich bei Vollaufdeckung der stillen Reserven

Sachverhalt: An der X-KG sind der Komplementär A und der Kommanditist B zu je 50 % beteiligt. Das Gesellschaftsvermögen besteht aus dem Teilbetrieb 1 (gemeiner Wert = Teilwert 300 000 DM, Buchwert 80 000 DM) und dem Teilbetrieb 2 (gemeiner Wert = Teilwert 200 000 DM, Buchwert 120 000 DM). Die Kapitalkonten von A und B betragen je 100 000 DM. A und B beschließen, die KG aufzulösen und in der Realteilungsbilanz zum 31. 12. 01 die gemeinen Werte anzusetzen: A erhält den Teilbetrieb 1 und B den Teilbetrieb 2. Zum Ausgleich der Wertdifferenz zahlt A aus seinem Eigenvermögen an B 50 000 DM.

Die steuerrechtliche Schlußbilanz der Personengesellschaft zum 31. 12. 01 hat folgendes Aussehen:

Aktiva	Bilanz zum 31. 12. 01		Passiva
Teilbetrieb 1	80 000 DM	Kapital A	100 000 DM
Teilbetrieb 2	120 000 DM	Kapital B	100 000 DM
	200 000 DM		200 000 DM

Im Betriebsvermögen sind folgende stille Reserven enthalten.

	Buchwert	stille Reserven	gemeiner Wert = Teilwert
Teilbetrieb 1	80 000 DM	70 000 DM	150 000 DM
Geschäftswert Teilbetrieb 1	–	150 000 DM	150 000 DM
	80 000 DM	220 000 DM	300 000 DM
Teilbetrieb 2	120 000 DM	10 000 DM	130 000 DM
Geschäftswert Teilbetrieb 2	–	70 000 DM	70 000 DM
	120 000 DM	80 000 DM	200 000 DM

Beide Realteiler führen die Teilbetriebe als eigene Gewerbebetriebe fort.

Frage: Wie hoch sind die Aufgabegewinnanteile von A und B und welches Aussehen haben die Fortführungsbilanzen der Gesellschafter?

Übén die Gesellschafter bei einer Realteilung ihr Wahlrecht im Sinne vollständiger Aufdeckung der stillen Reserven aus, müssen die Wirtschaftsgüter in der Realteilungsbilanz mit ihrem gemeinen Wert angesetzt werden. Werden – wie vorliegend – von den Gesellschaftern Teilbetriebe übernommen, denen ein Geschäftswert anhaftet, muß auch der Geschäftswert in der Realteilungsbilanz ausgewiesen werden, damit der Aufgabegewinn nach §§ 16, 34 EStG steuerbegünstigt ist (BFH, in BStBl 1994 II, 607).

Der Aufgabegewinn und die Aufgabegewinnanteile von A und B sind wie folgt zu ermitteln, wobei zu beachten ist, daß der Spitzenausgleich den Aufgabegewinnanteil des empfangenden Realteilers B erhöht und den Aufgabegewinnanteil des leistenden Realteilers A vermindert (BFH, in BStBl 1994 II, 607).

Aufgabegewinnanteil A		
Gemeiner Wert des A zugeteilten Teilbetriebs 1	300 000 DM	
·/. Kapitalkonto A	·/. 100 000 DM	
·/. Spitzenausgleich	·/. 50 000 DM	150 000 DM
Aufgabegewinnanteil B		
Gemeiner Wert des B zugeteilten Teilbetriebs 2	200 000 DM	
·/. Kapitalkonto B	·/. 100 000 DM	
+ Spitzenausgleich	+ 50 000 DM	150 000 DM
		300 000 DM

Der Aufgabegewinn ist nach überwiegender, jedoch strittiger Ansicht steuerbegünstigt (§§ 16, 34 EStG) (vgl. Schmidt, EStG, 15. Aufl. 1996, § 16 Rz 547).

Die Fortführungsbilanzen der Gesellschafter haben folgendes Aussehen:

Aktiva	Fortführungsbilanz A		Passiva
Geschäftswert Teilbetrieb 1	150 000 DM	Kapital A	300 000 DM
Übrige Wirtschaftsgüter	150 000 DM		
	300 000 DM		300 000 DM

Aktiva	Fortführungsbilanz B		Passiva
Geschäftswert		Kapital B	200 000 DM
Teilbetrieb 2	70 000 DM		
Übrige Wirtschaftsgüter	130 000 DM		
	200 000 DM		200 000 DM

(Schoor)

FALL 146

Betriebsübertragung im Wege der vorweggenommenen Erbfolge bei negativem Kapitalkonto

Sachverhalt: Der 60 Jahre alte Einzelgewerbetreibende V betreibt ein Bauunternehmen. Mit notariell beurkundetem Vertrag vom 28. 12. 01 überträgt er zum 31. 12. 01 seinen Betrieb auf seinen Sohn A. Im Gegenzug übernimmt A die betrieblichen Verbindlichkeiten und verpflichtet sich zur Zahlung eines einmaligen Geldbetrages an seine Schwester B in Höhe von 120 000 DM. Im Vertrag ist festgehalten, daß der Betrag von 120 000 DM der Gleichstellung der B dienen soll. A finanziert die Abfindung seiner Schwester mit eigenen privaten Mitteln, d. h. einem Veräußerungserlös, den er anläßlich der Veräußerung eines privaten Bauplatzes erzielt hat.

Die von V zum 31. 12. 01 aufgestellte Bilanz hat folgendes Aussehen:

Aktiva	Bilanz zum 31. 12. 01		Passiva
Grund und Boden	60 000 DM	Darlehen	400 000 DM
Gebäude	300 000 DM	Verbindlichkeiten	100 000 DM
Betriebsausstattung	100 000 DM	Rückstellungen	20 000 DM
Sonstige Aktiva	40 000 DM	Sonstige Passiva	30 000 DM
Kapital	50 000 DM		
	550 000 DM		550 000 DM

Im Betriebsvermögen sind stille Reserven von 540 000 DM enthalten (Grund und Boden 40 000 DM, Gebäude 300 000 DM, Geschäftswert 200 000 DM).

Frage: Welche Steuerfolgen ergeben sich für V und A?

Lösung

Wird ein Betrieb unentgeltlich übertragen, sind vom Übernehmer die Buchwerte fortzuführen (§ 7 Abs. 1 EStDV); ein Veräußerungsgewinn fällt nicht an. Eine unentgeltliche Betriebsübertragung liegt auch vor, wenn der Übernehmer die Betriebsschulden mitübernimmt. Im Übergang der betrieblichen Verbindlichkeiten ist nach dem Beschluß des Großen Senat des BFH (BStBl 1990 II, 847) kein Entgelt zu sehen. Der Grundsatz, daß die Übernahme der betrieblichen Verbindlichkeiten bei der Übertragung des Betriebs kein Entgelt darstellt, findet auch Anwendung, wenn das steuerliche Kapitalkonto des Betriebsübergebers negativ ist (BFH, in BStBl 1971 II, 686, BStBl 1973 II, 111 und BStBl 1990 II, 847/854).

Dagegen kann bei einer teilentgeltlichen Betriebsübertragung ein Veräußerungsgewinn entstehen. Eine teilentgeltliche Betriebsübertragung liegt nach dem Beschluß des Großen Senats (BStBl 1990 II, 847) vor, wenn der Betriebsübernehmer seinen Geschwistern sog. Gleichstellungsgelder zahlt. In diesem Fall ergibt sich für den bisherigen Betriebsinhaber ein Veräußerungsvorgang und für den Betriebsübernehmer ein Anschaffungsvorgang.

Zu der Frage, wie der Veräußerungsgewinn zu ermitteln ist, wenn der Betriebsübergeber – wie vorliegend V – ein negatives Kapitalkonto hat, hat der BFH in einer neueren Entscheidung vom 16. 12. 1992 (BStBl 1993 II, 436) Stellung genommen. Der BFH betont, daß auch bei einer teilentgeltlichen Veräußerung die Ermittlung des Veräußerungsgewinns nach § 16 Abs. 2 EStG vorzunehmen ist. Dementsprechend ist dem Veräußerungserlös der Buchwert als Resultante des nach § 5 EStG ermittelten Betriebsvermögens gegenüberzustellen. Dabei ist unerheblich, ob der Buchwert (rechnerisch im Kapitalkonto erfaßt) einen positiven oder negativen Wert hat. Der Veräußerungsgewinn des V errechnet sich danach wie folgt:

Veräußerungspreis (Gleichstellungsgeld)	120 000 DM
negatives Kapital zum 31. 12. 01	+ 50 000 DM
Veräußerungsgewinn	170 000 DM

Vom Veräußerungsgewinn bleiben 60 000 DM steuerfrei (§ 16 Abs. 4 EStG). Der verbleibende Veräußerungsgewinn von 110 000 DM ist tarifbegünstigt (§ 34 EStG).

Die Abfindung seiner Schwester und die Übernahme des negativen Kapitalkontos stellt für A ein Anschaffungsgeschäft dar. A muß seine Anschaffungskosten von 170 000 DM (Abfindung 120 000 DM + negatives Kapitalkonto 50 000 DM) anteilig bei den Wirtschaftsgütern hinzuaktivieren, die stille Reserven enthalten, wobei zu beachten ist, daß eine Aufdeckung der im originären Geschäftswert enthaltenen stillen Reserven erst in Betracht kommt, wenn die stillen Reserven, die in den übrigen Wirtschaftsgütern enthalten sind, vollständig aufgedeckt sind (BMF, in BStBl 1993 I, 80, Tz 35). Diese Betrachtung hat zur Folge, daß nur die Buchwerte des Grund und Bodens und des Gebäudes aufzustocken sind; zu einer Aufdeckung der im Geschäftswert enthaltenen stillen Reserven kommt es nicht. Die Aufstockung hat anteilig – im Verhältnis der stillen Reserven – zu erfolgen:

Stille Reserven Grund und Boden	40 000 DM
Stille Reserven Gebäude	300 000 DM
	340 000 DM
Aufgedeckte stille Reserven (= 50 v. H.)	170 000 DM
Buchwert Grund und Boden bisher =	60 000 DM
Aufstockung: 50 v. H. von 40 000 DM =	+ 20 000 DM
Buchwert Grund und Boden nach Aufstockung	80 000 DM
Buchwert Gebäude bisher =	300 000 DM
Aufstockung: 50 v. H. von 300 000 DM =	+ 150 000 DM
Buchwert Gebäude nach Aufstockung	450 000 DM

(Schoor)

FALL 147

Veräußerung eines Erbteils an einer gewerblich tätigen Personengesellschaft

Sachverhalt: Der Nachlaß des Erblassers V besteht aus einem gewerblichen Einzelunternehmen. Das Kapitalkonto des Erblassers betrug 300 000 DM. Erben sind A, B und C zu je ⅓. Jeder Erbe hat somit ein Kapitalkonto von ⅓ von 300 000 DM = 100 000 DM. Der 40 Jahre alte A veräußert seinen Erbteil und damit seinen Mitunternehmeranteil für 250 000 DM an D.

Frage: Wie hoch ist der von A erzielte Veräußerungsgewinn und welche Steuerfolgen ergeben sich für D?

Lösung

Die Veräußerung eines Erbanteils an einer gewerblich tätigen Erbengemeinschaft hat die gleichen einkommensteuerlichen Folgen wie die Veräußerung eines Gesellschaftsanteils (§ 16 Abs. 1 Nr. 2 EStG) an einer gewerblich tätigen Personengesellschaft, z. B. einer OHG oder KG. Der weichende Miterbe veräußert seinen Mitunternehmeranteil und erzielt dabei einen steuerbegünstigten Veräußerungsgewinn (§§ 16, 34 EStG); der übernehmende Miterbe hat Anschaffungskosten in Höhe seiner Abfindung. Anschaffungskosten und Veräußerungsgewinn errechnen sich wie bei der Übertragung eines Gesellschaftsanteils (BFH, in BStBl 1990 II, 837, 843, und BFH/NV 1991 S. 738). Für diese Betrachtung ist es ohne Bedeutung, ob es sich bei dem Erwerber um einen Dritten oder einen Miterben handelt.

A entsteht demzufolge aus der Veräußerung seines Mitunternehmeranteils (§ 16 Abs. 1 Nr. 2 EStG) ein tarifbegünstigter Veräußerungsgewinn von (250 000 DM ·/. Kapitalkonto von 100 000 DM =) 150 000 DM. D hat Anschaffungskosten von 250 000 DM, mit denen er seinen Mitunternehmeranteil bilanzieren muß. Dies geschieht in der Weise, daß in der Bilanz der Personengesellschaft, also in der Hauptbilanz, das Kapitalkonto des A von 100 000 DM auf D übertragen wird, während der Mehrbetrag von 150 000 DM in einer für D aufzustellenden Ergänzungsbilanz ausgewiesen wird. *(Schoor)*

FALL 148

Abfindung eines weichenden Miterben mit einem zum geerbten Betrieb gehörenden Wirtschaftsgut (Sachwertabfindung)

Sachverhalt: A und B sind Miterben zu je ½. Zum Nachlaß gehört ein gewerbliches Einzelunternehmen mit einem Wert von 600 000 DM (Buchwert 200 000 DM). Das Kapitalkonto jedes Miterben beläuft sich demnach auf (½ von 200 000 DM =) 100 000 DM. B scheidet aus der Erbengemeinschaft aus, das Unternehmen wird von A allein fortgeführt. B erhält als Abfindung ein zum gewillkürten Betriebsvermögen gehörendes Grundstück mit einem Verkehrswert von 300 000 DM (Buchwert 100 000 DM), das er in sein Privatvermögen überführt.

Frage: Welche Steuerfolgen löst die Sachwertabfindung bei A und B aus?

Der weichende Miterbe kann auch mit einem Sachwert abgefunden werden, der zum Betriebsvermögen des geerbten Unternehmens gehört. Hinsichtlich der sich hierbei ergebenden Rechtsfolgen verweist der Große Senat (BStBl 1990 II, 837/843) auf die zum Ausscheiden aus einer Personengesellschaft gegen Sachwertabfindung ergangene BFH-Rechtsprechung (BStBl 1973 II, 655). Danach gehört der gemeine Wert des empfangenen Wirtschaftsguts beim weichenden Miterben zu seinem Veräußerungserlös, bei ihm entsteht wie im Fall der

Geldabfindung ein Veräußerungsgewinn. Zusätzlich führt die Sachwertabfindung bei dem oder den verbliebenen Erben in Höhe ihrer stillen Reserven an dem hingegebenen Wirtschaftsgut zur Entstehung eines Veräußerungsgewinns.

Dem ausscheidenden B entsteht danach ein steuerbegünstigter Veräußerungsgewinn (§§ 16, 34 EStG) in Höhe von 200 000 DM (= Differenz zwischen dem gemeinen Wert des übertragenen Grundstücks von 300 000 DM und dem Buchwert seines Kapitalkontos von 100 000 DM). Der weitere Abfindungsvorgang ist gedanklich in zwei Phasen zu zerlegen. Zum einen stellt der Erwerb des Mitunternehmeranteils des B für den verbleibenden Miterben A ein Anschaffungsgeschäft dar: A muß deshalb die Abfindungsschuld von 300 000 DM passivieren und den über das Kapitalkonto des B hinausgehenden Abfindungsbetrag von 200 000 DM aktivieren, und zwar durch Teilaufstockung bei den Wirtschaftsgütern, die stille Reserven enthalten. Da die in dem Grundstück enthaltenen stillen Reserven (200 000 DM) 50 % der insgesamt im Betriebsvermögen enthaltenen stillen Reserven (400 000 DM) ausmachen, kommt es beim Grundstück zu einer anteiligen Teilaufstockung von (50 % von 200 000 DM =) 100 000 DM: Neuer Buchwert somit 200 000 DM.

In einem zweiten Schritt wird die passivierte Abfindungsschuld von 300 000 DM durch Übertragung des Grundstücks auf B getilgt. Die auf A entfallenden stillen Reserven des Grundstücks von 100 000 DM werden dadurch zwangsläufig realisiert: A entsteht ein laufender Gewinn von 100 000 DM.

(Schoor)

FALL 149

Vererbung eines Mitunternehmeranteils bei einfacher Nachfolgeklausel

Sachverhalt: An der X-OHG sind A und B zu je 50 % als Gesellschafter beteiligt. Der Gesellschaftsvertrag enthält die Bestimmung, daß für den Fall des Todes eines Gesellschafters die Gesellschaft mit sämtlichen Erben fortzuführen ist. A stirbt am 1. 7. 01. Er wird von seinen beiden Söhnen C und D zu je ½ beerbt. Das Kapitalkonto des A beträgt in der Bilanz der Personengesellschaft 120 000 DM. Zum Sonderbetriebsvermögen des A gehört ein bebautes Grundstück mit einem Buchwert von 180 000 DM.

Frage: Welche Steuerfolgen löst die Vererbung des Mitunternehmeranteils bei C und D aus?

▶ Lösung

Der Gesellschaftsvertrag einer Personengesellschaft kann vorsehen, daß die Gesellschaft nach dem Tod eines Gesellschafters mit „den Erben" fortzusetzen ist (einfache Nachfolgeklausel). Der Erblasser entscheidet in diesem Fall mit der testamentarischen Berufung zum Erben auch über die Gesellschafter-Nachfolge. Beläßt er es bei der gesetzlichen Erbfolge, nehmen die gesetzlichen Erben die Rechtsstellung des Verstorbenen ein.

Dem Prinzip der Gesamtrechtsnachfolge würde es an sich entsprechen, die Erbengemeinschaft als Gesellschafterin anzusehen. Das würde jedoch dem gesellschaftsrechtlichen Grundsatz entgegenstehen, daß eine Erbengemeinschaft nicht Gesellschafter einer werbend tätigen Personengesellschaft sein kann. Der Gesellschaftsanteil geht demnach nicht auf die Erbengemeinschaft als solche über, er wird also nicht Gesamthandsvermögen der Erbengemeinschaft, sondern jeder einzelne Miterbe wird entsprechend seiner Erbquote unmittelbar Gesellschafter. Es handelt sich um eine quotale Sonderrechtsnachfolge, d. h. der Gesellschaftsanteil geht geteilt auf die Miterben über. Bestandteil des ungeteilten Nachlaßvermögens werden jedoch Wirtschaftsgüter des Sonderbetriebsvermögens. Diese werden Gesamthandsvermögen der Erbengemeinschaft (§§ 1922, 2032 BGB).

Daraus folgt, daß C und D mit dem Erbfall automatisch Mitunternehmer der X-OHG werden: Der Gesellschaftsanteil des A geht im Wege der Sondererbfolge unmittelbar und unentgeltlich und nach der Erbquote geteilt auf C und D als Erben über (BFH, in BStBl 1992 II, 512).

Auch das gesamthänderisch gebundene Sonderbetriebsvermögen geht unentgeltlich auf die Erben über. Diese müssen den Buchwert des Kapitalkontos (120 000 DM) und des Sonderbetriebsvermögens (180 000 DM) je zur Hälfte fortführen (§ 7 Abs. 1 EStDV). *(Schoor)*

FALL 150

Vererbung eines Mitunternehmeranteils bei qualifizierter Nachfolgeklausel

Sachverhalt: Erblasser V war Gesellschafter der X-OHG. Er wurde von seinen Kindern A und B zu je ½ beerbt. Der Gesellschaftsvertrag der OHG enthält eine qualifizierte Nachfolgeklausel, wonach nur A in die Gesellschafterstellung des V nachrückt. Zum Sonderbetriebsvermögen des V gehörte ein Grundstück, das einen Teilwert von 100 000 DM und einen Buchwert von 50 000 DM hat.

Frage:

1. Kann A den Buchwert des Kapitalkontos des Erblassers in der Gesellschaftsbilanz fortführen?
2. Welche Steuerfolgen löst der Übergang des Sonderbetriebsvermögens auf die Mieterben aus?

Lösung

1. Ist im Gesellschaftsvertrag einer Personengesellschaft – wie vorliegend – geregelt, daß beim Tod eines Gesellschafters, der von mehreren Personen beerbt wird, die Gesellschaft nur mit einem oder einigen Miterben, z. B. dem ältesten Sohn, fortgeführt wird, spricht man von einer qualifizierten Nachfolgeklausel. Erbrechtliche Grundsätze stehen einer solchen Gestaltung nicht entgegen. Eine qualifizierte Nachfolgeklausel führt zivilrechtlich dazu, daß der Gesellschaftsanteil des Verstorbenen nicht nur in Höhe der auf den bevorzugten (qualifizierten) Miterben entfallenden Erbquote, sondern insgesamt im Wege der Sonderrechtsnachfolge auf den Nachfolger-Erben übergeht (BFH, in BStBl 1992 II, 512). Der gesellschaftsvertraglich allein zugelassene Miterbe erhält die Gesellschafterposition des Erblassers in vollem Umfang.

Die nicht zu Nachfolgern berufenen Erben werden nicht Gesellschafter. Sie erlangen auch keinen Abfindungsanspruch gegen die Gesellschaft selbst, sondern werden auf einen auf dem Erbrecht beruhenden Wertausgleichsanspruch gegen den qualifizierten Gesellschafter-Nachfolger mit der Begründung verwiesen, daß zwar die Mitgliedschaft unmittelbar und in vollem Umfang auf den Gesellschafter-Nachfolger übergegangen sei, dagegen der Wert des Gesellschaftsanteils zum Nachlaßvermögen gehöre.

Einkommensteuerlich rückt allein der durch die Klausel begünstigte Miterbe in die Mitunternehmerstellung des Erblassers ein. Die nichtqualifizierten Miterben werden keine Gesellschafter und demgemäß auch keine Mitunternehmer (BMF, in BStBl 1993 I, 62, Tz 82; BFH, in BStBl 1992 II, 510). Der Nachfolger-Miterbe muß das Kapitalkonto des Erblassers fortführen (§ 7 Abs. 1 EStDV), dem Erblasser entsteht kein Veräußerungsgewinn. Die Anteile am laufenden Gewinn der Gesellschaft stehen dem qualifizierten Miterben bereits ab dem Erbfall zu.

2. Sonderbetriebsvermögen des Erblassers wird – wie im Falle der einfachen Nachfolgeklausel – zivilrechtlich Gesamthandsvermögen der Erbengemeinschaft, fällt also in das ungeteilte Nachlaßvermögen. Das gilt auch, wenn bei einer zeitnahen Auseinandersetzung das Sonderbetriebsvermögen auf den qualifizierten Miterben übergeht (BMF, in BStBl 1993 I, 62, Tz 84).

Diese Betrachtung hat zur Folge, daß der qualifizierte Gesellschafter-Nachfolger den seiner Erbquote entsprechenden Anteil am Sonderbetriebsvermögen als eigenes Sonderbetriebsvermögen zum Buchwert fortzuführen hat (§ 7 Abs. 1 EStDV), während in Höhe der Erbquote des nichtqualifizierten Miterben das Sonderbetriebsvermögen Privatvermögen wird. Insoweit entsteht ein laufender, nichtbegünstigter Entnahmegewinn, der dem Erblasser zuzurechnen ist (BMF, in BStBl 1993 I, 62, Tz 85), da er es war, der mit der gesellschaftsvertraglichen Regelung der qualifizierten Nachfolgeklausel den teilweisen Übergang des Sonderbetriebsvermögens in das Privatvermögen ausgelöst hat.

Wendet man diese Rechtsgrundsätze hier an, so ergibt sich folgendes:

A muß den Buchwert des Grundstücks in Höhe von (½ von 50 000 DM =) 25 000 DM in einer Sonderbilanz fortführen (§ 7 Abs. 1 EStDV). Da B an der X-OHG als Gesellschafter nicht beteiligt ist, ist ½ des Grundstücks mit dem Erbfall entnommen. Es entsteht ein laufender Entnahmegewinn von 25 000 DM (Differenz zwischen ½ des Teilwerts = 50 000 DM und ½ des Buchwerts = 25 000 DM), der noch dem Erblasser V zuzurechnen ist. *(Schoor)*

FALL 151

Veräußerung einer freiberuflichen Praxis

Sachverhalt: Der 56 Jahre alte A ist seit Jahren in Köln als selbständiger Steuerberater tätig. Mit Vertrag vom 30. 6. 01 veräußert er aus gesundheitlichen Gründen seine Steuerberaterpraxis an seinen Berufskollegen B. Der Käufer übernimmt das gesamte Inventar, die EDV-Anlage und den weit überwiegenden Teil der 110 Mandate. A behält drei Mandate zurück und betreut sie – zusammen mit fünf neuen Mandaten – seitdem von seiner ca. 2 km von der alten Praxis gelegenen Wohnung aus, in welcher er einen Büroraum einrichtet und diesen mit Büromaterial sowie einem Buchungsautomaten ausstattet. Die Honorareinnahmen aus den zurückbehaltenen drei Mandaten belaufen sich in den letzten drei Jahren vor der Praxisveräußerung auf jeweils rund 15 % des früheren Praxisumsatzes des A.

Der von A aufgrund der Praxisveräußerung erzielte Gewinn beläuft sich auf 300 000 DM.

Frage: Ist der von A im Zusammenhang mit der Praxisveräußerung erzielte Gewinn steuerbegünstigt nach §§ 16, 34 EStG?

Lösung

Zu den Einkünften aus selbständiger Arbeit gehört auch der Gewinn, der bei der Veräußerung einer freiberuflichen Praxis erzielt wird (§ 18 Abs. 3 EStG). Der Veräußerungsgewinn wird – soweit er nicht steuerfrei bleibt (§ 16 Abs. 4 EStG) – mit dem ermäßigten Steuersatz versteuert. Die steuerliche Vergünstigung setzt zum einen voraus, daß der freiberuflich Tätige die wesentlichen Grundlagen seiner freiberuflichen Praxis veräußert. Des weiteren wurde bisher gefordert, daß die freiberufliche Tätigkeit in dem bisherigen örtlich begrenzten Wirkungskreis wenigstens für eine gewisse Zeit eingestellt werden muß (BFH, in BFH/NV 1986 S. 336).

Hier ist durch neuere Rechtsprechung eine gewisse Lockerung eingetreten: In einem neueren Urteil hat der BFH (BStBl 1992 II, 457) entschieden, daß die Fortführung einer freiberuflichen Nebentätigkeit der tarifbegünstigten Veräußerung nicht entgegensteht, wenn diese Nebentätigkeit nur in geringem Umfang ausgeübt wird. Eine Tätigkeit von geringem Umfang hat der BFH angenommen, wenn die darauf entfallenden Umsätze in den letzten drei Jahren weniger als 10 % der gesamten Einnahmen ausmachten.

Im Urteilsfall (BStBl 1992 II, 457) führte der Stpfl. eine Arztpraxis; außerdem war er als Betriebsarzt für verschiedene Firmen tätig. Er veräußerte seine Praxis an einen Kollegen, führte jedoch seine bisherige Tätigkeit als Betriebsarzt in den jeweiligen Firmen fort. Der BFH erkannte die Steuerbegünstigung des Veräußerungsgewinns an, weil auf die Tätigkeit als Betriebsarzt in den letzten drei Jahren vor der Praxisveräußerung weniger als 10 % der gesamten Einnahmen entfielen.

In weiteren Urteilen (BFH, in BStBl 1993 II, 182 und BStBl 1994 II, 925) hat der BFH klargestellt, daß die 10%-Grenze nicht nur gilt, wenn die zurückbehaltenen Patienten- oder Kundenbeziehungen gegenüber den veräußerten nach sachlichen Gesichtspunkten abgrenzbar sind, wie im „Betriebsarzt-Fall", sondern auch, wenn die zurückbehaltenen (geringfügigen) Kundenbeziehungen von den veräußerten nicht getrennt werden können. Daraus folgt, daß ein zurückbehaltener Patienten- oder Mandantenstamm nicht zu den wesentlichen Grundlagen der Praxis zählt, wenn die daraus resultierenden Umsätze derart geringfügig waren, daß sie in den letzten drei Jahren weniger als 10 % der gesamten Einnahmen ausmachten: In diesem Fall kann eine tarifbegünstigte Praxisveräußerung anerkannt werden.

Ist die 10%-Grenze jedoch – wie vorliegend – überschritten, kann die Steuerbegünstigung der §§ 16, 34 EStG nicht in Anspruch genommen werden. Der von A erzielte Gewinn von 300 000 DM ist daher kein steuerbegünstigter, sondern Teil des laufenden Gewinns des A. *(Schoor)*

FALL 152

Aufgabe einer freiberuflichen Praxis

Sachverhalt: Der 40 Jahre alte A betreibt als selbständiger Zahnarzt in Frankfurt in gemieteten Räumen eine eigene Praxis. Da der Mietvertrag am 31. 12. 01 ausläuft, gibt A die Zahnarztpraxis zu diesem Zeitpunkt auf. Inventar und Geräte verkauft er teils an mehrere Berufskollegen, zum Teil überführt er das Praxisvermögen auch in eine neue Praxis, die er ab 1. 1. 02 in Wiesbaden zusammen mit einem anderen Zahnarzt in Form einer Gemeinschaftspraxis betreibt. Aus der Veräußerung des Inventars und der Geräte hat A einen Gewinn in Höhe von 80 000 DM erzielt.

Frage: Ist der anläßlich der Praxisaufgabe erzielte Gewinn von 80 000 DM tarifbegünstigt nach § 34 EStG?

 Lösung

Die Aufgabe der selbständigen Tätigkeit gilt als Veräußerung (§ 18 Abs. 3 letzter Satz EStG). Daraus folgt, daß Gewinne anläßlich der Aufgabe einer freiberuflichen Tätigkeit grundsätzlich steuerbegünstigt sind. Eine steuerbegünstigte Praxisaufgabe setzt aber – ebenso wie eine steuerbegünstigte Praxisveräußerung – voraus, daß die selbständige Tätigkeit in dem bisherigen örtlichen Wirkungskreis zumindest für eine gewisse Zeit eingestellt wird (BFH, in BStBl 1964 III, 120), wobei aber anzumerken ist, daß an einer Fortführung der freiberuflichen Tätigkeit in unbedeutendem Umfang (10%-Grenze) auch im Fall der Praxisaufgabe die Tarifbegünstigung des Veräußerungsgewinns nicht scheitert (vgl. hierzu Fall 151). Daß der bisherige Praxisinhaber künftig überhaupt keine freiberufliche Tätigkeit mehr ausübt, kann also nicht verlangt werden (BFH, in HFR 1961 S. 222, sowie FG Düsseldorf, in EFG 1985 S. 449, und FG Rheinland-Pfalz, in EFG 1987 S. 558).

A hat seine freiberufliche Tätigkeit im bisherigen örtlich begrenzten Wirkungskreis eingestellt. Es kann nicht davon ausgegangen werden, daß er seine alte Praxis in Wiesbaden fortführt; denn beide Praxen unterscheiden sich in wesentlichen Punkten: nämlich in den Praxisräumen, dem Praxisort und dem Patientenstamm. Der Gewinn von 80 000 DM ist daher als tarifbegünstigter Aufgabegewinn zu behandeln (§ 34 EStG). *(Schoor)*

FALL 153

Teilentgeltliche Betriebsveräußerung

Sachverhalt: Der 60 Jahre alte A überträgt seinen Gewerbebetrieb im Wege einer gemischten Schenkung auf seinen Sohn B. Der Buchwert des Kapitalkontos beträgt im Zeitpunkt der Betriebsübertragung 500 000 DM. Das Betriebsvermögen enthält stille Reserven von 500 000 DM. B hat als Gegenleistung für die Übertragung des Betriebs

a) 600 000 DM,

b) 400 000 DM an A auszuzahlen.

Frage: Welche einkommensteuerlichen Folgen ergeben sich für A und B?

Lösung

Die teilentgeltliche Übertragung eines ganzen Gewerbebetriebs, d. h. die Übertragung im Wege einer gemischten Schenkung, ist eine Veräußerung i. S. von § 16 Abs. 1 Nr. 1 EStG. Dabei entsteht insoweit ein Veräußerungsgewinn, als die Gegenleistung des Betriebserwerbers das Kapitalkonto des Veräußerers übersteigt; der Veräußerungsgewinn ist tarifbegünstigt, obwohl nicht alle stillen Reserven aufgelöst werden (BFH, in BStBl 1986 II, 811, und BStBl 1993 II, 436). Im Fall a entsteht A danach ein nach § 34 EStG tarifbegünstigter Veräußerungsgewinn in Höhe von (600 000 DM ·/. 500 000 DM =) 100 000 DM. B hat seine Anschaffungskosten von 600 000 DM, soweit sie über das Kapitalkonto des A hinausgehen, also in Höhe von 100 000 DM, anteilig bei den Wirtschaftsgütern hinzuzuaktivieren, die stille Reserven enthalten.

Ist die Gegenleistung – wie im Fall – niedriger als der Buchwert des Kapitalkontos, muß der Übernehmer die Buchwerte fortführen (§ 7 Abs. 1 EStDV). Dem Übergeber A entsteht kein Veräußerungsverlust (BMF, in BStBl 1993 I, 80, Tz 38). *(Schoor)*

FALL 154

Entgeltliche Veräußerung eines Mitunternehmeranteils

Sachverhalt: An der X-OHG sind A und B zu je ½ als Gesellschafter beteiligt. Das Kapitalkonto des A beläuft sich am Bilanzstichtag 31. 12. 01 auf 100 000 DM. Das Betriebsvermögen der OHG enthält stille Reserven von 350 000 DM (Grund und Boden 50 000 DM, Gebäude 300 000 DM), der originäre Geschäftswert beträgt 150 000 DM. Am 31. 12. 01 veräußert A seinen Gesellschaftsanteil an den neu in die Gesellschaft eintretenden C für 350 000 DM.

Frage: Welche Steuerfolgen ergeben sich für A und C?

Lösung

A entsteht infolge der Veräußerung seines Mitunternehmeranteils ein Veräußerungsgewinn von 250 000 DM (Veräußerungserlös 350 000 DM ·/. Kapitalkonto 100 000 DM), der tarifermäßigt zu versteuern ist (§§ 16, 34 EStG).

C hat für den in der Bilanz mit 100 000 DM ausgewiesenen Anteil des A am Betriebsvermögen der X-OHG 350 000 DM bezahlt oder – genau ausgedrückt – für die von ihm erworbenen Anteile an den einzelnen zum Gesellschaftsvermögen gehörenden Wirtschaftsgütern, wie sie sich im Kapitalkonto darstellen (BFH, in BStBl 1990 II, 561); denn ein Mitunternehmeranteil ist kein selbständiges Wirtschaftsgut. C darf die von ihm erworbenen Anteile an den Wirtschaftsgütern der X-OHG nicht – wie bisher A – mit 100 000 DM, sondern er muß seine Anschaffungskosten von 350 000 DM ausweisen. Das geschieht in der Weise, daß in der Bilanz der X-OHG das Kapitalkonto des A von 100 000 DM auf C übertragen wird, während der Mehrbetrag von 250 000 DM in einer positiven Ergänzungsbilanz des C anteilig auf die Wirtschaftsgüter, die stille Reserven enthalten, und den Geschäftswert verteilt wird. Die Ergänzungsbilanz des C hat danach folgendes Aussehen:

Aktiva	Ergänzungsbilanz C		Passiva
Grund und Boden	25 000 DM	Mehrkapital C	250 000 DM
Gebäude	150 000 DM		
Geschäftswert	75 000 DM		
	250 000 DM		250 000 DM

Die Ergänzungsbilanz ist zu den nachfolgenden Bilanzstichtagen fortzuführen. Soweit die ausgewiesenen Mehrwerte auf abnutzbare Anlagegüter entfallen (hier: Gebäude und Geschäftswert), sind sie im Wege der AfA abzusetzen. Insoweit handelt es sich um Sonderbetriebsausgaben des C, die im Rahmen der gesonderten und einheitlichen Gewinnfeststellung zu berücksichtigen sind (§§ 179, 180 AO). *(Schoor)*

FALL 155

Gesellschafterwechsel bei einer Personengesellschaft: Kaufpreis unter Buchwert

Sachverhalt: Gesellschafter der X-KG sind A als Komplementär und B als Kommanditist zu je ½. B veräußert am 31. 12. 01 seinen Kommanditanteil an den an seine Stelle in die Gesellschaft eintretenden C für 100 000 DM. Das Kapitalkonto des B beträgt im Veräußerungszeitpunkt 150 000 DM. Die hinter dem Buchwert zurückbleibende Abfindung beruht auf einer Überbewertung des Anlagevermögens der KG.

Frage: Welche Steuerfolgen ergeben sich für B und C?

Lösung

B entsteht aus der Veräußerung seiner Gesellschaftsbeteiligung ein Veräußerungsverlust von 50 000 DM (Veräußerungserlös 100 000 ·/. Kapitalkonto 150 000 DM). C hat Anschaffungskosten von 100 000 DM, die nach Maßgabe des § 6 EStG zu aktivieren sind. Dies geschieht in der Weise, daß in der Gesellschaftsbilanz das Kapitalkonto des B von 150 000 DM auf C übertragen wird. Für den Minderbetrag von 50 000 DM wird eine negative Ergänzungsbilanz aufgestellt, auf deren Passivseite die Buchwerte der überbewerteten Anlagegüter anteilig abgestockt werden, auf der Aktivseite der Ergänzungsbilanz ist ein Minderkapital von 50 000 DM auszuweisen. Die erforderliche Abstockung der Buchwerte kann nicht dadurch vermieden werden, daß der Minderbetrag als „negativer Geschäftswert" aktiviert wird; denn ein negativer Geschäftswert ist kein bilanzierungsfähiges Wirtschaftsgut (BFH, in BStBl 1989 II, 893/896). Die Ergänzungsbilanz hat danach folgendes Aussehen:

Aktiva	Ergänzungsbilanz C		Passiva
Minderkapital	50 000 DM	Minderwert Anlagevermögen	50 000 DM
	50 000 DM		50 000 DM

Die negative Ergänzungsbilanz ist an den nachfolgenden Bilanzstichtagen fortzuführen. Dabei ist zu prüfen, ob und ggf. inwieweit die Wirtschaftsgüter, für die ein Minderwert in der Ergänzungsbilanz ausgewiesen worden ist, noch im Betriebsvermögen enthalten sind. Haben sich die Wirtschaftsgüter durch AfA gemindert oder sind sie ganz oder teilweise z. B. durch Verkauf weggefallen, so sind die Minderwerte in der Ergänzungbilanz entsprechend zu mindern oder aufzulösen. Ein dem C durch Auflösung des Minderwerts entstehender Gewinn ist bei der gesonderten und einheitlichen Gewinnfeststellung (§§ 179, 180 AO) seinem Anteil am Gesellschaftsgewinn hinzuzurechnen.

Anzumerken ist noch folgendes: In den Fällen, in denen auch nach der Abstokkung noch eine Differenz zwischen Kapitalkonto und Anschaffungspreis verbleibt, stellt diese keinen Erwerbsgewinn dar, sondern ist als Ausgleichsposten in der Ergänzungsbilanz des Erwerbers zu passivieren; der Ausgleichsposten ist gegen künftige Verlustanteile des Gesellschafters sowie bei gänzlicher oder teilweiser Beendigung der Beteiligung gewinnerhöhend aufzulösen (so jedenfalls der IV. Senat des BFH in, BStBl 1994 II, 745; vgl. hierzu auch das Urteil des VIII. Senats in BStBl 1995 II, 245, wonach ein „Merkposten“ zur Sicherstellung dieses Ergebnisses genügt). *(Schoor)*

FALL 156

Veräußerung eines Teils eines Mitunternehmeranteils

Sachverhalt: An der X-GbR, einer Steuerberater-Sozietät, sind A zu 90 % und B zu 10 % beteiligt. A veräußert 40 % Praxisanteil an B, so daß sich das Beteiligungsverhält auf 50 % zu 50 % verändert. Bei der Veräußerung des 40 %igen Praxisanteils erzielt A einen Veräußerungsgewinn von 200 000 DM.

Frage: Ist der von A erzielte Veräußerungsgewinn tarifbegünstigt?

Lösung

Veräußert ein Gesellschafter einer Personengesellschaft nicht seinen ganzen Anteil an der Personengesellschaft, sondern nur einen Teil davon, so ist auch der dadurch erzielte Veräußerungsgewinn steuerbegünstigt (§§ 16, 34 EStG). Denn die Veräußerung eines Teils eines Mitunternehmeranteils steht der Veräußerung des ganzen Mitunternehmeranteils gleich, obwohl dabei nicht alle stillen Reserven aufgedeckt werden (BFH, in BStBl 1990 II, 132 und BStBl 1992 II, 135).

Das gilt auch, wenn – wie vorliegend – ein „Teil“ eines Mitunternehmeranteils an einer freiberuflich tätigen Personengesellschaft veräußert wird. Zwar hat der IV. Senat der BFH in seinem Urteil vom 7. 11. 1985 (BStBl 1986 II S. 335) entschieden, daß § 18 Abs. 3 EStG die Einstellung der freiberuflichen Tätigkeit in dem bisherigen örtlichen Wirkungskreis wenigstens für eine gewisse Zeit voraussetzt. An dieser Rechtsauffassung hat der I. Senat in einer neueren Entscheidung vom 14. 9. 1994 (BStBl 1995 II S. 407) nicht mehr festgehalten. Er hat – unter Einholung der Zustimmung des IV. Senats – entschieden, daß der ermäßigte Steuersatz auch bei der entgeltlichen Veränderung der Beteiligungsverhältnisse in einer Freiberufler-Sozietät Anwendung findet. *(Schoor)*

FALL 157

Ausscheiden eines lästigen Gesellschafters aus einer Personengesellschaft

Sachverhalt: An der X-OHG sind A, B und C zu je ⅓ als Gesellschafter beteiligt. Die Kapitalkonten der Gesellschafter haben einen Buchwert von 100 000 DM, im Betriebsvermögen der Personengesellschaft sind stille Reserven von 450 000 DM enthalten. C, der als sog. lästiger Gesellschafter anzusehen ist, scheidet am 31. 12. 01 gegen eine Abfindung von 350 000 DM aus der Personengesellschaft aus. Die über das Kapitalkonto (100 000 DM) sowie seinen Anteil an den stillen Reserven (150 000 DM) hinausgehende Zahlung wird von A und B erbracht, um C zum Ausscheiden aus der Personengesellschaft zu bewegen.

Frage: Welche Steuerfolgen ergeben sich für den ausscheidenden und die verbleibenden Gesellschafter?

Lösung

Von einem lästigen Gesellschafter spricht man, wenn ein Mitunternehmer durch in seiner Person liegende Umstände (geschäftsschädigendes Verhalten, unlautere Konkurrenz usw.) der Personengesellschaft derart Schaden zufügt, daß es im betrieblichen Interesse ist, wenn er aus der Personengesellschaft ausscheidet. Im allgemeinen wird sich der ausscheidende Gesellschafter – wie vorliegend – nicht mit der Auszahlung des ihm zivilrechtlich zustehenden Anteils am Gesellschaftsvermögen zufriedengeben. Die übrigen Gesellschafter werden ihm eine Abfindung bezahlen müssen, die den wirklichen Wert seines Gesellschaftsanteils übersteigt. Problematisch ist dann die steuerliche Beurteilung dieser „Mehrzahlung".

Anzumerken ist, daß nicht ohne weiteres der gesamte Betrag, um den die Abfindung das steuerliche Kapitalkonto des ausscheidenden lästigen Gesellschafters übersteigt, ein Aufwand der übernehmenden Gesellschafter ist. Auch beim Ausscheiden eines lästigen Gesellschafters spricht eine tatsächliche Vermutung dafür, daß der Buchwert der bilanzierten Wirtschaftsgüter des Betriebsvermögens stille Reserven enthält und/oder den Geschäftswert abgelten soll. Eine über das Kapitalkonto des lästigen Gesellschafters hinausgehende Abfindung kann nur insoweit bei den verbleibenden Gesellschaftern als sofort abzugsfähige Betriebsausgabe behandelt werden, als der Abfindungsbetrag nicht auf stille Reserven und den Geschäftswert entfällt (BFH, in BStBl 1992 II, 647 und BStBl 1993 II, 706/707). A und B müssen daher die Buchwerte der Wirtschaftsgüter des Gesellschaftsvermögens um die auf C entfallenden stillen Reserven von 150 000 DM aufstocken. Die Mehrzahlung von 100 000 DM stellt für A und B Sonderbetriebsausgaben dar, weil es sich um Aufwand handelt im Zusammenhang mit der Begründung bzw. Stärkung der eigenen Beteiligung, der dem Bereich des Sonderbetriebsvermögens II zuzurechnen ist (BFH, BStBl 1993 II, 706/708).

Beim lästigen Gesellschafter C gehört die Differenz zwischen der Abfindung und dem Buchwert seines Kapitalkontos zum nach §§ 16, 34 EStG begünstigten Veräußerungsgewinn. Dies gilt auch für den Betrag, den er über den wirklichen Wert seiner Beteiligung erhält (vgl. Schmidt, EStG, 15. Aufl. 1996, § 16 Rz. 459). C entsteht demnach ein tarifbegünstigter Veräußerungsgewinn von 250 000 DM. *(Schoor)*

FALL 158

Behandlung von Sonderbetriebsvermögen anläßlich der Veräußerung eines Mitunternehmeranteils

Sachverhalt: Gesellschafter der X-OHG sind A und B zu je 50 %. Zum Sonderbetriebsvermögen des A gehört ein Geschäftsgrundstück, das an die OHG vermietet ist. Am 31. 12. 01 veräußert A seinen Mitunternehmeranteil an C und erzielt hierbei einen Veräußerungsgewinn von 300 000 DM. Das Grundstück wird weiterhin an die OHG vermietet. Sein gemeiner Wert beläuft sich zum 31. 12. 01 auf 600 000 DM, sein Buchwert auf 350 000 DM. A ist zum Zeitpunkt der Veräußerung des Mitunternehmeranteils 54 Jahre alt.

Frage: Welche einkommensteuerlichen Folgen ergeben sich für A im Zusammenhang mit der Veräußerung des Mitunternehmeranteils?

Lösung

Veräußert ein Gesellschafter (Mitunternehmer) seinen Anteil an der Gesellschaft (§ 16 Abs. 1 Nr. 2 EStG) und wird das Sonderbetriebsvermögen nicht mitveräußert oder in ein anderes Betriebsvermögen des Gesellschafters überführt, so verliert das bisherige Sonderbetriebsvermögen seine Eigenschaft als Betriebsvermögen. Es geht in das Privatvermögen des Gesellschafters über mit der Maßgabe, daß es gem. § 16 Abs. 3 Satz 3 EStG mit seinem gemeinen Wert anzusetzen ist, und zwar unabhängig davon, ob die Wirtschaftsgüter zu den wesentlichen Betriebsgrundlagen gehörten oder nicht. Durch Vergleich mit dem Buchwert ist der sich hieraus ergebende Gewinn zu ermitteln. Anteilsveräußerung und Auflösung des Sonderbetriebsvermögens sind als betriebsaufgabeähnlicher Vorgang anzusehen (BFH, in BStBl 1983 II, 771, BStBl 1988 II, 829 und BStBl 1995 II, 890). Die Deutung dieses Geschehens als betriebsaufgabeähnlicher Vorgang hat zur Folge, daß für den gesamten Vorgang (Anteilsveräußerung und Auflösung des Sonderbetriebsvermögens) die Steuervergünstigung des § 34 EStG eingreift. Der von A erzielte Gewinn ist daher mit dem halben Steuersatz zu versteuern:

Gewinn Anteilsveräußerung		300 000 DM
Gewinn Auflösung Sonderbetriebsvermögen:		
gemeiner Wert	600 000 DM	
·/. Buchwert	350 000 DM	250 000 DM
nach § 34 EStG begünstigter Gewinn		550 000 DM

(Schoor)

FALL 159

Übertragung eines Mitunternehmeranteils unter Zurückbehaltung von Sonderbetriebsvermögen

Sachverhalt: An der X-KG sind A als Komplementär und sein Sohn B als Kommanditist je zur Hälfte beteiligt. Die Personengesellschaft betreibt u. a. auf einer im Alleineigentum des A stehenden Lagerhalle, die eine wesentliche Betriebsgrundlage der KG darstellt, einen Großhandel mit sanitären Installationsartikeln.

Zum 1. 1. 01 überträgt A seine Gesellschafterstellung in der KG unentgeltlich auf B, der den Betrieb als Einzelunternehmen fortführt. Die Lagerhalle überführt A vom Sonderbetriebsvermögen ins Privatvermögen und vermietet sie an

B. Die Lagerhalle hat einen Buchwert von 50 000 DM und einen gemeinen Wert von 70 000 DM.

Das Gesellschaftsvermögen der KG enthält stille Reserven von 800 000 DM.

Frage:

1. Liegt eine unentgeltliche Anteilsübertragung i. S. von § 7 Abs. 1 EStDV vor mit der Folge, daß es bei A hinsichtlich der übertragenen Gesellschaftsbeteiligung zu keiner Gewinnrealisierung kommt?
2. Welche Steuerfolgen ergeben sich, wenn es sich bei dem von A zurückbehaltenen und ins Privatvermögen überführten Grundstück um keine wesentliche Betriebsgrundlage handelt?

Lösung

1. Die unentgeltliche Übertragung eines Betriebs i. S. von § 7 Abs. 1 EStDV setzt voraus, daß sämtliche wesentlichen Betriebsgrundlagen auf den Erwerber übergehen (BFH, in BStBl 1994 II, 15). Werden anläßlich der unentgeltlichen Übertragung eines Betriebs Wirtschaftsgüter vom Übertragenden zurückbehalten, die zu den wesentlichen Betriebsgrundlagen gehören, liegt keine Betriebsübertragung im ganzen, sondern eine Betriebsaufgabe vor (BFH, in BStBl 1990 II, 428).

Auch für die unentgeltliche Übertragung eines Mitunternehmeranteils i. S. von § 7 Abs. 1 EStDV ist zu fordern, daß alle diejenigen Wirtschaftsgüter des Sonderbetriebsvermögens auf den Erwerber mitübertragen werden, die für die Mitunternehmerschaft funktional wesentlich sind (BFH, in BStBl 1995 II, 890). Der Begriff des Mitunternehmeranteils i. S. von § 16 Abs. 1 EStG, § 7 Abs. 1 EStDV umfaßt nach der neueren Rechtsprechung des BFH nicht nur den Anteil des Mitunternehmers am Vermögen der Gesellschaft, sondern auch etwiges Sonderbetriebsvermögen (BFH, in BStBl 1991 II, 635). Daraus folgt, daß eine (gewinnrealisierende) Aufgabe eines Mitunternehmeranteils anzunehmen ist, wenn – wie vorliegend – anläßlich der unentgeltlichen Übertragung eines Gesellschaftsanteils Wirtschaftsgüter des Sonderbetriebsvermögens, die zu den wesentlichen Betriebsgrundlagen der Mitunternehmerschaft gehören, nicht auf den Erwerber des Gesellschaftsanteils übergehen, sondern vom ausscheidenden Gesellschafter in das Privatvermögen überführt werden. A entsteht somit ein Aufgabegewinn in Höhe von 420 000 DM:

anteilige stille Reserven Gesellschaftsvermögen:	
½ von 800 000 DM	400 000 DM
stille Reserven Sonderbetriebsvermögen	+ 20 000 DM
	420 000 DM

Der Aufgabegewinn ist steuerbegünstigt (§§ 16, 34 EStG).

2. Die Aufgabe eines Mitunternehmeranteils liegt im Falle der unentgeltlichen Anteilsübertragung nicht vor, wenn der bisherige Gesellschafter aus diesem Anlaß einzelne Wirtschaftsgüter, die nicht zu den wesentlichen Betriebsgrundlagen gehören, veräußert oder in sein Privatvermögen übernimmt (BFH, in BStBl 1981 II, 566). Die Entnahme des Grundstücks steht also der Wertung des Vorgangs als unentgeltliche Anteilsübertragung i. S. von § 7 Abs. 1 EStDV nicht entgegen. Das bedeutet, daß es bei A hinsichtlich des übertragenen Gesellschaftsvermögens zu keiner Gewinnrealisierung kommt, B muß den Buchwert des Gesellschaftsanteils des A fortführen (§ 7 Abs. 1 EStDV).

Durch die Entnahme des nicht zu den wesentlichen Betriebsgrundlagen gehörenden Grundstücks entsteht A indes ein Gewinn. Bei diesem Gewinn handelt es sich um einen laufenden Gewinn, für den die Tarifermäßigung (§ 34 EStG) nicht gewährt werden kann (BFH, in BStBl 1991 II, 566). Obwohl es sich um einen nichtbegünstigten Gewinn handelt, unterliegt dieser nicht der Gewerbeertragsteuer (BFH, in BStBl 1988 II, 374). *(Schoor)*

FALL 160

Auflösung von steuerfreien Rücklagen anläßlich einer Betriebsveräußerung

Sachverhalt: Der 60 Jahre alte A veräußert am 31. 12. 01 seinen Gewerbebetrieb an B und erzielt hierbei einen Veräußerungsgewinn von 280 000 DM. Im Zeitpunkt der Betriebsveräußerung löst A eine im Vorjahr gebildete Rücklage für Ersatzbeschaffung in Höhe von 50 000 DM gewinnerhöhend auf.

Frage: Erhöht die Auflösung der steuerfreien Rücklage den laufenden Gewinn oder den steuerbegünstigten Veräußerungsgewinn des A?

Lösung

Steuerfreie Rücklagen (z. B. Rücklage für Ersatzbeschaffung, Rücklage nach § 6b EStG), die im Zeitpunkt der Betriebsveräußerung aufgelöst werden, erhöhen den steuerbegünstigten Veräußerungsgewinn und nicht etwa den laufenden

Gewinn (BFH, in BStBl 1975 II, 848). Sie wirken sich demnach auch auf die Höhe des Freibetrags nach § 16 Abs. 4 EStG aus. Da der Veräußerungsgewinn des A demnach (280 000 DM + 50 000 DM =) 330 000 DM beträgt, errechnet sich für A folgender Freibetrag nach § 16 Abs. 4 EStG:

Uneingeschränkter Freibetrag	60 000 DM
·/. Ermäßigung um den Betrag, um den der Veräußerungsgewinn 300 000 DM übersteigt	30 000 DM
zu gewährender Freibetrag	30 000 DM

Der nach Abzug des Freibetrages verbleibende Veräußerungsgewinn von (330 000 DM ·/. 30 000 DM =) 300 000 DM ist mit dem halben Steuersatz zu versteuern (§ 34 EStG). *(Schoor)*

FALL 161

Bildung einer Rücklage nach § 6b EStG anläßlich einer Betriebsveräußerung

Sachverhalt: Ein 58 Jahre alter Gewerbetreibender erzielt aus der Veräußerung seines Betriebs einen Gewinn von 310 000 DM. In Höhe von 180 000 DM bildet er zulässigerweise eine Rücklage nach § 6b EStG, so daß sich ein Restveräußerungsgewinn von 130 000 DM ergibt.

Frage: Ist der Veräußerungsgewinn – ggf. in welcher Höhe – steuerbegünstigt nach §§ 16, 34 EStG?

▶ Lösung

Bildet ein Stpfl. anläßlich der Betriebsveräußerung eine Rücklage nach § 6b EStG, so kann er die Rücklage unter bestimmten Voraussetzungen noch für die Zeit weiterführen, in der sie ohne Veräußerung des Betriebes zulässig gewesen wäre (R 41b Abs. 11 EStR 1993). Die Tarifermäßigung kann aber in einem solchen Fall für den (verbleibenden) Veräußerungsgewinn nicht gewährt werden (§ 34 Abs. 1 Satz 4 EStG). Der Freibetrag nach § 16 Abs. 4 EStG steht dem Stpfl. jedoch zu. Zu beachten ist aber, daß im Hinblick auf die Grenze von 300 000 DM auch der Teil des Freibetrages berücksichtigt werden muß, für den § 6b EStG in Anspruch genommen worden ist (FinMin Niedersachsen, in ESt-Kartei OFD Hannover, § 16 Nr. 3).

Da der von A erzielte Veräußerungsgewinn von 310 000 DM die Grenze von 300 000 DM um 10 000 DM überschritten hat, kann A nur ein Freibetrag nach § 16 Abs. 4 EStG von (60 000 DM ·/. 10 000 DM =) 50 000 DM gewährt werden. Der Restveräußerungsgewinn von 130 000 DM bleibt daher in Höhe von 50 000 DM steuerfrei. Der steuerpflichtige Teil des Veräußerungsgewinns von 80 000 DM unterliegt der Einkommensteuer zum Normaltarif. *(Schoor)*

FALL 162

Verkauf eines Einzelunternehmens an eine GmbH

Sachverhalt: A betreibt ein Modehaus als Einzelunternehmer. Durch notariellen Vertrag vom 22. 12. 01 gründet er zusammen mit seiner Ehefrau die X-GmbH. Die GmbH-Anteile gehören zum Privatvermögen. Mit einem weiteren Vertrag vom 22. 12. 01 verkauft A seinen Gewerbebetrieb zum 1. 1. 02 an die X-GmbH mit allen Aktiva und Passiva. Als Kaufpreis wird der Saldo zwischen den Buchwerten der Aktiva und Passiva, erhöht um 100 000 DM als Entgelt für die im Anlagevermögen enthaltenen stillen Reserven, vereinbart. Der Kaufpreis wird dem A auf einem Darlehenskonto gutgeschrieben und verzinst. Für den im Betriebsvermögen des Einzelunternehmens enthaltenen selbstgeschaffenen Geschäftswert von 200 000 DM wird kein Kaufpreis vereinbart.

A ist im Zeitpunkt der Betriebsveräußerung 56 Jahre alt.

Frage: Welche einkommensteuerlichen Folgen hat die Betriebsveräußerung für A?

Lösung

Wird ein Betrieb an eine Kapitalgesellschaft veräußert und erhält der veräußernde Gesellschafter von der Kapitalgesellschaft keine Vergütung für den übergehenden Geschäftswert, so ist nach der Rechtsprechung von einer Betriebsveräußerung auszugehen, bei der das Wirtschaftsgut „Firmenwert" nicht an die Kapitalgesellschaft veräußert, sondern aus dem bisherigen Betriebsvermögen entnommen und sogleich verdeckt in die Kapitalgesellschaft eingelegt wird (BFH, in BStBl 1987 II, 705, BFH/NV 1990 S. 20, BFH/NV 1990 S. 289, und BStBl 1991 II, 512). Die Folge dieser Betrachtungsweise ist, daß die in dem eingelegten Geschäftswert enthaltenen stillen Reserven von 200 000 DM von A gem. § 16 Abs. 3 Sätze 1 und 3 EStG zu versteuern sind. Der Annahme der Veräußerung des ganzen Gewerbebetriebs steht nämlich nicht entgegen, wenn einzelne Wirtschaftsgüter in zeitlichem Zusammenhang mit der Veräußerung in das Privatvermögen überführt oder – wie im vorliegenden Fall – anderen betriebsfremden Zwecken zugeführt werden. Die Vorschrift über die Betriebsaufgabe ergänzt insoweit den Veräußerungstatbestand des § 16 Abs. 1 EStG. Der von A realisierte Gewinn beläuft sich daher auf (100 000 DM + 200 000 DM =) 300 000 DM. In Höhe von 60 000 DM bleibt er steuerfrei (§ 16 Abs. 4 EStG); der steuerpflichtige Teil von 240 000 DM ist mit dem halben Steuersatz zu versteuern (§ 34 EStG). *(Schoor)*

FALL 163

Behandlung des Firmenwerts bei Aufgabe eines verpachteten Betriebs

Sachverhalt: A betreibt als selbständiger Apotheker einen Gewerbebetrieb. Ab dem 1. 1. 02 verpachtet er sein Unternehmen an B gegen eine Umsatzpacht von 5 %. A teilt dem Finanzamt mit, daß er die Verpachtung als Betriebsaufgabe behandelt sehen will. Im Zeitpunkt der Betriebsaufgabe sind im Betriebsvermögen des A folgende stillen Reserven enthalten:

Abnutzbares Anlagevermögen einschl. Betriebsgrundstück	500 000 DM
Firmenwert	300 000 DM
	800 000 DM

A ist im Zeitpunkt der Betriebsaufgabe 54 Jahre alt.

Frage: Wie hoch ist der Betriebsaufgabegewinn des A?

▶ Lösung

Ein Betriebsverpächter kann wählen, ob er die Verpachtung als Betriebsaufgabe i. S. des § 16 Abs. 3 EStG oder ob er den Betrieb als fortbestehend behandelt sehen will (R 139 Abs. 5 EStR 1993). Gibt der Unternehmer eine Betriebsaufgabeerklärung ab, so sind damit die Wirtschaftsgüter in das Privatvermögen überführt; es entsteht ein nach §§ 16, 34 EStG begünstigter Aufgabegewinn. Bei der Ermittlung des Aufgabegewinns ist jedoch ein selbstgeschaffener Firmenwert nicht anzusetzen, auch wenn dieser mitverpachtet wird (BFH, in BStBl 1982 II, 456 f.; BMF, in BStBl 1984 I, 461). Der von A erzielte Betriebsaufgabegewinn beläuft sich daher auf 500 000 DM; er ist mit dem halben Steuersatz zu versteuern (§ 34 EStG). *(Schoor)*

FALL 164

Fortführung einer Rückstellung nach Betriebseinstellung

Sachverhalt: A ist als selbständiger Versicherungsvertreter für die X-Versicherungs-AG tätig. Ende 03 stellt A seine Tätigkeit als Versicherungsvertreter ein, weil die X-Versicherungs-AG die Geschäftsbeziehungen zu ihm abgebrochen und ihm angedroht hat, 30 000 DM einzuklagen. Das Versicherungsunternehmen begründet seine Forderung mit der Stornierung zahlreicher Verträge infolge unkorrekten Verhaltens des A. Wegen der drohenden Inanspruchnahme hat A in seiner Bilanz zum 31. 12. 03 eine Rückstellung von 30 000 DM gebildet. Im Jahr 04 hat die X-Versicherungs-AG Klage erhoben und beantragt, A zur Zahlung von 30 000 DM nebst Zinsen zu verurteilen. Im selben Jahr schließt A mit dem Versicherungsunternehmen einen Vergleich: A zahlt an die Versicherungsgesellschaft 20 000 DM, damit ist der Rechtsstreit beendet.

Frage: Welche Rechtsfolgen ergeben sich für A, nachdem der Grund für die Bildung der Rückstellung im Jahr 04 weggefallen ist?

Lösung

Rückstellungen für Schuldverpflichtungen, die zum Betriebsvermögen der gewerblichen Tätigkeit gehörten, können als Betriebsvermögen über den Zeitpunkt der Betriebseinstellung hinaus fortgeführt werden (BFH, in BStBl 1972 II, 936). Fällt der Grund für die Bildung der Rückstellung ganz oder teilweise weg, führt dies zu einem nachträglichen Gewinn aus der früheren Tätigkeit (BFH, in BStBl 1980 II, 186). Dieser Gewinn ist mit dem vollen Steuersatz zu versteuern; denn die Auflösung der Rückstellung hat ihre Ursache nicht mehr unmittelbar in der Betriebsaufgabe, sondern in einem anderen Umstand, nämlich der Erkenntnis, daß mit einer (vollen) Inanspruchnahme nicht mehr zu rechnen ist (FG Rheinland-Pfalz, in EFG 1987 S. 559; bestätigt durch BFH vom 14. 1. 1988 IV B 98/87 n. v.). A muß daher im Jahr 04 einen nachträglichen Gewinn aus Gewerbebetrieb von (30 000 DM ·/. 20 000 DM =) 10 000 DM versteuern (§§ 15, 24 Nr. 2 EStG). *(Schoor)*

FALL 165

Freibetrag bei Veräußerung eines Teilbetriebs

Sachverhalt: Der 60 Jahre alte A veräußert am 30. 6. 1996 einen Teilbetrieb und erzielt hierbei einen Veräußerungsgewinn von 90 000 DM. Der bei einer

Veräußerung des ganzen Betriebs erzielbare Gewinn beläuft sich auf 270 000 DM.

Frage: Wie hoch ist der A zustehende Freibetrag nach § 16 Abs. 4 EStG?

Lösung

Veräußert ein Stpfl. nach dem 31. 12. 1995 einen Teilbetrieb, so ist ihm nicht nur ein anteiliger Freibetrag zu gewähren (§ 16 Abs. 4 EStG). Da A die Altersvoraussetzungen erfüllt hat, steht ihm ein Freibetrag von 60 000 DM zu. Der steuerpflichtige Teil des Veräußerungsgewinns von 90 000 DM ·/. 60 000 DM unterliegt dem ermäßigten Steuersatz (§ 34 EStG). *(Schoor)*

FALL 166

Freibetrag bei Veräußerung eines Mitunternehmeranteils

Sachverhalt: An der X-OHG sind A und B zu je 50 % beteiligt. A, der 58 Jahre alt ist, veräußert am 31. 12. 1996 seinen Mitunternehmeranteil an C für 300 000 DM. Sein Kapitalkonto beträgt zum Zeitpunkt der Veräußerung des Gesellschaftsanteils 100 000 DM, so daß sich ein Veräußerungsgewinn von 200 000 DM ergibt. Im Betriebsvermögen der X-OHG sind am 31. 12. 01 stille Reserven von 400 000 DM enthalten.

Frage: Wie hoch ist der A zustehende Freibetrag nach § 16 Abs. 4 EStG?

Lösung

Auch bei Veräußerung eines Mitunternehmeranteils ist dem Gesellschafter, wenn er die entsprechenden Voraussetzungen erfüllt, nicht nur ein anteiliger, sondern der volle Veräußerungsfreibetrag zu gewähren (§ 16 Abs. 4 EStG). A ist älter als 55 Jahre, ihm steht deshalb ein Freibetrag von 60 000 DM zu. Der steuerpflichtige Teil des Veräußerungsgewinns von 200 000 DM ·/. 60 000 DM = 140 000 DM unterliegt dem ermäßigten Steuersatz (§ 34 EStG). *(Schoor)*

FALL 167

Freibetrag bei Veräußerung des ganzen Gewerbebetriebs einer Personengesellschaft

Sachverhalt: Die X-OHG, an der A und B zu je 50 % beteiligt sind, veräußert am 31. 12. 1996 ihren Gewerbebetrieb und erzielt hierbei einen Veräußerungsgewinn von 320 000 DM. Zum Zeitpunkt der Betriebsveräußerung hat nur B das 55. Lebensjahr vollendet.

Frage:

1. Wie hoch sind die A und B zu gewährenden Freibeträge nach § 16 Abs. 4 EStG?
2. Ist im Rahmen der gesonderten und einheitlichen Gewinnfeststellung der OHG oder im Rahmen der Einkommensteuerveranlagungen der Gesellschafter über die Höhe des Freibetrags zu entscheiden?

Lösung

1. Bei der Veräußerung des ganzen Gewerbebetriebs einer Personengesellschaft steht den einzelnen Mitunternehmern für ihren Anteil am Veräußerungsgewinn ein Freibetrag nur zu, wenn sie in ihrer Person die Voraussetzungen für die Gewährung des Freibetrags erfüllen (§ 16 Abs. 4 EStG). Erfüllt – wie hier – nur einer der Mitunternehmer die Voraussetzungen für den Freibetrag, kann der Freibetrag auch nur diesem Mitunternehmer, gewährt werden:

Freibetrag A:

Der Veräußerungsgewinnanteil des A von 160 000 DM unterliegt in voller Höhe dem ermäßigten Steuersatz (§ 34 EStG).	0 DM

Freibetrag B:

Vom Veräußerungsgewinnanteil des B von 160 000 DM bleiben also 60 000 DM steuerfrei, der steuerpflichtige Teil von 160 000 DM ·/. 60 000 DM = 100 000 DM unterliegt dem ermäßigten Steuersatz (§ 34 EStG).	60 000 DM

2. In der Praxis der Finanzämter wird im Rahmen der gesonderten und einheitlichen Gewinnfeststellung nur entschieden, zu welchem Vomhundertsatz der ausscheidende Gesellschafter am Veräußerungsgewinn beteiligt ist. Der steuerfrei bleibende Teil des Veräußerungsgewinns wird dann bei der Einkommensteuerveranlagung des Gesellschafters nach Maßgabe seiner persönlichen Ver-

hältnisse berücksichtigt. Dieses Verfahren ist von der Rechtsprechung ausdrücklich gebilligt worden (BFH, in BStBl 1986 II, 811). *(Schoor)*

FALL 168

Veräußerung einbringungsgeborener GmbH-Anteile

Sachverhalt: An der X-OHG waren der Gesellschafter A zu 20 % und der Gesellschafter B zu 80 % beteiligt. A und B brachten am 1. 1. 01 ihre Mitunternehmeranteile im Wege der Sacheinlage gegen Gewährung von Gesellschaftsrechten in die Y-GmbH ein, die das eingebrachte Betriebsvermögen mit dem Buchwert ansetzte (§ 20 Abs. 2 Satz 1 UmwStG).

Im Betriebsvermögen der X-OHG waren zum 1. 1. 01 stille Reserven von 1 Mio. DM enthalten.

Das gezeichnete Kapital der Y-GmbH beträgt 100 000 DM; davon entfallen auf A 20 000 DM und auf B 80 000 DM.

A veräußert am 30. 6. 1997 seine GmbH-Anteile für 250 000 DM an C. Im Zeitpunkt der Veräußerung der GmbH-Anteile ist A 60 Jahre alt.

Frage: Welche einkommensteuerlichen Folgen löst der Verkauf der GmbH-Anteile durch A aus?

 Lösung

Wird bei Gründung einer GmbH ein Mitunternehmeranteil im Wege der Sacheinlage gegen Gewährung von Gesellschaftsrechten eingebracht und setzt die GmbH das eingebrachte Betriebsvermögen mit seinem Buchwert an, so liegen einbringungsgeborene GmbH-Anteile i. S. des § 21 UmwStG vor. Der Wert, mit dem die Kapitalgesellschaft das eingebrachte Betriebsvermögen angesetzt hat, gilt für den Einbringenden sowohl als Veräußerungspreis für das eingebrachte Betriebsvermögen als auch als Anschaffungskosten der Gesellschaftsanteile (§ 20 Abs. 4 Satz 1 UmwStG). Die Anschaffungskosten der GmbH-Anteile des A belaufen sich daher auf 20 000 DM.

Werden einbringungsgeborene GmbH-Anteile veräußert, so gilt gem. § 21 Abs. 1 Satz 1 UmwStG der Betrag, um den der Veräußerungspreis die Anschaffungskosten (§ 20 Abs. 4 UmwStG) übersteigt, als Veräußerungsgewinn i. S. von § 16 EStG.

Dies gilt auch für solche Anteile, die – wie hier – nicht zu einem Betriebsvermögen gehören und bei denen der Anteilseigner zu nicht mehr als 25 % an der

GmbH beteiligt ist. Der von A im Jahr 1997 erzielte Veräußerungsgewinn i. S. des § 16 EStG errechnet sich wie folgt:

Veräußerungserlös	250 000 DM
·/. Anschaffungskosten GmbH-Anteile	20 000 DM
Veräußerungsgewinn	230 000 DM

Vom Veräußerungsgewinn bleiben 60 000 DM steuerfrei (§ 16 Abs. 4 EStG), der verbleibende Veräußerungsgewinn von 230 000 DM % 60 000 DM = 170 000 DM ist mit dem halben Steuersatz (§ 34 EStG) zu versteuern (§ 21 Abs. 2 UmwStG).

Anmerkung:

Bei Einbringungen nach dem 31. 12. 1995 sieht das Gesetz (§ 21 Abs. 2 UmwStG) die Gewährung eines Freibetrags nicht mehr vor (Änderung durch das JStG 1996). *(Schoor)*

FALL 169

Ausfall der aufgrund einer Betriebsveräußerung entstandenen Kaufpreisforderung

Sachverhalt: Der 62 Jahre alte Einzelgewerbetreibende A veräußert am 31. 12. 01 seinen Gewerbebetrieb für 600 000 DM an B. Das steuerliche Kapitalkonto des A beträgt im Zeitpunkt der Veräußerung 100 000 DM. Käufer und Verkäufer vereinbaren, daß der Kaufpreis von 600 000 DM in zwei Jahresraten von je 300 000 DM entrichtet werden kann: Die erste Rate wird am 31. 12. 01 fällig, die zweite Rate am 31. 12. 02. Auf eine Verzinsung der zweiten Rate wird verzichtet.

Das Finanzamt setzt bei der Einkommensteuerveranlagung 02 des A den Veräußerungsgewinn wie folgt an:

Veräußerungspreis	600 000 DM
·/. Kapitalkonto	·/. 100 000 DM
tarifermäßigt zu versteuernder Veräußerungsgewinn	500 000 DM

Ende 02 beantragt der Käufer des Betriebs die Eröffnung des Konkursverfahrens. A fällt mit der am 31. 12. 02 fälligen Restkaufpreisforderung von 300 000 DM aus.

 **Lösung**

Der nachträgliche Ausfall der aufgrund einer Betriebsveräußerung entstandenen Kaufpreisforderung führt nach dem Beschluß des Großen Senats des BFH (BStBl 1993 II, 897) zu einer rückwirkenden Änderung des Veräußerungsgewinns. Der Große Senat ist der Ansicht, daß in den Fällen, in denen die gestundete Kaufpreisforderung für die Veräußerung eines Gewerbebetriebs in einem späteren Veranlagungszeitraum ganz oder teilweise uneinbringlich wird, dies ein Ereignis mit steuerlicher Rückwirkung auf den Zeitpunkt der Veräußerung darstellt (§ 175 Abs. 1 Nr. 2 AO). Der Vorgang ist danach noch dem betrieblichen Bereich zuzuordnen.

Diese Betrachtung hat hier zur Folge, daß die Einkommensteuerveranlagung 01 des A nach der genannten Vorschrift zu ändern ist. Bei der geänderten Veranlagung ist der Veräußerungsgewinn – ausgehend von einem Veräußerungserlös von nur 300 000 DM – wie folgt anzusetzen:

Berichtigter Veräußerungspreis	300 000 DM
·/. Kapitalkonto	·/. 100 000 DM
	200 000 DM
·/. Freibetrag (§ 16 Abs. 4 EStG)	·/. 60 000 DM
tarifermäßigt zu versteuernder Veräußerungsgewinn	140 000 DM

(Schoor)

V. Veräußerung von Anteilen an Kapitalgesellschaften bei wesentlicher Beteiligung (§ 17 EStG)

FALL 170

Zurechnung einer wesentlichen Beteiligung bei unentgeltlichem Erwerb

Sachverhalt: A ist an der X-GmbH seit dem 1. 7. 01 zu 70 % beteiligt. Die Anschaffungskosten der GmbH-Anteile haben 70 000 DM betragen. Im Jahr 06 überträgt A einen 10%igen Anteil unentgeltlich auf seinen Sohn B. Dieser veräußert den – zu seinem Privatvermögen gehörenden – 10%igen Anteil im Jahr 09 für 60 000 DM an C.

Frage: Welche einkommensteuerlichen Folgen ergeben sich für B aufgrund der Anteilsveräußerung?

Lösung

Zu den Einkünften aus Gewerbebetrieb gehört auch der Gewinn aus der Veräußerung von Anteilen an einer Kapitalgesellschaft, wenn

- die Anteile zum Privatvermögen gehören und
- der Veräußerer in den letzten fünf Jahren wesentlich, d. h. zu mehr als 25 % beteiligt war (§ 17 Abs. 1 Satz 1 und 4 EStG).

Hat der Veräußerer den veräußerten Anteil innerhalb der letzten fünf Jahre vor der Veräußerung unentgeltlich erworben, so genügt es für die Anwendung des § 17 EStG, wenn der Veräußerer zwar nicht selbst, aber sein Rechtsvorgänger innerhalb der letzten fünf Jahre wesentlich beteiligt war (§ 17 Abs. 1 Satz 5 EStG). B entsteht daher aufgrund der Veräußerung des 10%igen Anteils im Jahr 09 folgender Veräußerungsgewinn:

Veräußerungserlös	60 000 DM
·/. Anschaffungskosten des A für den 10%igen Anteil (§17 Abs. 2 Satz 3 EStG)	10 000 DM
Veräußerungsgewinn i. S. des § 17 EStG	50 000 DM

Der Veräußerungsgewinn unterliegt der Einkommensteuer mit dem halben Steuersatz (§ 34 EStG). *(Schoor)*

FALL 171

Wesentliche Beteiligung und Bagatellgrenze bei eigenen Anteilen der Kapitalgesellschaft

Sachverhalt: A ist seit dem 2. 1. 01 mit 25 000 DM am gezeichneten Kapital der X-GmbH von 100 000 DM beteiligt. Einen Geschäftsanteil von 25 000 DM besitzt die GmbH als eigenen Anteil. Der von A gehaltene Anteil, dessen Anschaffungskosten 25 000 DM betragen haben, gehört zum Privatvermögen. A veräußert am 30. 6. 1996 1 % des gezeichneten Kapitals für 2 800 DM.

Frage: Führt die Veräußerung des Gesellschaftsanteils bei A zu Einkünften aus Gewerbebetrieb?

▶ Lösung

Werden von einer Kapitalgesellschaft eigene Anteile gehalten, ist bei der Entscheidung, ob ein Stpfl. wesentlich, d. h. zu mehr als 25 % beteiligt ist, von dem um die eigenen Anteile der Kapitalgesellschaft verminderten Nennkapital auszugehen (R 140 Abs. 2 Satz 7 EStR 1993). An dem um die eigenen Anteile der GmbH verminderten Nennkapital von (100 000 DM ·/. 25 000 DM =) 75 000 DM ist A zu 33⅓ %, also wesentlich beteiligt. Der von A erzielte Veräußerungsgewinn von (2 800 DM ·/. 1 000 DM =) 1 800 DM unterliegt deshalb als Einkünfte aus Gewerbebetrieb der Einkommensteuer; er ist tarifermäßigt zu versteuern (§ 34 EStG). *(Schoor)*

FALL 172

Zeitpunkt der Entstehung eines Veräußerungsgewinns nach § 17 EStG

Sachverhalt: A ist an der X-GmbH, deren gezeichnetes Kapital 100 000 DM beträgt, zu 30 % beteiligt. Die Anschaffungskosten des Gesellschaftsanteils, der zum Privatvermögen des A gehört, haben 30 000 DM betragen. A hat den GmbH-Anteil am 1. 7. 01 erworben.

Mit notariellem Vertrag vom 28. 12. 05 verkauft und überträgt A seinen Anteil an der X-GmbH auf B. Als Kaufpreis werden 60 000 DM vereinbart, die der Erwerber am 20. 1. 06 an A auszahlt.

Frage: In welchem Kalenderjahr muß A den Veräußerungsgewinn versteuern?

Lösung

Nach der ständigen Rechtsprechung des BFH ist die Gewinnermittlung nach § 17 Abs. 2 EStG nicht nach dem Zuflußprinzip des § 11 EStG vorzunehmen. Da Gewinne nach § 17 EStG gewerbliche Einkünfte darstellen, gelten hinsichtlich der Gewinnrealisierung die allgemeinen Gewinnermittlungsvorschriften. Danach ist ausgeschlossen, bei der Besteuerung eines Veräußerungsgewinns i. S. von § 17 EStG auf den Zeitpunkt der Zahlung des Kaufpreises abzustellen, also auf den Zeitpunkt, der bei den Überschußeinkünften und bei der Gewinnermittlung durch Gegenüberstellung der Betriebseinnahmen und Betriebsausgaben nach § 4 Abs. 3 EStG maßgeblich ist. Der Gewinn aus der Veräußerung von Anteilen an einer Kapitalgesellschaft bei wesentlicher Beteiligung entsteht vielmehr in dem Zeitpunkt, in dem das rechtliche oder zumindest das wirtschaftliche Eigentum an den Anteilen vom Veräußerer auf den Erwerber übergeht (BFH, in BStBl 1988 II, 833). A muß daher den Veräußerungsgewinn von (60 000 DM ·/. 30 000 DM =) 30 000 DM bereits im Jahr 05 versteuern. Auf den Veräußerungsgewinn ist § 34 EStG anzuwenden. *(Schoor)*

FALL 173

Veräußerung einer wesentlichen Beteiligung teils innerhalb, teils außerhalb der Spekulationsfrist

Sachverhalt: A ist seit dem 1. 6. 01 zu 40 % an der X-GmbH beteiligt, deren gezeichnetes Kapital 100 000 DM beträgt. Die Anschaffungskosten des Gesellschaftsanteils, der zum Privatvermögen des A gehört, haben 40 000 DM betragen. A verkauft und überträgt

a) mit notariellem Vertrag vom 15. 11. 01 einen 20%igen Anteil für 25 000 DM an B,

b) mit notariellem Vertrag vom 15. 12. 01 seinen restlichen 20%igen Anteil für 25 000 DM an C.

Der Kaufpreis von jeweils 25 000 DM geht im Januar 02 auf einem Konto des A ein.

Frage: Welche einkommensteuerlichen Folgen ergeben sich für A im Zusammenhang mit der Veräußerung der Gesellschaftsanteile?

Lösung

§ 23 EStG hat Vorrang vor § 17 EStG. Demgemäß ist § 17 EStG nicht anwendbar, wenn bei wesentlicher Beteiligung Anteile an einer Kapitalgesellschaft innerhalb von nicht mehr als sechs Monaten nach der Anschaffung wieder veräußert werden (§ 23 Abs. 3 Satz 2 EStG).

Im Fall a ist daher der von A erzielte Veräußerungsgewinn von (25 000 DM ·/. 20 000 DM =) 5 000 DM als Spekulationsgewinn zu versteuern (§ 23 EStG), allerdings erst im Jahr 02, da für Spekulationsgeschäfte das Zu- und Abflußprinzip des § 11 EStG gilt.

Im Fall b ist die Veräußerung außerhalb der Spekulationsfrist erfolgt, so daß der Gewinn von (25 000 DM ·/. 20 000 DM =) 5 000 DM nach § 17 EStG zu versteuern ist, und zwar im Jahr 01, weil Zeitpunkt der Gewinnverwirklichung i. S. von § 17 EStG der Zeitpunkt der Veräußerung ist (BFH, in BFH/NV 1986 S. 731). *(Schoor)*

FALL 174

Höhe des Freibetrages bei Gewinnen aus der Veräußerung von Anteilen an Kapitalgesellschaften

Sachverhalt: A ist seit dem Jahr 01 zu 50 % an der X-GmbH beteiligt. Die Anschaffungskosten des zum Privatvermögen gehörenden Gesellschaftsanteils haben 50 000 DM betragen. Das gezeichnete Kapital der X-GmbH beläuft sich auf 100 000 DM. Im Jahr 06 veräußert A seinen Gesellschaftsanteil

a) für 90 000 DM an C,

b) für 95 000 DM an C,

c) für 110 000 DM an C (die X-GmbH besitzt im Fall c einen Geschäftsanteil von 20 000 DM als eigenen Anteil).

Frage: Wie hoch ist der Freibetrag nach § 17 Abs. 3 EStG bzw. der steuerpflichtige Teil des Veräußerungsgewinns?

▶ Lösung

Ein Veräußerungsgewinn nach § 17 EStG ist grundsätzlich steuerpflichtig. Er ist jedoch insofern begünstigt, als für ihn ein Freibetrag gewährt werden kann (§ 17 Abs. 3 EStG). Auf den steuerpflichtigen Teil des Veräußerungsgewinns ist § 34 EStG anwendbar.

Ob und in welcher Höhe ein Freibetrag gewährt werden kann, hängt davon ab, in welchem Verhältnis die veräußerten Anteile zum gesamten Kapital der Gesellschaft stehen. Der Freibetrag beträgt bei Veräußerung einer 100%igen Beteiligung 20 000 DM. Wird – wie im vorliegenden Fall – nur ein Teil der Anteile an der Kapitalgesellschaft veräußert, beläuft sich der Freibetrag auf den entsprechenden Teil von 20 000 DM (§ 17 Abs. 3 Satz 1 EStG). Der Freibetrag von 20 000 DM bzw. des entsprechenden Teils von 20 000 DM ermäßigt sich bei höheren Veräußerungsgewinnen um den Betrag, um den der Veräußerungsgewinn den Teil von 80 000 DM übersteigt, der dem veräußerten Anteil an der Kapitalgesellschaft entspricht (§ 17 Abs. 3 Satz 2 EStG).

Wendet man diese Grundsätze hier an, so ergibt sich im Fall a folgender Freibetrag bzw. folgender steuerpflichtiger Veräußerungsgewinn:

Veräußerungsgewinn: 90 000 DM ·/. 50 000 DM =	40 000 DM
Anteiliger Freibetrag: 50 % von 20 000 DM =	10 000 DM
tarifermäßigt zu versteuern (§ 34 EStG)	30 000 DM

Im Fall b ergibt sich folgende Berechnung:

Veräußerungsgewinn: 95 000 DM ·/. 50 000 DM =		45 000 DM
Anteiliger Freibetrag: 50 % von 20 000 DM =	10 000 DM	
·/. Ermäßigung um den Betrag, um den der Veräußerungsgewinn von 45 000 DM die anteilige Freibetragsgrenze von (50 % von 80 000 DM =) 40 000 DM übersteigt	·/. 5 000 DM	5 000 DM
tarifermäßigt zu versteuern (§ 34 EStG)		40 000 DM

Der Fall c weist die Besonderheit auf, daß die GmbH eigene Anteile von 20 000 DM besitzt. In diesem Fall müssen die von der X-GmbH gehaltenen eigenen Anteile bei der nach § 17 Abs. 3 Satz 1 EStG gebotenen Verhältnisrechnung vom gezeichneten Kapital abgezogen werden:

Gezeichnetes Kapital	100 000 DM
·/. eigene Anteile	20 000 DM
Maßgebliches Kapital	80 000 DM

Der von A veräußerte Anteil im Nennwert von 50 000 DM macht 5/8 des maßgeblichen Kapitals aus, so daß sich folgende Berechnung ergibt:

Veräußerungsgewinn: 110 000 DM ·/. 50 000 DM =		60 000 DM
Anteiliger Freibetrag: 5/8 von 20 000 DM =	12 500 DM	
·/. Ermäßigung um den Betrag, um den der Veräußerungsgewinn von 60 000 DM die anteilige Freibetragsgrenze von (5/8 von 80 000 DM =) 50 000 DM übersteigt	10 000 DM	2 500 DM
tarifermäßigt zu versteuern (§ 34 EStG)		57 500 DM

(Schoor)

FALL 175

Verdeckte Einlage einer wesentlichen Beteiligung

Sachverhalt: A ist seit dem Jahr 01 zu 40 % an der X-GmbH beteiligt, deren Stammkapital 100 000 DM beträgt. Die Anschaffungskosten des Gesellschaftsanteils, der zum Privatvermögen des A gehört, entsprechen ihrem Nennwert von 40 000 DM.

A ist zugleich Alleingesellschafter der im Jahr 05 gegründeten Y-GmbH.

Am 30. 6. 06 überträgt A seinen Geschäftsanteil an der X-GmbH, dessen Verkehrswert zu diesem Zeitpunkt 240 000 DM beträgt, auf die Y-GmbH. A erhält von der Y-GmbH keinerlei Vergütung (reine verdeckte Einlage).

Frage: Führt die Übertragung der wesentlichen Beteiligung im Wege der verdeckten Einlage bei A zu einem Veräußerungsgewinn i. S. von § 17 EStG?

Lösung

Werden Anteile auf eine andere Kapitlagesellschaft übertragen, an der der Stpfl. (oder eine nahestehende Person) bereits beteiligt ist, und erhält der Stpfl. – wie vorliegend – keine neuen Gesellschaftsanteile und auch keine nach dem Wert der übertragenen Anteile bemessene Bar- oder Sachvergütung, ist dies eine verdeckte Einlage. Die verdeckte Einlage an einer Kapitalgesellschaft auf eine andere Kapitalgesellschaft ist ab Veranlagungszeitraum 1992 für die Anwendung des § 17 EStG ausdrücklich einer entgeltlichen Veräußerung unter Ansatz des gemeinen Werts der eingebrachten Anteile als Veräußerungspreis gleichgestellt (§ 17 Abs. 1 Satz 2 und Abs. 2 Satz 2 EStG). A entsteht demzufolge aufgrund der verdeckten Einlage der 40%igen Beteiligung an der X-GmbH in die Y-GmbH ein tarifbegünstigter Veräußerungsgewinn von (240 000 DM ·/. 40 000 DM =) 200 000 DM. *(Schoor)*

FALL 176

Bürgschaftsübernahme eines wesentlich beteiligten GmbH-Gesellschafters

Sachverhalt: Alleingesellschafter der X-GmbH, deren gezeichnetes Kapital 100 000 DM beträgt, ist A. Die Beteiligung gehört zum Privatvermögen des A; ihre Anschaffungskosten haben 100 000 DM betragen. A hat die wesentliche Beteiligung im Rahmen der Gründung der X-GmbH entgeltlich erworben.

Geschäftsführerin der X-GmbH ist die Ehefrau des A. Die im Jahr 01 gegründete GmbH hat in den Jahren 01 bis 05 geringe Gewinne, im Jahr 06 aber einen hohen Verlust erzielt. Angesichts der schlechten Liquiditätslage und der sich schon abzeichnenden Konkursgefahr hat sich A im Jahr 06 für ein der GmbH gewährtes Bankdarlehen in Höhe von 50 000 DM selbstschuldnerisch verbürgt.

Gleichwohl tritt Vermögensverfall ein. Im Jahr 07 wird die Eröffnung des Konkursverfahrens über das Vermögen der GmbH mangels Masse abgelehnt; noch im Jahr 07 wird die GmbH im Handelsregister gelöscht. B wird aus der Bürgschaft in Höhe von 50 000 DM im Jahr 08 in Anspruch genommen.

Frage: Wie ist die Bürgschaftszahlung des A steuerlich zu behandeln?

Lösung

Übernimmt der Gesellschafter einer Kapitalgesellschaft eine Bürgschaft für Verbindlichkeiten der Kapitalgesellschaft und wird er daraus in Anspruch genommen, ohne eine gleichwertige Rückgriffsforderung gegen die Kapitalgesellschaft zu erwerben, dann entstehen dem Gesellschafter nachträgliche Anschaffungskosten der Beteiligung in Gestalt verdeckter Einlagen, wenn die Übernahme der Bürgschaft ihre Ursache im Gesellschaftsverhältnis hat. Dies ist der Fall, wenn im Zeitpunkt der Übernahme der Bürgschaft die Inanspruchnahme und die Uneinbringlichkeit der Rückgriffsforderung so wahrscheinlich waren, daß ein Nichtgesellschafter bei Anwendung der Sorgfalt eines ordentlichen Kaufmanns die Bürgschaft nicht übernommen hätte (BFH, in BStBl 1985 II, 320, und BFH/NV 1986 S. 731 f.). Das bedeutet, daß A die Bürgschaftszahlung von 50 000 DM als Auflösungsverlust i. S. von § 17 Abs. 4 EStG abziehen kann, und zwar nicht erst im Jahr der Inanspruchnahme aus der Bürgschaft, sondern bereits im Jahr 07, weil in dem Jahr feststand, daß kein Vermögen an den Gesellschafter verteilt wird (BFH, in BStBl 1985 II, 428):

Kapitalrückzahlung		0 DM
·/. Anschaffungskosten der Beteiligung	100 000 DM	
+ Bürgschaftsübernahme		
(= nachträgliche Anschaffungskosten)	50 000 DM	150 000 DM
Auflösungsverlust i. S. von § 17 Abs. 4 EStG		150 000 DM

(Schoor)

VI. Einkünfte aus nichtselbständiger Arbeit gem. § 19 EStG

Vorbemerkung

Einnahmen aus nichtselbständiger Arbeit bezieht, wer **Arbeitnehmer** ist. Arbeitnehmer ist gem. § 1 LStDV eine natürliche Person, die im öffentlichen oder privaten Dienst angestellt oder beschäftigt ist oder war und **Arbeitslohn** aus einem

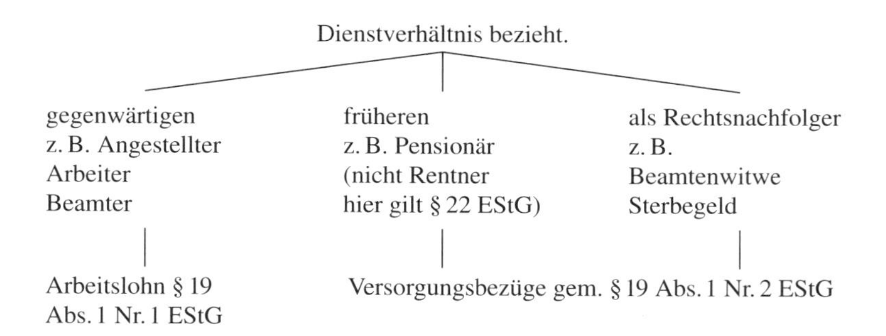

Abgrenzungsmerkmale sind:

- Der Arbeitnehmer schuldet seine Arbeitskraft, nicht den Erfolg,
- kein Unternehmerrisiko,
- weisungsgebunden und in den Betrieb des Arbeitgebers eingegliedert,
- feste Bezahlung (nach Arbeitszeit, Umsatz etc.)
- Urlaubsregelung,
- feste Arbeitszeit und Arbeitsplatz,
- Lohnfortzahlung im Krankheitsfall.

Maßgebend dafür, ob eine Person selbständig oder nichtselbständig tätig ist, ist das Gesamtbild der Verhältnisse.

Die vorgenannten Merkmale sind zu prüfen und gegeneinander abzuwägen.

Die Einkommensteuer wird bei Einnahmen aus nichtselbständiger Arbeit durch Abzug der Lohnsteuer vom Arbeitslohn erhoben. Hierbei handelt es sich lediglich um eine besondere Erhebungsform der Einkommensteuer. Die Pflicht zum Einbehalten der Lohnsteuer, zur Anmeldung und Abführung an das Finanzamt hat nach § 38 Abs. 3 und § 41a EStG der Arbeitgeber zu erfüllen. Die Einkommensteuer ist durch den Lohnsteuerabzug abgegolten (§ 46 Abs. 4 EStG). Unter bestimmten Voraussetzungen war bisher eine Veranlagung gem. § 46 Abs. 1 bzw. Abs. 2 EStG durchzuführen. Auf Antrag kann in anderen Fällen eine Veranlagung gem. § 46 Abs. 2 Nr. 8 EStG durchgeführt werden. Mit JStG 1996 ist

§ 46 Abs. 1 EStG aufgehoben worden, so daß nur noch eine Veranlagung in best. Fällen vorzunehmen ist, nicht mehr bei Überschreiten der Einkommensgrenzen.

Arbeitslohn sind alle Einnahmen in Geld oder Geldeswert (§ 2 Abs. 1 LStDV), die der Arbeitnehmer im weitesten Sinne als Gegenleistung für die Zurverfügungstellung seiner Arbeitskraft erhält. Dazu gehören einmalige oder laufende Zuflüsse und auch Sachbezüge. Nicht zum Arbeitslohn rechnen Annehmlichkeiten, dagegen sind Gelegenheitsgeschenke grds. steuerpflichtig (Abschn. 73 LStR). Im übrigen enthält § 3 EStG Befreiungsvorschriften für bestimmte Leistungen.

Ermittlungsschema:

Einnahmen aus nichtselbständiger Arbeit gem. § 19 Abs. 1 Nr. 1 EStG i. V. m. § 8 EStG
\+ Versorgungsbezüge § 19 Abs. 1 Nr. 2 EStG
= Summe
·/. Versorgungsfreibetrag gem. § 19 Abs. 2 EStG 40 % der Versorgungsbezüge max. 6 000 DM (seit 1993)
·/. Werbungskosten mind.
Arbeitnehmer-Pauschbetrag von 2 000 DM § 9a Nr. 1 EStG
→ Einkünfte aus nichtselbständiger Arbeit *(Friebel)*

FALL 177

Leistungen des Arbeitgebers

Sachverhalt: Der Arbeitnehmer erhält in 01 folgende Leistungen:

monatliches Gehalt 2 000 DM, Tantiemen 3 500 DM, Weihnachtsgeld als 13. Monatsgehalt 2 000 DM, Urlaubsgeld im Juli 1 300 DM, vermögenswirksame Leistungen 936 DM, Arbeitgeberanteil zur Sozialversicherung insgesamt 5 250 DM, unentgeltliches Mittagessen.

Frage: Wie hoch sind der steuerpflichtige Arbeitslohn des Arbeitnehmers und die abzugsfähigen Betriebsausgaben des Arbeitgebers?

Lösung

Steuerliche Behandlung beim	Arbeitnehmer Arbeitslohn	Arbeitgeber Betriebsausgabe
– laufende Bezüge 12 × 2 000 DM	24 000 DM	24 000 DM
– einmalige Bezüge Tantiemen	3 500 DM	3 500 DM
– Weihnachtsgeld	2 000 DM	2 000 DM
– Urlaubsgeld	1 300 DM	1 300 DM
– vermögenswirksame Leistungen werden vom Arbeitslohn einbehalten und eingezahlt	936 DM	936 DM
– Arbeitgeberanteil zur Sozialversicherung, steuerfrei gem. § 3 Nr. 62 EStG. Der Arbeitnehmeranteil wird vom Arbeitslohn einbehalten und an die Versicherungsanstalt abgeführt, er ist im obigen Betrag enthalten.	0 DM	5 250 DM
– Das entgeltliche Mittagessen ist ein geldwerter Vorteil und damit steuerpflichtig. Die Bewertung erfolgt mit dem Sachbezugswert der Mahlzeit gem. § 8. Abs. 2 EStG, z. B. 4,20 DM × 210 Tage = (Verordnung lt. BMF, in BGBl I, 2353)	882 DM	tatsächliche Kosten
steuerpflichtiger Arbeitslohn =	32 618 DM	
Betriebsausgabe =		36 986 DM
		zuzügl. tatsächliche Kosten für das Mittagessen

(Friebel)

FALL 178

Werbungskosten/Einkunftsermittlung

Sachverhalt: Der ledige Arbeitnehmer Egon Freund wohnt in Neustadt zur Miete und führt einen eigenen Haushalt. Er ist bei einem Tierarzt in Speyer beschäftigt und erhält einen Arbeitslohn von 38 000 DM brutto. Ihm sind folgende Kosten entstanden:

- Fahrten zwischen Wohnung und Arbeitsstätte in Speyer mit dem eigenen Pkw an 210 Tagen, einfache Entfernung 25 km.
- Auf der Heimfahrt von Speyer entstanden ihm Unfallkosten, als ein Tier auf die Fahrbahn lief.
- Reparaturkosten des Pkw = 1 860 DM
- Abschleppkosten = 114 DM
- Reparatur eines fremden Pkw, den er beschädigte, als er dem Tier ausweichen wollte. Die Kosten belaufen sich auf 1 710 DM. Sie wurden von der Kfz-Haftpflichtversicherung des Freund bezahlt.
- Minderung des Schadenfreiheitsrabatts aufgrund der Versicherungsleistung durch den Unfall = 100 DM.
- 2 Arbeitskittel, um die Kleidung bei der Behandlung der Tiere zu schonen = 110 DM.

Die Kosten wurden im einzelnen belegt.

Frage: Ermitteln Sie die Einkünfte für 1995!

Lösung ◀

Egon Freund erzielt Einnahmen gem. § 19 Abs. 1 Nr. 1 EStG.

Veranlagung 1995:

Brutto-Arbeitslohn = 38 000 DM

– Werbungskosten gem. § 9 EStG:

Fahrtkosten gem. § 9 Abs. 1 Nr. 4 EStG

210 Tage × 25 km × Km-Pauschale 0,70 DM = 3 675 DM
(ab VZ 1994)

Unfallkosten: H 118 (Unfallkosten) EStH
Abschn. 42 Abs. 5 LStR 1996

Die Kosten sind als außergewöhnliche Kosten nicht mit dem Ansatz der Pauschbeträge abgegolten.	= 1 860 DM	
	= 114 DM	
Der Betrag von 1 710 DM für die Reparatur des anderen Pkw ist nicht zu berücksichtigen, da die Versicherung insoweit Ersatz geleistet hat. Ebenso ist die Erhöhung der Versicherungsprämie nicht als Werbungskosten abzugsfähig. Die erhöhten Versicherungsprämien sind aber als Sonderausgaben abzugsfähig gem. § 10 Abs. 1 Nr. 2a EStG.		
Arbeitskittel § 9 Abs. 1 Nr. 6 EStG	= 110 DM	
Summe der Werbungskosten	= 5 759 DM	
Der Pauschbetrag gem. § 9a Nr. 1 EStG von 2 000 DM wird überschritten, so daß die tatsächlichen Kosten abzugsfähig sind.		·/. 5 759 DM
Einkünfte aus nichtselbständiger Arbeit **1995**		= 32 241 DM

(Friebel)

FALL 179

Einkünfte/Werbungskosten (insbesondere Reisekosten)

Sachverhalt: Albert H. ist Angestellter in einer Modeboutique in Neustadt. Er erhielt in 1996 ein Gehalt von insgesamt 33 600 DM. Das Weihnachtsgeld von 1 500 DM wurde ihm irrtümlich erst am 12. 1. 1997 überwiesen. Als vermögenswirksame Leistung erhielt er 624 DM überwiesen.

Albert macht folgende Aufwendungen geltend:

- Kraftfahrzeugkosten inkl. Abschreibungen 12 690 DM. Die Gesamtfahrleistung beträgt in 1996 18 600 km, davon entfallen 6 800 km auf die täglichen Fahrten zu seiner Arbeitsstätte.
- Kosten für Kleidung 2 685 DM. Als Angestellter in einer Boutique ist es unbedingt notwendig, sich nach der neuesten Mode zu kleiden, um den Kun-

den eine Vorstellung über die Tragbarkeit der Modelle geben zu können. In seiner Freizeit kleidet Albert sich aber lieber bequem (Jeans, Jogginganzüge etc.)

- In der Zeit vom 15. 10. – 19. 10. 1996 war A. auf einer Modemesse in München. Er fuhr mit seinem eigenen Pkw, einfache Entfernung 375 km.

Abfahrt: 15. 10. um 20.00 Uhr von Neustadt
Rückkehr: 19. 10. um 10.00 Uhr in Neustadt
Verpflegungskosten lt. Belege:

15. 10.	12,80 DM
16. 10.	76,00 DM
17. 10.	40,00 DM
18. 10.	131,00 DM
19. 10.	23,00 DM

Hotelkosten 460 DM für 4 Übernachtungen inkl. Frühstück.
Parkgebühren: 20 DM
Ersatz durch den Arbeitgeber: 300 DM

Frage: Ermitteln Sie die Einkünfte für 1996!

Lösung

Als Angestellter erzielt er Einkünfte aus nichtselbständiger Arbeit.

	Zum Arbeitslohn gehören:		33 600 DM
+	Vermögenswirksame Leistungen diese Beträge werden aus dem Einkommen geleistet	+	624 DM
–	die Arbeitnehmer-Sparzulage wird ggf. vom Finanzamt ausgezahlt.		
–	das am 12. 1. 97 überwiesene Weihnachtsgeld 1996 ist nach § 11 Abs. 1 Satz 1 EStG i. V. m. § 38a Abs. 1 Satz 3 EStG im Zeitpunkt des Zuflusses erst 1997 zu erfassen.		
	Einnahmen § 19 Abs. 1 Nr. 1 EStG		34 224 DM

Werbungskosten § 9 EStG:

–	Fahrten zwischen Wohnung und Arbeitsstätte, § 9 Abs. 1 Nr. 4 EStG = 0,70 DM je Entfernungskilometer 6 800 km : 2 × 0,70 DM (ab VZ 94 = 0,70 DM)	·/.	2 380 DM
	Die übrigen Kfz-Kosten sind nicht zu berücksichtigen.		

- Kleidung kann, wenn es sich um typische Berufskleidung handelt, nach § 9 Abs. 1 Nr. 6 EStG abgezogen werden. Die bürgerliche Kleidung ist üblicherweise nach § 12 Nr. 1 EStG vom Abzug ausgeschlossen (Typisierung). Das gilt auch dann, wenn sie nur am Arbeitsplatz getragen wird. Insoweit greift das Aufteilungsverbot des § 12 Nr. 1 Satz 2 EStG.
- **Dienstreise** vom 15. 10. – 19. 10. 1996

  Bei der Reise zur Modemesse handelt es sich um eine Dienstreise, deren Kosten im Rahmen der Abschn. 37 – 40 LStR abzugsfähig sind.

  Fahrtkosten: 375 km × 2 = 750 km

  750 km × 0,52 DM = 390 DM
  (Abschn. 38 Abs. 2 LStR)
  oder besser die tatsächlichen Kosten
  12 690 DM : 18 600 km = 0,69 DM pro km
  750 km × 0,69 DM = 518 DM ·/. 518 DM
  (Abschn. 38 Abs. 3 LStR)

  Parkgebühren, Abschn. 40 Abs. 4 Nr. 3 LStR ·/. 20 DM

  Übernachtungskosten, Abschn. 40 Abs. 1 LStR 1996, aber ohne Frühstück.
  Minderung um 9 DM pro Übernachtung

Kosten Hotel	= 460 DM		
·/. 4 × 9 DM	= 36 DM		
insgesamt	= 424 DM	·/.	424 DM

  Verpflegungsmehraufwand:

  Abschn. 39 LStR 1996
  Abzugsfähig sind die Kosten ab 1996 nur durch Ansatz der Pauschbeträge. (Abschn. 39 Abs. 8 LStR 1996 n. R.).
  Pauschbeträge:

15. 10.	4 Stunden	0 DM
16. 10.	24 Stunden	46 DM
17. 10.	24 Stunden	46 DM
18. 10.	24 Stunden	46 DM
19. 10.	10 Stunden	10 DM
Summe PB		148 DM

Es sind für den Verpflegungsmehraufwand anl. der Dienstreise abzugsfähig	·/.	148,00 DM
Die Erstattung des Arbeitgebers ist von den Werbungskosten zu kürzen	+	300,00 DM
Die Werbungskosten übersteigen den PB gem. § 9a Nr. 1 EStG von 2 000 DM.		
Einkünfte aus nichtselbständiger Arbeit		= 31 164,00 DM

(Friebel)

FALL 180

Einkünfte/Sachbezug/Arbeitszimmer

Sachverhalt: Harald N. ist Gesellschafter und Geschäftsführer der Neubau Wohnungsbau-GmbH. Er ist mit 60 % an der GmbH beteiligt. Er erhält zu Beginn eines Monats ein Gehalt von 5 500 DM als Geschäftsführer der Gesellschaft für insgesamt 13 Monate. Außerdem erhält er eine gewinnabhängige Tantieme. Für 1994 wurden ihm am 15. 5. 1995 14 800 DM gutgeschrieben. Laut Arbeitsvertrag steht ihm ein Firmenwagen zur Verfügung, den er in 1995 wie folgt nutzte (lt. Fahrtenbuch):

für Dienstreisen und Geschäftsfahrten 11 300 km,
für Fahrten zwischen Wohnung und Arbeitsstätte 2 800 km,
für Privatfahrten 4 100 km.

In seinem ansonsten eigengenutzten Einfamilienhaus benutzt er einen Raum von 30 qm als Arbeitszimmer, in dem er einen großen Teil seiner Arbeit erledigt. Die gesamte Wohnfläche des Gebäudes beträgt 200 qm, die gesamte Nutzfläche 280 qm. Der Mietwert beträgt 1 500 DM monatlich. Das Haus wurde 1990 errichtet, die Kosten betrugen 280 000 DM.

Für das Einfamilienhaus fielen im übrigen folgende Kosten an:

Grundsteuer, Gebäudeversicherung	= 500 DM
Heizung	= 4 900 DM
Strom, Gas, Wasser	= 3 200 DM
Reparaturen am Gesamtgebäude	= 1 820 DM
Teppichboden für Wohnzimmer (50 qm) und Arbeitszimmer	= 5 760 DM

Nutzungsdauer 5 Jahre.

Harald erhält noch eine Aufwandsentschädigung von monatlich 50 DM, da er auch sein privates Telefon für Firmengespräche verwendet. Die Telefonkosten belaufen sich insgesamt auf 3 800 DM, davon sind ca. 80 % privat.

Am 25. 3. 1995 erhielt Harald einen neuen Schreibtisch für 805 DM inkl. Umsatzsteuer und einen Aktenschrank für 1 955 DM geliefert (ND = 10 Jahre). Die Beträge überwies er 10 Tage später.

Frage: Wie hoch sind die Einkünfte aus nichtselbständiger Arbeit des Harald N. für 1995? Wie ist die Rechtslage für den VZ 1996?

▶ Lösung

Als Geschäftsführer der GmbH erzielt Harald N. Einkünfte nach § 19 Abs. 1 Nr. 1 EStG.

Der steuerpflichtige Arbeitslohn beträgt 5 500 DM × 13	= 71 500 DM
Die Tantieme ist kein lfd. Bezug und deshalb nach § 11 Abs. 1 Satz 1 i. V. m. § 38a Abs. 1 Satz 3 EStG bei Zufluß in 1995 zu versteuern	+ 14 800 DM
Die Pkw-Gestellung für Privatfahrten ist ein Sachbezug und gem. § 8 Abs. 2 EStG zu bewerten (Abschn. 31 Abs. 7 LStR). Der geldwerte Vorteil ist mit 0,52 DM je km anzusetzen.	
Die Fahrten wurden durch Fahrtenbuch nachgewiesen. Die Pkw-Kosten können aus Vereinfachungsgründen mit 0,52 DM je km angesetzt werden.	
2 800 km + 4 100 km = 6 900 km × 0,52 DM	+ 3 588 DM
VZ 1996: 2 800 km + 4 100 km × Preis pro km lt. Einzelnachweis	
Die privaten Fahrten sind nur noch mit den nachgewiesenen tatsächlichen Kosten pro km zu berücksichtigen, § 8 Abs. 2 Satz 4 EStG 96.	
Statt Fahrtenbuch und Belegnachweis sind aber grds. als Sachbezug gem. § 8 Abs. 2 S. 2 + 3 EStG 96 i. V. m. § 6 Abs. 1 Nr. 4 Satz 2 EStG 96 1 % des Listenpreises + 0,03 % × Listenpreis × Entfernungs km pro Monat also × 12 anzusetzen.	

Hinsichtlich der dienstlichen Fahrten ist kein geldwerter Vorteil anzusetzen.	
Gem. § 40 Abs. 2 Satz 2 EStG kann der Arbeitgeber den Betrag bis zur Höhe des Werbungskostenabzugs pauschal mit 15 % versteuern. (ab 1996 20 %)	
Der pauschale Auslagenersatz für Telefon ist steuerpflichtig, da keine Einzelabrechnung erfolgt (Abschn. 22 LStR).	
50 DM × 12	+ 600 DM
Der Auslagenersatz kann alternativ nach § 3 Nr. 50 EStG, Abschn. 22 Abs. 1 Satz 5 LStR aus Vereinfachungsgründen steuerfrei gelassen werden. Dann sind aber die Werbungskosten um 600 DM zu kürzen.	
Brutto-Arbeitslohn	= 90 488 DM
– **Werbungskosten**	
Fahrten zwischen Wohnung und Arbeitsstätte	
§ 9 Abs. 1 Nr. 4 EStG sind berücksichtigungsfähig, da Harald durch die Pkw-Gestellung stpfl. Sachbezüge entstanden sind.	
2 800 km × 0,35 DM =	·/. 980 DM
Telefon: 3 800 DM davon 20 % (alternativ: 600 DM)	·/. 760 DM

Arbeitszimmer:
Da das eigengenutzte Einfamilienhaus in 1990 errichtet wurde, ist für die eigene Wohnung kein Nutzungswert zu versteuern, § 52 Abs. 21 Satz 1 EStG. Soweit das Gebäude aber der Einkunftserzielung dient, sind die anteiligen Kosten als WK abzugsfähig. Das gilt auch für die anteilige AfA, die im übrigen nicht geltend gemacht werden kann. Der Abzugsbetrag gem. § 10e EStG ist nur für die Wohnung ohne Arbeitszimmer zu gewähren. Es sind die anteiligen Hauskosten zu ermitteln. Das Arbeitszimmer wird ausschließlich beruflich genutzt (Abschn. 45 LStR), die Kosten sind demnach im Rahmen des § 19 EStG als WK abzugsfähig. Die Gesamtaufwendungen sind nach dem Verhältnis der Wohnfläche zur Grundfläche

des Arbeitszimmers aufzuteilen (BdF v. 25. 10. 1990, BStBl I, 626 ff. Abs. II/23).

30 qm : 200 qm	=	15 %		
Grundsteuer etc.	=	500 DM		
Heizung	=	4 900 DM		
Gas, Strom etc.	=	3 200 DM		
Reparaturen	=	1 820 DM		
AfA gem. § 7 Abs. 5 EStG 5 % von 280 000 DM	=	14 000 DM		
Summe	=	24 420 DM	davon 15 %	·/. 3 663 DM

Ab VZ 1996: § 9 Abs. 5 i. V. m. § 4 Abs. 5 Nr. 6b EStG 96. Grundsätzlich sind die Kosten für Arbeitszimmer ab 1996 nicht mehr abzugsfähig, es sei denn, die berufliche Nutzung beträgt im vorliegenden Fall mehr als 50 % der gesamten Tätigkeit. In diesem Fall sind die abzugsfähigen Kosten auf **2 400 DM** begrenzt. Ein voller Kostenabzug kommt nur in Betracht, wenn das Arbeitszimmer den Mittelpunkt der gesamten Betätigung bildet, was hier wohl nicht der Fall ist, Abschnitt 45 Abs. 3 LStR 96.

Der Teppichboden ist mit den anteiligen Kosten abzugsfähig, 30 qm zu 80 qm
37,5 % von 5 760 DM ·/. 2 160 DM

Es handelt sich begrifflich um Erhaltungsaufwand, der voll abzugsfähig ist. Die Grenze von 800 DM nach § 9 Abs. 1 Nr. 6 Satz 2 EStG gilt hier nicht. Bezüglich Erhaltungsaufwand kann im Rahmen des § 19 EStG nicht anders entschieden werden als bei den übrigen Einkunftsarten.

Die Kosten für den Teppich gehören zur Ausstattung und sind im begrenzten Abzug für das Arbeitszimmer enthalten. Der

Betrag von 2 160 DM ist ab 1996 nicht mehr zu berücksichtigen, Abschnitt 45 Abs. 2 LStR 96.

Die Einrichtungsgestände werden ausschließlich beruflich genutzt, die Aufwendungen sind deshalb gem. § 9 Abs. 1 Nr. 6 EStG zu berücksichtigen. Hierbei ist § 6 Abs. 2 EStG entsprechend anzuwenden, § 9 Abs. 1 Nr. 7 Satz 2 EStG. Soweit die Anschaffungskosten mehr als 800 DM ohne USt betragen, kann eine Berücksichtigung nur über die AfA nach § 9 Abs. 1 Nr. 7 i. V. m. § 7 Abs. 1 EStG erfolgen (Abschn. 44 Abs. 3 Satz 1 LStR).

Schreibtisch 805 DM, die Kosten sind im Zeitpunkt der Zahlung nach § 11 Abs. 2 EStG abzugsfähig.	·/.	805 DM

Aktenschrank 1 955 DM, die Kosten sind auf die ND von 10 Jahren zu verteilen. Die AfA ist zeitanteilig zu gewähren, dabei ist die Vereinfachungsregelung anzuwenden (Abschn. 44 Abs. 3 Satz 2 und 3 LStR).
VZ 1996: Die Kosten Schreibtisch und Aktenschrank fallen lt. A 45 Abs. 2 LStR 96 ebenfalls unter die begrenzt mit 2 400 DM abzugsfähigen Aufwendungen für Arbeitszimmer und Ausstattung (lt. Auffassung Finverw. – in Literatur z. T. umstritten)

10 % von 1 955 DM, da im 1. Halbjahr angeschafft	·/.	196 DM

Die Arbeitnehmerpauschale von 2 000 DM nach § 9a Nr. 1 EStG wird überschritten, deshalb sind die tatsächlichen Kosten abzugsfähig.

Einkünfte aus nichtselbständiger Arbeit	= 81 994 DM

(Friebel)

FALL 181

Einkünfte/Pauschbetrag für bestimmte Berufsgruppen

Sachverhalt: Heidelinde ist nach dem Tod ihres Ehemannes im Dezember 02 als Ansagerin beim Südwestfunk ab 1. 5. 03 tätig. Sie erhält ein Bruttogehalt für 03 von ingesamt 37 930 DM (monatlich 4 214 DM). Außerdem erhielt sie 03 ein Sterbegeld von 7 500 DM und ein Witwengeld von insgesamt 6 100 DM. Ihr verstorbener Ehemann war als Beamter tätig und erlitt auf einer Dienstreise einen tödlichen Autounfall.

Sie macht für 03 lediglich Fahrtkosten mit dem Bus von insgesamt 980 DM geltend.

Frage: Ermitteln Sie die Einkünfte aus nichtselbständiger Arbeit für 03!

Lösung

Das Sterbegeld und das Witwengeld stellen Einnahmen nach § 19 Abs. 1 Nr. 2 EStG dar.

Versorgungsbezüge § 19 Abs. 2 Satz 2 EStG	= 13 600 DM
Einnahmen nach § 19 Abs. 1 Nr. 1 EStG	= 37 930 DM
Summe	= 51 530 DM
– Versorgungsfreibetrag § 19 Abs. 2 EStG 40 % von 13 600 DM = 5 440 DM max. 6 000 DM	·/. 5 440 DM
– Werbungskosten:	
Als Ansagerin kann H. einen besonderen Pauschbetrag in Anspruch nehmen.	
Abschn. 47 Abs. 1 Nr. 1 LStR	
monatlich 265 DM × 8 Monate	·/. 2 120 DM
Zusätzlich sind Fahrten zwischen Wohnung und Arbeitsstätte abzugsfähig (die Kürzung um 15 DM monatlich entfällt ab 1990).	
Aufwendungen = 980 DM	·/. 980 DM
Pauschbetrag gem. § 9a Nr. 1 EStG von 2 000 DM	
Abschn. 47 Abs. 1 Satz 1 LStR	·/. 2 000 DM
Einkünfte aus nichtselbständiger Arbeit	= 40 990 DM

(Friebel)

FALL 182

Doppelte Hauhaltsführung

Sachverhalt: Ein verheirateter Arbeitnehmer wird ab 1. 11. 1995 nach Stuttgart versetzt. Er hat weiterhin einen eigenen Hausstand in Bingen, die Entfernung nach Stuttgart beträgt 250 km. Die Miete für das möblierte Zimmer in Stuttgart beträgt lt. Nachweis 380 DM. Er ist an 37 Tagen in Stuttgart anwesend. Am Wochenende fährt er jeweils nach Hause. Über die Weihnachtsfeiertage bis zum 31. 12. 1995 hat er Urlaub. Verpflegungsmehraufwendungen werden nicht nachgewiesen. Sein Bruttolohn beträgt im Kalenderjahr 73 800 DM. Vom Arbeitgeber erhielt er keinen Ersatz.

Frage: In welcher Höhe sind die Kosten abzugsfähig? Wie ist die Rechtslage für den VZ 1996?

Lösung

Bei einer beruflich veranlaßten doppelten Haushaltsführung können nach § 9 Abs. 1 Nr. 5 EStG folgende Kosten abgezogen werden (Abschn. 43 LStR):

Ab VZ 1996 Begrenzung auf 2 Jahre, § 9 Abs. 1 Nr. 5 Satz 3 EStG 96.

Abschn. 43 Abs. 7 LStR

Fahrtkosten

1. für die erste Fahrt zum Beschäftigungsort
250 km × 0,52 DM oder tatsächliche Kosten = 130,00 DM

2. Familienheimfahrten, soweit diese tatsächlich durchgeführt werden, max. einmal pro Woche.

Es gelten die Pauschalen des § 9 Abs. 1 Nr. 4 EStG
7 × 250 km × 0,70 DM = 1 225,00 DM
1 × 250 km × 0,35 DM = 87,50 DM

Die letzte Familienheimfahrt findet am 22. 12. 1995 statt. Da er anschließend Urlaub hat, fährt er erst wieder am 2. 1. 1996 zurück.

Verpflegungsaufwendungen sind pauschal abzugsfähig, da kein Einzelnachweis erfolgt. Für die erste und die zweite Woche 46 DM × 10 Tage = 460,00 DM
für die Folgezeit 16 DM × 27 Tage = 432,00 DM

Ab VZ 1996 gelten die Pauschsätze von 46,– DM nur die ersten 3 Monate, A. 43 Abs. 8 LStR 96, für Nov. + Dez. 46,– DM täglich, danach keine PB.

Übernachtungskosten, Abschn. 43 Abs. 9 LStR in nachgewiesener Höhe

2 Monate × 380 DM	=	760,00 DM
Summe der Werbungskosten § 9 Abs. 1 Nr. 5 EStG	=	3 094,50 DM

(Hinweis: Die Pauschbeträge für Verpflegungsmehraufwand gelten nur für einen vollen Tag bei einer ununterbrochenen Abwesenheit von mehr als 12 Stunden. Sie ermäßigen sich in anderen Fällen entsprechend der Regelung in Abschn. 39 Abs. 2 LStR, das ist im vorliegenden Fall beim Abreisetag u. U. von Bedeutung.) *(Friebel)*

VII. Einkünfte aus Kapitalvermögen (§ 20 EStG)

FALL 183

Besteuerungszeitpunkt von Dividenden

Sachverhalt: A ist zu 20 % und B zu 80 % Gesellschafter der X-GmbH. Das Stimmrecht richtet sich nach der Kapitalbeteiligung. Die GmbH-Anteile gehören zum Privatvermögen der Gesellschafter.

A und B beschließen am 20. 1. 09 eine Gewinnausschüttung für das Jahr 08 in Höhe von 200 000 DM; als Auszahlungstag wird der 20. 1. 10 bestimmt.

Die X-GmbH zahlt die Dividende am Fälligkeitstag unter Abzug von 25 % Kapitalertragsteuer an ihre Gesellschafter aus:

Überweisung an A:	20 % von 200 000 DM	= 40 000 DM	
	·/. 25 % KapESt	10 000 DM	30 000 DM
Überweisung an B:	80 % von 200 000 DM	= 160 000 DM	
	·/. 25 % KapESt	40 000 DM	120 000 DM
			150 000 DM

Die Steuerbescheinigung nach § 44 KStG liegt vor.

Frage: In welchem Kalenderjahr und in welcher Höhe unterliegt die Dividende bei A und B der Einkommensteuer?

Lösung

Dividende A

Gehören die Anteile an der ausschüttenden Kapitalgesellschaft zum Privatvermögen des Anteilseigners, so unterliegt die Dividende grundsätzlich in dem Kalenderjahr der Einkommensteuer, in dem sie dem Gesellschafter nach § 11 EStG zugeflossen ist. Im Jahr des Zuflusses der Dividende ist auch die nach § 36 Abs. 2 Nr. 3 EStG anzurechnende Körperschaftsteuer in Höhe von 3/7 der Dividende zu versteuern, weil diese als zusammen mit den Einnahmen i. S. des § 20 Abs. 1 Nr. 1 oder 2 EStG bezogen gilt (§ 20 Abs. 1 Nr. 3 EStG). Die Erfassung der Körperschaftsteuer als Einnahme aus Kapitalvermögen und ihre gleichzeitige Anrechnung setzt voraus, daß die Steuerbescheinigung nach § 44 KStG im Zeitpunkt der Veranlagung vorliegt (R 213g Abs. 2 EStR 1993 und BFH, in BStBl 1994, 191). Da diese Voraussetzung hier erfüllt ist, muß A im Jahr 10 folgende Einnahmen aus Kapitalvermögen versteuern:

Dividende: 20 % von 200 000 DM =	40 000 DM
+ anzurechnende KSt: 3/7 von 40 000 DM =	17 143 DM
Einnahmen aus Kapitalvermögen	57 143 DM

Die Körperschaftsteuer von 17 143 DM und die Kapitalertragsteuer von (25 % von 40 000 DM =) 10 000 DM sind auf die Einkommensteuerschuld des A anzurechnen (§ 36 Abs. 2 Nr. 2 und 3 EStG).

Dividende B

B ist beherrschender Gesellschafter der X-GmbH, weil er zu mehr als 50 % beteiligt ist (Abschn. 31 Abs. 6 KStR). Bei beherrschenden Gesellschaftern ist eine Gewinnausschüttung grundsätzlich bereits zum Zeitpunkt der Beschlußfassung über die Gewinnverwendung nach § 11 EStG zugeflossen, auch wenn die Auszahlung später vorgenommen wird (BFH, in BStBl 1974 II, 541, und BStBl 1979 II, 510). Ein Zufluß wird ausnahmsweise nur dann nicht angenommen, wenn die Gesellschaft im Zeitpunkt der Beschlußfassung infolge Zahlungsunfähigkeit konkursreif war oder wenn die Satzung der Gesellschaft Vorschriften über Gewinnabhebungen oder Auszahlungen zu einem späteren Zeitpunkt enthält (BFH, in BStBl 1973 II, 815, und BStBl 1982 II, 139).

B muß daher die Dividende sowie die anzurechnende Körperschaftsteuer bereits im Jahr 09 als Einnahme aus Kapitalvermögen versteuern:

Dividende: 80 % von 200 000 DM =	160 000 DM
+ anzurechnende KSt: 3/7 von 160 000 DM =	68 571 DM
Einnahmen aus Kapitalvermögen	228 571 DM

Zu beachten ist, daß bei Gesellschaftern mit beherrschendem Einfluß (oder wesentlicher Beteiligung) die Anrechnung der Körperschaftsteuer voraussetzt, daß die Körperschaftsteuer gezahlt ist. Bei solchen Anteilseignern ist demgemäß die Anrechnung zu versagen oder rückgängig zu machen, soweit die anzurechnende Körperschaftsteuer nicht durch ihr entsprechende gezahlte Körperschaftsteuer gedeckt ist und eine begonnene Vollstreckung keine Aussicht auf Erfolg bietet (§ 36a EStG). Bei einer Versagung bzw. Rückgängigmachung der Körperschaftsteueranrechnung muß aber auch die grundsätzlich notwendige Hinzurechnung der Körperschaftsteuer bei den Einkünften aus Kapitalvermögen unterbleiben (BFH, in BStBl 1987 II, 217). *(Schoor)*

FALL 184

Gewinn- und Verlustbeteiligung eines stillen Gesellschafters

Sachverhalt: A ist stiller Gesellschafter am gewerblichen Unternehmen des B mit einer Einlage von 300 000 DM. Laut Gesellschaftsvertrag ist er mit 20 % am Gewinn und Verlust beteiligt. A hält die stille Beteiligung in seinem Privatvermögen.

a) Der Gewinn des Unternehmens für das Jahr 01 beträgt 200 000 DM. Bei Bilanzerstellung im Jahr 02 wird der Gewinnanteil des A dessen Verrechnungskonto wie folgt gutgeschrieben:

Gewinnanteil 01: 20 % von 200 000 DM =	40 000 DM
·/. einbehaltene Kapitalertragsteuer: 25 % von 40 000 DM =	10 000 DM
Gutschrift auf dem Verrechnungskonto	30 000 DM

b) Der Verlust des Unternehmens für das Jahr 02 beträgt 150 000 DM. Bei Bilanzerstellung im Jahr 03 wird der Verlustanteil des A von dessen Einlagekonto in Höhe von 300 000 DM abgebucht, so daß dieses nur noch 270 000 DM beträgt:

Einlagekonto A	300 000 DM
·/. Verlustanteil 02: 20 % von 150 000 DM =	30 000 DM
Einlagekonto A nach Verrechnung	270 000 DM

Frage: Wie ist die Gewinn- bzw. Verlustbeteiligung des A einkommensteuerrechtlich zu behandeln?

▶ Lösung

a) Zu den Einkünften aus Kapitalvermögen zählen auch die Einnahmen aus einer stillen Beteiligung (§ 20 Abs. 1 Nr. 4 EStG). Der Gewinnanteil des stillen Gesellschafters aus der Beteiligung ist im Zeitpunkt des Zuflusses bei ihm zu erfassen (§ 11 Abs. 1 EStG). Zugeflossen und damit zu versteuern ist der Gewinnanteil grundsätzlich bei Zahlung oder Gutschrift (z. B. auf einem Verrechnungskonto). A muß daher im Jahr 02 folgende Einnahmen aus seiner stillen Beteiligung als Einnahmen aus Kapitalvermögen versteuern:

gutgeschriebener Gewinnanteil	30 000 DM
+ KapESt: 33⅓ % von 30 000 DM =	10 000 DM
Einnahmen i. S. von § 20 Abs. 1 Nr. 4 EStG	40 000 DM

b) Zu den Werbungskosten (§ 9 EStG) eines stillen Gesellschafters gehört bei vertraglicher Verlustbeteiligung der Anteil am Verlust, und zwar bis zur Höhe der Einlage. Der stille Gesellschafter hat also die Möglichkeit, Verlustanteile mit positiven anderen Einkünften innerhalb desselben Veranlagungszeitraumes zu verrechnen und ggf. nach § 10d EStG abzuziehen. Der Verlustanteil des stillen Gesellschafters ist in dem Jahr als Werbungskosten abzugsfähig, in dem er geleistet wird (§ 11 Abs. 2 EStG). Dies setzt in der Regel die Feststellung der Höhe des Verlustes, also die Feststellung der Bilanz des Unternehmens voraus (FG München, in EFG 1981 S. 341 und EFG 1992 S. 463, sowie FG Baden-Württemberg, in EFG 1993 S. 228; zustimmend Döllerer, in BB 1981 S. 1317). Das bedeutet, daß die Verrechnung des Verlustes mit anderen Einkünften grundsätzlich erst nach Bilanzaufstellung und im Jahr der Abbuchung von der Einlage vorgenommen werden kann. A kann demnach im Jahr 03 bei seinen Einkünften aus Kapitalvermögen 30 000 DM Werbungskosten abziehen. *(Schoor)*

FALL 185

Negatives Einlagekonto eines stillen Gesellschafters

Sachverhalt: A ist am Handelsgewerbe des B mit einer Einlage von 100 000 DM als stiller Gesellschafter beteiligt. Abweichend von § 232 HGB haben A und B vereinbart, daß A über seine Einlage hinaus am Verlust teilnimmt mit der Maßgabe, daß ein negatives Einlagekonto durch spätere Gewinne wieder aufzufüllen ist.

Aufgrund eines im März 03 festgestellten Verlustanteils für das Jahr 02 hat sich das Einlagekonto des A wie folgt entwickelt:

Geleistete Einlage	100 000 DM
·/. Verlustanteil 02	150 000 DM
	·/. 50 000 DM

Frage: In welcher Höhe ist der Verlustanteil für das Jahr 02 als Werbungskosten berücksichtigungsfähig?

Lösung

§ 20 Abs. 1 Nr. 4 Satz 2 EStG bestimmt, daß auf Anteile des stillen Gesellschafters am Verlust des Betriebs § 15a EStG sinngemäß anzuwenden ist. Das bedeutet, daß es sich bei der Abbuchung des Verlustanteils von der Einlage des stillen Gesellschafters nur insoweit um Werbungskosten handelt, als der Verlustanteil den Betrag der Einlage nicht übersteigt. Der A im Jahr 03 entstandene Verlust von 150 000 DM ist daher nur in Höhe von 100 000 DM ausgleichsfähig. Der restliche Verlustanteil von 50 000 DM fällt unter das Ausgleichsverbot des § 15a Abs. 1 EStG. Insoweit handelt es sich für den stillen Gesellschafter lediglich um einen verrechenbaren Verlust. Dieser verrechenbare Verlust von 50 000 DM ist – ohne zeitliche Begrenzung – in späteren Jahren mit Gewinnanteilen nach § 20 Abs. 1 Nr. 4 EStG verrechenbar, d. h. der Verlustanteil mindert etwaige Beteiligungsgewinne späterer Jahre. *(Schoor)*

FALL 186

Veräußerung einer stillen Beteiligung an Gesellschaftsfremde

Sachverhalt: A ist seit dem Jahr 01 stiller Gesellschafter mit einer Einlage von 100 000 DM am gewerblichen Unternehmen des B. Die stille Beteiligung gehört zum Privatvermögen des A. Durch schriftlichen Vertrag vom 30. 6. 05 überträgt A im Einvernehmen mit B seine stille Beteiligung gegen Zahlung von 115 000 DM auf C.

Frage: Unterliegt der A zugeflossene Mehrerlös von 15 000 DM aus der Übertragung der stillen Beteiligung als Einkünfte aus Kapitalvermögen der Einkommensteuer?

Lösung

Der A zugeflossene Mehrerlös von (115 000 DM ·/. 100 000 DM =) 15 000 DM unterliegt nicht der Einkommensteuer. Es fehlt nämlich an einem Steuertatbestand, der den Mehrerlös aus der Übertragung einer privat gehaltenen stillen Beteiligung der Einkommensteuer unterwirft. Gewinne, die durch die Verwertung der Kapitalanlage erzielt werden, sind keine Kapitalerträge. Die Veräußerung der stillen Beteiligung hat als Vorgang in der Vermögenssphäre für A keine ertragsteuerlichen Auswirkungen (BFH, in BStBl 1981 II, 465). Der über den Betrag der Einlage hinausgehende Veräußerungserlös von 15 000 DM zählt deshalb nicht zu den Einkünften aus Kapitalvermögen i. S. des § 20 EStG.

(Schoor)

FALL 187

Aufgabe einer stillen Beteiligung gegen Abfindung durch den Geschäftsinhaber

Sachverhalt: A ist als stiller Gesellschafter mit einer Einlage von 100 000 DM am gewerblichen Unternehmen des B beteiligt. Die Beteiligung gehört zu seinem Privatvermögen. Der Vertrag über die stille Beteiligung ist im Jahr 01 für die Dauer von 15 Jahren abgeschlossen worden. Im Jahr 05 wird der Vertrag vorzeitig beendet. A erhält in 05 seine Einlage von 100 000 DM zurückgezahlt und darüber hinaus von B eine Abfindung in Höhe von 20 000 DM für entgangene Gewinne.

Frage: Unterliegt der Mehrerlös von 20 000 DM als Einnahmen aus Kapitalvermögen bei A der Einkommensteuer?

Lösung

Nach § 20 Abs. 2 Nr. 1 EStG gehören zu den Einkünften aus Kapitalvermögen auch besondere Entgelte oder Vorteile, die neben den in § 20 Abs. 1 EStG bezeichneten Einnahmen oder an deren Stelle gewährt werden. Auf die Bezeichnung solcher Erträge kommt es nicht an. Zu den Einkünften aus Kapitalvermögen gehören vielmehr alle Vermögensmehrungen, die bei wirtschaftlicher Betrachtung Entgelt für die Kapitalnutzung sind. Dazu zählt auch die an einen (typisch) stillen Gesellschafter bei Auflösung der Gesellschaft vom Geschäftsinhaber gezahlte Abfindung, soweit sie den Nennbetrag der Abfindung übersteigt. A muß daher den über den Nennbetrag der Einlage hinausgehenden Erlös von 20 000 DM als besonderes Entgelt i. S. von § 20 Abs. 2 Nr. 1 EStG versteuern, wobei er allerdings die Tarifvergünstigung nach § 24 Nr. 1b EStG i. V. m. § 34 Abs. 2 EStG in Anspruch nehmen kann (BFH, in BStBl 1984 II, 580 und BFH/NV 1996 S. 125). *(Schoor)*

FALL 188

Verlust der Einlage eines stillen Gesellschafters

Sachverhalt: A ist seit dem Jahr 01 als stiller Gesellschafter am Handelsgewerbe des B beteiligt, und zwar sowohl am Gewinn als auch am Verlust. Am 20. 10. 05 fällt B in Konkurs. Die Einlage des A betrug zu diesem Zeitpunkt aufgrund von Verlustverrechnungen der Jahre 02 bis 04 nur noch 50 000 DM. Für 05 wurde für A im Jahr 06 ein weiterer Verlustanteil von 10 000 DM festgestellt, so daß sich sein Einlagekonto weiter auf 40 000 DM minderte. Unter Berücksichtigung einer Konkursquote von 30 % erhielt A im Jahr 06 (30 % von 40 000 DM =) 12 000 DM Resteinlage zurückgezahlt.

Frage: Welche einkommensteuerlichen Folgen ergeben sich für A im Jahr 06 im Zusammenhang mit dem teilweisen Verlust seiner Einlage?

 **Lösung**

Ist ein typischer stiller Gesellschafter nach dem Gesellschaftsvertrag auch am Verlust eines Unternehmens beteiligt und ist das Geschäftsergebnis negativ, so handelt es sich bei den auf die Beteiligung entfallenden Verlusten um Werbungskosten bei den Einkünften aus Kapitalvermögen des stillen Gesellschafters. A kann daher den Verlustanteil 05 in Höhe von 10 000 DM im Jahr 06 als Werbungskosten bei der Ermittlung seiner Einkünfte aus Kapitalvermögen abziehen.

Die Rückzahlung der Einlage in Höhe von 12 000 DM stellt für A keine Einnahme dar; es handelt sich insoweit um eine Vermögensumschichtung. Der aufgrund der Überschuldung des B eingetretene Verlust der Einlage von (40 000 DM ·/. 12 000 DM =) 28 000 DM ist einkommensteuerlich unbeachtlich: Verluste an der Einlage, die ihren Rechtsgrund nicht in der gesellschaftsvertraglichen Verpflichtung zur Verlustübernahme haben, sind Vermögensverluste, die nicht als Werbungskosten geltend gemacht werden können (FG München, in EFG 1981 S. 341). *(Schoor)*

FALL 189

Verdeckte Gewinnausschüttung wegen Vorteilsgewährung an nahestehende Personen

Sachverhalt: A ist zu 80 % am gezeichneten Kapital der X-GmbH beteiligt. Die X-GmbH hat im Jahr 01 eine in ihrem Betriebsgebäude gelegene Wohnung der

Tochter des A für einen Mietzins von monatlich 500 DM vermietet. Der übliche Mietzins für eine vergleichbare Wohnung beträgt monatlich 1 500 DM.

Frage: Welche einkommensteuerlichen Folgen ergeben sich für A im Hinblick auf den zu niedrigen Mietzins?

Lösung

Zu den Einkünften aus Kapitalvermögen gehören auch verdeckte Gewinnausschüttungen (§ 20 Abs. 1 Nr. 1 EStG). Unter einer verdeckten Gewinnausschüttung sind alle Vorgänge zu verstehen, durch die eine Kapitalgesellschaft einem Gesellschafter bzw. einer diesem nahestehenden Person geldwerte Güter in einer Form zuführt, in der sie nicht als Ausschüttung erscheinen, sondern eine solche verdecken. Im allgemeinen ist eine verdeckte Gewinnausschüttung anzunehmen, wenn eine Kapitalgesellschaft einem Gesellschafter einen Vermögensvorteil zuwendet, den sie bei Anwendung der Sorgfalt eines ordentlichen und gewissenhaften Geschäftsleiters einem Nichtgesellschafter nicht gewährt hätte (BFH, in BFH/NV 1996 S. 178).

Wird eine Wohnung – wie im vorliegenden Fall – an eine dem beherrschenden Gesellschafter nahestehende Person zu einem unangemessen niedrigen Mietzins vermietet, ist demgemäß davon auszugehen, daß die Vorteilsgewährung im Gesellschaftsverhältnis begründet ist. Es liegt eine verdeckte Gewinnausschüttung vor, die nicht der nahestehenden Person (also der Tochter), sondern dem Gesellschafter A zuzurechnen ist. Einkommensteuerrechtlich können Kapitaleinkünfte nämlich nicht einer Person zugerechnet werden, die an der Kapitalgesellschaft nicht beteiligt ist (BFH, in BStBl 1987 II, 643). Grundlage für die Bewertung der verdeckten Gewinnausschüttung ist § 8 EStG. Das bedeutet, daß A in Höhe des Unterschiedsbetrages zwischen der angemessenen Miete und der berechneten Miete Einnahmen i. S. von § 20 Abs. 1 Nr. 1 EStG erzielt hat. Sofern dem Finanzamt die Steuerbescheinigung nach § 44 KStG vorgelegt wird, ist diesen Einnahmen noch die Körperschaftsteuer zuzurechnen (§ 20 Abs. 1 Nr. 3 EStG):

Angemessene Miete: 12 × 1 500 DM =	18 000 DM
·/. berechnete Miete: 12 × 500 DM =	6 000 DM
Differenz = verdeckte Gewinnausschüttung	12 000 DM
+ 3/7 von 12 000 DM =	5 143 DM
im Jahr 01 von A zu versteuernde Einnahmen aus Kapitalvermögen	17 143 DM

Die Körperschaftsteuer von 5 143 DM ist auf die Einkommensteuerschuld des A anzurechnen (§ 36 Abs. 2 Nr. 3 EStG). *(Schoor)*

FALL 190

Umschichtung von Einkünften durch eine verdeckte Gewinnausschüttung

Sachverhalt: A ist Alleingesellschafter der X-GmbH und zugleich deren Geschäftsführer. Die Geschäftsanteile gehören zum Privatvermögen des A. Bei einer Betriebsprüfung der X-GmbH wird festgestellt, daß das dem Gesellschafter-Geschäftsführer im Jahr 01 gezahlte Gehalt in Höhe von 270 000 DM unangemessen hoch ist, und zwar in Höhe von 70 000 DM. Die X-GmbH ist mit einer Erhöhung ihres zu versteuernden Einkommens um den unangemessenen Betrag einverstanden und stellt eine Steuerbescheinigung nach § 44 KStG aus.

A hat in seiner Einkommensteuererklärung für das Jahr 01 Einnahmen aus Kapitalvermögen (Zinsen aus Sparguthaben) von 3 000 DM erklärt.

Frage: In welcher Höhe wirkt sich die verdeckte Gewinnausschüttung auf das Einkommen des A aus?

 Lösung

Verdeckte Gewinnausschüttungen führen – bei Zugehörigkeit der Beteiligung zum Privatvermögen – zu Einnahmen aus Kapitalvermögen (§ 20 Abs. 1 Nr. 1 EStG): Sie sind bei Zufluß zu versteuern (§ 11 Abs. 1 Satz 1 EStG). Darüber hinaus gehört die anrechenbare Körperschaftsteuer (§ 36 Abs. 2 Nr. 3 EStG) in Höhe von $3/7$ der verdeckten Gewinnausschüttung zu den Einnahmen aus Kapitalvermögen (§ 20 Abs. 1 Nr. 3 EStG).

Für den Fall, daß eine Einnahme in Höhe der verdeckten Gewinnausschüttung bereits bei einer anderen Einkunftsart erfaßt worden ist, führt die Aufdeckung der verdeckten Gewinnausschüttung beim Anteilseigner nur zu einer Erhöhung des Einkommens um den Betrag der anrechenbaren Körperschaftsteuer. In Höhe der verdeckten Gewinnausschüttung handelt es sich also lediglich um eine Umqualifizierung der Einnahmen.

Die Einkünfte aus nichtselbständiger Arbeit des A vermindern sich demnach um 70 000 DM. Gleichzeitig erhöhen sich die Einkünfte aus Kapitalvermögen um folgende Beträge:

Verdeckte Gewinnausschüttung	70 000 DM
+ anrechenbare Körperschaftsteuer: 3/7 von 70 000 DM =	30 000 DM
	100 000 DM

Im Ergebnis erhöht sich also das Einkommen bzw. zu versteuernde Einkommen des A um die anrechenbare Körperschaftsteuer von 30 000 DM.

Die anrechenbare Körperschaftsteuer von 30 000 DM ist auf die Einkommensteuer des A anzurechnen (§ 36 Abs. 2 Nr. 3 EStG). *(Schoor)*

FALL 191

Werbungskostenabzug von Schuldzinsen bei kreditfinanziertem Erwerb von Aktien

Sachverhalt: A erwirbt am 26. 6. 01 100 Aktien der Bayer AG zum Kurswert von 450 DM je Aktie. Zur Finanzierung der Anschaffungskosten nimmt er bei seiner Bank ein Darlehen in Höhe von 45 000 DM auf. Nachdem der Kurs auf 490 DM je Aktie gestiegen ist, veräußert A die Aktien am 28. 12. 01 und löst mit dem Veräußerungserlös den Kredit ab. Die Kreditzinsen belaufen sich auf 2 000 DM. Eine Dividende hat die Bayer AG in der Zeit zwischen Anschaffung und Veräußerung der Aktien nicht ausgeschüttet.

A hat im Jahr 01 Einnahmen aus Kapitalvermögen in Höhe von 4 000 DM erzielt.

Frage: Sind die Kreditzinsen als Werbungskosten bei der Ermittlung der Einkünfte aus Kapitalvermögen des A abzugsfähig?

Lösung

Der Werbungskostenabzug von Zinsen für Kredite, die zum Erwerb von Aktien aufgenommen werden, setzt voraus, daß der Erwerb vorwiegend der Erzielung von Einkünften aus Kapitalvermögen dient. Der Werbungskostencharakter der Schuldzinsen entfällt, wenn die Realisierung von Wertsteigerungen im Vordergrund steht. Die Frage, ob der Erwerb der Kapitalanlage vorwiegend der Erzielung von Einkünften aus Kapitalvermögen dient oder ob die Erwartung von Wertsteigerungen eine entscheidende Rolle spielt, kann nur nach objektiven Kriterien entschieden werden.

Der Erwerb dient danach der Erzielung von Einkünften, wenn die Wertpapiererträge aller Voraussicht nach die Finanzierungskosten übersteigen. Diese Voraussetzung ist hier nicht erfüllt. Es ist vielmehr davon auszugehen, daß A die

Aktien in erster Linie in Erwartung von Wertsteigerungen erworben hat. Er kann daher die Kreditzinsen nicht als Werbungskosten bei der Ermittlung seiner Einkünfte aus Kapitalvermögen abziehen (BFH, in BStBl 1982 II, 37, 40 und 463).

(Schoor)

FALL 192

Werbungskostenabzug von Schuldzinsen bei kreditfinanziertem Erwerb einer wesentlichen Beteiligung

Sachverhalt: A ist seit Anfang 01 Alleingesellschafter der X-GmbH, deren gezeichnetes Kapital 100 000 DM beträgt. Die Beteiligung gehört zu seinem Privatvermögen. Zur teilweisen Finanzierung der Anschaffungskosten seiner Beteiligung hat A im Jahr 01 einen Kredit in Höhe von 50 000 DM aufgenommen, für den in den Jahren 01 bis 03 Zinsen in Höhe von jährlich 4 000 DM angefallen sind. Die X-GmbH hat für diese Jahre keine Gewinnausschüttungen vorgenommen, sondern ihre Gewinne, die sich auf 60 000 DM bis 90 000 DM jährlich belaufen haben, thesauriert.

Frage: Sind die Schuldzinsen als Werbungskosten bei den Einkünften aus Kapitalvermögen des A abzugsfähig?

Lösung

Schuldzinsen sind als Werbungskosten bei den Einkünften aus Kapitalvermögen abzugsfähig, wenn der Kredit zum Erwerb oder Schaffung einer Kapitalanlage i. S. von § 20 EStG verwandt wird. Eine GmbH-Beteiligung ist eine solche Kapitalanlage, falls sie Gewinnanteile oder sonstige Bezüge – einschließlich verdeckter Gewinnausschüttungen – erbringt (§ 20 Abs. 1 Nr. 1 EStG). Bleiben Erträge aus oder fallen sie nur in geringem Ausmaß an, ist grundsätzlich davon auszugehen, daß die Schuldzinsen nicht in der Absicht geleistet worden sind, Einkünfte aus Kapitalvermögen zu erzielen, sondern in der Absicht, Wertsteigerungen der Vermögensanlage zu erzielen. Handelt es sich – wie hier – um eine wesentliche Beteiligung i. S. des § 17 EStG, so ist für die Frage, ob beim Erwerb der Kapitalanlage die Erwartung einer – wenn auch bescheidenen – Rendite im Vordergrund stand, auch die zu erwartenden Wertsteigerungen der Beteiligung einzubeziehen, d. h. die Erwartung eines späteren (steuerpflichtigen) Veräußerungsgewinns ist der Erwartung einer Kapitalrendite gleichzusetzen.

Der Veräußerungsgewinn nach § 17 EStG und das Ausschüttungsverhalten einer GmbH stehen in einer Wechselwirkung. Ausschüttungen mindern regelmäßig einen späteren Veräußerungsgewinn, die Thesaurierung erhöht ihn regelmäßig.

Da im vorliegenden Fall aufgrund des Ausschüttungsverhaltens der X-GmbH eine Wertsteigerung der Beteiligung zu erwarten ist, kann A die Schuldzinsen von jährlich 4 000 DM als Werbungskosten bei seinen Einkünften aus Kapitalvermögen abziehen (BFH, in BStBl 1986 II, 596).

VIII. Einkünfte aus Vermietung und Verpachtung (§ 21 EStG)

Vorbemerkung

Einkünfte aus Vermietung und Verpachtung sind:

- Vermietung und Verpachtung von unbeweglichem Vermögen, insbesondere von Grundstücken, Gebäuden, Gebäudeteilen etc.,
- von Sachinbegriffen, insbesondere von beweglichem Betriebsvermögen,
- Einkünfte aus zeitlich begrenzter Überlassung von Rechten, insbesondere von schriftstellerischen, künstlerischen und gewerblichen Urheberrechten,
- Veräußerung von Miet- und Pachtzinsforderungen,
- bis zum 31. 12. 1986 gehörte auch der Nutzungswert der Wohnung im eigenen Haus oder der Nutzungswert einer dem Steuerpflichtigen ganz oder teilweise unentgeltlich überlassenen Wohnung einschließlich der sonstigen Räume und Gärten zu den Einkünften aus Vermietung und Verpachtung. Der Nutzungswert war entweder pauschal nach § 21a EStG zu ermitteln oder durch Ansatz eines Mietwertes gem. § 8 Abs. 2 EStG abzüglich der Werbungskosten. Zum 1. 1. 1987 ist durch das Wohnungseigentumsförderungsgesetz die Nutzungswertbesteuerung weggefallen, allerdings unter Einführung einer 12jährigen Übergangsregelung bis längstens 31. 12. 1998 unter den Voraussetzungen des § 52 Abs. 21 S. 2 EStG für Wohnungen, die vor dem 1. 1. 1987 fertiggestellt oder angeschafft worden sind.

§ 21 EStG ist nach Abs. 3 subsidiär zu den §§ 13, 15, 18 und 19 EStG, d. h. daß in den Fällen, in denen bei einer Vermietung und Verpachtung die Voraussetzungen des § 21 EStG und die einer anderen Einkunftsart gegeben sind, grundsätzlich die andere Einkunftsart vorgeht. Dies gilt aber nicht im Verhältnis zu § 20 und § 22 EStG. Die Einnahmen sind um die durch die Vermietung und Verpachtung verursachten Kosten gem. § 9 EStG zu mindern. Ab VZ 1996 besteht für Gebäude, die Wohnzwecken dienen, die Möglichkeit der Pauschalierung von WK gem. § 9a Nr. 2 EStG 96. *(Friebel)*

FALL 193

Veräußerung von Miet- und Pachtzinsforderungen

Sachverhalt: A verkauft am 10. 6. 01 sein Mietshaus für 800 000 DM. Bezüglich der rückständigen Mieten von 20 000 DM vereinbart A mit dem Erwerber Z, daß dieser die Mieten einziehen solle.

Frage: Nehmen Sie Stellung!

Lösung

Einkünfte des A:

Die Veräußerung des privaten Mietshauses ist steuerlich nicht relevant. A erzielt aber Einnahmen gem. § 21 Abs. 1 Nr. 4 EStG in Höhe von 20 000 DM. Die Mieteinnahmen betreffen einen Zeitraum, in welchem A noch Eigentümer war, sie stehen ihm also zu. A hat als Veräußerungspreis lediglich 800 000 DM ·/. 20 000 DM = 780 000 DM erhalten. Er erhält diese Mieten vorweg von Z vergütet. Hätte A, wie es ihm zustand, die Mieten selbst eingetrieben, so hätte er in Höhe von 20 000 DM Mieteinnahmen nach § 21 Abs. 1 Nr. 1 EStG zu versteuern.

Erwerber Z:

Für das Haus wendet Z lediglich 780 000 DM auf. Dieser Betrag stellt für ihn nach Abzug des Grund und Bodens die AfA-Bemessungsgrundlage dar.

Die Zahlung von 20 000 DM an A ist eine Vorauszahlung von Beträgen, die bereits fällig waren; diese zieht er dann von den Mietern ein. Die Einziehung der Mieten löst bei ihm keine Einkommensteuerpflicht aus. Die Mieteinnahmen hat er erst für den Zeitraum ab der Eigentumsübertragung gem. § 21 Abs. 1 Nr. 1 EStG zu versteuern.

Kann Z die Mieten nur teilweise einziehen, hat er in Höhe des ausgefallenen Betrages abzugsfähige Werbungskosten. *(Friebel)*

FALL 194

Herstellungskosten

Sachverhalt: A erwirbt im Februar 01 einen Bauplatz und läßt darauf ein Mietwohnhaus errichten. Der Antrag auf Baugenehmigung wurde im März 02 gestellt, mit den Bauarbeiten wurde im August 02 begonnen. Die Wohnungen wurden nach Fertigstellung ab 1. 10. 03 vermietet. Es entstanden folgende Kosten:

1.	01 Kaufpreis Bauplatz	85 000 DM
2.	01 Grunderwerbsteuer	1 700 DM
3.	01 Notar- und Grundbuchkosten	1 200 DM
4.	01 restliche Erschließungskosten	21 000 DM
5.	02 Aushub der Baugrube	4 800 DM
6.	02 Architektenleistungen	15 000 DM
7.	02 Gebühr Baugenehmigung	480 DM
8.	02 03 Rechnungen der Bauhandwerker insgesamt	250 000 DM
9.	02 Kosten für Richtfest	600 DM
10.	02 Zahlungen an Schwarzarbeiter ohne Belege	8 000 DM
11.	Eigenleistungen geschätzt	4 000 DM
12.	Getränke für die Bauarbeiter 02	300 DM
13.	03 Strom und Wasseranschluß	12 000 DM
14.	03 Hausanschlußkosten	4 500 DM
15.	03 Spüle von je 800 DM für jede der 3 Wohnungen	2 400 DM
16.	03 Sanitäre Anlagen, Malerarbeiten	45 000 DM
17.	03 Teppichboden auf Estrich verlegt	12 000 DM
18.	Dezember 03 Reparatur der Wasserleitung	900 DM
19.	Kosten für Hypothekenbestellung 03	3 400 DM
20.	Zinsen für Hypotheken in 03	15 300 DM
	in 04	16 400 DM
21.	Fahrtkosten des A zur Baubetreuung lt. Nachweis	360 DM
22.	04 Grundstücksumzäunung	4 800 DM
23.	04 Außenputz	12 000 DM
24.	Grundsteuer für 02	280 DM
	für 03	280 DM
	für 04	560 DM

Frage: Teilen Sie die entstandenen Aufwendungen auf in Herstellungskosten, sofort abzugsfähige Werbungskosten, nicht abzugsfähige Kosten!

▶ Lösung

Da A das Gebäude insgesamt vermietet, erzielt er Einkünfte nach § 21 Abs. 1 Nr. 1 EStG.

Die o. g. Kosten sind wie folgt zu behandeln:

zu 1. – 4. Anschaffungskosten Grund und Boden

zu 5. – 9. Herstellungskosten Gebäude

zu 10. Die nicht belegten Kosten für Schwarzarbeiter können nach § 160 AO nicht berücksichtigt werden.

Zu 11. Die Eigenleistungen sind keine Herstellungskosten, da tatsächlich kein Abfluß erfolgte.

zu 12. – 13. Herstellungskosten Gebäude

zu 14. Herstellungskosten Gebäude, H 33a EStH

zu 15. Die Kosten für die Spüle gehören zu den Herstellungskosten (H 33a EStH)

zu 16. Herstellungskosten

zu 17. Herstellungskosten

zu 18. – 20. sofort abzugsfähige Werbungskosten, § 9 Abs. 1 EStG

zu 21. Herstellungskosten Gebäude mit den tatsächlichen Fahrtkosten

zu 22. nachträgliche Herstellungskosten, H 33a EStH

zu 23. nachträgliche Herstellungskosten

zu 24. sofort abzugsfähige Werbungskosten, § 9 Abs. 1 Nr. 2 EStG

Die sofort abzugsfähigen Werbungskosten sind im Zeitpunkt der Zahlung nach § 11 Abs. 2 EStG zu berücksichtigen. Die Herstellungskosten Gebäude sind nicht sofort abzugsfähig, sondern nach Fertigstellung des Gebäudes im Wege der AfA nach § 9 Abs. 1 Nr. 7 i. V. mit § 7 EStG zu berücksichtigen. Die nachträglichen Herstellungskosten erhöhen im Zeitpunkt ihrer Entstehung die AfA-Bemessungsgrundlage. Die Kosten für die Anschaffung des Grund und Bodens sind nicht zu berücksichtigen. Diese Kosten sind nur im Rahmen des § 10e EStG für eine selbstgenutzte Wohnung zu ½ berücksichtigungsfähig. *(Friebel)*

FALL 195

Einkunftsermittlung

Sachverhalt: Am 1. 2. 01 erwarb Frau B ein unbebautes Grundstück für 35 000 DM. Die Kosten des notariellen Kaufvertrages von brutto 520 DM bezahlte sie am 20. 2. 01. Nachdem sie die Baugenehmigung beantragt hatte (nach dem 30. 9. 1991), Kosten 230 DM, errichtete sie ein Zweifamilienhaus.

Baukosten Kellergeschoß	60 000 DM
+ Umsatzsteuer	9 000 DM
Fertighaus	230 000 DM
+ Umsatzsteuer	34 500 DM
Erschließungsbeiträge	12 000 DM
Kosten des Hausanschlusses	4 500 DM
Jägerzaun um Grundstück	2 500 DM

Zur Finanzierung des Bauvorhabens hat Frau B ein Darlehen von 100 000 DM aufgenommen, für das sie in 02 6 000 DM Zinsen und 1 000 DM Tilgung bezahlte. Damit bezahlte sie den Fertighaushersteller, den Restbetrag beglich sie aus Mitteln einer Erbschaft.

Das Haus wurde am 15. 4. 02 bezugsfertig. Eine Wohnung bezog das Ehepaar B sofort, die zweite Wohnung wurde ab 1. 5. 02 für monatlich 500 DM vermietet. Beide Wohnungen sind gleich groß. Die restlichen Werbungskosten für das gesamte Gebäude belaufen sich auf 3 600 DM.

Frage: Ermitteln Sie die Höhe der Einkünfte für den VZ 02! Nehmen Sie Stellung zu sonstigen Abzugsbeträgen!

Lösung

Die Frau B erzielt bezüglich der vermieteten Wohnung Einkünfte gem. § 21 Abs. 1 Nr. 1 EStG. Bezüglich der eigengenutzten Wohnung liegt kein Einkunftstatbestand vor. Nach § 52 Abs. 21 Satz 1 EStG ist eine Nutzungswertbesteuerung nicht mehr vorzunehmen. Deshalb sind die auf diese Wohnung entfallenden Kosten nicht als Werbungskosten abzugsfähig.

Einnahmen 500 DM × 8 Monate	= 4 000 DM
Werbungskosten, § 9 EStG:	
– Schuldzinsen, § 9 Abs. 1 Nr. 1 EStG zu ½	·/. 3 000 DM
Tilgungsbeträge sind nicht abzugsfähig	
– allgemeine Kosten zu ½	·/. 1 800 DM

– AfA gem. § 9 Abs. 1 Nr. 7 EStG Frau B kann AfA gem. § 7 Abs. 4 Nr. 2a EStG mit 2 % oder AfA gem. § 7 Abs. 5 Nr. 2 EStG mit 5 % geltend machen (bei Bauantrag vor dem 1. 1. 1995) bzw. § 7 Abs. 5 Nr. 3b EStG 1996 auch bei Bauantrag nach dem 31. 12. 95 weiterhin 5 %. Bei Bauantrag vor dem 1. 1. 96 ist gem. § 7 Abs. 5 Nr. 3a EStG 96 noch AfA i. H. v. 7 % möglich.

Herstellungskosten:		
Baugenehmigung =	230 DM	
Keller brutto	+ 69 000 DM	
Fertighaus brutto	+ 264 500 DM	
Hausanschlußkosten	+ 4 500 DM	
Einzäunung, H 33a EStH	+ 2 500 DM	
Summe	= 340 730 DM	
Herstellungskosten zu ½ = 170 365 DM		
davon 5 % Jahres-AfA		·/. 8 519 DM
Die lineare AfA von 2 % wäre zeitanteilig für 9 Monate zu gewähren.		
Verlust aus Vermietung und Verpachtung		·/. 9 319 DM

Für die Kosten der eigengenutzten Wohnung ist lediglich der Abzugsbetrag nach § 10e Abs. 1 EStG zu gewähren, falls noch kein Objektverbrauch eingetreten ist.

Bemessungsgrundlage:

½ der Herstellungskosten s. o.		= 170 365 DM
+ ½ der auf die eigengenutzte Wohnung entfallenden Anschaffungskosten für den Grund und Boden:		
Kaufpreis =	35 000 DM	
Kosten Kaufvertrag	520 DM	
Erschließungskosten	12 000 DM	
	= 47 520 DM	
davon ¼		+ 11 880 DM
Bemessungsgrundlage =		182 245 DM

davon 6 % = 10 935 DM Sonderausgaben

(bei Bauantrag nach dem 30. 9. 1991)

Die übrigen Kosten sind nur noch so weit als Sonderausgaben abzugsfähig nach § 10e Abs. 6 EStG, soweit sie auf die Zeit bis zum Einzug am 15. 4. 02 entfallen. Die Kosten sind zeitanteilig aufzuteilen. Die Schuldzinsen sind gem. § 10e

Abs. 6a EStG mit 2 125 DM abzugsfähig (Zinsen ab 15. 4. 02), § 52 Abs. 14 Satz 3 EStG, bei Fertigstellung vor dem 1. 1. 1995.

Bei Bauantrag nach dem 31. 12. 1995 ist lediglich Eigenheimzulage zu gewähren. *(Friebel)*

FALL 196

Einkunftsermittlung / Unentgeltlicher Erwerb / Werbungskosten

Sachverhalt: Anne M. erbte im Jahr 1994 von ihrer Tante ein Mietwohnhaus in Neustadt. Das Gebäude war 1930 aus solidem Sandstein errichtet worden und in 1956 mit einem Kostenaufwand von 95 000 DM (Herstellungskosten) renoviert worden. Die Einheitswerte betrugen zum 1. 1. 1935 = 55 000 RM, zum 1. 1. 1957 78 000 DM, zum 1. 1. 1964 123 000 DM, zum 1. 1. 1995 154 000 DM. Auf den Grund und Boden entfallen jeweils 15 %. Anfang 1995 begann Anne M. mit der Renovierung des Gebäudes. Es entstanden folgende Kosten:

Erneuerung und Säuberung der Fassade	38 000 DM
Einbau von schallgedämmten Fenstern	56 000 DM
neue Rolläden	23 400 DM
neue Teppichböden	14 800 DM
Malerarbeiten in den Wohnungen	4 300 DM

Außerdem wendete sie für Grundsteuer, Versicherungen, sonstige allgemeine Werbungskosten in 1995 5 800 DM auf. Sie erzielte folgende Mieteinnahmen:

Erdgeschoß:	140 qm, ab 1. 3. 1995 monatlich Im Januar und Februar stand die Wohnung leer.	800 DM
1. Obergeschoß:	2 Wohnungen à 70 qm jeweils monatlich	650 DM
	Ab 1. 4. 1995 beide Wohnungen neu vermietet für je	750 DM
2. Obergeschoß:	2 Wohnungen à 70 qm, davon wurde eine für monatlich vermietet, die zweite wurde dem Bruder von Anne unentgeltlich überlassen.	750 DM

Frage: Ermitteln Sie die Einkünfte aus Vermietung und Verpachtung für 1995! Anne M. will die Kosten, soweit möglich, auf die nächsten Jahre verteilen.

Lösung

Anne M. erzielt aus ihrem Mietwohnhaus Einkünfte aus Vermietung und Verpachtung gem. § 21 Abs. 1 Nr. 1 EStG.

Einnahmen:

Erdgeschoß ab 1. 3. 1995	800 DM × 10 Monate	= 8 000 DM
1. OG	2 Wohnungen	
	2 × 650 DM × 3 Monate	= 3 900 DM
	2 × 750 DM × 9 Monate	= 13 500 DM
2. OG	12 × 750 DM	= 9 000 DM

Bei der Überlassung der Wohnung im 2. OG an den Bruder handelt es sich um eine unentgeltliche Überlassung. Ein Nutzungswert ist hierfür ab 1987 nicht mehr zu versteuern (§ 52 Abs. 21 Satz 1 EStG) weder von Anne noch von ihrem Bruder.

Einnahmen insgesamt	= 34 400 DM

Werbungskosten:

Soweit die Kosten auf die unentgeltlich überlassene Wohnung entfallen, sind sie nicht abzugsfähig, da der Tatbestand der Einkunftserzielung nicht vorliegt. Auf die Wohnung des Bruders entfällt ⅙ der Nutzfläche des gesamten Gebäudes, die angefallenen Kosten sind deshalb nur zu ⅚ abzugsfähig.

Erhaltungsaufwand:

Bei den durchgeführten Maßnahmen mit einem Kostenaufwand von insgesamt 136 500 DM handelt es sich um sofort abzugsfähigen Erhaltungsaufwand. Es werden lediglich Teile ersetzt, die bereits in den Herstellungskosten enthalten waren, R 157 Abs. 1 EStR. Es handelt sich auch nicht um anschaffungsnahe Aufwendungen i. S. des R 157 Abs. 5 EStR, da es sich hier um einen unentgeltlichen Erwerb und nicht um eine Anschaffung handelt. Der Aufwand kann gem. § 82b Abs. 1 EStDV auf 5 Jahre verteilt werden.

Kostenanteil 1995	= 27 300 DM

AfA gem. § 9 Abs. 1 Nr. 7 EStG:

Da Anne das Gebäude unentgeltlich erworben hat, muß sie die AfA-Bemessungsgrundlage und den AfA-Satz des Rechtsvorgängers übernehmen, § 11d Abs. 1 EStDV. Die Tante hatte das Gebäude vor dem 21. 6. 1948 erworben. Deshalb ist als AfA-Basis der anteilige, auf das Gebäude entfallende, am 21. 6. 1948 maßgebliche Einheitswert anzusetzen.

(RM = DM) Einheitswert am 21. 6. 1948	=	55 000 DM
·/. 15 % Anteil Grund und Boden	·/.	8 250 DM
Gebäudeanteil	=	46 750 DM
+ nachträgliche Herstellungskosten des Rechtsvorgängers nach dem 20. 6. 1948, § 10a Abs. 1 Nr. 1 EStDV	+	95 000 DM
maßgebende AfA-Basis des Rechtsvorgängers		141 750 DM
Die Nutzungsdauer beginnt nach § 11c Abs. 1 Nr. 1 EStDV mit dem 21. 6. 1948. Die AfA bemißt sich nach § 7 Abs. 4 Nr. 2a EStG mit 2 % von 141 750 DM	=	2 835,00 DM
AfA-Volumen noch vorhanden, da ND mind. 50 Jahre ab 1948		
allgemeine Werbungskosten	=	5 800,00 DM
Die gesamten Werbungskosten betragen für 1995 35 935 DM, davon sind nur 5/6 abzugsfähig	→	29 946,00 DM

Einkünfte gem. § 21 EStG:

Einnahmen	=	34 400 DM
·/. Werbungskosten	·/.	29 946 DM
Einkünfte	=	4 454 DM

(Friebel)

FALL 197

Einkunftsermittlung/Werbungskosten

Sachverhalt: Im Januar 1995 erwarben Herbert und Berta zu je ½ ein Mehrfamilienhaus in Neustadt, Ortsteil Haardt (Baujahr 1925). Verkäufer ist die Stadt Neustadt. Der notarielle Kaufvertrag wurde am 10. 1. 1995 geschlossen, die Grundbucheintragung erfolgte am 24. 3. 1995. Nutzen und Lasten gehen vereinbarungsgemäß zum 1. 3. 1995 über.

Der Kaufpreis belief sich auf 210 000 DM (darin enthalten sind 20 % für den Grund und Boden) und wurde am 20. 2. 1995 bezahlt.

Das Gebäude enthält insgesamt 3 Mietwohnungen; die Wohnung im Erdgeschoß stand bereits seit Monaten leer. Die Wohnungen im 1. Stock und im Dachgeschoß waren vermietet. Die Eheleute übernahmen vereinbarungsgemäß die bestehenden Mietverträge.

Mieteinnahmen 1995:

- **Wohnung 1. Stock:** monatliche Miete 400 DM
  zuzüglich Unkostenpauschale monatlich
  für Heizung, Warmwasser und allgemeine Beleuchtung 100 DM
- **Wohnung Dachgeschoß:** monatliche Miete 300 DM
  Unkostenpauschale monatlich 80 DM
- **Wohnung Erdgeschoß:** Die Wohnung wurde nach dem Erwerb grundlegend renoviert und umgestaltet. Folgende Arbeiten wurden durchgeführt: Abreißen von 2 Trennwänden (nicht tragend), um größere Räume zu erhalten, durchgeführt in Eigenarbeit.

Geschätzter Arbeitslohn	=	5 000 DM
Notwendiges Werkzeug HILTI-Bohrmaschine (Nutzungsdauer = 4 Jahre) brutto	=	2 400 DM
Erneuerung der Fußbodenbeläge	=	12 000 DM
Neue doppelverglaste Fenster	=	8 000 DM
Tapezierarbeiten selbst ausgeführt, geschätzter Arbeitslohn	=	6 000 DM
Material	=	3 000 DM
Neues Bad; bisher war kein Bad in der Wohnung vorhanden	=	13 000 DM

Die o. g. Beträge wurden alle in 1995 bezahlt. Die Wohnung im Erdgeschoß stand bis zum Abschluß der Renovierungsarbeiten leer und wurde am 1. 10. 1995 für monatlich = 600 DM
zuzüglich einer Unkostenpauschale von 100 DM
vermietet.

Übrige, in 1995 angefallene Kosten:

Beiträge zur Gebäudehaftpflicht- und Brandversicherung, bezahlt im April 1995, für die Zeit vom 1. 4. 1995 – 31. 3. 1996	500 DM
Grundsteuer	450 DM
Grunderwerbsteuer, bezahlt am 10. 3. 1995	4 200 DM
Notargebühren betr. Kaufvertrag, bezahlt im Mai 1995	600 DM
Notargebühren betr. Hypothekenbestellung, bezahlt im Juni 1995 mit	120 DM
Auf dem Grundstück lastet eine Hypothek von 100 000 DM zur Finanzierung des Hauserwerbs. Die Zinsen betragen am 1. 3. 1995 monatlich	540 DM
Sie werden pünktlich vom Konto abgebucht.	
Kosten für die Grundbucheintragung des Eigentumsübergangs	200 DM

und der Hypothek	60 DM
In 1995 geleistete Zahlungen an die Stadtwerke für Heizung und Strom insgesamt	2 700 DM

Frage: Ermitteln Sie die Einkünfte der Eheleute für den VZ 1995!

Lösung

Herbert und Berta erzielen Einkünfte aus Vermietung und Verpachtung gem. § 21 Abs. 1 Nr. 1 EStG.

Mieteinnahmen

Die Eheleute haben die Mieten ab dem Zeitpunkt des Übergangs der Nutzen und Lasten erhalten und zu versteuern ab 1. 3. 1995.

Wohnung 1. Stock:	
400 DM × 10 Monate =	4 000 DM
+ Unkostenpauschale 100 DM × 10	1 000 DM
Wohnung Dachgeschoß:	
300 DM × 10 Monate	3 000 DM
+ Unkostenpauschale 80 DM × 10	800 DM
Wohnung Erdgeschoß:	
Für die Zeit des Leerstehens ist keine Miete anzusetzen.	
600 DM × 3 Monate	1 800 DM
+ Unkostenpauschale 100 × 3	300 DM
Einnahmen insgesamt	10 900 DM

Werbungskosten:

Die Werbungskosten sind gem. § 9 Abs. 1 EStG abzugsfähig, das gilt auch für die Kosten, die auf die zeitweise leerstehende Erdgeschoßwohnung entfallen. Da beabsichtigt ist, die Wohnung nach der Renovierung zu vermieten, stellen die angefallenen Kosten insoweit vorweggenommene Werbungskosten dar.

Die Renovierungskosten für die Erdgeschoßwohnung stellen sofort abzugsfähigen Erhaltungsaufwand dar (R 157 Abs. 1 Satz 4 EStR).

Die eigene Arbeitsleistung von 5 000 DM und 6 000 DM ist dabei nicht zu berücksichtigen, da es sich hier nicht um einen tatsächlichen Abfluß von Gütern handelt, sondern um ersparte Aufwendungen.

Kosten für Fußboden	12 000 DM	
für Fenster	8 000 DM	
Tapezierarbeiten, nur Material	3 000 DM	
Summe		23 000 DM

Die Kosten für die HILTI-Bohrmaschine sind ebenfalls zu berücksichtigen (§ 9 Abs. 1 Nr. 6 EStG). Da die Nutzungsdauer länger als 1 Jahr beträgt und es sich nicht um ein geringwertiges WG handelt, ist lediglich die AfA abzugsfähig (§ 9 Abs. 1 Nr. 7 EStG), ND = 4 Jahre, Vereinfachungsregelung gem. R 44 Abs. 2 Satz 1 EStR → Jahres-AfA 600 DM

Bei den o. g. Kosten handelt es sich nicht um anschaffungsnahe Aufwendungen, die zu den HK zu rechnen sind (R 157 Abs. 5 EStR). Zum einen liegt hier üblicher Erhaltungsaufwand vor, zum anderen ist die 15%-Grenze gem. R 157 Abs. 5 Satz 6 EStR nicht überschritten (15 % von 172 000 DM = 25 800 DM). (Ab 1994 ist diese Grenze von 20 % auf 15 % gesenkt worden.)
Durch den Einbau des neuen Bades wird aber etwas Neues, bisher nicht Vorhandenes geschaffen (R 157 Abs. 3 EStR 1993). Es handelt sich deshalb um nachträgliche Herstellungskosten.

Als Werbungskosten sind außerdem abzugsfähig:

Versicherungsbeiträge bei Zahlung, § 11 Abs. 2 Satz 1 EStG	500 DM
Grundsteuer, § 9 Abs. 1 Nr. 2 EStG	450 DM
Finanzierungskosten: Notargebühren	120 DM
Grundbucheintragung Hypothek	60 DM
Zinsen für Hypothek 10 × 540 DM	5 400 DM
Zahlung Stadtwerke	2 700 DM

Absetzung für Abnutzung:

§ 9 Abs. 1 Nr. 7 i. V. mit § 7 Abs. 4 Nr. 2a EStG

Anschaffungskosten: Kaufpreis	= 210 000 DM	
+ Grunderwerbsteuer	4 200 DM	
+ Notargebühren für Kaufvertrag	600 DM	
+ Grundbucheintragung	200 DM	
Summe	215 000 DM	
·/. 20 % Grund und Boden	43 000 DM	
	172 000 DM	
+ Herstellungskosten Bad	13 000 DM	
AfA-Bemessungsgrundlage	185 000 DM	
davon 2 %	3 700 DM	
zeitanteilig ab 1. 3. 1995 $^{10}/_{12}$		3 084 DM
Summe Werbungskosten		35 914 DM
Einnahmen =		10 900 DM

·/. Werbungskosten =	·/. 35 914 DM
Einkünfte aus Vermietung und Verpachtung	·/. 25 014 DM

Ab VZ 1996 besteht die Möglichkeit, gem. § 9a Nr. 2 EStG 96 neben den Schuldzinsen und der AfA die übrigen WK pauschal mit 42,– DM pro am Wohnfläche zu berücksichtigen. Wahlrecht pro VZ, aber Bindung beachten!

(Friebel)

FALL 198

AfA gem. § 7c EStG

Sachverhalt: Der Steuerpflichtige A besitzt ein insgesamt vermietetes Grundstück, für das er bisher AfA gem. § 7 Abs. 5 Nr. 2 EStG mit 5 % erhalten hat. Die Herstellungskosten für das 1991 errichtete Gebäude betrugen 400 000 DM. Die Nutzfläche beträgt insgesamt 200 qm, darin ist das noch nicht ausgebaute Dachgeschoß mit 20 qm enthalten.

In 1995 werden durch den Ausbau des Dachgeschosses zwei neue Wohnungen geschaffen mit 70 qm und 40 qm, die ebenfalls zu fremden Wohnzecken vermietet werden. Die Herstellungkosten betragen dafür 130 000 DM. Der Bauantrag wurde nach dem 2. 10. 1989 gestellt, Fertigstellung vor dem 1. 1. 96.

Frage: Wie hoch ist die AfA für 1995?

Variante a: Das Grundstück befindet sich im Privatvermögen, die Wohnungen dienen fremden Wohnzwecken.

Variante b: Das Grundstück befindet sich im Privatvermögen und ist im übrigen fremdgewerblich vermietet, außer den neu geschaffenen Dachgeschoßwohnungen.

Lösung

Variante a:

Die neugeschaffenen Wohnungen stellen kein selbständiges Wirtschaftsgut i. S. d. R 13 Abs. 4 EStR dar. Die durch die Baumaßnahmen entstandenen HK sind bis max. 60 000 DM pro Wohnung gem. § 7c Abs. 1 EStG begünstigt, die Voraussetzungen des Abs. 2 liegen vor. Der übersteigende Betrag ist zusammen mit dem restlichen Gebäude als einheitliches Wirtschaftsgut mit dem bisherigen AfA-Satz abzuschreiben, § 7c Abs. 3 Satz 2 EStG.

Die Herstellungskosten sind auf die beiden Wohnungen, falls kein anderer Aufteilungsmaßstab in Betracht kommt, nach dem Nutzflächenverhältnis aufzuteilen, 70 : 40 qm.

Wohnung 1 zu 40 qm, anteilige HK = 47 273 DM		
davon 20 % gem. § 7c Abs. 1 EStG		= 9 454,60 DM
Wohnung 2 zu 70 qm, anteilige HK = 82 727 DM		
max. 60 000 DM davon 20 %		= 12 000,00 DM
Der übersteigende Betrag von 22 727 DM		
wird der bisherigen BMG zugerechnet.		
HK Gebäude bisher	= 400 000 DM	
+ übersteigender Betrag HK für DG	= 22 727 DM	
neue Bemessungsgrundlage	= 422 727 DM	
davon – wie bisher – 5 %		= 21 136,35 DM
Insgesamt abzugsfähige AfA		= 42 590,95 DM

Variante b:

Bei den neu geschaffenen Wohnungen im Dachgeschoß handelt es sich um selbständige Wirtschaftsgüter i. S. d. R 13 Abs. 4 EStR. Die auf diesen Teil entfallenden anteiligen AK und HK sind zu ermitteln, die erhöhte AfA gem. § 7c EStG ist aber nur von den durch die Baumaßnahmen neu entstandenen HK zu gewähren.

Die HK sind im Verhältnis der Nutzflächen vor dem Dachgeschoßausbau aufzuteilen, falls eine direkte Zuordnung nicht vorgenommen werden kann.

Verhältnis 200 qm – 20 qm.

Fremdgewerblicher Teil:

AfA-Bemessungsgrundlage 400 000 DM
davon 90 % neu = 360 000 DM

davon wie bisher AfA gem. § 7 Abs. 5 Nr. 2 EStG = 18 000 DM

Dachgeschoß:

Wohnung 1 – s. o. –	47 273 DM	
	davon 20 %	= 9 455 DM
Wohnung 2 – s. o. –	82 727 DM	
max. 60 000 DM,	davon 20 %	= 12 000 DM
Restbetrag von	22 727 DM	
+ Altsubstanz DG 10 % von 400 000	40 000 DM	
	62 727 DM	

davon § 7c Abs. 3 Satz 2 EStG AfA gem. § 7 Abs. 4 Nr. 2a EStG, R 44 Abs. 12 Satz 2 EStR 2 % von 62 727 DM	=	1 255 DM
Insgesamt zu berücksichtigende AfA	=	40 710 DM

(Friebel)

FALL 199

Zuwendungsnießbrauch/Werbungskosten

Sachverhalt: Im Mai 1990 hatten EK und sein Bruder MK von den verstorbenen Eltern ein Zweifamilienhaus in Neustadt zu je ½ geerbt. (Die verstorbenen Eltern hatten bisher lediglich die lineare AfA in Anspruch genommen.) Dieses Gebäude und ein Geldbetrag von 60 000 DM, den der Enkel Franz erbte, waren der einzige Nachlaß.

Das Zweifamilienhaus war im Jahr 1970 mit einem Kostenaufwand von 150 000 DM errichtet worden. Seither hatten die Eltern von EK und MK eine Wohnung selbst genutzt und die zweite Wohnung vermietet. Seit der Erbschaft war eine Wohnung fremdvermietet und die Obergeschoßwohnung von EK und seiner Familie selbst genutzt worden. Die beiden Wohnungen haben eine Fläche von je 100 qm und sind in Art und Ausstattung vergleichbar.

Mit Vertrag vom 13. 12. 1992 hatte EK mit Wirkung vom 1. 1. 1993 den hälftigen Anteil seines Bruders MK gegen Zahlung eines Betrages von 120 000 DM aus eigenen Mitteln hinzuerworben. (In diesem Betrag sind 20 000 DM für den Grund und Boden enthalten.) Kurz danach, noch im Jahr 1993, hatte EK das gesamte Gebäude für 80 000 DM durchgreifend renoviert. Dabei handelt es sich um folgende Aufwendungen:

Dach-Neueindeckung (20 000 DM), Außenputz (15 000 DM), neue Fenster (15 000 DM), neue Heizungsanlage (30 000 DM). Eine Nutzungsänderung ist nicht eingetreten.

Mit notariellem Vertrag vom 20. 12. 1994 vereinbaren EK und sein Sohn Franz für die Erdgeschoßwohnung ab Januar 1995 ein Nießbrauchrecht zugunsten von Franz. Das Nießbrauchrecht wurde am 15. 2. 1995 ins Grundbuch eingetragen. Es wird auf Lebzeit des Franz bestellt. Die Nutzung der Wohnung verändert sich nicht. Die Miete für die Erdgeschoßwohnung von monatlich 500 DM erhält nunmehr Franz auf sein Konto in Brüssel überwiesen. Franz ist 24 Jahre alt, studiert in Brüssel Medizin und hat dort seit 4 Jahren eine eigene Wohnung. Die zweite, unbelastete Wohnung wird weiterhin von den Eheleuten K genutzt.

Als Gegenleistung zahlt Franz seinem Vater 60 721 DM, die aus der Erbschaft seiner Großeltern stammen. Der Marktwert des Zweifamilienhauses beläuft sich in 1995 auf 350 000 DM (inkl. 20 % für Grund und Boden). Die Aufwendungen (z. B. Grundsteuer, Reparaturen, Versicherungen etc.) belaufen sich für 1995 für das gesamte Gebäude auf insgesamt 8 000 DM. Die Aufwendungen werden vereinbarungsgemäß von EK getragen.

Frage: Ermitteln Sie die Höhe der Einkünfte aus Vermietung und Verpachtung des EK für den VZ 1995!

Lösung

Das Zweifamilienhaus in Neustadt ging in 1990 im Wege der Erbfolge unentgeltlich auf die Erbengemeinschaft EK und MK über. Bis zur Auseinandersetzung in 1992 waren die Einkünfte aus dem Zweifamilienhaus einheitlich und gesondert zu ermitteln und auf die beiden Beteiligten zu verteilen. Im Rahmen der Erbauseinandersetzung erwarb EK den Anteil von MK entgeltlich. Es liegen insoweit Anschaffungskosten von 120 000 DM vor (siehe auch BdF vom 11. 1. 1993, BStBl I, 62 ff., Anhang 13 EStR).

Im VZ 1995 erzielt EK aus dem Gebäude in Neustadt Einkünfte aus Vermietung und Verpachtung. An diesem Zweifamilienhaus hat EK ab 1. 1. 1995 seinem Sohn Franz einen Zuwendungsnießbrauch bestellt. Da das Nießbrauchrecht notariell beurkundet und ins Grundbuch eingetragen wurde, ist es zivilrechtlich wirksam entstanden. Da Frank K die Mieteinnahmen in Brüssel tatsächlich erhält, ist das Nießbrauchrecht auch tatsächlich durchgeführt und ernsthaft gewollt. Es ist somit steuerlich anzuerkennen. Franz erbringt eine Gegenleistung von 60 721 DM, es liegt deshalb ein teilentgeltlich bestellter Zuwendungsnießbrauch vor.

Kapitalwert des Nießbrauchrechts

Jahreswert 500 DM (Erdgeschoßmiete) × 12 = 6 000 DM

Kapitalisierungsfaktor lt. § 14 BewG i. V. m. Anlage 9 zum BewG bzw. Anhang 3 zu den VStR = 16,867 (Franz ist 24 Jahre alt) – ab 1. 1. 1995 neue Anlage 9.

6 000 DM × 16,867 =	101 202 DM
Gegenleistung =	60 721 DM

Der Zuwendungsnießbrauch ist zu 60 % entgeltlich und zu 40 % unentgeltlich bestellt. Da Franz vereinbarungsgemäß keine Aufwendungen zu tragen hat, ist das Nießbrauchrecht als Bruttonießbrauch ausgestaltet.

Einkunftsermittlung EK Erdgeschoßwohnung

Es wurde zu 40 % ein unentgeltlicher Zuwendungsnießbrauch an der Erdgeschoßwohnung bestellt. Eine Aufteilung der Werbungskosten auf den entgeltlichen und unentgeltlichen Teil unterbleibt aber nach § 21 Abs. 2 Satz 2 EStG.

Soweit die Kosten auf die EG-Wohnung entfallen, sind sie voll abzugsfähig.

EK erzielt Einnahmen gem. § 21 Abs. 1 Nr. 1 EStG im Jahr des Zuflusses der Gegenleistung von 60 721 DM. Dieser Betrag kann auf 10 Jahre verteilt werden.

1995 zu versteuern 1/10	= 6 072 DM
·/. **Werbungskosten**	
Aufwendungen 8 000 DM, davon entfällt auf die EG-Wohnung die Hälfte = 4 000 DM, diese sind voll abzugsfähig	·/. 4 000 DM

Absetzung für Abnutzung

EK hatte den hälftigen Anteil des Zweifamilienhauses unentgeltlich durch Erbfall erworben (siehe vor). Den Anteil seines Bruders MK hatte er entgeltlich im Rahmen der Erbauseinandersetzung erworben. Die AK für diesen Gebäudeteil betragen 100 000 DM. Insofern handelt es sich um einen entgeltlichen Erwerb.

Berechnung der AfA-Bemessungsgrundlage

Bezüglich des unentgeltlich erworbenen Anteils sind die Bemessungsgrundlage und der AfA-Satz der verstorbenen Eltern zu übernehmen gem. § 11d EStDV.

Herstellungskosten 1970	= 150 000 DM
davon 1/2 für den unentgeltlich erworbenen Teil	= 75 000 DM
AfA nach § 9 Abs. 1 Nr. 7 i. V. m. § 7 Abs. 4 Nr. 2a EStG 2 %	= 1 500 DM
davon für die Erdgeschoßwohnung 1/2 abzugsfähig	·/. 750 DM

Anschaffungskosten für den entgeltlich erworbenen Teil von MK	= 100 000 DM
+ anschaffungsnahe Aufwendungen	
Bei den in 1993 getätigten Aufwendungen von 80 000 DM handelt es sich um Erhaltungsaufwand nach R 157 Abs. 1 EStR. Diese Kosten sind grds. sofort abzugsfähig.	
Die Aufwendungen wurden aber im Anschluß an eine teilweise Anschaffung getätigt.	
Insofern ist für die Hälfte der Aufwendungen zu prüfen (Anteil der Kosten, soweit sie auf den entgeltlich erworbenen Teil entfallen), ob die 20%-Grenze des R 157 Abs. 5 Satz 5 EStR überschritten wurde. 20 % von 100 000 DM = 20 000 DM, demnach sind 40 000 DM den AK des Gebäudes als nachträgliche HK zuzurechnen (da ½ = 40 000 DM sich auf den entgeltlich erworbenen Teil beziehen).	
AfA-Bemessungsgrundlage für den entgeltlichen Teil	= 140 000 DM
Die restlichen 40 000 DM waren im Jahr 1993 als Erhaltungsaufwand sofort abzugsfähig.	
Die AfA für den entgeltlichen Teil beginnt neu, § 7 Abs. 4 Nr. 2a EStG.	
2 % von 140 000 DM	= 2 800 DM
davon ½ für die EG-Wohnung	·/. 1 400 DM
Einkünfte aus der Erdgeschoßwohnung	·/. 172 DM

Obergeschoßwohnung

Diese Wohnung wird von den Eheleuten EK seit der Erbschaft selbst genutzt. Es liegt insoweit kein Einkunftstatbestand vor. Es ist zu prüfen, ob ein Sonderausgabenabzug gem. § 10e EStG in Betracht kommt. Für den im Wege der Gesamtrechtsnachfolge unentgeltlich erworbenen Anteil von ½ kommt ein Abzugsbetrag nicht mehr in Betracht, da ein evtl. Begünstigungszeitraum bereits abgelaufen ist. Für den entgeltlich erworbenen Teil ist ein Abzug gem. § 10e Abs. 1 EStG möglich, falls noch kein Objektverbrauch eingetreten ist. Bemessungsgrundlage sind die AK von 140 000 DM, davon anteilig für das OG = 70 000 DM + ½ der ant. AK des Grund und Bodens von 5 000 DM = 75 000 DM. Abzugsbetrag ab 1993 6 % von 75 000 DM = 4 500 DM, ab 1997 5 %.

(Friebel)

FALL 200

Entgeltlicher Erwerb/Vorbehaltswohnrecht

Sachverhalt: Antonia Lustig erzielt Einkünfte aus einem gemischtgenutzten Grundstück (Baujahr 1950) in Speyer. Sie hatte das Grundstück (Größe 2,76 Ar) im Juni 1994 von Frau Anna Reich (geb. 6. 6. 1928), zu der sie keinerlei persönliche Beziehungen hat, erworben (Nutzfläche insgesamt 535 qm).

Sie bezahlte:

- in bar 180 000 DM
- Rentenzahlung an Anna Reich ab 1. 7. 1994 monatlich auf Lebenszeit 880 DM
- Wohnrecht zugunsten von Anna Reich auf Lebenszeit an einer Wohnung von 70 qm im Hinterhaus. Das Wohnrecht wurde im Grundbuch eingetragen. Die anfallenden Kosten trägt Anna Reich selbst.

Die Notar- und Gerichtskosten betragen 9 441 DM, die Grunderwerbsteuer 2 % des Kaufpreises.

Der Verkehrswert beträgt ca. 350 000 DM, der Wert des Grund und Bodens beläuft sich auf insgesamt 150 DM je qm, die übliche Miete für Wohnungen auf 6 DM je qm.

Mieteinnahmen:

Erdgeschoß	= 12 960 DM
1. Obergeschoß	= 8 260 DM
2. Obergeschoß	= 5 810 DM
Umlagen	= 2 618 DM
Hinterhaus	= Wohnrecht

Werbungskosten:

Schuldzinsen	= 72 DM
Erhaltungsaufwand	= 3 158 DM
Grundsteuer, Müll, Heizung etc.	= 7 595 DM

Frage: Ermitteln Sie die Höhe der Einkünfte aus Vermietung und Verpachtung für 1995, insbesondere die AfA und die abzugsfähigen Renten!

Lösung

Antonia Lustig hat in 1994 ein gemischtgenutztes Grundstück erworben gegen Zahlung eines festen Kaufpreises, Einräumung einer lebenslänglichen Rente und eines lebenslänglichen Wohnrechts an einer Wohnung im Hinterhaus. Es handelt sich bezgl. des Wohnrechts um ein Vorbehaltswohnrecht. Das Wohnrecht ist keine Gegenleistung für die Grundstücksübertragung. Anna Reich hat insoweit einen Teil ihres Eigentumsrechts zurückbehalten. Das gilt auch, wenn der Wert des Nießbrauchs auf den Kaufpreis angerechnet wird. Da Antonia insoweit keine Einnahmen erzielt, kann sie auch keine Werbungskosten geltend machen. Für Anna Reich kommt seit 1987 eine Nutzungswertbesteuerung gem. § 52 Abs. 21 Satz 1 EStG nicht mehr in Betracht. Die geltend gemachten Werbungskosten sind gem. § 9 EStG abzugsfähig, da sie nur die vermieteten Teile des Gebäudes betreffen.

Ermittlung der AfA-Bemessungsgrundlage

Das Grundstück wurde in 1994 für einen Kaufpreis von 180 000 DM erworben. Bestandteil des Kaufpreises ist auch die Rentenvereinbarung von monatlich 880 DM.

Es handelt sich hier um eine Kaufpreisrente, da der Vertrag zwischen fremden Personen geschlossen wurde. Es ist davon auszugehen, daß sich Leistung und Gegenleistung entsprechen. Da wesentlich mehr als 50 % des Verkehrswertes bezahlt wurden, steht das Entgelt nicht in krassem Mißverhältnis zur Gegenleistung. Das Grundstück wurde demnach entgeltlich übertragen (R 123 EStR). Bei der Rente handelt es sich um eine Leibrente, da ihre Dauer von der Lebenszeit einer Person abhängt. Der Kapitalwert der Rente ergibt sich nach den Grundsätzen des Bewertungsrechts, § 14 Abs. 1 BewG i. V. mit Anlage 9 zum BewG (ab 1. 1. 1995 n. F. betr. Anlage 9).

Jahreswert 880 DM × 12 = 10 560 DM

× 10,292 (66 Jahre) =	108 683,52 DM
+ Kaufpreis	180 000,00 DM
+ Notar- und Gerichtskosten	9 441,00 DM
+ Grunderwerbsteuer 2 % v. 288 683 DM	5 773,00 DM
Summe	303 898,00 DM
·/. Wert des Grund und Bodens	
2,76 Ar × 150 DM je qm	·/. 41 400,00 DM
Gebäudewert	262 498,00 DM

(Hinweis: Es ist davon auszugehen, daß Antonia für den belasteten Teil weniger bezahlt hat als für den unbelasteten Teil, da sie insoweit noch keine Nutzungsmöglichkeit hat. Eine entsprechende Berechnung führt hier nicht zu einem wesentlich anderen Ergebnis, es erscheint deshalb gerechtfertigt, dies nicht zu berücksichtigen.)

AfA gem. § 7 Abs. 4 Nr. 2a EStG 2 % von 262 498 DM = 5 250 DM, davon anteilig für den unbelasteten Teil:

gesamte Fläche	= 535 qm			
belastete Fläche	= 70 qm	→	13 %	
anteilige abzugsfähige AfA			87 %	= 4 568 DM

Die Rentenzahlungen sind gem. § 9 Abs. 1 Nr. 1 Satz 1 EStG nur mit dem Zinsanteil abzugsfähig, der sich aus § 22 Nr. 1a EStG ergibt. Das Abzugsverbot des § 12 Nr. 2 EStG greift hier nicht, da es sich nicht um Zuwendungen i. S. dieser Vorschrift handelt, sondern um Entgelt.

Der Ertragsanteil beträgt 26 % von 12 × 880 DM = 2 745 DM, R 167 Abs. 5 EStR (seit 1994 neuer Ertragsanteil).

Einnahmen	29 648 DM
– Werbungskosten:	
AfA	·/. 4 568 DM
Rente	·/. 2 745 DM
übrige Werbungskosten	·/. 10 825 DM
Einkünfte aus Vermietung und Verpachtung	11 510 DM

(Friebel)

FALL 201

Nießbrauch

Sachverhalt: Der Vater (V, 45 Jahre alt) besitzt seit 1990 ein Zweifamilienhaus. Die Erdgeschoßwohnung wird von der Familie eigengenutzt. Die Obergeschoßwohnung ist fremdvermietet. Die Anschaffungskosten belaufen sich auf 360 000 DM inkl. 20 % für den Grund und Boden.

Mit notariellem Vertrag vom 15. 12. 1994 bestellt V seinem inzwischen 24 Jahre alten Sohn S mit Wirkung vom 1. 1. 1995 ein lebenslängliches Nutzungsrecht an der OG-Wohnung. Diese wird auch von S ab 1. 1. 1995 selbst genutzt. Die zivilrechtlichen Voraussetzungen sind erfüllt.

Die jährlichen Kosten für die EG-Wohnung betragen 4 000 DM und werden von V getragen; die für die OG-Wohnung, 2 000 DM, werden von S getragen (z. B. Grundsteuer, Reparaturen, Müll etc.).

Die üblichen Mieten betragen:

EG 800 DM/monatlich		–	OG 600 DM monatlich.
Nutzfläche EG	=	156 qm	
Nutzfläche OG	=	104 qm	

Frage: Ermitteln Sie die steuerlich relevanten Tatbestände für S und V für den Veranlagungszeitraum 1995!

Fallvariante 1:

Die Bestellung des Nutzungsrechtes erfolgt ohne Gegenleistung.

Fallvariante 2:

S zahlt als Gegenleistung für die Bestellung des Nutzungsrechtes 35 000 DM aus eigenem Vermögen.

Lösung

Zu Fallvariante 1:

Es handelt sich um einen unentgeltlichen Zuwendungsnießbrauch an einem Teil des Zweifamilienhauses, also ein Bruchteilsnießbrauch.

Einkunftsermittlung Vater V:

Der Vater gibt für die Dauer der Nießbrauchbestellung seine Einnahmeerzielungsabsicht auf. Er erzielt insoweit keine Einnahmen und kann demnach keine Werbungskosten abziehen. Das gilt auch bezüglich der Abschreibungen. Bis zur Nießbrauchbestellung Ende 1994 lag ein Einkunftstatbestand nach § 21 Abs. 1 Nr. 1 EStG durch die Vermietung vor.

Auch betreffend die EG-Wohnung erzielt er keine Einnahmen, da die Wohnung selbstgenutzt wird. Eine Nutzungswertbesteuerung ist seit 1987 nicht mehr gegeben gem. § 52 Abs. 21 Satz 1 EStG (kein Fall einer Übergangsregelung). Die Kosten sind demnach nicht abzugsfähig.

Für diese Wohnung kann V aber den Sonderausgabenabzug gem. § 10e EStG geltend machen, falls noch kein Objektverbrauch eingetreten ist (§ 52 Abs. 14 EStG).

Berechnung:

Anschaffungskosten insgesamt	=	360 000 DM
– Anteil Grund und Boden 20 %	·/.	72 000 DM
Gebäudeanteil	=	288 000 DM

+ ½ der AK Grund und Boden § 10e Abs. 1 Satz 1 EStG	+ 36 000 DM
	324 000 DM
davon anteilig für die eigengenutzte EG-Wohnung 60 % lt. Nutzflächenverhältnis (156 qm zu 260 qm)	194 400 DM
davon 5 % da Anschaffung vor dem 1. 1. 1991.	9 720 DM

Lt. StÄndG 1992 vom 25. 2. 1992 besteht eine Steuervergünstigung von unentgeltlich zu Wohnzwecken überlassenen Wohnungen gem. § 10h EStG aber nur bei Herstellung einer Wohnung mit Bauantrag nach dem 30. 9. 1991.

Einkunftsermittlung S:

Da der Nießbraucher die OG-Wohnung selbst nutzt, liegt kein Einkunftstatbestand vor. Eine Nutzungswertbesteuerung liegt nach § 52 Abs. 21 Satz 1 EStG nicht mehr vor. Die Werbungskosten sind nicht abzugsfähig. Den Abzugsbetrag gem. § 10e EStG kann nur der Eigentümer geltend machen.

Zu Fallvariante 2:

Der Kapitalwert des Nießbrauchrechtes beträgt:

Jahreswert: 12 × 600 DM	= 7 200 DM
·/. Kosten 2 000 DM	= 5 200 DM
Faktor gem. § 14 BewG, Anlage 9 zum BewG = 16,867	
5 200 DM × 16,867	= 87 708 DM
Gegenleistung des Sohnes	= 35 000 DM
das sind 39,9 %, gerundet 40 %.	

Es handelt sich demnach um einen teilweise entgeltlich bestellten Zuwendungsnießbrauch. Es erfolgt nach § 21 Abs. 2 Satz 2 EStG eine Aufteilung in einen entgeltlichen Teil und in einen unentgeltlichen Teil.

Einkunftsermittlung Vater V:

OG:

Soweit der Nießbrauch unentgeltlich bestellt wurde, liegen keine Einnahmen vor, und es sind deshalb auch keine Werbungskosten abzugsfähig.

Soweit der Nießbrauch entgeltlich bestellt wurde, handelt es sich um einen Einkunftstatbestand nach § 21 Abs. 1 Nr. 1 EStG.

Verteilung des Entgelts von 35 000 DM auf 10 Jahre, (Tz. 32 NBE, Anhang 12 EStR 1990 a. F.)	3 500 DM
·/. Kosten, wurden von S getragen	0 DM

·/. Abschreibung gem. § 7 Abs. 4 Nr. 2a EStG
AK = 288 000 DM (s. v.) davon 40 % für die
OG-Wohnung = 115 200 DM
davon 2 % AfA = 2 304 DM
davon 40 % soweit entgeltlich — 922 DM

Einkünfte Obergeschoß — 2 578 DM

EG:

Da die Wohnung eigengenutzt wird, liegt kein Einkunftstatbestand vor. Es sind demnach auch keine Werbungskosten abzugsfähig. Der Sonderausgabenabzug nach § 10e EStG ist zu gewähren. Betr. Berechnung s. Fallvariante 1.

Einkunftsermittlung Sohn S:

Bezgl. des entgeltlichen Teils hat er die Rechtsposition eines Mieters. Er erzielt keine Einnahmen und kann keine Werbungskosten abziehen.

Bezgl. des unentgeltlichen Teils liegt ab 1987 keine Nutzungswertbesteuerung vor, § 52 Abs. 21 Satz 1 EStG, so daß auch hierfür keine Einnahmen zu versteuern und keine Werbungskosten abzugsfähig sind. *(Friebel)*

FALL 202

Vorbehaltsnießbrauch

Sachverhalt: A ist Eigentümer eines Zweifamilienhauses. Das Gebäude hat A in 1991 fertiggestellt (Herstellungskosten = 450 000 DM). Seitdem bewohnt er die Wohnung im Erdgeschoß selbst. Er hat hierfür den Abzugsbetrag gem. § 10e EStG erhalten. Die zweite Wohnung im Obergeschoß stand leer, da A bisher keinen geeigneten Mieter gefunden hatte. Die Wohnungen sind gleich groß und gleichwertig. Die übliche Miete beträgt je Wohnung 600 DM monatlich.

Mit Vertrag vom 2. 1. 1995 verkauft A das Grundstück an B, der am 31. 3. 1995 in die Obergeschoßwohnung einzog. A wurde ein lebenslängliches dingliches Wohnrecht an der Erdgeschoßwohnung eingeräumt. Der Kaufpreis betrug 400 000 DM. Er resultiert daraus, daß der Wert des unbelasteten Grundstücks 500 000 DM betragen hätte und der Kapitalwert des Wohnrechtes 100 000 DM. Der Wert des Grund und Bodens beträgt 100 000 DM. B zahlte in der Zeit vom 2. 1. 1995 – 31. 12. 1995 Schuldzinsen zur Finanzierung von monatlich 2 000 DM.

Frage: Ermitteln Sie die Einkünfte für A und B für den VZ 1995!

Lösung

Das Gebäude ist in 1995 im Wege eines entgeltlichen Erwerbs von A an B übergegangen. A hat sich ein dinglich gesichertes Wohnrecht an der Erdgeschoßwohnung vorbehalten. Es handelt sich um ein Vorbehaltswohnrecht, welches wie der Vorbehaltsnießbrauch zu behandeln ist. Beim Vorbehaltsnießbrauch wird, wirtschaftlich gesehen, ein mit dem Nießbrauch belastetes Grundstück übertragen. Das Nutzungsrecht verbleibt insoweit beim bisherigen Eigentümer.

Einkunftsermittlung Nießbraucher A:

A nutzt die Erdgeschoßwohnung – wie bisher – als Eigentümer aufgrund eines eigenen Nutzungsrechts ununterbrochen weiter. Der Ansatz eines Nutzungswertes unterbleibt gem. § 52 Abs. 21 Satz 1 EStG ab 1987.

Da A keine Einnahmen erzielt, sind auch keine Werbungskosten abzugsfähig. Da der Nießbraucher aber das Gebäude wie zuvor als Eigentümer nutzt, so daß der Zusammenhang zwischen der Herstellung als Eigentümer und nun als Nießbraucher nicht unterbrochen wurde, wäre A in gleichem Umfang – wie bisher – als Eigentümer abschreibungsberechtigt, falls ein Einkunftstatbestand vorliegen würde. Bisher war aber der Abzugsbetrag gem. § 10e EStG und keine AfA zu gewähren. Als Vorbehaltsnießbraucher nutzt A nunmehr die Wohnung nicht mehr im eigenen Haus, sondern im fremden Haus, so daß eine Abzugsberechtigung nicht mehr besteht (BdF, BStBl 94 I, 887; Anhang 34 EStR).

Einkunftsermittlung Eigentümer B:

Bezüglich der mit dem Wohnrecht belasteten Wohnung erzielt B, solange das Nutzungsrecht besteht, keine Einnahmen und kann demnach auch keine Werbungskosten abziehen, das gilt insbes. für die AfA.

Bezüglich der eigengenutzten Wohnung liegen ebenfalls keine Einnahmen vor, und deshalb sind auch keine Werbungskosten abzugsfähig.

B kann für die eigengenutzte Wohnung den Sonderausgabenabzug nach § 10e EStG geltend machen, wenn noch kein Objektverbrauch eingetreten ist.

AK = 400 000 DM

Der Wert des Wohnrechts bleibt unberücksichtigt, da dieser kein Entgelt des Erwerbers darstellt, auch dann nicht, wenn der Wert des Wohnrechtes auf den Kaufpreis angerechnet wird. Begünstigt sind nur die AK, die auf den unbelasteten Grundstücksteil entfallen. Dabei kann i. d. R. nicht von einer Aufteilung nach dem Nutzflächenverhältnis ausgegangen werden, da B für den mit dem Wohnrecht belasteten Teil weniger gezahlt hat, als für den unbelasteten Teil.

Gesamtwert des Grundstücks:	Kaufpreis	= 400 000 DM
	+ Wohnrecht	= 100 000 DM
		500 000 DM
davon ½ für den unbelasteten Teil		= 250 000 DM

Von den gesamten AK von 400 000 DM entfallen damit auf den unbelasteten Teil 250 000 DM und auf den belasteten Teil 150 000 DM.

Anteilige AK für OG-Wohnung	= 250 000 DM
·/. Grund und Boden ½ von 100 000 DM	·/. 50 000 DM
anteiliger Gebäudewert	= 200 000 DM
+ ½ Grund und Boden gem. § 10e Abs. 1 Satz 1 EStG	25 000 DM
Bemessungsgrundlage	225 000 DM
davon 6 %, da Anschaffung nach dem 30. 9. 1991 aber max. 9 000 DM gem. § 10e Abs. 1 Satz 4 EStG, da Anschaffung nach dem 31. 12. 93.	= 9 000 DM
Die Schuldzinsen sind gem. § 10e Abs. 6 EStG als Sonderausgaben für die Zeit bis zur erstmaligen Selbstnutzung zu berücksichtigen.	
2. 1. – 31. 3. 1995 3 × 2 000 DM	
anteilig für die eigengenutzte Wohnung nach dem Verhältnis der AK	
$\frac{250\,000 \text{ DM} \times 100}{400\,000 \text{ DM}} = 62{,}5\ \%$	
62,5 % von 6 000 DM	= 3 750 DM
Sonderausgaben insgesamt	= 12 750 DM

(Friebel)

FALL 203

Obligatorische Nutzungsrechte

Sachverhalt: A ist Eigentümer eines in 1990 erworbenen Zweifamilienhauses. Die EG-Wohnung wird selbst genutzt, die OG-Wohnung wird vermietet. A räumt ab 1. 1. 1995 seinem volljährigen Sohn B an der Obergeschoßwohnung lt. schriftlichem Vertrag ein Nutzungsrecht ein. Die Vereinbarungen werden tatsächlich durchgeführt. B nutzt die OG-Wohnung selbst. Die Wohnung im Erdgeschoß wird von A selbst genutzt.

Die ortsübliche Miete beträgt für die beiden vergleichbaren Wohnungen 600 DM monatlich.

Die Anschaffungskosten des Gebäudes betrugen 300 000 DM, die Anschaffungskosten des Grund und Bodens 100 000 DM. A hat den Abzugsbetrag gem. § 10e Abs. 1 EStG in Anspruch genommen. Die Schuldzinsen von 6 000 DM trägt A allein. Die laufenden Kosten haben A und B hälftig mit jeweils 2 500 DM jährlich zu tragen.

Frage: Ermitteln Sie die maßgebende Beträge für A und B in 1995 im Falle, daß B folgende Beträge zahlt:

a) 0 DM (Festlegung für mind. 1 Jahr),

b) 200 DM,

c) 400 DM.

Lösung

Es handelt sich hier um ein steuerlich wirksam bestelltes obligatorisches Nutzungsrecht, da der Vertrag schriftlich abgeschlossen und tatsächlich durchgeführt wurde.

Fallvariante a:

Es handelt sich um eine unentgeltliche Nutzungsüberlassung durch Abschluß eines steuerlich anzuerkennenden Leihvertrages. Das Nutzungsrecht wurde für mindestens 1 Jahr vereinbart.

B: B erzielt hieraus keine Einnahmen (Wegfall der Nutzungswertbesteuerung nach § 52 Abs. 21 Satz 1 EStG) und kann demnach auch keine Werbungskosten abziehen.

A: A erzielt weder bezüglich der selbstgenutzten Wohnung noch bezüglich der mit dem Nutzungsrecht belasteten Wohnung Einnahmen und kann demnach keine Werbungskosten abziehen. Lediglich den bisherigen Abzugsbetrag gem. § 10e EStG kann er als Sonderausgaben abziehen.

AK = 300 000 DM	
davon ½ für die Erdgeschoßwohnung	= 150 000 DM
+ Grund u. Boden zu ¼	50 000 DM
Bemessungsgrundlage	200 000 DM
davon 5 %	= 10 000 DM

Für die unentgeltlich überlassene Wohnung im OG kommt ein Abzugsbetrag gem. § 10h EStG nur für Baumaßnahmen nach dem 30. 9. 1991 in Betracht.
Die Schuldzinsen und sonstigen WK sind nicht zu berücksichtigen.

Fallvariante b:

Es liegt eine teilweise unentgeltliche Nutzungsüberlassung vor. Da weniger als die Hälfte der ortsüblichen Miete gezahlt wird, erfolgt eine Aufteilung gem. § 21 Abs. 2 Satz 2 EStG.

B: wie vor, keine Einnahmen und keine Werbungskosten.

A:	A erzielt Mieteinnahmen gem. § 21 Abs. 1 Nr. 1 EStG 200 DM × 12	= 2 400 DM
	Die Aufwendungen für diese Wohnung sind anteilig abzugsfähig zu ⅓ (200 DM/600 DM)	
	Schuldzinsen ½ betr. OG = 3 000 DM davon ⅓	·/. 1 000 DM
	laufende Kosten sind nicht abzugsfähig, da sie von B getragen werden.	
	AfA gem. § 7 Abs. 4 EStG für das OG zu ½ 2 % von 150 000 DM = 3 000 DM davon ⅓	·/. 1 000 DM
Einkünfte aus Vermietung und Verpachtung		+ 400 DM

Für die eigene Wohnung im EG gilt wie oben der Sonderausgabenabzug gem. § 10e EStG von 10 000 DM.

Fallvariante c:

Da hier mehr als die Hälfte der ortsüblichen Miete gezahlt wird, kommt nach § 21 Abs. 2 Satz 2 EStG eine Aufteilung in eine entgeltliche und eine unentgeltliche Überlassung nicht in Betracht.

B: wie oben

A:	Einnahmen nach § 21 Abs. 1 Nr. 1 EStG 400 DM × 12	= 4 800 DM
	– Werbungskosten:	
	Schuldzinsen zu ½	·/. 3 000 DM
	laufende Kosten für OG werden von B getragen	0 DM

AfA nach § 7 Abs. 4 EStG 2 % von 150 000 DM = 3 000 DM	·/.	3 000 DM
Verlust	·/.	1 200 DM

Für die EG-Wohnung kommt der Sonderausgabenabzug gem. § 10e EStG mit 10 000 DM zum Abzug. *(Friebel)*

FALL 204

Erbauseinandersetzung

Sachverhalt: Der Vater V verstirbt im Februar 1995, seine beiden Söhne A und B beerben ihn zu je ½. Zum Nachlaß gehört ein bebautes Grundstück 1 im Verkehrswert von 1,2 Mio. DM (AK des Rechtsvorgängers [RVG] = 600 000 DM) und ein bebautes Grundstück 2 im Verkehrswert von 800 000 DM (AK RVG = 300 000 DM). Grund- und Bodenanteil jeweils 20 %. Beide Gebäude sind insgesamt vermietet. Der Erblasser hat bisher nur die lineare AfA in Anspruch genommen.

Im Rahmen der Erbauseinandersetzung erhält

Sohn A:	Sohn B:
Haus 1 mit 1,2 Mio. DM	Haus 2 mit 800 000 DM
Zahlung an B = 200 000 DM	Ausgleichszahlung = 200 000 DM

Für die Ausgleichszahlung nimmt A einen Kredit bei der Bank auf.

Fallvariante 1: Die Erbauseinandersetzung erfolgt im Mai 1995.

Fallvariante 2: Die Erbauseinandersetzung erfolgt im Mai 1996.

Frage: Wie sind die Einkünfte aus den vermieteten Gebäuden zu ermitteln?

Lösung

Erbfall und Erbauseinandersetzung sind getrennte Vorgänge. Mit dem Tod des V tritt, wenn kein Testament besteht, die gesetzliche Erbfolge ein. Gemäß § 1924 BGB erben A und B zu gleichen Teilen. Das Nachlaßvermögen geht gem. § 1922 Abs. 1 BGB auf die aus den beiden Miterben bestehende Erbengemeinschaft A/B über.

Fallvariante 1:

Wird innerhalb von 6 Monaten ab dem Erbfall eine klare und rechtlich verbindliche Vereinbarung über die Auseinandersetzung getroffen, so wird diese so behandelt, als wenn sie unmittelbar nach dem Erbfall erfolgt wäre – Rückwirkung der Erbauseinandersetzung auf den Erbfall (Tz. 7 – 9 BdF vom 11. 1. 1993, BStBl I, 65, Anhang 13 EStR).

Die laufenden Einkünfte sind direkt dem die Einkunftsquelle übernehmenden Miterben zuzurechnen. Also A sind ab Februar 1995 die Einkünfte aus Haus 1 und B die aus Haus 2 zuzurechnen.

Fallvariante 2:

Die Einkünfte sind von Februar 1995 bis Mai 1996 im Rahmen einer einheitlichen und gesonderten Feststellung gem. § 179 Abs. 2 i. V. m. § 180 Abs. 1 Nr. 2a AO zu ermitteln und auf A und B zu je ½ zu verteilen. Im Mai 1996 erwirbt A von der Erbengemeinschaft nach den Regeln betr. Rechtsgeschäfte unter Lebenden. Sobald einer der Miterben im Rahmen der Auseinandersetzung Ausgleichszahlungen leisten muß, weil er über seine Erbquote hinaus Nachlaßgegenstände erhält, handelt es sich insoweit um ein Anschaffungsgeschäft und für den weichenden Erben ggf. um ein Veräußerungsgeschäft. Hierauf hat es keinen Einfluß, ob die Leistung aus dem erlangten Nachlaßvermögen erbracht wird oder aus eigenen Mitteln. Die Schuldzinsen für Ausgleichszahlungen sind als Werbungskosten abzugsfähig (BdF-Erlaß vom 11. 1. 1993, BStBl I, 62 ff.).

A hat in Höhe von 200 000 DM Anschaffungskosten für das Haus 1. Hiervon kann A AfA für den darin enthaltenen Gebäudeanteil erhalten, und zwar die lineare AfA gem. § 7 Abs. 4 Nr. 2a EStG.

Gebäudeanteil 160 000 DM davon 2 %	= 3 200 DM
davon zeitanteilig ab Mai 8/12	= 2 134 DM.

Den restlichen Anteil von 5/6 (200 000 DM zu 1,2 Mio.) erwirbt A unentgeltlich und hat insoweit die AfA-BMG und die AfA des RVG gem. § 11d EStDV fortzuführen.

5/6 von 600 000 DM	=	500 000 DM		
abzügl. Grund und Boden 20 %	·/.	100 000 DM		
BMG RVG		400 000 DM		
davon 2 % des RVG	=	8 000 DM	davon 8/12	= 5 334 DM

Die restlichen 4/12 = 2 666 DM sind bei der Einkunftsermittlung für 1996 der Erbengemeinschaft zu berücksichtigen.

Außerdem kann A die Schuldzinsen für den Kredit von 200 000 DM in vollem Umfang als Werbungskosten abziehen.

B erwirbt insgesamt unentgeltlich und hat die AfA und AfA-BMG der Erbengemeinschaft = RVG fortzuführen.

BMG = 300 000 DM ·/. Grund und Boden 60 000 DM = 240 000 DM, davon 2 % = 4 800 DM, davon ab Mai 96 $^{8}/_{12}$ = 3 200 DM.

Die restliche AfA von 1 600 DM ist bei der Einkunftsermittlung der Erbengemeinschaft für 1996 zu berücksichtigen.

Für den VZ 1995 erfolgt die Einkunftsermittlung für die Erbengemeinschaft unter Fortführung der AfA-Beträge des Erblassers ab Februar, denn es handelt sich hierbei insgesamt um einen unentgeltlichen Erwerb.

Fallvariante 1:

Wie oben – die entsprechende Ermittlung erfolgt aber bereits ab Februar 1995. Eine Zurechnung auf die Erbengemeinschaft unterbleibt.

A: AfA für den entgeltichen Teil = 3 200 DM, davon $^{11}/_{12}$ AfA für den unentgeltlichen Teil = 8 000 DM, davon $^{11}/_{12}$ Schuldzinsen für den Kredit als WK.

B: AfA für das unentgeltlich erworbene Haus 2 = 4 800 DM, davon $^{11}/_{12}$.

(Friebel)

IX. Sonstige Einkünfte (§ 22 EStG)

FALL 205

Veräußerung eines Wohnhauses gegen Leibrente

Sachverhalt: Frau A ist Eigentümer mehrerer Wohngrundstücke. Mit notariellem Vertrag vom 20. 11. 1996 veräußert sie ein bis dahin vermietetes, in 1990 hergestelltes Wohnhaus an B. Besitz, Nutzen und Lasten des Hauses gehen am 1. 1. 1997 auf B über, der das Haus ab diesem Zeitpunkt vermietet.

Als Gegenleistung für die Übertragung des Hauses hat B ab Januar 1997 eine nach kaufmännischen Gesichtspunkten ermittelte monatliche Zahlung von 5 000 DM bis zum Lebensende der A zu erbringen. A ist bei Beginn der Rente 60 Jahre alt. Vom Kaufpreis entfallen 20 % auf den Grund und Boden.

Frage:

1. Wie ist die A zufließende Rente von 60 000 DM jährlich einkommensteuerlich zu behandeln?
2. Ist die von B geleistete Rente einkommensteuerlich berücksichtigungsfähig?

3. Wie hoch ist die Bemessungsgrundlage für die von B vorzunehmende Gebäude-AfA?

▶ Lösung

1. A muß die ihr zufließende Rente von (12 × 5 000 DM =) 60 000 DM als wiederkehrende Bezüge i. S. von § 22 Nr. 1 Satz 3 Buchst. a EStG versteuern, und zwar in Höhe ihres Ertragsanteils. Da A zu Beginn der Rente das 60. Lebensjahr vollendet hat, beträgt der Ertragsanteil 32 %, so daß sich folgende sonstige Einkünfte ergeben:

32 % von 60 000 DM =	19 200 DM
·/. Werbungskosten-Pauschbetrag (§ 9a Nr. 3 EStG)	200 DM
	19 000 DM

2. B kann den Ertragsanteil seiner Rentenzahlungen als Werbungskosten bei seinen Einkünften aus Vermietung und Verpachtung abziehen (§ 9 Abs. 1 Satz 3 Nr. 1 EStG). Der Ertragsanteil, der sich aus der Ertragsanteilstabelle des § 22 Nr. 1 Satz 3 Buchst. a EStG ergibt, beträgt – wie dargelegt – 32 % von 60 000 DM = 19 200 DM.

3. Der Kapitalwert der Rente stellt für B die Anschaffungskosten für das erworbene Grundstück dar. Diese Anschaffungskosten müssen auf das Gebäude einerseits und den Grund und Boden andererseits aufgeteilt werden. Da das Gebäude bei einer Vermietung abgeschrieben wird, bilden die auf das Gebäude entfallenden Anschaffungskosten die Bemessungsgrundlage für die AfA. Der Kapitalwert (Barwert) der Rente errechnet sich nach den Vorschriften des Bewertungsgesetzes wie folgt (§ 14 Abs. 1 BewG):

Jahresbetrag der Rente: 12 × 5 000 DM =	60 000 DM
Vervielfältiger nach dem Lebensalter von Frau B lt. Tabelle in Anhang 3 VStR 1995 = 12,034	
Barwert somit: 60 000 DM × 12,034 =	722 040 DM
·/. Wert des Grund und Bodens: 20 % von 722 040 DM	= 144 408 DM
Gebäude-Anschaffungskosten = AfA-Bemessungsgrundlage	577 632

(Schoor)

FALL 206

Veräußerung eines Mietwohngrundstücks gegen Leibrente mit Wertsicherungsklausel

Sachverhalt: A veräußert mit Wirkung vom 1. 1. 01 ein Mietwohngrundstück an B gegen eine auf Lebenszeit des A zu erbringende monatliche Zahlung von 3 000 DM (= jährlich 36 000 DM). Der Kapitalwert der Rente entspricht dem Wert des Grundstücks. Der Vertrag enthält eine am Lebenshaltungskostenindex orientierte Wertsicherungsklausel. Aufgrund der Wertsicherungsklausel erhöhen sich die Rentenzahlungen ab 1. 1. 03 auf 3 300 DM monatlich. A ist bei Beginn der Rente 64 Jahre alt. Vom Grundstückskaufpreis entfallen 20 % auf den Grund und Boden.

B nutzt das erworbene Grundstück durch Vermietung.

Frage:

1. In welcher Höhe unterliegen die Rentenzahlungen der Jahre 01 – 03 beim Rentenberechtigten der Einkommensteuer?
2. In welcher Höhe sind die Rentenzahlungen der Jahre 01 – 03 beim Rentenverpflichteten einkommensteuerlich berücksichtigungsfähig?
3. Wie hoch ist die Bemessungsgrundlage für die von B vorzunehmende Gebäude-AfA?

Lösung

1. Im vorliegenden Fall handelt es sich um eine (private) Veräußerungsleibrente, weil die Beteiligten von der Gleichwertigkeit von Leistung und Gegenleistung ausgegangen sind (BFH, in BStBl 1986 II, 55). Veräußerungsleibrenten unterliegen beim Berechtigten lediglich in Höhe des Ertragsanteils als sonstige Einkünfte der Einkommensteuer (§ 22 Nr. 1 Satz 3 Buchst. a EStG).

   Erhöht sich eine Veräußerungsleibrente aufgrund einer Wertsicherungsklausel, so ist auch der Mehrbetrag nur in Höhe des Ertragsanteils zu versteuern, d. h. der ursprünglich ermittelte Hundertsatz bleibt auch für den Erhöhungsbetrag maßgebend (Einheitl. Ländererlaß, in BB 1972 S. 1258).

   Die Rentenzahlungen sind daher bei A mit folgenden Beträgen als sonstige Einkünfte einkommensteuerlich zu erfassen:

	01	**02**	**03**
Jahresbetrag der Rente	36 000 DM	36 000 DM	39 600 DM
Ertragsanteil: 28 % =	10 080 DM	10 080 DM	11 088 DM
·/. Werbungskosten-Pauschbetrag (§ 9a Nr. 3 EStG)	200 DM	200 DM	200 DM
Sonstige Einkünfte	9 880 DM	9 880 DM	10 888 DM

2. Da B das erworbene Grundstück zur Erzielung von Einkünften aus Vermietung und Verpachtung nutzt, kann er den Ertragsanteil der Rente als Werbungskosten bei den Einkünften aus Vermietung und Verpachtung abziehen (§ 9 Abs. 1 Satz 3 Nr. 1 EStG). Das gilt auch für den Ertragsanteil, der auf den Erhöhungsbetrag der Rente entfällt:

	01	**02**	**03**
Jahresbetrag der Rente	36 000 DM	36 000 DM	39 600 DM
als Werbungskosten abzugsfähig: 28 % von 36 000 DM bzw. 39 600 DM =	10 080 DM	10 080 DM	11 088 DM

3. Der Kapitalwert der Rente stellt für A die Anschaffungskosten für das erworbene Grundstück dar. Er bildet die Bemessungsgrundlage für die AfA, soweit er auf das Gebäude entfällt. Der Kapitalwert der Rente ist grundsätzlich nach den Vorschriften des Bewertungsgesetzes zu ermitteln (§ 14 BewG). Die Erhöhung der Rente aufgrund der Wertsicherungsklausel bewirkt keine Änderung der so ermittelten Anschaffungskosten. Die Anschaffungskosten des A errechnen sich wie folgt:

Jahresbetrag der ursprünglichen Rente:

12 × 3 000 DM =	36 000 DM
Vervielfältiger nach dem Lebensalter des A lt. Tabelle in Anhang 3 VStR 1995 = 9,313	
Kapitalwert somit: 36 000 DM × 9,313 =	335 268 DM
·/. Wert des Grund und Bodens: 20 % von 299 952 DM =	67 053 DM
Anschaffungskosten Gebäude = AfA-Bemessungsgrundlage	268 215 DM

(Schoor)

FALL 207

Veräußerung eines Mietwohngrundstücks gegen dauernde Last

Sachverhalt: Der 54 Jahre alte A veräußert Anfang 01 an B ein Mietwohngrundstück, dessen Verkehrswert rund 340 000 DM beträgt, gegen eine auf Lebenszeit des A zu erbringende monatliche Zahlung von 2 500 DM. Die Beteiligten vereinbaren, daß die Zahlungen nach § 323 ZPO jederzeit an veränderte wirtschaftliche Verhältnisse des Berechtigten oder des Verpflichteten angepaßt werden können.

Nach den Vorstellungen der Vertragsparteien stehen sich Leistung und Gegenleistung gleichwertig gegenüber. Vom Kaufpreis entfallen 20 % auf den Grund und Boden. B nutzt das erworbene Grundstück durch Vermietung.

Frage:

1. Ab wann und in welcher Höhe unterliegen die A zufließenden Zahlungen der Einkommensteuer?
2. Sind die von B zu leistenden Zahlungen – ggf. in welcher Höhe – einkommensteuerlich berücksichtigungsfähig?
3. Wie hoch ist die Bemessungsgrundlage für die von B vorzunehmende Gebäude-AfA?

Lösung

1. Haben die Vertragsparteien in einem Grundstückskaufvertrag ausdrücklich eine Abänderbarkeit der Zahlungen entsprechend dem Rechtsgedanken des § 323 ZPO vereinbart, der eine jederzeitige Anpassung an veränderte individuelle Bedürftigkeit des Berechtigten oder die veränderte wirtschaftliche Leistungsfähigkeit des Verpflichteten vorsieht, entfällt die Gleichmäßigkeit der Leistungen. In einem solchen Fall sind die wiederkehrenden Leistungen nicht als Rente, sondern als dauernde Last zu beurteilen (BFH, in BStBl 1992 II, 78).

   Bei der entgeltlichen Veräußerung eines Grundstücks gegen eine dauernde Last sind die wiederkehrenden Leistungen von Beginn an in einen Vermögensumschichtungs- und einen Zinsanteil zu zerlegen (BFH, in BStBl 1995 II, 47 und BStBl 1995 II, 169). Der Zinsanteil führt beim Veräußerer A zu Einnahmen aus Kapitalvermögen (§ 20 Abs. 1 Nr. 7 EStG). Was die Ermittlung des Zinsanteils betrifft, hat der BFH entschieden, daß dieser in ent-

sprechender Anwendung der Ertragsanteilstabelle (§ 22 Nr. 1 Satz 3 Buchst. a EStG) zu ermitteln ist:
Jährlicher Zinsanteil somit: 39 % von (12 × 2 500 DM =) 30 000 DM = 11 700 DM

2. Da B das erworbene Grundstück zur Erzielung von Einkünften aus Vermietung und Verpachtung nutzt, kann er den in seinen Zahlungen enthaltenen Zinsanteil von 11 700 DM jährlich als Werbungskosten bei seinen Einkünften aus Vermietung und Verpachtung abziehen (§ 9 Abs. 1 Satz 3 Nr. 1 EStG).
3. Der nach den Vorschriften des Bewertungsgesetzes ermittelte Kapitalwert der dauernden Last bildet, soweit er auf das Gebäude entfällt, die Bemessungsgrundlage für die AfA:

Jahreswert der dauernden Last: 12 × 2 500 DM =	30 000 DM
Vervielfältiger nach dem Lebensalter des A lt. Tabelle in Anhang 3 VStR 1995 = 12,008	
Kapitalwert somit: 30 000 DM × 12,008 =	360 240 DM
·/. Wert des Grund und Bodens: 20 % von 360 240 DM =	72 048 DM
Anschaffungskosten Gebäude = AfA-Bemessungsgrundlage	288 192 DM

(Schoor)

FALL 208

Betriebsübertragung gegen private Versorgungsleibrente

Sachverhalt: Der 60 Jahre alte A überträgt am 31. 12. 01 seinen Gewerbebetrieb auf seinen Sohn B gegen eine – ab dem 1. 1. 02 zahlbare – lebenslängliche Rente von monatlich 2 000 DM. Die Höhe der Rente ist nach den Versorgungsbedürfnissen des A ausgerichtet worden. Das steuerliche Kapitalkonto des A beläuft sich am 31. 12. 01 auf 150 000 DM. Im übertragenen Betriebsvermögen sind stille Reserven von 400 000 DM enthalten. Der Kapitalwert der Rente beträgt rund 251 000 DM. Im Übergabevertrag ist die Unabänderbarkeit der Rentenleistungen ausdrücklich vereinbart.

Frage:

1. Welche einkommensteuerlichen Auswirkungen ergeben sich für A im Zusammenhang mit der Betriebsübertragung gegen Rente?

2. Welche einkommensteuerlichen Auswirkungen ergeben sich für B im Zusammenhang mit dem Betriebserwerb gegen Rente?

Lösung

1. Bei Vermögensübertragungen von Eltern auf ihre Kinder spricht nach ständiger Rechtsprechung eine nur schwer widerlegbare Vermutung dafür, daß eine private Versorgungsrente vorliegt (BFH, in BFH/NV 1987 S. 770). Eine private Versorgungsrente setzt zum einen voraus, daß Leistung und Gegenleistung nicht nach kaufmännischen Gesichtspunkten gegeneinander abgewogen wurden, sondern die Höhe der Rente nach den Versorgungsbedürfnissen des Rentenempfängers – unabhängig von der Höhe des übertragenen Vermögens – ausgerichtet worden ist (BFH, in BStBl 1993 II, 15). Darüber hinaus muß, um von einer privaten Versorgungsrente ausgehen zu können, der Verkehrswert der Gegenleistung bei überschlägiger und großzügiger Betrachtung mindestens die Hälfte des Rentenbarwerts ausmachen (BFH, in BStBl 1968 II, 264, BStBl 1992 II, 78 sowie BStBl 1992 II, 526; ebenso R 123 Abs. 6 EStR 1993). Diese Voraussetzungen sind im vorliegenden Fall erfüllt sind. Da außerdem die Unabänderbarkeit der Leistungen im Übergabevertrag ausdrücklich vereinbart worden ist – die von B zu erbringenden Zahlungen also gleichmäßig sind –, sind die Leistungen des B als private Versorgungsleibrente und nicht als dauernde Last zu qualifizieren.

   Eine private Versorgungsleibrente ist vom Empfänger mit dem Ertragsanteil als sonstige Einkünfte zu versteuern (§ 22 Nr. 1 Satz 3 Buchst. a EStG). A muß daher die ihm zufließenden Zahlungen in folgender Höhe versteuern:

Jährliche Rente: 12 × 2 000 DM =	24 000 DM
Ertragsanteil: 32 % von 24 000 DM =	7 680 DM
·/. Werbungskosten-Pauschbetrag (§ 9a Nr. 3 EStG)	200 DM
Sonstige Einkünfte	7 480 DM

   Ein Veräußerungsgewinn im Zusammenhang mit der Übertragung des Betriebs entsteht A nicht; denn der Vorgang ist als unentgeltliche Betriebsübertragung i. S. von § 7 Abs. 1 EStDV zu werten.

2. B kann die Rentenzahlungen mit ihrem Ertragsanteil von (32 % von 24 000 DM =) 7 680 DM als Sonderausgaben abziehen (§ 10 Abs. 1 Nr. 1a EStG). Da von einer unentgeltlichen Betriebsübertragung auszugehen ist, muß er nach § 7 Abs. 1 EStDV die Buchwerte des Rentenberechtigten fortführen (BFH GrS 4–6/89, in BStBl 1990 II, 847). *(Schoor)*

FALL 209

Grundstücksübertragung gegen Unterhaltsrente

Sachverhalt: Der in Bonn wohnhafte A überträgt Anfang 01 seiner Tochter B, die ebenfalls in Bonn wohnt und dort als selbständige Ärztin freiberuflich tätig ist, eine Eigentumswohnung, deren Verkehrswert 150 000 DM beträgt. Als Gegenleistung für die Übertragung der Eigentumswohnung hat B ab dem 1. 1. 01 eine monatliche Zahlung von 3 000 DM bis zum Lebensende des A zu erbringen. A ist bei Beginn der Rentenzahlungen 58 Jahre alt. Der Rentenbarwert beträgt rund 396 000 DM.

A bezieht neben der Rente eine Beamtenpension in Höhe von monatlich 5 000 DM.

Frage:

1. Unterliegen die Rentenzahlungen bei A der Einkommensteuer?
2. Kann B die Rentenzahlungen einkommensmindernd berücksichtigen?

▶ Lösung

1. Bei den Rentenzahlungen der B handelt es sich um eine Unterhaltsrente, weil die Vertragsparteien einander unterhaltsberechtigt sind und der Wert des übertragenen Vermögens weniger als die Hälfte des Werts der Rente ausmacht (BFH, in BStBl 1975 II, 881, und GrS 1/90, in BStBl 1992 II, 78; R 123 Satz 4 EStR 1993). Unterhaltsrenten unterliegen beim Rentenberechtigten nicht der Einkommensteuer, wenn der Rentenverpflichtete unbeschränkt einkommensteuerpflichtig ist (§ 22 Nr. 1 Satz 2 EStG). Die A zufließenden Rentenzahlungen werden daher einkommensteuerlich nicht erfaßt.
2. Beim Rentenverpflichteten sind Unterhaltsrenten weder als Werbungskosten noch als Sonderausgaben abzugsfähig (§ 12 Nr. 2 EStG). B kann daher die Rentenzahlungen nicht einkommensmindernd berücksichtigen. *(Schoor)*

FALL 210

Veräußerungsleibrente bei mehreren Rentenberechtigten

Sachverhalt: A veräußert eine in seinem Alleineigentum stehende Eigentumswohnung an C gegen Zahlung einer lebenslänglichen Rente von monatlich 3 000 DM. Die Rente steht A und seiner Ehefrau B gemeinsam zu mit der Maßgabe, daß sie beim Ableben des zuletzt Sterbenden erlöschen soll. Der Ehemann ist bei Beginn des Rentenbezugs 60, seine Ehefrau 55 Jahre alt.

Frage: In welcher Höhe unterliegen die jährlichen Rentenzahlungen bei A und B der Einkommensteuer?

Lösung

Die steuerliche Behandlung der Rentenzahlungen als Veräußerungsleibrente wird nicht dadurch ausgeschlossen, daß die Ehefrau B nicht Eigentümerin bzw. Miteigentümerin der veräußerten Eigentumswohnung gewesen ist. Da die Rente den Eheleuten gemeinsam zusteht, ist der Ertragsanteil A und B je zur Hälfte zuzurechnen. Für die Ermittlung des Ertragsanteils ist das Lebensjahr der jüngsten Person maßgebend (§ 55 Abs. 1 Nr. 3 EStDV). Der Ertragsanteil beträgt somit 38 % (§ 22 Nr. 1 Satz 3 Buchst. a EStG). Die sonstigen Einkünfte errechnen sich wie folgt:

Jahresrente: 12 × 3 000 DM =	36 000 DM
Ertragsanteil: 38 % von 36 000 DM =	13 680 DM

	A	**B**
Anteilige Einnahmen:		
½ von 13 680 DM =	6 840 DM	6 840 DM
·/. Werbungskosten-Pauschbetrag (§ 9a Nr. 3 EStG)	200 DM	200 DM
Sonstige Einkünfte	6 640 DM	6 640 DM

(Schoor)

FALL 211

Herabsetzung einer gemeinsamen Rente nach dem Tod eines Berechtigten

Sachverhalt: Die Eheleute A und B beziehen aufgrund einer Grundstücksveräußerung eine gemeinsame lebenslängliche Rente in Höhe von 36 000 DM jährlich. Die Rente soll beim Ableben des zuerst Sterbenden auf 30 000 DM herabgesetzt werden. A ist zu Beginn des Rentenbezugs 60, seine Ehefrau B 55 Jahre alt.

Frage: Wie hoch ist der Ertragsanteil der Rente?

Lösung

Wird eine gemeinsame Rente nach dem Tod eines Berechtigten herabgesetzt, so ist der Ertragsanteil nach § 55 Abs. 1 Nr. 3 EStDV zu ermitteln. In diesem Fall ist bei der Ermittlung des Grundbetrags der Rente, d. h. des Betrags, auf den sie später herabgesetzt wird, das Lebensjahr der jüngsten Person zugrunde zu legen. Für den über den Grundbetrag hinausgehenden Rentenbetrag ist das Lebensjahr der ältesten Person maßgebend (H 167 (Ertragsanteil einer Leibrente) EStH 1995).

Ertragsanteil des Grundbetrags

Grundbetrag =		30 000 DM	
Ertragsanteil (maßgebend ist das Lebensalter der B):	38 % von	30 000 DM =	11 400 DM

Ertragsanteil des übersteigenden Rententeils

Über den Grundbetrag hinausgehender Rentenbetrag =	6 000 DM	
Ertragsanteil (maßgebend ist das Lebensalter des A): 32 % von	6 000 DM =	1 920 DM
insgesamt		13 320 DM

Der Ertragsanteil ist auf die Eheleute wie folgt aufzuteilen:

	A	**B**
Anteiliger Ertragsanteil:		
Je 50 % von 13 320 DM =	6 660 DM	6 660 DM
·/. Werbungskosten-Pauschbetrag (§ 9a Nr. 3 EStG)	200 DM	200 DM
Sonstige Einkünfte	6 460 DM	6 460 DM

(Schoor)

FALL 212

Ertragsanteil einer Ehegatten nacheinander zustehenden Rente

Sachverhalt: A erhält im Zusammenhang mit einer Grundstücksveräußerung eine lebenslängliche Rente von jährlich 30 000 DM. Die Beteiligten haben vereinbart, daß im Falle des Todes des A seine Ehefrau B eine lebenslängliche Rente von 24 000 DM jährlich erhalten soll.

A ist zu Beginn des Rentenbezugs 60, seine Ehefrau B 50 Jahre alt.

Frage: Wie hoch ist der Ertragsanteil der Rente?

Lösung

Im vorliegenden Fall steht die Rente nur dem Ehemann A zu; seine Ehefrau B erhält nur für den Fall eine Rente, daß sie A überlebt. Es liegen zwei Renten vor, von denen die letztere aufschiebend bedingt ist. Der Ertragsanteil für diese Rente ist erst von dem Zeitpunkt an zu versteuern, in dem die Bedingung (d. h. der Tod des A) eintritt.

Der Ertragsanteil der A zustehenden Rente beträgt (32 % von 30 000 DM =) 9 600 DM (§ 22 Nr. 1 Satz 3 Buchst. a EStG). *(Schoor)*

FALL 213

Ertragsanteil einer abgekürzten Leibrente

Sachverhalt: A erhält im Zusammenhang mit einem Grundstücksverkauf eine Rente in Höhe von 30 000 DM jährlich bis zu seinem Lebensende, längstens jedoch für einen Zeitraum von 15 Jahren.

a) A ist bei Beginn der Rente 62 Jahre alt.

b) A ist bei Beginn der Rente 68 Jahre alt.

Frage: Wie hoch ist der Ertragsanteil der Rente?

Lösung

Es handelt sich um eine abgekürzte Leibrente (Höchstzeitrente):

Stirbt A innerhalb des Zeitraums von 15 Jahren, so erlischt die Rente mit seinem Tod; überlebt A diesen Zeitraum, so endet die Rente mit Ablauf von 15 Jahren.

Der Ertragsanteil einer abgekürzten Leibrente ist nach der Lebenserwartung unter Berücksichtigung der zeitlichen Begrenzung zu ermitteln (§ 55 Abs. 2 EStDV). Das geschieht in der Weise, daß der Ertragsanteil nach § 22 Nr. 1 Satz 3 Buchst. a EStG (das ist der Ertragsanteil nach der Lebenserwartung) mit dem Ertragsanteil der Tabelle nach § 55 Abs. 2 EStDV (das ist der Ertragsanteil unter Berücksichtigung der zeitlichen Begrenzung) verglichen wird; der jeweils niedrigere Ertragsanteil ist maßgebend:

	Fall a	Fall b
Ertragsanteil nach § 22 Nr. 1 Satz 3 Buchst. a EStG	30 %	23 %
Ertragsanteil nach § 55 Abs. 2 EStDV	25 %	25 %
Maßgebender Ertragsanteil	25 %	23 %

(Schoor)

FALL 214

Ertragsanteil einer verlängerten Leibrente

Sachverhalt: A erhält aufgrund eines Grundstückskaufvertrages eine Rente in Höhe von 30 000 DM jährlich. Die Vertragsparteien haben vereinbart, daß die Rente bis zum Lebensende des A, mindestens aber für die Dauer von 15 Jahren gezahlt werden soll.

a) A ist bei Beginn der Rente 62 Jahre alt.

b) A ist bei Beginn der Rente 68 Jahre alt.

Frage: Wie hoch ist der Ertragsanteil der Rente?

▶ Lösung

Es handelt sich um eine verlängerte Leibrente (Mindestzeitrente):

Überlebt A die Mindestlaufzeit von 15 Jahren, so erlischt die Rente mit seinem Tod; stirbt A innerhalb der Mindestlaufzeit, steht die Rente bis zum Ablauf von 15 Jahren seinen Erben zu.

Da die Ermittlung des Ertragsanteils einer verlängerten Leibrente gesetzlich nicht geregelt ist, sind die Grundsätze zur Ermittlung des Ertragsanteils einer abgekürzten Leibrente sinngemäß anzuwenden. Das bedeutet, daß die Ertragsanteile nach § 22 Nr. 1 Satz 3 Buchst. a EStG und nach der Tabelle des § 55 Abs. 2 EStDV verglichen werden müssen; der höhere Ertragsanteil ist maßgebend:

	Fall a	Fall b
Ertragsanteil nach § 22 Nr. 1 Satz 3 Buchst. a EStG	30 %	23 %
Ertragsanteil nach § 55 Abs. 2 EStDV	25 %	25 %
Maßgebender Ertragsanteil	30 %	25 %

Im Fall a ist davon auszugehen, daß die Lebenserwartung länger ist als die vereinbarte Mindestlaufzeit; deswegen ist der Ertragsanteil nach § 22 Nr. 1 Satz 3 Buchst. a EStG zugrunde zu legen.

Im Fall b ist die Mindestlaufzeit länger als die Lebenserwartung; deswegen ist der Ertragsanteil der Tabelle des § 55 Abs. 2 EStDV zu entnehmen.

Anzumerken ist noch, daß eine sinngemäße Anwendung der Grundsätze zur Ermittlung des Ertragsanteils einer abgekürzten Leibrente ausnahmsweise nicht in Betracht kommt, wenn die Mindestlaufzeit wesentlich länger als die voraussichtliche Lebenserwartung ist; in einem solchen Fall ist die verlängerte Leibrente wie eine Zeitrente zu behandeln. *(Schoor)*

FALL 215

Besteuerung einer Mehrbedarfsrente

Sachverhalt: A ist infolge eines ärztlichen Kunstfehlers im Jahr 01 arbeitsunfähig geworden. Ein Gericht verpflichtet den behandelnden Arzt im Jahr 05, dem A neben einem Schmerzensgeld (§ 847 BGB) eine Mehrbedarfsrente (§ 843 Abs. 1, 2. Alternative BGB) rückwirkend ab dem 1. 1. 02 von monatlich 1 000 DM bis an sein Lebensende zu zahlen.

Die Haftpflichtversicherung des Arztes leistet im Jahr 05 folgende Zahlungen: Das Schmerzensgeld, die rückständige Mehrbedarfsrente für die Jahre 02 bis 04 von 3 × 12 000 DM = 36 000 DM sowie die laufende Mehrbedarfsrente für 05 von 12 000 DM. Das Gericht berechnete die Mehrbedarfsrente wie folgt:

- 600 DM für Hilfs- und Begleitpersonen,
- 300 DM für das Halten eines Pkw,
- 100 DM für sonstige Bedürfnisse wie erhöhte Körperpflege, Diät und Elektro-Rollstuhl.

Frage: Unterliegt die in 05 zugeflossene Mehrbedarfsrente von 48 000 DM als wiederkehrende Bezüge (§ 22 Nr. 1 Satz 1 EStG) der Einkommensteuer?

Lösung

Einem Verletzten ist, wenn u. a. infolge einer Verletzung des Körpers oder der Gesundheit eine Vermehrung seiner Bedürfnisse eintritt, Schadensersatz durch Entrichtung einer Geldrente (sog. Mehrbedarfsrente) zu leisten (§ 843 Abs. 1 BGB). Ein Mehrbedarf kann dem Verletzten beispielsweise durch laufend benötigte Medikamente, Kosten für die Wartung und Instandhaltung medizinischer und orthopädischer Hilfsmittel (künstliche Gliedmaßen, Brillen, Hörgeräte, Stützkorsett) oder – wie hier – für Hilfs- und Begleitpersonen, für das Halten eines Pkw sowie für sonstige Bedürfnisse wie erhöhte Körperpflege, Diät und einen Elektro-Rollstuhl entstehen.

Früher wurden Mehrbedarfsrenten von der Finanzverwaltung einkommensteuerrechtlich wie Unterhaltsrenten (§ 844 Abs. 2 BGB) als in voller Höhe wiederkehrende Bezüge (§ 22 Nr. 1 Satz 1 EStG) erfaßt. Für Unterhaltsrenten hat der BFH entschieden, daß diese in voller Höhe steuerbare sonstige Bezüge darstellen (BFH, in BStBl 1979 II, 133).

In neueren Entscheidungen (BFH, in BStBl 1995 II, 121 und BFH/NV 1995 S. 1050) schränkt der BFH seine zur Steuerbarkeit von Schadensersatzrenten vertretene Rechtsprechung auf die Fälle ein, in denen Ersatz für andere bereits steuerbare Einkünfte geleistet wird, z. B. wegen Beeinträchtigung der Erwerbsfähigkeit (§ 843 Abs. 1, 1. Alternative BGB, § 24 Nr. 1a EStG). Ersatzleistungen in Form von Mehrbedarfsrenten sind nach der gewandelten Rechtsauffassung des BFH nicht steuerbar. Daraus folgt, daß A die in 05 zugeflossenen Rentenzahlungen von 48 000 DM als echten Schadensersatz – ebenso wie das Schmerzensgeld – nicht zu versteuern braucht, obwohl die Rentenzahlungen ihrer äußeren Form nach wiederkehrende Leistungen sind (ebenso BMF, in BStBJl 1995 I, 705). *(Schoor)*

FALL 216

Veräußerung eines geschenkten Grundstücks innerhalb der Spekulationsfrist

Sachverhalt: A und B sind Eheleute, die zusammen zur Einkommensteuer veranlagt werden. Die Ehefrau B erwarb am 20. 3. 01 ein unbebautes Grundstück für 90 000 DM. Dieses Grundstück schenkte sie mit Vertrag vom 10. 1. 02 ihrem Ehemann A, der es am 15. 9. 02 für 290 000 DM verkaufte.

Frage: Liegt ein Spekulationsgeschäft i. S. von § 22 Nr. 2, § 23 Abs. 1 Nr. 1 Buchst. a EStG vor?

Lösung

Nach § 23 Abs. 1 Nr. 1 Buchst. a EStG liegt bei Grundstücken ein Spekulationsgeschäft vor, wenn der Zeitraum zwischen Anschaffung und Veräußerung nicht mehr als zwei Jahre beträgt. Das Vorliegen eines Spekulationsgeschäfts setzt also voraus, daß der Stpfl. das Grundstück anschafft und binnen zwei Jahren veräußert, wobei für die Berechnung des Zweijahreszeitraums grundsätzlich auf den Abschluß des schuldrechtlichen (obligatorischen), nicht des dinglichen Rechtsgeschäfts abzustellen ist (BFH, in BStBl 1984 II, 311).

Wer ein Grundstück unentgeltlich im Wege der Schenkung übertragen erhält, hat es aber nicht angeschafft. Der Beschenkte verwirklicht den Tatbestand des § 23 Abs. 1 Nr. 1 Buchst. a EStG auch dann nicht, wenn er das Grundstück binnen zwei Jahren seit der Anschaffung durch den Schenker veräußert. Hier ist die Rechtslage also anders als bei der Gesamtrechtsnachfolge: Nach der Rechtsprechung wird die Anschaffung durch den Erblasser dem Erben zugerechnet mit der Folge, daß der Erbe den Tatbestand des § 23 Abs. 1 Nr. 1 Buchst. a EStG verwirklicht, wenn zwischen Anschaffung durch den Erblasser und Veräußerung durch den Erben nicht mehr als zwei Jahre liegen (BFH, in BStBl 1969 II, 520).

Obgleich der BFH eine Gleichstellung des unentgeltlichen Erwerbs im Wege der Schenkung mit einem solchen im Wege der Gesamtrechtsnachfolge (Erbfall) bei Anwendung des § 23 EStG nicht für gerechtfertigt hält, beurteilt er Fälle der vorliegenden Art im Ergebnis als Spekulationsgeschäft, und zwar dadurch, daß er § 42 AO anwendet (BFH, in BStBl 1988 II, 942). Da die Zwischenschaltung der Schenkung nach Auffassung des BFH einen Mißbrauch von Gestaltungsmöglichkeiten des Rechts darstellt, muß der Veräußerungsgewinn beim beschenkten A als Spekulationsgewinn erfaßt werden:

Veräußerungspreis	290 000 DM
·/. Anschaffungskosten	90 000 DM
Spekulationsgewinn i. S. von § 23 EStG	200 000 DM

(Schoor)

FALL 217

Spekulationsgeschäft bei Herstellung eines Gebäudes

Sachverhalt: A hat am 15. 1. 01 ein unbebautes Grundstück für 80 000 DM erworben und anschließend mit einem Fertighaus bebaut. Das Gebäude, dessen Herstellungskosten 240 000 DM betragen haben, wurde am 1. 12. 01 fertiggestellt und ab diesem Zeitpunkt vermietet. Am 31. 7. 02 hat A das bebaute Grundstück dem Mieter für 420 000 DM veräußert; vom Kaufpreis entfallen 120 000 DM auf den Grund und Boden und 300 000 DM auf das Gebäude.

A hat das Gebäude in den Jahren 01 und 02 wie folgt abgeschrieben:

01: degressive AfA (§ 7 Abs. 5 EStG):
5 % von 240 000 DM = 12 000 DM

02: degressive AfA (§ 7 Abs. 5 EStG):
5 % von 240 000 DM = 12 000 DM; für die Zeit vom
1. 1.–31. 7. 02:
7/12 von 12 000 DM = 7 000 DM

Frage: Hat A – ggf. in welcher Höhe – einen Spekulationsgewinn i. S. von § 22 Nr. 2, § 23 EStG erzielt?

▶ Lösung

§ 23 Abs. 1 EStG erwähnt nur die Anschaffung, nicht auch die Herstellung. Daher kann die Veräußerung eines hergestellten Wirtschaftsguts kein Spekulationsgeschäft sein. Wird – wie im vorliegenden Fall – ein unbebautes Grundstück erworben, anschließend bebaut und innerhalb von zwei Jahren nach dem Grundstückserwerb veräußert, so liegt ein Spekulationsgeschäft nur hinsichtlich des angeschafften und veräußerten Grund und Bodens vor: In bezug auf das hergestellte Gebäude fehlt es an dem Tatbestandsmerkmal Anschaffung (BFH, in BStBl 1977 II, 384, und BStBl 1982 II, 618 f.). Der von A erzielte Spekulationsgewinn errechnet sich daher wie folgt:

Veräußerungspreis Grund und Boden	120 000 DM
·/. Anschaffungskosten Grund und Boden	80 000 DM
Spekulationsgewinn i. S. von § 23 EStG	40 000 DM

(Schoor)

FALL 218

Spekulationsgewinn beim An- und Verkauf von Aktien

Sachverhalt: In einem bei einer Sparkasse unterhaltenen Girosammeldepot werden für A am 31. 12. 01 100 Aktien der X-AG verwahrt, die A zum Anschaffungspreis von 360 DM je Stück erworben hat. In 02 erwirbt A weitere Aktien der X-AG hinzu, und zwar im April 02: 50 Stück à 400 DM und im Mai 02: 50 Stück à 420 DM. Im Juli 02 veräußert A aus seinem Depot

a) 150 Aktien für 450 DM je Stück,

b) 100 Aktien für 450 DM je Stück.

Frage: Entsteht A – ggf. in welcher Höhe – ein Spekulationsgewinn?

Lösung

Beim An- und Verkauf von Aktien ist ein Spekulationsgeschäft, das zu sonstigen Einkünften (§ 2 Abs. 1 Nr. 7, § 22 Abs. 1 Nr. 2 EStG) führt, dann gegeben, wenn es sich um Veräußerungsgeschäfte handelt, bei denen der Zeitraum zwischen Anschaffung und Veräußerung nicht mehr als sechs Monate beträgt. Das Einhalten dieser Frist ist unerläßliche Voraussetzung des gesetzlichen Besteuerungstatbestands. Dessen Verwirklichung setzt für jeden einzelnen steuerbaren Vorgang „Nämlichkeit" des angeschafften und des veräußerten Wirtschaftsguts voraus. Nur bezogen auf ein und dasselbe Objekt lassen sich Spekulationsfrist und Wertveränderung im Privatvermögen (§ 23 Abs. 3 und 4 EStG) festlegen.

Eine rechtliche Besonderheit ergibt sich für Wertpapiere, die – wie hier – einem Sammeldepot angehören: Es handelt sich um Wirtschaftsgüter, die der Verwahrer ungetrennt von eigenen Beständen und von solchen Dritter aufbewahren darf. Bei Aktien, die einem Sammeldepot angehören, war, weil Zu- und Abgänge nicht auf einzelne Stücke bezogen werden können, bislang streitig, wie Spekulationsfrist und Spekulationsgewinn i. S. des § 23 EStG zu berechnen sind. Die Finanzverwaltung wandte das sog. „Lifo-Verfahren" ("last in – first out") an, indem sie sowohl für die Bestimmung der Sechsmonatsfrist als auch für die Gewinnberechnung unterstellte, daß jeweils die zuletzt angeschafften Wertpapiere zuerst veräußert worden seien. Nach anderer Meinung sollte in solchen Fällen das „Fifo-Verfahren" ("first in – first out") gelten, d. h. davon ausgegangen werden, daß die jeweils zuerst angeschafften Wertpapiere auch zuerst veräußert worden seien.

Beiden Methoden hat der BFH eine Absage erteilt (BFH, in BStBl 1994 II, 591 und BFH/NV 1995 S. 195). Der BFH hat sich auf den Standpunkt gestellt, der Grundsatz der Tatbestandsmäßigkeit der Besteuerung gebiete im Anwendungsbereich des § 23 EStG eine zeitliche Zuordnung von Anschaffungs- und Veräußerungsgeschäften, die nicht nur von (nachträglichen) Willensakten der Finanzverwaltung, sondern auch von solchen des Stpfl. unabhängig sind. Für die Annahme eines „Wahlrechts" fehle die gesetzliche Grundlage. Die „Fifo-Methode" eigne sich – unabhängig davon, für wen sie im Einzelfall vorteilhaft wäre – ebensowenig wie die von der Finanzverwaltung bevorzugte „Lifo-Methode". Dementsprechend lasse sich auch die Höhe eines Spekulationsgewinns gem. § 23 Abs. 4 EStG bei Depotgeschäften weder nach der Lifo-Methode noch nach der Fifo-Methode, sondern nur mit Hilfe von Durchschnittswerten ermitteln.

Nach Ansicht des BFH entsteht im Fall a (Verkauf von 150 Aktien) ein Spekulationsgewinn für 50 Stück, da nur für diese Anzahl von Aktien feststeht, daß sie innerhalb der Sechsmonatsfrist angeschafft und veräußert wurden. Zur Berechnung des Spekulationsgewinns ist dem Veräußerungserlös von 50 × 450 DM = 22 500 DM der durchschnittliche Stückpreis der in 02 angeschafften Aktien gegenüberzustellen: 50 × 410 DM = 20 500 DM.

Im Fall b entfällt die Besteuerung, weil nicht auszuschließen ist, daß es sich bei den veräußerten 100 Stück um die außerhalb der Spekulationsfrist angeschafften Aktien handelt. *(Schoor)*

FALL 219

Ermittlung und Besteuerungszeitpunkt eines Spekulationsgewinns

Sachverhalt: A erwirbt am 5. 1. 01 ein Mietwohngrundstück. Von den Anschaffungskosten von 500 000 DM entfallen 400 000 DM auf das Gebäude und 100 000 DM auf den Grund und Boden.

Im Jahr 01 fließen A Mieteinnahmen von 30 000 DM zu, die mit dem Grundstück zusammenhängenden Werbungskosten (einschließlich AfA von 8 000 DM) belaufen sich auf 25 000 DM.

Mit Vertrag vom 28. 12. 01 verkauft A das Grundstück an B für 600 000 DM. Im Zusammenhang mit der Veräußerung fallen Maklerkosten von 5 000 DM an. Der Kaufpreis von 600 000 DM geht im Januar 02 auf einem Bankkonto des A ein.

Frage:

1. Wie hoch ist der von A erzielte Spekulationsgewinn?
2. In welchem Kalenderjahr muß A den Spekulationsgewinn versteuern?

▶ Lösung

1. Gewinn oder Verlust aus Spekulationsgeschäften ist der Unterschiedsbetrag zwischen dem Veräußerungspreis einerseits und den Anschaffungskosten oder Herstellungskosten und den Werbungskosten andererseits (§ 23 Abs. 4 Satz 1 EStG). Die Anschaffungs- oder Herstellungskosten mindern sich um Absetzungen für Abnutzung, erhöhte Absetzungen und Sonderabschreibungen, soweit sie bei der Ermittlung der Einkünfte i. S. des § 2 Abs. 1 Satz 1 Nr. 4 bis 6 EStG abgezogen worden sind (§ 23 Abs. 3 Satz 2 EStG).

Zu den Werbungskosten i. S. des § 23 Abs. 4 EStG, die neben den Anschaffungskosten oder Herstellungskosten vom Veräußerungspreis abzuziehen sind, gehören alle Aufwendungen, die der Stpfl. macht, um die Veräußerung herbeizuführen (z. B. Makler-, Notar- und Grundbuchkosten). Aufwendungen, die mit der laufenden Nutzung im Zusammenhang stehen (z. B. Erhaltungsaufwand, Grundsteuer usw.), bleiben bei der Ermittlung des Spekulationsgewinns außer Ansatz.

Der von A erzielte Spekulationsgewinn errechnet sich danach wie folgt:

Veräußerungspreis		600 000 DM
·/. Anschaffungskosten	500 000 DM	
AfA	8 000 DM	
Maklerkosten	5 000 DM	513 000 DM
Spekulationsgewinn		87 000 DM

2. Spekulationsgewinne sind als Überschußeinkünfte im Zeitpunkt des Zuflusses zu versteuern (§ 11 Abs. 1 EStG). Eine Steuerpflicht entsteht demnach erst in dem Kalenderjahr, in dem der Veräußerer mehr erhält, als er an Anschaffungs- oder Herstellungskosten sowie Werbungskosten i. S. von § 23 Abs. 4 EStG aufgewendet hat. Da der Veräußerungspreis dem A erst im Jahr 02 zugeflossen ist, ist Besteuerungszeitpunkt des Spekulationsgewinns das Jahr 02. *(Schoor)*

FALL 220

Freigrenze bei Spekulationsgewinnen

Sachverhalt: Die Eheleute A und B, die zusammen zur Einkommensteuer veranlagt werden, haben im Kalenderjahr 01 folgende Einkünfte aus Spekulationsgeschäften erzielt:

Ehemann A	
Spekulationsgewinn aus der Veräußerung eines Grundstücks	10 000 DM
Spekulationsverlust aus der Veräußerung von Aktien	8 900 DM
Ehefrau B	
Spekulationsgewinn aus der Veräußerung von Aktien	800 DM
	1 900 DM

Frage: Ist der Gesamtgewinn aus den Spekulationsgeschäften in Höhe von 1 900 DM einkommensteuerpflichtig?

Lösung

Gewinne aus Spekulationsgeschäften bleiben steuerfrei, wenn der Gesamtgewinn im Kalenderjahr weniger als 1 000 DM beträgt (§ 23 Abs. 4 Satz 3 EStG). Zur Ermittlung des Gesamtgewinns sind innerhalb eines Kalenderjahres erzielte Spekulationsgewinne und Spekulationsverluste des einzelnen Stpfl. miteinander zu verrechnen. Beträgt der Spekulationsgewinn 1 000 DM oder mehr, so ist er in voller Höhe steuerpflichtig.

Haben bei zusammenveranlagten Ehegatten beide Spekulationsgewinne erzielt, so steht jedem Ehegatten die Freigrenze von 999 DM zu (R 169 Abs. 3 EStR 1993).

Es ist aber nicht zulässig, auf die Gesamtgewinne beider Ehegatten die doppelte Freigrenze anzuwenden.

Das bedeutet, daß der Gesamtgewinn des A von (10 000 DM ·/. 8 900 DM =) 1 100 DM wegen Überschreitens der Freigrenze steuerpflichtig ist. Der Spekulationsgewinn seiner Ehefrau B von 800 DM bleibt hingegen steuerfrei, weil er die Freigrenze von 999 DM nicht übersteigt. *(Schoor)*

FALL 221

Ausgleich von Spekulationsverlusten

Sachverhalt: Die Eheleute A, die zusammen zur Einkommensteuer veranlagt werden, haben im Kalenderjahr 01 folgende Einkünfte erzielt:

Ehemann A

Einkünfte aus freiberuflicher Tätigkeit	210 000 DM
Spekulationsgewinn aus der Veräußerung eines Grundstücks	10 000 DM
Spekulationsverlust aus der Veräußerung von Aktien	20 000 DM

Ehefrau B

Spekulationsgewinn aus der Veräußerung von Aktien	5 000 DM

Frage: Inwieweit kann der Spekulationsverlust des A von 20 000 DM mit den übrigen Einkünften ausgeglichen werden?

Lösung

Der Spekulationsverlust von 20 000 DM darf nur mit dem Spekulationsgewinn des A von 10 000 DM ausgeglichen werden (§ 23 Abs. 4 Satz 4 EStG). Ein Ausgleich mit den anderen positiven Einkünften des A, d. h. mit den Einkünften aus selbständiger Arbeit von 210 000 DM, ist ebensowenig zulässig wie ein Ausgleich mit dem Spekulationsgewinn der Ehefrau. Ein Verlustabzug nach § 10d EStG kommt ebenfalls nicht in Betracht (§ 23 Abs. 4 Satz 4 zweiter Halbsatz EStG). Der nicht ausgeglichene Spekulationsverlust in Höhe von 10 000 DM geht daher für A steuerlich verloren. *(Schoor)*

X. Entschädigungen, nachträgliche Einkünfte, Nutzungsvergütungen (§ 24 EStG)

FALL 222

Entschädigung für vorzeitige Auflösung eines Mietverhältnisses

Sachverhalt: A hat auf einem zu seinem Privatvermögen gehörenden Grundstück ein zweigeschossiges Gebäude errichtet, dessen Erdgeschoß mit einer Fläche von ca. 600 qm als Ladenlokal ausgebaut wurde. Die Räume wurden an die B-GmbH zum Betrieb eines Supermarkts vermietet. Das Mietverhältnis begann am 1. 1. 01 und wurde auf die Dauer von 10 Jahren, also bis zum 31. 12. 10, fest abgeschlossen. Nach Ablauf der Mietdauer sollte das Mietverhältnis auf unbestimmte Zeit fortgesetzt werden, sofern es nicht gekündigt wurde.

Die B-GmbH eröffnete den Supermarkt jedoch nicht, sondern trat Ende 01 in Verhandlungen mit A ein mit dem Ziel einer vorzeitigen Vertragsauflösung. In deren Verlauf teilte die GmbH dem A mit, sie erwäge, die Mieträume zum 1. 4. 02 herauszugeben und ab diesem Zeitpunkt die Zahlungen einzustellen, wenn A nicht einer einvernehmlichen Lösung des Mietvertrags gegen Abfindung zustimme. A und die B-GmbH erzielten schließlich eine Einigung, wonach das Mietverhältnis am 31. 12. 02 beendet wurde und die Mieterin sich verpflichtete, zur Abgeltung aller Ansprüche aus dem Mietverhältnis eine Abfindung von 120 000 DM zu zahlen. Die Abfindung wurde noch im Jahr 02 an A ausgezahlt.

Frage: Kann die Abfindung von 120 000 DM als Entschädigung i. S. des § 24 Nr. 1 Buchst. a EStG mit dem ermäßigten Steuersatz versteuert werden?

Lösung

Entschädigungen, die gewährt worden sind als Ersatz für entgangene oder entgehende Einnahmen, gehören zu den Einkünften i. S. des § 2 Abs. 1 EStG (§ 24 Nr. 1 Buchst. a EStG). Sie sind jedoch als außerordentliche Einkünfte tarifermäßigt zu versteuern (§ 34 Abs. 2 Nr. 2 EStG). Entschädigungen i. S. des § 24 Nr. 1 Buchst. a EStG sind Zuwendungen, die einen Schaden ausgleichen, den der Stpfl. durch Wegfall von Einnahmen erlitten hat. Der Begriff der Entschädigung setzt in diesem Zusammenhang also voraus, daß die Leistung nicht in Erfüllung eines fortbestehenden Anspruchs erfolgt, sondern auf einer neuen Rechts- und Billigkeitsgrundlage beruht (BFH, in BFH/NV 1987 S. 574). Nicht begünstigt sind demnach Zahlungen, die in Erfüllung der ursprünglichen vertraglichen Ansprüche des Empfängers geleistet werden, auch wenn die Zahlungsmodalität sich geändert hat (BFH, in BStBl 1981 II, 6).

Für die Annahme einer Entschädigung ist es unerheblich, ob das zur Entschädigung führende Ereignis ohne oder gegen den Willen des Stpfl. eingetreten ist. Die Mitwirkung des Stpfl. bei einer Vereinbarung zum Ausgleich des eingetretenen oder drohenden Schadens steht der Beurteilung einer Ersatzleistung als Entschädigung nicht entgegen, wenn der Stpfl. unter erheblichem rechtlichen, wirtschaftlichen oder tatsächlichen Druck handelte (BFH, in BFH/NV 1995 S. 961). Hinzu kommen muß, daß das schadenstiftende Ereignis sich als ein nicht normaler und üblicher Geschäftsvorfall im Rahmen der jeweiligen Einkunftsart darstellt.

Bei Anwendung dieser Grundsätze ist die A zugeflossene Zahlung als steuerbegünstigte Entschädigung zu behandeln. A erhielt die Zahlung zum Ausgleich dafür, daß der Mietvertrag vorzeitig aufgelöst wurde. Durch die vorzeitige Auflösung ist A ein Schaden entstanden, da die künftigen Mieteinnahmen wegfallen. Die Zahlung beruht nicht auf dem Mietvertrag, sondern auf dem abgeschlossenen Vergleich. Die Vertragsaufhebung ist aufgrund des von der B-GmbH ausgeübten erheblichen Drucks zustande gekommen. Die vorzeitige Aufhebung des Mietverhältnisses ist auch kein normaler und üblicher Geschäftsvorfall im Rahmen der Einkünfte aus Vermietung und Verpachtung. Nach alledem ist die A zugeflossene Entschädigung von 120 000 DM als Einkünfte aus Vermietung und Verpachtung tarifermäßigt zu versteuern (FG Baden-Württemberg, in EFG 1982 S. 627). *(Schoor)*

FALL 223

Entschädigung für die Aufgabe einer Tätigkeit

Sachverhalt: Sowohl A als auch B betreiben den Zeitungs- und Zeitschriftengroßhandel. Am 6. 9. 01 vereinbaren sie aus wirtschaftlichen und organisatorischen Gründen eine Gebietsbereinigung. Zu diesem Zweck überträgt A einen

Teil seines Absatzgebietes auf B, der ihm dafür eine Abfindung von 100 000 DM gewährt. Die Abfindung wird noch im Jahr 01 an A ausgezahlt.

Frage: Wie ist die Abfindung bei A einkommensteuerlich zu behandeln?

Lösung

Bei der A für die teilweise Aufgabe seines Absatzgebietes gewährten Abfindung handelt es sich um eine Entschädigung i. S. von § 24 Nr. 1 Buchst. b EStG (Entschädigung für die Aufgabe oder Nichtausübung einer Tätigkeit). Die Annahme einer Entschädigung i. S. des § 24 Nr. 1 Buchst. b EStG ist nicht schon deshalb ausgeschlossen, weil A die Vereinbarung vom 6. 9. 01 freiwillig abgeschlossen hat. Die Vorschrift des § 24 Nr. 1 Buchst. b EStG erfordert nämlich – anders als die des § 24 Nr. 1 Buchst. a EStG – nach ihrem Sinn und Zweck, daß die Tätigkeit gerade mit Wollen oder Zustimmung des Betroffenen aufgegeben wird (BFH, in BStBl 1984 II, 580, 583).

Die Entschädigung von 100 000 DM erhöht den laufenden Gewinn des A. Sie unterliegt daher auch der Gewerbesteuer. Für Zwecke der Einkommensteuer ist der gewerbliche Gewinn des A aufzuteilen in den Gewinn, der der normalen tariflichen Einkommensteuer unterliegt, und dem Gewinn, der nach § 34 Abs. 1 und 2 i. V. mit § 24 Nr. 1b EStG mit dem ermäßigten Einkommensteuersatz zu besteuern ist. Im Ergebnis ist die Abfindung von 100 000 DM tarifbegünstigt zu versteuern; denn zur Ermittlung des steuerbegünstigten Entschädigungsbetrags ist die anteilige Gewerbesteuer nicht vom Entschädigungsbetrag abzuziehen (BFH, in BFH/NV 1986 S. 400). *(Schoor)*

FALL 224

Ausgleichszahlung an einen Versicherungsvertreter nach § 89b HGB

Sachverhalt: Der 65 Jahre alte A ist seit Jahren als selbständiger Versicherungsagent für die X-Versicherungs-AG tätig. Zum 31. 12. 01 gibt A seine berufliche Tätigkeit auf. Im Betriebsvermögen (Anlagevermögen) der Versicherungsagentur sind zu diesem Zeitpunkt stille Reserven von 10 000 DM enthalten.

Das Versicherungsunternehmen erkennt A einen Ausgleichsanspruch nach § 89b HGB von 100 000 DM zu. Die Auszahlung erfolgt im Jahr 02.

Frage: Wie ist die A im Jahr 02 zugeflossene Ausgleichszahlung nach § 89b HGB einkommensteuerlich zu behandeln?

Lösung

Versicherungsvertreter können vom Versicherungsunternehmen nach Beendigung des Vertragsverhältnisses einen angemessenen Ausgleich verlangen (§ 89b HGB). Derartige Ausgleichszahlungen sind einkommensteuerrechtlich als Entschädigung zu behandeln (§ 24 Nr. 1 Buchst. c EStG). Sie sind daher tarifbegünstigt zu versteuern (§ 34 Abs. 2 Nr. 2 EStG). Der Ausgleichsanspruch entsteht mit der Beendigung des Vertragsverhältnisses, er ist somit als letzter laufender Gschäftsvorfall des Gewerbebertriebs des Versicherungsvertreters anzusehen (BFH, in BStBl 1981 II, 97). Diese Beurteilung hat zur Folge, daß der Ausgleichsanspruch in der Schlußbilanz des A zum 31. 12. 01 zu aktivieren und der aufgrund der Aktivierung erhöhte Gewinn als Gewerbeertrag zu erfassen ist. Die Ausgleichszahlung gehört auch dann zum laufenden Gewinn und nicht zum Aufgabegewinn i. S. von § 16 Abs. 3 EStG des Versicherungsvertreters, wenn dieser seinen Gewerbebetrieb aufgibt (BFH, in BStBl 1983 II, 243; BStBl 1987 II, 570, BFH/NV 1990 S. 188 und BFH/NV 1996 S. 169).

Die Ausgleichszahlung von 100 000 DM unterliegt demnach bei A im Kalenderjahr 01 der Einkommen- und Gewerbesteuer. Bei der Einkommensteuer ist die Ausgleichszahlung von 100 000 DM tarifbegünstigt zu versteuern (§ 34 Abs. 2 Nr. 2 EStG); zur Ermittlung der tarifbegünstigten Einkünfte ist die Ausgleichszahlung nicht um die anteilige Gewerbesteuer zu mindern (BFH, in BStBl 1984 II, 347, und BFH/NV 1986 S. 400). Der Betriebsaufgabegewinn des A in Höhe von 10 000 DM bleibt steuerfrei (§ 16 Abs. 4 EStG). *(Schoor)*

FALL 225

Nachträgliche Einkünfte als Rechtsnachfolger

Sachverhalt: Die 50 Jahre alte A ist die Witwe und Alleinerbin ihres am 30. 12. 01 im Alter von 56 Jahren verstorbenen Ehemannes. Dieser war als selbständiger Arzt tätig gewesen; er ermittelte seinen Gewinn durch Einnahme-Überschußrechnung (§ 4 Abs. 3 EStG).

A, die selbst nicht über die berufliche Qualifikation zur Fortführung der Arztpraxis verfügt, zieht in der Zeit von Januar bis Juni 02 die noch ausstehenden Honorare von 80 000 DM ein und veräußert schließlich am 30. 6. 02 Praxisinventar und Praxisgeräte. Dabei erzielt sie einen Veräußerungsgewinn von 50 000 DM.

Die nachträglichen – mit der früheren Praxis zusammenhängenden – Ausgaben, die A im Jahr 02 angefallen sind, belaufen sich einschließlich AfA auf 10 000 DM.

Frage: Welcher Einkunftsart sind die nachträglichen Einkünfte zuzuordnen und wem sind sie zuzurechnen?

Lösung

Zu den Einkünften i. S. des § 2 Abs. 1 EStG gehören auch Einkünfte aus einer ehemaligen Tätigkeit i. S. des § 2 Abs. 1 Nr. 1 bis 4 EStG, und zwar auch dann, wenn sie dem Stpfl. als Rechtsnachfolger zufließen (§ 24 Nr. 2 EStG). Dem Rechtsnachfolger zufließende nachträgliche Einkünfte sind ihm als eigene Einkünfte zuzurechnen. Die Verwirklichung des gesetzlichen Einkünfteerzielungstatbestands durch den Rechtsvorgänger wird also dem Rechtsnachfolger zugerechnet (BFH, in BStBl 1989 II, 509 und BStBl 1994 II, 922).

Der Tod des Ehemannes der A führt nicht zu einer Betriebsaufgabe (BFH, in BStBl 1993 II, 716). Das Praxisvermögen wird zu Betriebsvermögen der A.

Da der Ehemann der A seinen Gewinn nach § 4 Abs. 3 EStG ermittelt hat, darf A diese Gewinnermittlungsart beibehalten; denn nach den einkommensteuerlichen Vorschriften über die Gewinnermittlung darf ein Übergang zum Vermögensvergleich nicht schon bei der Betriebseinstellung, sondern erst bei der Veräußerung oder Aufgabe unterstellt werden (BFH, in BStBl 1973 II, 786). A muß daher im Jahr 02 folgenden Betrag als nachträgliche laufende Einkünfte aus der Arztpraxis zum vollen Tarif versteuern (§§ 18 Abs. 1 Nr. 1, 24 Nr. 2 EStG):

Nach dem Tod des Ehemannes eingegangene Honorare	80 000 DM
·/. nachträgliche Betriebsausgaben	10 000 DM
Gewinn aus selbständiger Arbeit	70 000 DM

Der Veräußerungsgewinn von 50 000 DM unterliegt als Einkünfte aus selbständiger Arbeit dem ermäßigten Steuersatz (§§ 18 Abs. 3, 34 EStG); ein Freibetrag (§ 16 Abs. 4 EStG) kann nicht gewährt werden. *(Schoor)*

XI. Altersentlastungsbetrag (§ 24a EStG)

FALL 226

Altersentlastungsbetrag im Fall der Zusammenveranlagung von Ehegatten

Sachverhalt: Die Eheleute A und B werden zusammen zur Einkommensteuer veranlagt. A ist am 1. 1. 1932, seine Ehefrau B am 2. 1. 1932 geboren. Im Kalenderjahr 1996 haben die Eheleute folgende Einkünfte erzielt:

	Ehemann A	Ehefrau B
Einkünfte aus nichtselbständiger Arbeit		
a) Bruttoarbeitslohn aus einem gegenwärtigen Arbeitsverhältnis	6 000 DM	–
b) Beamtenpension	24 000 DM	–
Einkünfte aus Kapitalvermögen	3 000 DM	2 000 DM
Einkünfte aus Vermietung und Verpachtung ·/.	1 000 DM	30 000 DM
Sonstige Einkünfte		
Rente aus der gesetzlichen Sozialversicherung maßgebender Ertragsanteil = 29 %	6 000 DM	–

Frage: Steht den Eheleuten – ggf. in welcher Höhe – ein Altersentlastungsbetrag zu?

Lösung

Voraussetzung für die Gewährung eines Altersentlastungsbetrages ist, daß der Stpfl. vor dem Beginn des Veranlagungszeitraums das 64. Lebensjahr vollendet hat (§ 24a Abs. 1 Satz 3 EStG). Da A am 1. 1. 1932 geboren ist, vollendet er mit Ablauf des 31. 12. 1995 sein 64. Lebensjahr (§ 108 AO i. V. mit §§ 187 Abs. 2, 188 Abs. 2 BGB); A steht demnach für den Veranlagungszeitraum 1996 dem Grunde nach ein Altersentlastungsbetrag zu. B kann hingegen für 1996 kein Altersentlastungsbetrag gewährt werden, weil sie erst mit Ablauf des 1. 1. 1996 ihr 64. Lebensjahr vollendet. Im Fall der Zusammenveranlagung von Ehegatten ist der Altersentlastungsbetrag nur demjenigen Ehegatten für seine eigenen Einkünfte zu gewähren, der die Voraussetzungen hierfür erfüllt.

Die Bemessungsgrundlage für den Altersentlastungsbetrag besteht aus zwei Komponenten: zum einen aus dem Arbeitslohn (mit Ausnahme von Versorgungsbezügen i. S. von § 19 Abs. 2 EStG) und zum anderen aus der positiven Summe der übrigen Einkünfte (mit Ausnahme von Einkünften aus Leibrenten i. S. des § 22 Nr. 1 Satz 3 Buchst. a EStG und Einkünften i. S. des § 22 Nr. 4 Satz 4 Buchst. b EStG).

Zur Ermittlung der zweiten Komponente, d. h. der positiven Summe der übrigen Einkünfte, werden die positiven mit den negativen Einkünften verrechnet. Eine positive Summe erhöht die erste Komponente, eine negative Summe bewirkt jedoch – wie sich aus der nachstehenden Übersicht ergibt – keine Minderung der Bemessungsgrundlage:

Übersicht

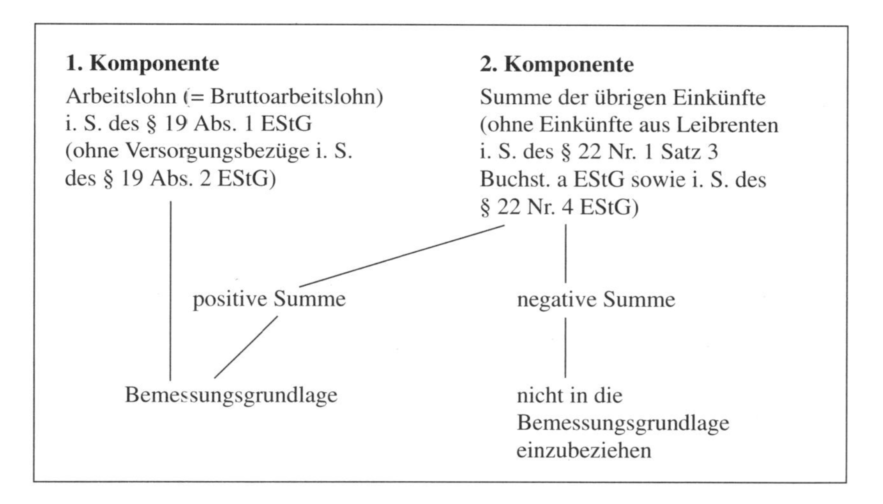

Der Altersentlastungsbetrag beträgt 40 % der Bemessungsgrundlage, höchstens 3 720 DM (§ 24a Abs. 1 Satz 1 EStG). Wendet man die vorstehenden Grundsätze hier an, so errechnet sich der A für 1996 zu gewährende Altersentlastungsbetrag wie folgt:

1. Komponente

a) Bruttoarbeitslohn aus einem gegenwärtigen Arbeitsverhältnis 6 000 DM

b) Die Beamtenpension bleibt als Versorgungsbezüge unberücksichtigt.

2. Komponente

Einkünfte aus Kapitalvermögen	3 000 DM	
Einkünfte aus Vermietung und Verpachtung	·/. 1 000 DM	
Positive Einkünfte	2 000 DM	2 000 DM
Sonstige Einkünfte: Der Ertragsanteil der Leibrente wird nicht berücksichtigt		
Bemessungsgrundlage		8 000 DM
Altersentlastungsbetrag: 40 % von 8 000 DM =		3 200 DM

(Schoor)

M. Veranlagung von Ehegatten

Vorbemerkung

Die Veranlagungsarten betreffen nur das Veranlagungsverfahren – nicht das Abzugsverfahren (z. B. Lohnsteuer).

Gesetzliche Grundlage jeder Veranlagung ist § 25 EStG. Als Grundsatz gilt die Einzelveranlagung, als Ausfluß der Individualbesteuerung.

Nur für Ehegatten, die die Voraussetzungen des § 26 Abs. 1 EStG erfüllen, gibt es Ausnahmen von diesem Grundsatz. Sie haben ein Wahlrecht zwischen der

- getrennten Veranlagung gem. § 26a EStG,
- Zusammenveranlagung gem. § 26b EStG und der
- besonderen Veranlagung gem. § 26c EStG für den Veranlagungszeitraum der Eheschließung (ab 1986).

Liegen die Voraussetzungen des § 26 Abs. 1 EStG nicht vor, ist eine Einzelveranlagung durchzuführen.

Voraussetzungen der Ehegattenveranlagung:

- es muß eine rechtsgültige Ehe bestehen,
- die Ehegatten müssen beide unbeschränkt steuerpflichtig sein,
- die Ehegatten dürfen nicht dauernd getrennt leben.

Diese Voraussetzungen müssen gleichzeitig zu Beginn des VZ vorgelegen haben oder im Laufe des VZ eingetreten sein.

Wurde das Wahlrecht nicht ausgeübt, wird gem. § 26 Abs. 3 EStG die Zusammenveranlagung unterstellt.

Wird das Wahlrecht ausgeübt, so erfolgt aufgrund ausdrücklicher Erklärung **eines** Ehegatten die getrennte Veranlagung (§ 26 Abs. 2 S. 1 EStG), aufgrund ausdrücklicher Erklärung **beider** Ehegatten gem. § 26 Abs. 2 S. 2 EStG die Zusammenveranlagung bzw. die besondere Veranlagung für den VZ der Eheschließung. *(Friebel)*

FALL 227

Voraussetzungen der Ehegattenveranlagung

Sachverhalt: A und B heiraten am 15. 10. 01. Sie begründen ihren Wohnsitz in Neustadt. A lebte bis zur Heirat in Straßburg, während B bereits seit Jahren in Neustadt lebte. Seit Februar 03 leben die Ehegatten in Neustadt dauernd getrennt. Die Ehe wird am 12. 1. 04 rechtskräftig geschieden. A zieht nach Speyer und heiratet am 20. 5. 04 den unbeschränkt steuerpflichtigen X. B bleibt weiter in Neustadt, heiratet aber nicht wieder.

Frage: Welche Veranlagungsarten kommen für die VZ 01, 02, 03 und 04 in Betracht?

Lösung

Die Eheleute A und B erfüllen im VZ 01 die Voraussetzungen des § 26 Abs. 1 Satz 1 EStG. Sie haben im Laufe des VZ geheiratet und lebten nicht dauernd getrennt. B war bereits unbeschränkt steuerpflichtig, während A erst mit Begründung ihres Wohnsitzes in Neustadt unbeschränkt steuerpflichtig wird. Sie haben demnach die Wahl zwischen der Zusammenveranlagung gem. § 26b EStG, der getrennten Veranlagung gem. § 26a EStG und der besonderen Veranlagung gem. § 26c EStG.

Das Einkommen, das A während der Zeit der ggf. vorliegenden beschränkten Steuerpflicht bezogen hat, ist nicht in die Ehegattenveranlagung einzubeziehen. Für A, bei der die Steuerpflicht gewechselt hat, wenn sie Inlandseinkünfte i. S. des § 49 EStG bezogen hatte, ist für 01 eine weitere Veranlagung durchzuführen (R 227 EStR, H 227 EStH).

Im VZ 02 liegen weiterhin die Voraussetzungen für eine Ehegattenveranlagung vor. Die Eheleute können hier wählen zwischen der Zusammenveranlagung und der getrennten Veranlagung.

Obwohl die Ehegatten ab Februar 03 dauernd getrennt leben, erfüllen sie zu Beginn des VZ 03 noch die Voraussetzungen des § 26 Abs. 1 Satz 1 EStG und haben das Wahlrecht zwischen der Zusammenveranlagung und der getrennten Veranlagung.

Im VZ 04 liegen die Voraussetzungen gem. § 26 Abs. 1 Satz 1 EStG nicht mehr vor. Eine Ehegattenveranlagung kommt demnach zwischen A und B nicht mehr in Betracht. Da A den X geheiratet hat und mit dem neuen Ehegatten die Voraussetzungen des § 26 Abs. 1 EStG erfüllt, können diese wählen zwischen der Zusammenveranlagung, der getrennten Veranlagung und der besonderen Veranlagung. B ist dagegen einzeln zu veranlagen. *(Friebel)*

FALL 228

Veranlagungsarten bei Ehegatten

Sachverhalt: A und B sind seit vielen Jahren verheiratet und leben in Landau. Am 14. 3. 01 stirbt A. B heiratet am 10. 11. 01 X (unbeschränkt steuerpflichtig). Die Wohnung in Landau behalten sie bei.

Frage: Welche Veranlagungsarten kommen für 01 in Betracht?

▶ Lösung

Die Eheleute A und B erfüllen in 01 die Voraussetzungen des § 26 Abs. 1 Satz 1 EStG, d. h. sie haben das Wahlrecht betr. der Ehegattenveranlagung. Im selben VZ erfüllen aber auch B und X die Voraussetzungen für eine Ehegattenveranlagung. War der Steuerpflichtige im selben VZ mehr als einmal verheiratet und wurde die andere Ehe durch Tod, Scheidung oder Aufhebung aufgelöst, so gilt das Wahlrecht gem. § 26 Abs. 1 Satz 2 EStG nur für die letzte Ehe, wenn hierfür die Voraussetzungen des § 26 Abs. 1 EStG vorliegen. Ist das nicht der Fall, gilt das Wahlrecht für die aufgelöste vorangegangene Ehe.

Es haben demnach B und X das Wahlrecht zwischen der Zusammenveranlagung, der getrennten Veranlagung und der besonderen Veranlagung für den VZ der Eheschließung. Für A ist für die Zeit vom 1. 1. – 14. 3. 01 eine Einzelveranlagung durchzuführen. In diesem Fall wird aber nicht der Grundtarif angewendet, sondern gem. § 32a Abs. 6 Nr. 2 EStG der Splittingtarif (sog. Gnadensplitting). Wählen B und X aber in 01 die besondere Veranlagung gem. § 26c EStG, gilt § 26 Abs. 1 Satz 2 EStG nicht; d. h. A und B haben das Wahlrecht, i. d. R. wohl für die Zusammenveranlagung. Für X kommt die besondere Veranlagung in Betracht. Diese Regelung gilt seit 1992. *(Friebel)*

FALL 229

Zusammenveranlagung

Sachverhalt: A und B heiraten am 12. 5. 03. Sie sind beide unbeschränkt steuerpflichtig und haben ihren Wohnsitz in der Bundesrepublik. A war bereits einmal verheiratet, ihr Ehemann verstarb 02. Aus dieser Ehe stammt ein 10jähriger Sohn.

A erzielt Einkünfte aus selbständiger Arbeit von 25 000 DM, ihre Vorsorgeaufwendungen betragen 6 000 DM. Außerdem hat sie monatliche Betreuungskosten für ihren Sohn von 200 DM bezahlt.

B erzielt Einkünfte aus Gewerbebetrieb von 56 000 DM, Einnahmen aus Kapitalvermögen von 1 000 DM, seine Vorsorgeaufwendungen betragen 9 300 DM.

Eine Wahl zur Veranlagung wurde nicht getroffen.

Frage: Führen Sie die Veranlagung für den VZ 03 durch!

Lösung

Die Eheleute A und B erfüllen die Voraussetzungen des § 26 Abs. 1 Satz 1 EStG. Da sie keine Wahl bezgl. der Veranlagungsart getroffen haben, ist gem. § 26 Abs. 3 EStG die Zusammenveranlagung durchzuführen.

Bei der Zusammenveranlagung werden die **Einkünfte des einzelnen getrennt ermittelt und dann zusammengerechnet**. Die Ehegatten werden gemeinsam als Steuerpflichtiger behandelt. Sie haben eine gemeinsame Steuererklärung abzugeben (§ 25 Abs. 3 EStG). Es ist der Splittingtarif gem. § 32a Abs. 5 EStG anzuwenden.

Schema:

Einkünfte EM	Einkünfte EF
|	|
Summe der Einkünfte	Summe der Einkünfte
– Altersentlastungsbetrag § 24a EStG	– Altersentlastungsbetrag § 24a EStG
– FB L u. F § 13 Abs. 3 EStG	– FB L u. F § 13 Abs. 3 EStG

Gesamtbetrag der Einkünfte
– Sonderausgaben

– außergewöhnliche Belastungen
→ Einkommen
– Sonderfreibeträge
→ zu versteuerndes Einkommen

Einkünfte A gem. § 18 EStG			= 25 000 DM
Einkünfte B gem. § 15 EStG			= 56 000 DM
Einkünfte B gem. § 20 EStG:			
Einnahmen	= 1 000 DM		
·/. WK-Pauschbetrag § 9a Nr. 2 EStG	·/. 200 DM		
·/. Sparerfreibetrag § 20 Abs. 4 EStG ab 1993 12 000 DM max.	800 DM		
Einkünfte	= 0 DM		= 0 DM
Die Beträge des anderen Ehegatten kommen B zugute.			
Summe und Gesamtbetrag der Einkünfte			81 000 DM
– Sonderausgaben-Pauschbetrag § 10c Abs. 1 i. V. m. Abs. 4 Nr. 1			·/. 216 DM
– Sonderausgaben-Summe	= 15 300 DM		
Vorwegabzug ohne Kürzung	= 12 000 DM	→ 12 000 DM	
– Grundhöchstbetrag verbleiben	3 300 DM		
5 220 DM max.	3 300 DM	→ 3 300 DM	
im Rahmen der HB gem. § 10 Abs. 3 EStG abzugsfähig		= 15 300 DM	·/. 15 300 DM

– Außergewöhnliche Belastung
für die Aufwendungen von insgesamt 200 DM × 5 (bis 12. 5. 03) = 1 000 DM erhält A die Vergünstigung gem. § 33c EStG. Sie ist für diese Zeit noch alleinstehend i. S. des § 33c Abs. 2 EStG. (Der anteilige Höchstbetrag von 1 667 DM übersteigt 1 000 DM.) Die zumutbare Belastung nach § 33 Abs. 3 EStG ist im o. g. Fall höher als die Aufwendungen (3 % von 81 000 DM) (BdF v. 25. 9. 1992, BStBl I, 545).

Gem. § 33c Abs. 4 EStG ist deshalb ein PB von 480 DM abzusetzen, der gem. § 33c Abs. 3 Satz 3 EStG auf 200 DM zu ermäßigen ist.	·/.	200 DM
Einkommen	=	65 284 DM
– Kinderfreibetrag, § 32 Abs. 6 Satz 3 Nr. 1 EStG Änderg. lt. JStG 96 betr. Kinderfreibetrag.	·/.	4 104 DM
zu versteuerndes Einkommen	=	61 180 DM

Tarif: Splitting gem. § 32a Abs. 5 EStG *(Friebel)*

FALL 230

Besondere Veranlagung (1)

Sachverhalt: Wie Fall 224, aber die Eheleute wählen die besondere Veranlagung gem. § 26c EStG.

Frage: Führen Sie die Veranlagung für 03 durch!

Lösung

Die Eheleute erfüllen die Voraussetzungen des § 26 Abs. 1 Satz 1 EStG und können damit die besondere Veranlagung wählen. Bei dieser Veranlagungsart werden die Eheleute für den VZ der Eheschließung so behandelt, **als ob sie unverheiratet wären.** Die Besteuerungsgrundlagen sind für jeden Ehegatten selbständig zu ermitteln. Sie haben jeder eine Steuererklärung gem. § 25 Abs. 3 Satz 3 EStG abzugeben.

Einkünfte A:

Einkünfte gem. § 18 EStG		=	25 000 DM
= Gesamtbetrag der Einkünfte			
– Sonderausgaben-PB § 10c Abs. 1		·/.	108 DM
– Sonderausgaben, § 10 Abs. 1 Nr. 2 EStG	= 6 000 DM		
Vorwegabzug gem. § 10 Abs. 3 Nr. 2 EStG	= 6 000 DM		
Grundhöchstbetrag § 10 Abs. 3 Nr. 1 EStG	= 2 610 DM abzugsfähig	·/.	6 000 DM

– Außergewöhnliche Belastung gem. § 33c EStG Für die Zeit bis 12. 5. 03 ist A alleinstehend i. S. des § 33c Abs. 2 EStG. Die zumutbare Belastung nach § 33 Abs. 3 EStG beträgt 2 % von 25 000 DM = 500 DM. Die Aufwendungen betragen 1 000 DM abzüglich 500 DM = 500 DM (ant. HB, § 33c Abs. 3 = 1 667 DM) Kürzung um zumutbare Belastung strittig (BdF, BStBl 95 I S. 88) Der Pauschbetrag von 200 DM ist niedriger, also abzugsfähig.		·/.	500 DM
Einkommen		=	18 392 DM
– Kinderfreibetrag, § 32 Abs. 6 Satz 3 Nr. 1 EStG (bis 1995)		·/.	4 104 DM
– Haushaltsfreibetrag kommt nicht in Betracht, da der Splittingtarif nach § 32a Abs. 6 EStG anzuwenden ist.			
zu versteuerndes Einkommen		=	14 288 DM

Tarif: Splitting gem. § 32a Abs. 6 Nr. 1 i. V. mit § 26c Abs. 2 EStG

Einkünfte B:

Einkünfte gem. § 15 EStG				=	56 000 DM
Einkünfte gem. § 20 EStG:					
Einnahmen		=	1 000 DM		
– WK-PB, § 9a Nr. 2 EStG		·/.	100 DM		
– Sparerfreibetrag, § 20 Abs. 4 EStG	max.	·/.	900 DM		
Einkünfte			0 DM	+	0 DM
Gesamtbetrag der Einkünfte				=	56 000 DM
– SA-PB § 10c Abs. 1 EStG				·/.	108 DM

– Sonderausgaben § 10 Abs. 1 Nr. 2 EStG			9 300 DM
Vorwegabzug	= 6 000 DM	→	6 000 DM
Rest	3 300 DM		
Grundhöchstbetrag	2 610 DM		2 610 DM
Rest	690 DM		
Erhöhungsbetrag ½	345 DM		
max. 1 305 DM			345 DM

abzugsfähig im Rahmen der Höchstbeträge	·/.	8 955 DM
Einkommen = zu versteuerndes Einkommen	=	46 937 DM

Tarif: Grundtabelle § 32a Abs. 1 EStG *(Friebel)*

FALL 231

Besondere Veranlagung (2)

Sachverhalt: Anton und Berta heiraten im Mai 1995. Anton war bereits vorher verheiratet, die Ehe wurde 1993 geschieden. Aus dieser Ehe stammt der 8jährige Jan, der bei seiner Mutter Isabelle lebt und auch dort gemeldet ist.

Berta hat ein 1985 geborenes uneheliches Kind, dessen Vater Unterhalt zahlt. Das Kind lebt bei Berta und seit der Eheschließung im gemeinsamen Haushalt der Eheleute und ist auch dort gemeldet.

Die Einkünfte von Anton betragen 55 000 DM, seine abzugsfähigen Sonderausgaben 4 500 DM. Die Einkünfte von Berta betragen 35 000 DM, ihre abzugsfähigen Sonderausgaben 3 200 DM.

Die Eheleute wählen die besondere Veranlagung.

Frage: Führen Sie die Veranlagung für 1995 durch!

Lösung

Da die Eheleute A und B die Voraussetzungen des § 26 Abs. 1 Satz 1 EStG erfüllen, können sie die besondere Veranlagung gem. § 26c EStG wählen.

Veranlagung Anton:

Summe und Gesamtbetrag der Einkünfte	=	55 000 DM
– Sonderausgaben abzugsfähig im Rahmen der Höchstbeträge	·/.	4 500 DM
Einkommen	=	50 500 DM
– Kinderfreibetrag, § 32 Abs. 6 EStG (bis 1995)	·/.	2 052 DM
Ein Haushaltsfreibetrag ist nicht zu gewähren, da das Kind gem. § 32 Abs. 7 Satz 2 ff. EStG der Mutter zuzuordnen ist.		
Zu versteuerndes Einkommen	=	48 448 DM

Tarif: Grundtabelle, § 32a Abs. 1–4 EStG

Veranlagung Berta:

Summe und Gesamtbetrag dfer Einkünfte	=	35 000 DM
– Sonderausgaben abzugsfähig	·/.	3 200 DM
Einkommen	=	31 800 DM
– Kinderfreibetrag, § 32 Abs. 6 Satz 1 EStG	·/.	2 052 DM
– Haushaltsfreibetrag, § 32 Abs. 7 EStG, da das Kind bei Berta gemeldet ist.	·/.	5 616 DM
Zu versteuerndes Einkommen	=	24 132 DM

(Friebel)

FALL 232

Getrennte Veranlagung

Sachverhalt: Die Eheleute A und B sind seit Jahren verheiratet und leben im gemeinsamen Haushalt in Neustadt. Sie beantragen für den Veranlagungszeitraum 1995 die getrennte Veranlagung nach §§ 26, 26a EStG. Der Ehemann A ist als selbständiger Handelsvertreter tätig und erzielt für 1995 einen Gewinn aus Gewerbebetrieb von 48 300 DM. Seine Ehefrau B ist als kaufmännische Angestellte beschäftigt und erhält in 1995 einen Bruttoarbeitslohn in Höhe von 40 600 DM. Die Einnahmen aus Kapitalvermögen von A betragen 180 DM und von B 3 500 DM. A macht außerdem folgende Aufwendungen geltend:

Lebensversicherung	=	7 500 DM
Kirchensteuer	=	470 DM
Krankheitskosten nach Erstattung	=	6 230 DM
Körperbehinderung	=	70 %
B macht geltend:		
Arbeitnehmeranteil zur Sozialversicherung	=	6 525 DM

Die Eheleute haben einen gemeinsamen 10jährigen Sohn, der zu 60 % körperbehindert ist.

Einen Antrag zur Verteilung der außergewöhnlichen Belastungen haben die Eheleute nicht gestellt.

Frage: Ermitteln Sie das zu versteuernde Einkommen der Eheleute für den VZ 1995!

Lösung 

Die Eheleute erfüllen die Voraussetzungen des § 26 Abs. 1 EStG und können deshalb die getrennte Veranlagung wählen. Wie in allen anderen Veranlagungsarten, sind die Einkünfte der Eheleute getrennt zu ermitteln und entsprechend zuzurechnen. Die Ehegatten haben gem. § 25 Abs. 3 Satz 3 EStG jeder eine Steuererklärung abzugeben. Auf das jeweilige zu versteuernde Einkommen ist die Grundtabelle anzuwenden.

Schema:

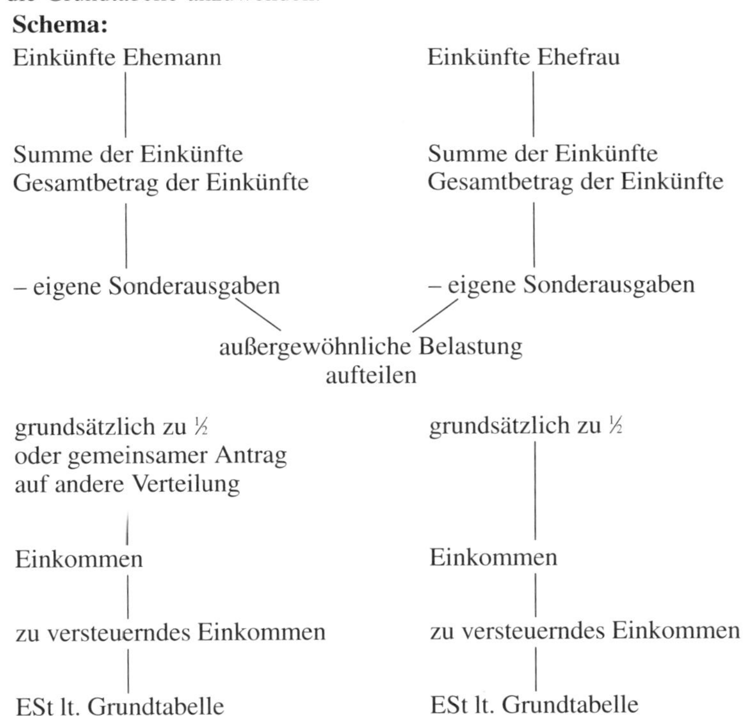

Die getrennte Veranlagung ist demnach nicht identisch mit der Einzelveranlagung.

Ab dem VZ 1990 hat § 26a Abs. 2 EStG eine Änderung erfahren. Nach den bisherigen Regelungen wurden auch die Sonderausgaben einheitlich für die Ehegatten ermittelt, als ob sie zusammenveranlagt würden. Die so unter Anwendung der Höchstbeträge und Pauschalen ermittelten abzugsfähigen Sonderausgaben waren dann auf die Ehegatten zu verteilen. Bei der Veranlagung jedes Ehegatten waren die für den Ehegatten in Betracht kommenden Pauschbeträge oder Pauschalen anzusetzen, der darüber hinausgehende Betrag war grundsätzlich zu je ½ auf die Ehegatten zu verteilen, wenn nicht eine andere Aufteilung beantragt worden war. Nach der Neufassung des § 26a Abs. 2 EStG sind die Sonderausgaben ab 1990 nicht mehr einheitlich zu ermitteln, sondern nur noch bei dem Ehegatten abzuziehen, der sie geleistet hat unter Berücksichtigung der jeweiligen Höchstbeträge (Ausnahme: § 10 Abs. 1 Nr. 8 EStG).

Die außergewöhnlichen Belastungen werden aber wie bisher einheitlich ermittelt und bei beiden grundsätzlich zu je ½ berücksichtigt, wenn nicht die Ehegatten gemeinsam eine andere Aufteilung beantragen.

Ermittlung der Einkünfte des Ehemannes A:

Einkünfte nach § 15 Abs. 1 Nr. 1 EStG			=	48 300 DM
Einkünfte nach § 20 EStG:				
Einnahmen	=	180 DM		
– Werbungskosten-PB	·/.	100 DM		
– Sparerfreibetrag max.	·/.	80 DM	→	0 DM
= Gesamtbetrag der Einkünfte			=	48 300 DM

Ermittlung der Einkünfte der Ehefrau B:

Einkünfte nach § 19 Abs. 1 Nr. 1 EStG:				
Einnahmen brutto	=	40 600 DM		
– § 9a Nr. 1 EStG AN-Pauschbetrag	·/.	2 000 DM		
Einkünfte	=	38 600 DM		38 600 DM
Einkünfte gem. § 20 EStG:				
Einnahmen	=	3 500 DM		
– Werbungskosten-PB	·/.	100 DM		
– Sparerfreibetrag 6000 DM max.	·/.	3 400 DM		
Einkünfte	=	0 DM	+	0 DM
– Gesamtbetrag der Einkünfte			=	38 600 DM

Ermittlung der aufzuteilenden außergewöhnlichen Belastung:

Krankheitskosten	=	6 230 DM
§ 26a Abs. 2 EStG		

abzüglich zumutbare Belastung, berechnet von der Summe der Gesamtbeträge der Einkünfte beider Ehegatten			
GdE Ehemann	= 48 300 DM		
GdE Ehefrau	= 38 600 DM		
Summe	= 86 900 DM		
gem. § 33 Abs. 3 EStG 3 %		·/. 2 607 DM	
verbleiben als berücksichtigungsfähig			→ 3 623 DM

aufzuteilen zu ½, da kein anderer Antrag gestellt wurde. Es kommt nicht darauf an, welcher Ehegatte die Aufwendungen getragen hat.

Ermittlung des zu versteuernden Einkommens des Ehemannes A:

Gesamtbetrag der Einkünfte			= 48 300 DM
Sonderausgaben:			
Lebensversicherung	= 7 500 DM		
Vorwegabzug, § 10 Abs. 3 Nr. 2 EStG ab 1993	·/. 6 000 DM	6 000 DM	
Rest	= 1 500 DM		
– Grundhöchstbetrag 2 610 DM max.	·/. 1 500 DM	1 500 DM	
verbleiben	0 DM		
abzugsfähige Sonderausgaben			·/. 7 500 DM
– Kirchensteuer 470 DM, § 10 Abs. 1 Nr. 4 EStG der PB nach § 10c Abs. 1 EStG von 108 DM wird überschritten			·/. 470 DM
außergewöhnliche Belastungen:			
Krankheitskosten gem. § 26a Abs. 2 EStG 90 zu ½			·/. 1 811 DM
Körperbehinderung des Ehemannes § 33b Abs. 3 EStG bei 70 % = 1 740 DM aufzuteilen zu je ½			·/. 870 DM
Der Körperbehinderten-PB des Sohnes von 1 410 DM (60 %) ist nach § 33b Abs. 5 EStG auf die Eltern zu übertragen. Diese PB sind den Ehegatten immer zu ½ zuzurechnen. Eine andere Aufteilung ist hier nicht zugelassen, § 26a Abs. 2 Satz 2 EStG			·/. 705 DM
Einkommen			= 36 944 DM

– Kinderfreibetrag, § 32 Abs. 6 Satz 1 EStG			·/. 2 052 DM
zu versteuerndes Einkommen			= 34 892 DM
Einkommen lt. Grundtabelle			

Ermittlung des zu versteuernden Einkommens der Ehefrau B:

Gesamtbetrag der Einkünfte			= 38 600 DM
Sonderausgaben:			
Sozialversicherungsbeitrag	= 6 525 DM		
– Vorwegabzug = 6 000 DM Kürzung ab 1993 pauschal mit 16 % vom Arbeitslohn, 40 600 DM ·/. 6 496 DM (Änderung lt. StMBG)			
als Vorwegabzug verbleiben	0 DM		
Rest	= 6 525 DM		
– Grundhöchstbetrag	·/. 2 610 DM	2 610 DM	
Rest	= 3 915 DM		
Erhöhungsbetrag	1 957 DM		
max.	1 305 DM	1 305 DM	
abzugsfähig insgesamt			·/. 3 915 DM
außergewöhnliche Belastungen:			
½ der abzugsfähigen Krankheitskosten des Ehemannes			·/. 1 812 DM
½ des Körperbehinderten-PB			·/. 870 DM
½ des Körperbehinderten-PB des Sohnes			·/. 705 DM
Einkommen			= 31 298 DM
– Kinderfreibetrag			·/. 2 052 DM
zu versteuerndes Einkommen			= 29 246 DM
Einkommen lt. Grundtabelle			

(Friebel)

FALL 233

Zurechnung der Einkünfte von Ehegatten

Sachverhalt: Die Eheleute Norbert und Anne N. werden zusammenveranlagt. Norbert hat eine Zahnarztpraxis und erzielt daraus für den VZ 1995 einen Gewinn von 97 200 DM. In der Praxis arbeitet seine Ehefrau Anne als Sprechstundenhilfe. N. hat Lebensversicherungsbeiträge in Höhe von 5 300 DM und Kirchensteuer von 1 646 DM bezahlt.

Frage:

a) Wie hoch sind das zu versteuernde Einkommen und die Einkommensteuer für 1995, wenn Anne keinen Arbeitslohn erhält?

b) Wie hoch sind das zu versteuernde Einkommen und die Einkommensteuer für 1995, wenn Anne aufgrund eines schriftlichen Arbeitsvertrages ein angemessenes Gehalt von 21 400 DM brutto erhält? Der Arbeitgeberanteil zur Sozialversicherung beträgt 3 800 DM. Die einbehaltene Lohnsteuer beläuft sich auf 1 402 DM, die Kirchensteuer auf 126 DM.

Nehmen Sie Stellung zum Arbeitsverhältnis!

Lösung

Bei allen Veranlagungen von Ehegatten sind die Einkünfte für jeden gesondert zu ermitteln. Deshalb ist zu entscheiden, welcher Ehegatte die Einkünfte bezogen hat.

Zu a: Die Einkünfte aus selbständiger Arbeit sind N. allein zuzurechnen. Dadurch, daß der andere Ehegatte an der Erzielung der Einkünfte mitgewirkt hat, sind diesem nicht anteilige Einkünfte zuzurechnen (§ 26a Abs. 1 Satz 2 EStG).

Einkünfte gem. § 18 Abs. 1 Nr. 1 EStG Es liegen keine Betriebsausgaben für Anne vor, da tatsächlich nichts gezahlt wurde.	= 97 200 DM
= Gesamtbetrag der Einkünfte	
– Sonderausgaben:	
Kirchensteuer, § 10 Abs. 1 Nr. 4 EStG	·/. 1 646 DM
Lebensversicherung, § 10 Abs. 1 Nr. 2 EStG abzugsfähig im Rahmen der Höchstbeträge nach § 10 Abs. 3 EStG	·/. 5 300 DM
Einkommen = zu versteuerndes Einkommen	= 90 254 DM
Einkommensteuer lt. Splittingtabelle	= 19 158 DM

Zu b: Bei Arbeitsverhältnissen zwischen Ehegatten und nahen Angehörigen ist zu prüfen, ob diese steuerlich anzuerkennen sind (R 19 Abs. 1 EStR, Abschn. 69 Abs. 2 LStR).

Das Arbeitsverhältnis ist nur anzuerkennen, wenn es ernsthaft vereinbart und tatsächlich durchgeführt wurde. Grundsätzlich sollte hierfür ein schriftlicher Arbeitsvertrag vorliegen, die Ehefrau muß tatsächlich mitarbeiten und eine fremde Arbeitskraft ersetzen. Es muß nachgewiesen werden, daß regelmäßig Gehalt gezahlt wurde, welches in die Verfügungsmacht des Arbeitnehmer-Ehegatten gelangt ist. Außerdem müssen ein angemessenes Gehalt gezahlt und die entsprechenden Folgerungen aus dem Vertrag gezogen worden sein, d. h. Lohnsteuerabzug oder Pauschalierung der Lohnsteuer, Lohnsteuerkarte und Abführen der Sozialversicherungsbeiträge. Nach Prüfung dieser Voraussetzungen ist davon auszugehen, daß das Arbeitsverhältnis zwischen den Ehegatten steuerlich anzuerkennen ist.

Vorl. Gewinn			= 97 200 DM	
– Arbeitslohn Anne brutto			·/. 21 400 DM	
– Arbeitgeberanteil zur Sozialversicherung als Betriebsausgabe			·/. 3 800 DM	
Gewinn gem. § 18 Abs. 1 Nr. 1 EStG			= 72 000 DM	→ 72 000 DM
Einnahmen gem. § 19 Abs. 1 Nr. 1 EStG			= 21 400 DM	
(der Arbeitgeberanteil zur Sozialversicherung ist steuerfrei, § 3 Nr. 62 EStG)				
– Arbeitnehmer-PB, § 9a Nr. 1			·/. 2 000 DM	
Einkünfte aus nichtselbständiger Arbeit			19 400 DM	→ 19 400 DM
Gesamtbetrag der Einkünfte				= 91 400 DM
– Kirchensteuer		1 646 DM		
Kirchen-Lohnsteuer		126 DM		·/. 1 772 DM
– Lebensversicherung		5 300 DM		
+ Arbeitnehmeranteil zur Sozialversicherung		3 800 DM		
Vorsorgeaufwendungen		9 100 DM		
– Vorwegabzug	12 000 DM			
Kürzung AG-Anteil zur Rentenversicherung 16 % von 21 400 DM =	3 424 DM			
verbleiben	8 576 DM	8 576 DM	8 576 DM	

– Rest		524 DM		
– Grundhöchstbetrag	5 220 DM	524 DM	524 DM	
abzugsfähige Sonderausgaben			9 100 DM	·/. 9 100 DM
Einkommen = zu versteuerndes Einkommen				= 80 528 DM
Einkommensteuer lt. Splittingtabelle				= 16 290 DM

anzurechnen ist die einbehaltene Lohnsteuer von 1 402 DM gem. § 36 Abs. 2 Nr. 2 EStG.

Die Eheleute sparen durch diese Gestaltung 2 868 DM Einkommensteuer und einen entsprechenden Anteil an Kirchensteuer. *(Friebel)*

FALL 234

Zurechnung der Einkünfte aus Land- und Forstwirtschaft bei Ehegatten

Sachverhalt: Erna hat den land- und forstwirtschaftlichen Betrieb ihrer verstorbenen Eltern geerbt. Sie ist damit Eigentümerin sämtlicher Grundstücke und aufstehenden Gebäude geworden. Noch im selben Jahr heiratet sie den mittellosen Landwirt Anton. Dieser führt den Betrieb seiner Ehefrau und tätigt alle Geschäfte, mit Ausnahme der Grundstücksgeschäfte, im eigenen Namen.

Frage: Wem sind die Einkünfte aus Land- und Forstwirtschaft zuzurechnen?

Lösung

Unternehmer eines land- und forstwirtschaftlichen Betriebs ist in der Regel der Hofeigentümer. Ist im vorliegenden Fall die Ehefrau Hofeigentümerin, sind ihr die Einkünfte allein zuzurechnen. Der Ehemann wird nicht dadurch Unternehmer, daß er den Hof bewirtschaftet. Etwas anderes würde nur gelten, wenn die Ehefrau durch betriebliche Vereinbarungen, Pachtvertrag oder sonstigen Überlassungsvertrag dem Ehemann das Recht einräumt, die Nutzungen aus dem land- und forstwirtschaftlichen Vermögen selbst zu ziehen.

Die Einkünfte aus dem land- und forstwirtschaftlichen Betrieb sind den Ehegatten gemeinsam zuzurechnen, wenn

- der land- und forstwirtschaftliche Grundbesitz den Ehegatten gemeinsam gehört
  oder

- jedem Ehegatten gehört ein erheblicher Teil (mehr als 20 % des Einheitswertes des land- und forstwirtschaftlichen Betriebes) allein oder zu Miteigentum
  und
- beide Ehegatten arbeiten gemeinsam im Betrieb.

In diesen Fällen ist eine Mitunternehmerschaft der Ehegatten zu bejahen, ohne daß es eines Gesellschaftsvertrages bedarf (H 126 EStH – Mitunternehmerschaft). *(Friebel)*

FALL 235

Zurechnung der Einkünfte aus Gewerbebetrieb

Sachverhalt: Die Eheleute A und B leben in Gütergemeinschaft. A ist selbständiger Handelsvertreter, der Betrieb befindet sich im Gesamtgut der Gütergemeinschaft. B erledigt die Buchführungsarbeiten, dafür erhält sie ein angemessenes Gehalt.

Frage: Wem sind die Einkünfte aus Gewerbebetrieb zuzurechnen?

 **Lösung**

Der Gewinn aus Gewerbebetrieb „Handelsvertretung" ist A allein zuzurechnen. Das Gehalt, das er seiner Frau B zahlt, stellt für ihn eine abzugsfähige Betriebsausgabe dar, wenn die vertraglichen Gestaltungen zwischen den Ehegatten steuerlich anzuerkennen sind. B erzielt demnach Einkünfte aus nichtselbständiger Arbeit. Die Gütergemeinschaft führt hier nicht zu einer gemeinsamen Zurechnung der Einkünfte, da die persönliche Arbeitsleistung des A in den Vordergrund tritt und im Betrieb kein nennenswertes Kapital eingesetzt wird (H 174a [Gütergemeinschaft] EStH BFH, in BStBl 1980 II, 634). *(Friebel)*

FALL 236

Zurechnung bei Baubetrieb

Sachverhalt: Wie Fall 235, jedoch handelt es sich nicht um eine Handelsvertretung, sondern um einen Baubetrieb mit Grundstücken, Maschinen, Betriebsvorrichtungen und Kapital.

Frage: Wem sind die Einkünfte zuzurechnen?

Lösung

In diesem Fall sind die Einkünfte den Ehegatten gemeinsam zuzurechnen. Der Gewerbebetrieb gehört zum Gesamtgut der in Gütergemeinschaft lebenden Ehegatten. Es ist deshalb ein Gesellschaftsverhältnis, eine Mitunternehmerschaft i. S. des § 15 Abs. 1 Nr. 2 EStG anzunehmen, obwohl zivilrechtlich zwischen den Ehegatten kein Gesellschaftsverhältnis vereinbart wurde. Die Ausnahmeregelung nach H 174a EStH kommt nicht in Betracht, da im Betrieb erhebliches Vermögen eingesetzt wird.

Das Gehalt der Ehefrau ist, da sie Mitunternehmerin ist, keine Betriebsausgabe, sondern stellt eine Sondervergütung nach § 15 Abs. 1 Nr. 2 EStG dar.

(Friebel)

FALL 237

Zurechnung der Einkünfte von Eltern und Kindern

Sachverhalt: Die Eheleute haben auf den Namen ihres minderjährigen Sohnes ein Sparbuch mit einer Einlage von 30 000 DM angelegt, die vom Sparkonto der Eltern umgebucht wurden. Die Zinsen werden jährlich bei Vorlage des Sparbuches darauf gutgeschrieben.

Frage: Wem sind die Zinsen zuzurechnen?

Lösung

Richten Eltern durch Vertrag zugunsten ihrer Kinder ein Sparkonto ein, dann sind die darauf geleisteten Einlagen und die Erträge daraus den Kindern zuzurechnen, wenn die Eltern bei Abschluß des Vertrages über die Einrichtung des Sparkontos und bei der Einzahlung der Einlagen den Willen hatten, die Guthabenforderung den Kindern sofort zuzuwenden, und dieser Wille für die Bank erkennbar war (BFH, in BStBl, 1977 II, 205 f.).

Das bedeutet, daß bei Kontoeröffnung im Antrag anzugeben ist, wer Kontoinhaber, wer Gläubiger ist. Die Eltern treten lediglich als gesetzliche Vertreter auf. Die Eltern müssen das Vermögen entsprechend den bürgerlich-rechtlichen Vorschriften über die elterliche Vermögenssorge verwalten (§ 1626 BGB) und dürfen es nicht wie eigenes Vermögen behandeln.

Bei der Übertragung des Guthabens auf den Sohn handelt es sich um eine Schenkung gem. § 518 BGB. Hierfür ist zwar grundsätzlich die notarielle Beurkundung erforderlich, doch kann dieser Formmangel durch die Bewirkung der Leistung geheilt werden (§ 518 Abs. 2 BGB). Da die Übertragung des Sparguthabens ausschließlich rechtliche Vorteile bringt, greift das Selbstkontrahierungsverbot des § 181 BGB nicht. Die Bestellung eines Ergänzungspflegers ist nicht erforderlich. Die Übertragung ist also wirksam erfolgt. Der Vorgang unterliegt grundsätzlich der Erbschaftsteuer, die Freibeträge sind aber im vorliegenden Fall nicht überschritten. Da dem Sohn das Guthaben nach den o. g. Kriterien des BFH zuzurechnen ist, sind bei ihm auch die Zinsen zu berücksichtigen. Der Sohn erzielt Einkünfte aus Kapitalvermögen. *(Friebel)*

N. Außerordentliche Einkünfte (§ 34 EStG)

Vorbemerkung

Bei bestimmten Einkünften ist gem. § 34 EStG ein geringerer Steuersatz als nach der ESt-Tabelle anzuwenden. Damit sollen Härten vermieden werden, die sich durch den progressiven Tarifverlauf bei einer Zusammenballung von Einkünften in einem Veranlagungszeitraum ergeben können, obwohl die Einkünfte ihren Grund in mehreren Veranlagungszeiträumen haben. *(Rick)*

FALL 238

Veräußerungsgewinn

Sachverhalt: Peter Adler (A), 50 Jahre alt, verheiratet, hat im Jahr 1996 laufende Einkünfte aus Gewerbebetrieb in Höhe von 90 000 DM. Hinzu kommt aus der Veräußerung eines Teilbetriebes, der die Hälfte des gesamten Betriebsvermögens ausmacht, ein Veräußerungsgewinn im Sinne von § 16 Abs. 1 EStG in Höhe von 50 000 DM. Außerdem hat er noch 10 000 DM Einkünfte aus Kapitalvermögen und einen Verlust aus Vermietung und Verpachtung in Höhe von 30 000 DM erklärt. Sonderausgaben werden in Höhe von 10 000 DM geltend gemacht.

Frage: Wie hoch ist die Einkommensteuer 1996 bei Zusammenveranlagung?

▶ Lösung

Nach § 34 Abs. 1 EStG beträgt die ESt für die Einkünfte i. S. des § 34 Abs. 2 EStG bis zu einer Höhe von 30 Millionen DM die Hälfte des durchschnittlichen

Steuersatzes, der sich aus der ESt-Tabelle für das gesamte zu versteuernde Einkommen ergeben würde. Der Rest des zu versteuernden Einkommens unterliegt dem normalen Steuersatz lt. Tabelle. Die ESt-Schuld errechnet sich für den Veranlagungszeitraum 1996 wie folgt (vgl. R 198 und H 198 EStR):

a) Berechnung des zu versteuernden Einkommens

Einkünfte aus Gewerbebetrieb	
laufender Gewinn	90 000 DM
Veräußerungsgewinn	50 000 DM
Einkünfte aus Kapitalvermögen	10 000 DM
Einkünfte aus Vermietung und Verpachtung	·/. 30 000 DM
Gesamtbetrag der Einkünfte	120 000 DM
Sonderausgaben	·/. 10 000 DM
Einkommen/zu versteuerndes Einkommen	110 000 DM

b) Berechnung des ermäßigten Steuersatzes

Auf das zu versteuernde Einkommen von 110 000 DM entfällt lt. Splittingtabelle eine tarifliche ESt von 25 430 DM. Dies ergibt einen durchschnittlichen Steuersatz von

$$\frac{25\,430 \times 100}{110\,000} = 23{,}1181\ \%.$$ Der ermäßigte Steuersatz beträgt die Hälfte = 11,5590 %.

c) Berechnung des ESt-Betrages

Nach der Tabelle werden 110 000 DM zu versteuerndes Einkommen minus 50 000 DM Veräußerungsgewinn versteuert. Auf die verbleibenden 60 000 DM entfällt ein Steuerbetrag von 9 842 DM.

Der Veräußerungsgewinn von 50 000 DM unterliegt dem ermäßigten Steuersatz mit 11,5590 %. Das ergibt einen abgerundeten Steuerbetrag von 5 779 DM, der zusammen mit der Steuer auf das restliche zu versteuernde Einkommen eine Steuerschuld von 15 621 DM ergibt. *(Rick)*

FALL 239

Einkünfte für eine mehrjährige Tätigkeit

Sachverhalt: Leo Burger (B), ledig, hat im Jahre 1996 außer seinen laufenden Einkünften in Höhe von 70 000 DM eine Gehaltsnachzahlung in Höhe von 30 000 DM erhalten, die die Voraussetzungen des § 34 Abs. 3 EStG erfüllt.

Seine Sonderausgaben und außergewöhnlichen Belastungen betragen 10 000 DM.

Frage: Wie hoch ist die ESt-Schuld 1996?

Lösung

Die ESt-Schuld bei Anwendung des § 34 Abs. 3 EStG wird nach einer 1990 neu geführten neuen Formel errechnet.

Zum „normalen", d. h. ohne die begünstigten Einkünfte errechneten zu versteuernden Einkommen wird ein Drittel der begünstigten Einkünfte dazugezählt. Der sich dadurch ergebende höhere Steuerbetrag wird verdreifacht und stellt die Steuer auf die begünstigten Einkünfte dar.

Danach ergibt sich folgende Lösung:

a) Berechnung des zu versteuernden Einkommens

Einkünfte aus nichtselbständiger Tätigkeit	
laufende Einkünfte	70 000 DM
aus Nachzahlung	30 000 DM
Gesamtbetrag der Einkünfte	100 000 DM
Sonderausgaben	·/. 10 000 DM
Einkommen/zu versteuerndes Einkommen	90 000 DM

b) Berechnung der ESt-Schuld

zu versteuerndes Einkommen ohne Nachzahlung	60 000 DM
ESt hierauf lt. ESt-Grundtabelle	14 422 DM
„normales" zu versteuerndes Einkommen plus ein Drittel der Nachzahlung	70 000 DM
ESt hierauf lt. ESt-Grundtabelle	18 048 DM
Differenz	3 624 DM
Die ESt-Schuld beträgt somit:	
für das „normale" Einkommen	14 422 DM
für die begünstigte Nachzahlung das Dreifache der Differenz (3 624 × 3)	10 872 DM
insgesamt zu entrichten:	25 294 DM

(Rick)

O. Steuerermäßigung bei ausländischen Einkünften

Vorbemerkung

Da ein unbeschränkt Steuerpflichtiger grundsätzlich mit seinem gesamten „Welteinkommen" zur ESt herangezogen wird, hierbei aber die ausländischen Einkunftsteile meist schon im Quellenstaat der Besteuerung unterlagen, ergibt sich im Prinzip eine Doppelbesteuerung dieser Einkünfte. Zu deren Vermeidung wurde eine Vielzahl bilateraler Abkommen, sog. Doppelbesteuerungsabkommen, abgeschlossen. Sollte ein derartiges Abkommen im Einzelfall nicht vorhanden sein oder nicht zur Anwendung kommen, kommt als einseitige Maßnahme des deutschen Fiskus zur Entlastung eines Steuerpflichtigen eine Steuerermäßigung gem. § 34c EStG in Betracht. *(Rick)*

FALL 240

Beschränkte Anrechenbarkeit ausländischer Steuern

Sachverhalt: Fred Caspari (C) betreibt in Stuttgart einen Schuhgroßhandel. Daraus erzielt er im Veranlagungszeitraum 1996 einen Gewinn von 100 000 DM. Einen Teil der von ihm vertriebenen Schuhe bezieht er aus einer eigenen Fabrik in Hongkong. Aus diesem Unternehmen erwirtschaftet er im Veranlagungszeitraum 1996 einen Gewinn von 120 000 DM. Hierauf hat er im Laufe des Jahres 1996 umgerechnet 25 000 DM „Corporation profits tax" bezahlt.

Im Januar 1997 werden von ihm für das Jahr 1996 noch 15 000 DM „business profits tax" gefordert, die er im Februar 1997 entrichtet.

C ist 45 Jahre alt, verheiratet, und beantragt für 1996 die Zusammenveranlagung mit seiner Ehefrau (Voraussetzungen liegen vor). Er erklärt noch 10 000 DM Einkünfte aus Kapitalvermögen und einen Verlust aus Vermietung und Verpachtung von 20 000 DM; an Sonderausgaben sind 10 000 DM anzusetzen.

Frage: Wie hoch ist die Einkommensteuerschuld 1996?
Können die in Hongkong bezahlten Steuern berücksichtigt werden?

Lösung ◀

Caspari und seine Ehefrau sind unbeschränkt steuerpflichtig. Ihre gesamten Einkünfte – auch die in Hongkong erzielten und dort bereits einer Steuer unterworfenen – unterliegen somit der deutschen Einkommensteuer. Da zwischen Hongkong und der Bundesrepublik Deutschland kein Doppelbesteuerungsabkommen besteht, kann § 34c EStG angewandt werden (vgl. § 34c Abs. 6 EStG). C bezieht Einkünfte aus Gewerbebetrieb aus Hongkong. Diese wurden dort einer Steuer unterworfen, die gem. R 212a EStR in Verbindung mit Anlage 8 der EStR der deutschen Einkommensteuer entspricht. Der Nachweis über die Höhe der ausländischen Einkünfte und der bezahlten Steuer muß gem. § 68b EStDV durch Vorlage geeigneter Urkunden erbracht werden. Es kommt für die Anrechnung nicht auf den Zeitpunkt der Zahlung, sondern gem. § 34c Abs. 1 letzter Satz EStG darauf an, für welches Jahr die Steuern bezahlt worden sind. Danach sind also auch die in 1997 für 1996 bezahlten Steuern einzubeziehen.

Die ausländische Steuer ist aber nicht unbegrenzt abzugsfähig, sondern gem. § 68a Satz 1 EStDV nur bis zur Höhe der deutschen Steuer, die bei einer Veranlagung auf die Einkünfte aus Hongkong entfällt. Das bedeutet, daß sich die anrechenbare ausländische Steuer zur gesamten deutschen Einkommensteuer verhalten muß wie die ausländischen Einkünfte zum Gesamtbetrag der Einkünfte.

Daraus ergibt sich folgender Lösungsweg:

a) Ermittlung der tariflichen Einkommensteuer

Einkünfte aus Gewerbebetrieb	
im Inland	100 000 DM
in Hongkong	120 000 DM
Einkünfte aus Kapitalvermögen	10 000 DM
Einkünfte aus Vermietung und Verpachtung	·/. 20 000 DM
Gesamtbetrag der Einkünfte	210 000 DM
Sonderausgaben	10 000 DM
Einkommen/zu versteuerndes Einkommen	200 000 DM
ESt lt. Splittingtabelle	61 486 DM

b) Berechnung der anrechenbaren ausländischen Steuer
Höchstbetrag gem. § 34c EStG i. V. mit § 68a EStDV

$$\frac{\text{anrechenbare Steuer}}{\text{gesamte deutsche ESt}} = \frac{\text{ausländische Einkünfte}}{\text{Gesamtbetrag der Einkünfte}}$$

$$\text{anrechenbare Steuer} = \frac{120\,000\text{ DM} \times 61\,486\text{ DM}}{210\,000\text{ DM}} = 35\,135\text{ DM}$$

c) Auf die deutsche Einkommensteuer von 61 486 DM können also von den in Hongkong bezahlten insgesamt 40 000 DM nur 35 135 DM angerechnet werden. Die endgültige Steuerschuld beträgt somit 26 351 DM. *(Rick)*

FALL 241

Anrechenbarkeit bei ausländischen Einkünften aus mehreren Staaten

Sachverhalt: wie Fall 235 mit dem Zusatz, daß C auch in Chile einen gewerblichen Betrieb unterhält. Aus diesem erzielt er im Jahr 1996 einen Gewinn von 80 000 DM. Hierauf hat er im Jahr 1996 umgerechnet 30 000 DM „impuesto sobre la renta" bezahlt.

Frage: Wie hoch ist die ESt-Schuld 1996?

Lösung

Auch mit Chile besteht kein DBA, so daß grundsätzlich genauso vorzugehen ist wie bei den Einkünften aus Hongkong. Werden aus mehreren Staaten ausländische Einkünfte bezogen, so ist der Höchstbetrag der anrechenbaren ausländischen Steuern für jeden ausländischen Staat gesondert zu ermitteln (§ 68a Satz 2 EStDV; sog. „per country limitation").

a) Ermittlung der tariflichen Einkommensteuer

Einkünfte aus Gewerbebetrieb	
im Inland	100 000 DM
in Hongkong	120 000 DM
in Chile	80 000 DM
Einkünfte aus Kapitalvermögen	10 000 DM
Einkünfte aus Vermietung und Verpachtung	·/. 20 000 DM
Gesamtbetrag der Einkünfte	290 000 DM
Sonderausgaben	·/. 10 000 DM
Einkommen/zu versteuerndes Einkommen	280 000 DM
ESt nach dem Splittingtarif	102 682 DM

b) Berechnung des Höchstbetrags der anrechenbaren ausländischen Steuern gem. § 68a Satz 2 EStDV

Hongkong

$$\text{anrechenbare Steuer} = \frac{120\,000\text{ DM} \times 102\,682\text{ DM}}{290\,000\text{ DM}} = 42\,489\text{ DM}$$

Chile

$$\text{anrechenbare Steuer} = \frac{80\,000\text{ DM} \times 102\,682\text{ DM}}{290\,000\text{ DM}} = 28\,326\text{ DM}$$

c) Auf die deutsche tarifliche ESt von 102 682 DM dürfen also maximal 42 489 DM Steuern aus Hongkong angerechnet werden. Da aber nur 40 000 DM bezahlt wurden, können diese im Gegensatz zu Fall 235 voll angerechnet werden. Von den in Chile bezahlten 30 000 DM können nur 28 326 DM angerechnet werden. Es ist nicht möglich, den nicht ausgenutzten Betrag aus den Einkünften aus Hongkong auf die Einkünfte aus Chile zu übertragen.

Die endgültige ESt-Schuld beträgt somit 34 356 DM. *(Rick)*

FALL 242

Auslandstätigkeitserlaß

Sachverhalt: Der EDV-Fachmann Peter Meyer (M) ist bei der Firma IBM in Böblingen beschäftigt. Im Auftrag seiner Firma ging er im März 1996 nach Bahrain (Arabien), um dort die Installation einer von seiner Firma gelieferten EDV-Anlage bis zur Übergabe an die Auftraggeber zu überwachen. Insgesamt war er sechs Monate in Bahrain. Während dieser Zeit erhielt er sein Gehalt von monatlich 6 000 DM weiter von seinem Arbeitgeber, seine Familie lebte in Böblingen und reiste nur während seines Urlaubs zu ihm. Nach Abschluß der Arbeiten erhielt er von den arabischen Auftraggebern als Prämie eine Uhr im Wert von 20 000 DM.

Frage: Sind die Gehaltszahlungen während der Zeit des Auslandsaufenthalts und der Wert der Uhr zu versteuern?

Lösung

Mayer ist weiterhin unbeschränkt steuerpflichtig, da er seinen Wohnsitz im Inland nicht aufgegeben hat. Für die Steuerpflicht ist der Ort der Tätigkeit unerheblich. Ein DBA greift nicht ein, da die Bundesrepublik mit Bahrain keines abgeschlossen hat. Die Einnahmen bleiben jedoch aufgrund des Auslandstätigkeitserlasses (Anhang 29 der LStR 1996) in Verbindung mit § 34c Abs. 5 EStG steuerfrei. M übt eine begünstigte Tätigkeit im Sinne der Nr. 1 des Erlasses aus, die Dauer seiner Tätigkeit überschreitet die von Nr. 2 des Erlasses geforderte Mindestfrist von drei Monaten. Auch wenn er seinen Urlaub nicht in Bahrain verbracht hätte, sondern zu seiner Familie zurückgekehrt oder in ein Drittland gereist wäre, schadete die Urlaubsunterbrechung nicht. Die Urlaubszeit würde jedoch in diesem Falle bei der Berechnung der Dreimonatsfrist nicht mitgerechnet. Zu den steuerfrei zu belassenden Einnahmen gehört auch der Wert der Uhr, da Ziff. III Nr. 1 des Erlasses nur fordert, daß die Prämie im Zusammenhang mit der begünstigten Auslandstätigkeit gezahlt wird. Nicht erforderlich ist, daß der Zahlende der Arbeitgeber ist. *(Rick)*

P. Beschränkte Steuerpflicht (§ 49 EStG)

Vorbemerkung

Ein beschränkt Steuerpflichtiger (§ 1 Abs. 4 EStG) wird zur Einkommensteuer nur mit den inländischen Einkünften herangezogen, die in § 49 EStG abschließend aufgezählt sind. Hierzu gehören alle Einkunftsarten, die auch in § 2 EStG aufgezählt sind; es werden jedoch an das Vorliegen der Steuerpflicht noch weitere, besondere Voraussetzungen geknüpft. Für die einzelnen Einkunftsarten ist die Frage, ob es sich um inländische Einkünfte handelt, jeweils verschieden geregelt. Bei der Beurteilung der Voraussetzungen ist nur auf die im Inland vorliegenden Merkmale abzustellen; die Verhältnisse im Ausland sind gem. § 49 Abs. 2 grundsätzlich außer Betracht zu lassen (sog. „isolierende" Betrachtungsweise). *(Rick)*

FALL 243

Einkünfte aus inländischem Gewerbebetrieb und aus Vermietung und Verpachtung

Sachverhalt: Der Algerier Ali Demir (D) unterhält in Stuttgart ein Auslieferungslager für algerische Weine in einem Gebäude, das ihm selbst gehört. Das Lager verwaltet ein Angestellter. Die meisten Geschäftsabschlüsse werden vom Ausland aus getätigt, nach Stuttgart kommt D nur sehr selten. Die Auslieferung wird von dem Angestellten besorgt, der ab und zu auch kleinere Geschäfte selbst abschließt. Am 1. 10 1996 gibt D dieses Lager auf und verpachtet das Gebäude für monatlich 1 500 DM an die Weingroßhandlung Eininger, die die bisher von D importierten Weine in ihr Sortiment aufnimmt. Außerdem pflegt der selbständige Handelsvertreter Flott die bisherigen Geschäftsverbindungen des D in Ergänzung seiner sonstigen Vertretertätigkeit. Er bereitet aber nur Geschäftsabschlüsse vor, eine Vertretungsbefugnis für D hat Flott nicht.

Für die Zeit vom 1. 1. bis 30. 9. 1996 erklärt D einen Gewinn von 15 000 DM, zum 1. 10. erkärt D dem Finanzamt die Aufgabe des Lagers (ein Aufgabegewinn entsteht nicht). Vom 1. 10. an hat D für das Gebäude noch monatliche Kosten von 500 DM.

Frage: Wie hoch sind die steuerpflichtigen Einkünfte des D im Jahr 1996?

Lösung

D ist in der Bundesrepublik nicht unbeschränkt steuerpflichtig, da er hier weder einen Wohnsitz noch seinen gewöhnlichen Aufenthalt hat. Er ist aber beschränkt steuerpflichtig, da er im Veranlagungszeitraum 1996 inländische Einkünfte im Sinne des § 49 EStG hat. Ein DBA mit Algerien, das beachtet werden müßte, besteht nicht. In der Zeit vom 1. 1. bis 30. 9. 1996 erzielt D Einkünfte aus Gewerbebetrieb (§ 49 Abs. 1 Nr. 2a, § 15 EStG). Die Unterhaltung eines Auslieferungslagers, verbunden mit gelegentlichen Verkäufen durch den Angestellten, stellt eine gewerbliche Tätigkeit im Sinne des § 15 EStG dar. Als zusätzliche Voraussetzung fordert § 49 Abs. 1 Nr. 2a EStG das Vorhandensein einer inländischen Betriebsstätte oder die Bestellung eines ständigen Vertreters. Nach § 12 Nr. 5 und 6 AO sind Warenlager und Ein- und Verkaufsstellen als Betriebsstätten anzusehen. Das Auslieferungslager, verbunden mit der Tätigkeit des weisungsgebundenen Angestellten, reicht für die Annahme einer Betriebsstätte aus. Die Betriebsstätte wird am 30. 9. 1996 aufgegeben. Das Vermieten von vorher eigengewerblich genutzten Räumen stellt keine gewerbliche Tätigkeit mehr dar. Es wird durch die weitere Tätigkeit des Flott auch kein ständiger Vertreter bestellt. Ein Handelsvertreter könnte zwar diese Voraussetzung des § 49 Abs. 1 Nr. 2a EStG erfüllen, aber dazu müßte er eine allgemeine Vollmacht zu Vertragsabschlüssen haben oder über ein Warenlager verfügen können. Daran fehlt es laut Sachverhalt. Eine Betriebsverpachtung im ganzen liegt nicht vor, da nur das Gebäude verpachtet wird. Die Voraussetzungen für eine Betriebsaufgabe (§ 16 EStG) sind zwar erfüllt, sie bleibt jedoch laut Sachverhalt ohne Gewinnauswirkung. Als Einkünfte aus Gewerbebetrieb sind daher 15 000 DM Gewinn anzusetzen.

In der Zeit ab 1. 10. 1996 erzielt D Einkünfte aus Vermietung und Verpachtung im Sinne des § 21 Abs. 1 Nr. 1 EStG. Das verpachtete Gebäude stellt im Inland belegenes unbewegliches Vermögen im Sinne des § 49 Abs. 1 Nr. 6 EStG dar. Der Überschuß der Einnahmen über Werbungskosten beträgt:

Pachteinnahmen	3 × 1 500 DM	= 4 500 DM
·/. Werbungskosten	3 × 500 DM	= 1 500 DM
Einkünfte		3 000 DM

Sollte das Gebäude weiterhin zu einem ausländischen Betriebsvermögen des D gehören, so ändert sich an diesem Ergebnis nichts. Bei Berücksichtigung der Betriebsvermögenszugehörigkeit lägen zwar weiterhin Einkünfte aus Gewerbebetrieb vor. Im Ausland vorliegende Besteuerungsmerkmale müssen jedoch nach der isolierenden Betrachtungsweise für die Beurteilung im Inland gem. § 49 Abs. 2 EStG außer Betracht bleiben.

Die gesamten Einkünfte des D im Rahmen der beschränkten Steuerpflicht betragen im Jahr 1996 somit 18 000 DM. *(Rick)*

FALL 244

Erweiterte beschränkte Steuerpflicht (§§ 2, 6 AStG)

Sachverhalt: Der Fabrikant Karl Schaub (S), Jahrgang 1940, deutscher Staatsangehöriger, wohnte seit seiner Geburt in Esslingen und hat dort eine Maschinenfabrik. Der durch Bestandsvergleich ermittelte Gewinn des Jahres 1996 betrug 400 000 DM. Er verteilte sich gleichmäßig auf das ganze Jahr. S hatte im Jahr 1970 Stammanteile an einer GmbH in Stuttgart im Nennwert von 500 000 DM zu Anschaffungskosten von insgesamt 600 000 DM erworben. Seine Beteiligung, die er zulässigerweise im Privatvermögen hält, umfaßt das halbe Stammkapital der GmbH. Der Wert dieser Beteiligung ist bis zur Mitte des Jahres 1996 auf 1 Million DM gestiegen. Eine Ausschüttung erfolgte im Jahr 1996 nicht.

Im Jahr 1996 flossen S im Dezember noch 10 000 DM Zinsen aus einer privaten Darlehenshingabe zu. Das Darlehen hatte S einem befreundeten Esslinger Nachbarn privat gegeben. Abgesichert war es lediglich durch eine wertvolle Briefmarkensammlung, die S als Pfand erhalten hatte. Mit Ablauf des 30. 6. 1996 gab S seinen Wohnsitz in Esslingen auf, um sich in der Schweiz, im Tessin, zur Ruhe zu setzen. Die Schweizer Staatsangehörigkeit erwarb S noch nicht. Seine Fabrik in Esslingen leitet ein Angestellter.

Frage: Wie ist S im Jahr 1996 zu veranlagen und welche Einkünfte sind anzusetzen?

Lösung

Für das Jahr 1996 sind zwei Veranlagungen durchzuführen. S wird für die Zeit vom 1. 1. bis zum 30. 6. 1996 mit den Einkünften, die ihm in dieser Zeit zuzurechnen sind, nach den Regeln der unbeschränkten Steuerpflicht und für das

2. Halbjahr 1996 nach den Regeln der beschränkten Steuerpflicht als erweitert beschränkt Steuerpflichtiger zur Einkommensteuer veranlagt.

a) 1. Halbjahr

S ist in der Zeit bis zum 30. 6. 1996 unbeschränkt steuerpflichtig, da er einen Wohnsitz im Inland hat. Bei S sind in dieser Zeit anteilige Einkünfte aus Gewerbebetrieb im Sinne des § 15 EStG in Höhe von 200 000 DM zu erfassen.

Außerdem fallen unter §§ 15, 17 EStG die Wertsteigerungen der Anteile an der GmbH. Die nach § 6 AStG erforderlichen Voraussetzungen für eine Besteuerung des Vermögenszuwachses sind erfüllt. S war, bevor die unbeschränkte Steuerpflicht durch den Wohnsitzwechsel erlosch, mehr als 10 Jahre unbeschränkt steuerpflichtig. § 6 verlangt nicht, daß der Steuerpflichtige in ein niedrig besteuerndes Land zieht. Die Rechtsfolgen des § 17 EStG sind, da die übrigen Voraussetzungen des § 6 AStG vorliegen, auch ohne eine Veräußerung der Anteile anzuwenden. S ist wesentlich beteiligt, und seine Beteiligung gehört nicht zu seinem Betriebsvermögen. Sein Veräußerungsgewinn in Form des Vermögenszuwachses beträgt bei Anschaffungskosten von 600 000 DM und einem gemeinen Wert zur Zeit des Wechsels von 1 Million DM = 400 000 DM. Dieser Gewinn fällt nach der gesetzlichen Fiktion des § 6 AStG noch in die Zeit der unbeschränkten Steuerpflicht. Ein Freibetrag nach § 17 Abs. 3 EStG entfällt wegen der Höhe des Veräußerungsgewinns; die Vergünstigung des § 34 bleibt jedoch bestehen (§ 6 Abs. 1 Satz 4 AStG).

b) 2. Halbjahr

Ab 1. 7. 1996 ist S gem. § 2 AStG erweitert beschränkt steuerpflichtig. Die erweiterte beschränkte Steuerpflicht erfaßt über § 49 EStG hinaus alle Einkünfte, die keine ausländischen Einkünfte i. S. des § 34c EStG sind. S war vor seiner Auswanderung in den letzten 10 Jahren mindestens 5 Jahre unbeschränkt steuerpflichtig. Er ist in ein niedrig besteuerndes Land im Sinne des § 2 Abs. 2 AStG gezogen (siehe dazu eingehend BdF-Erlaß, in BStBl 1974 I, 442, Anl. 1 zu Textziffer 2.2). Wesentliche wirtschaftliche Interessen verbinden ihn weiterhin mit dem Inland, denn er unterhält in Esslingen einen Gewerbebetrieb (§ 2 Abs. 3 Nr. 1 AStG). S hat im Inland im Veranlagungszeitraum 1996 nicht ausländische Einkünfte im Sinne des § 34c EStG von mehr als 32 000 DM. Damit ist auch die Bagatellgrenze des § 2 Abs. 1 letzter Satz AStG überschritten.

Die erweiterte beschränkte Steuerpflicht bedeutet eine Einschränkung gegenüber den Regeln eines DBA. Sie ist daher nur anwendbar, soweit das DBA die Anwendung des AStG zuläßt oder kein DBA besteht. Art. 4 Abs. 4 DBA-Schweiz schließt die erweiterte beschränkte Steuerpflicht für S nicht aus. Er hat die Schweizer Staatsangehörigkeit nicht angenommen. Er geht auch keiner nichtselbständigen Tätigkeit nach. Da für die Veranlagung der erweiterten beschränkten Steuerpflicht die Regeln der beschränkten Steuerpflicht gelten, findet § 50 EStG Anwendung. Als Einkünfte aus Gewerbebetrieb sind 200 000 DM anzusetzen, die auf das 2. Halbjahr entfallen.

Die Zinseinkünfte sind nach § 20 Abs. 1 Nr. 7 EStG mit 10 000 DM zu erfassen. Nach § 49 Abs. 1 Nr. 5 Buchstabe c EStG wären diese Zinsen nicht anzusetzen, da sie nicht durch inländischen Grundbesitz unmittelbar oder mittelbar gesichert sind. Aber im Sinne des § 34c EStG, auf den das AStG abstellt, handelt es sich nicht um ausländische Einkünfte, da gem. § 34d Nr. 6 EStG solche nur vorliegen, wenn der Schuldner seinen Wohnsitz im Ausland hat oder das Kapitalvermögen durch ausländischen Grundbesitz gesichert ist. Beides ist hier nicht der Fall, so daß die Zinsen unter die erweiterte beschränkte Steuerpflicht im Sinne des § 2 Abs. 1 AStG fallen. Werbungskosten werden nicht geltend gemacht. Ein Pauschbetrag nach § 9a EStG und ein Sparerfreibetrag nach § 20 Abs. 4 EStG können nach § 50 Abs. 1 Satz 5 EStG nicht abgezogen werden. *(Rick)*

Stichwortverzeichnis

Die Zahlen verweisen auf die Fälle.

Absetzung für Abnutzung, Abschreibungsbeginn 103, 106, 196, 197, 198
- antike Möbel 107
- Kunstgegenstände 107
- Kurzlebige Wirtschaftsgüter 108
- versehentlich unterlassene AfA 110
- willkürlich unterlassene AfA 109

Abzugsbetrag, Aufwendungen vor Bezug 62, 63
AfA, siehe Absetzung für Abnutzung
Aktien, kreditfinanzierter Erwerb 191
- Spekulationsgeschäft 218

Altersentlastungsbetrag, Zusammenveranlagung von Ehegatten 226
Anrechenbarkeit, ausländische Steuern 240, 241
Anschaffungskosten, Anschaffungsgeschäft in Fremdwährung 97
Arbeitgeber, Leistungen 177
Arbeitslohn, Zufluß 13
Aufwendungen, vor Bezug 62, 63
Ausbildungsfreibetrag 76
Ausländische Einkünfte 240 ff.
Auslandskinder 77
Auslandstätigkeitserlaß 242
Außensteuergesetz 244
Außergewöhnliche Belastungen 71 ff.
- Abflußzeitpunkt bei Kreditfinanzierung 18

Außerordentliche Einkünfte 238 f.

Beschränkte Steuerpflicht 243 f.
Besondere Veranlagung 230 f.
Betriebsaufgabe, 100%ige Beteiligung 142
- Firmenwert bei Aufgabe eines verpachteten Betriebs 163
- Fortführung einer Rückstellung 164
- freiberufliche Praxis 152

Betriebsaufspaltung 133
Betriebserwerb, Kaufpreisraten mit Wertsicherungsklausel 96
- Leibrente mit Wertsicherungsklausel 95

Betriebsveräußerung, 100%ige Beteiligung an einer Kapitalgesellschaft 141
- Ablösung einer Leibrente durch Einmalzahlung 139
- Auflösung steuerfreier Rücklagen 160
- Ausfall der Kaufpreisforderung 169
- Einmalbetrag und Leibrente 138
- freiberufliche Praxis 151
- Freibetrag 167
- Leibrente mit Wertsicherungsklausel 137
- Mitunternehmeranteil 154 ff.
- Rücklage nach § 6b EStG 161
- Sonderbetriebsvermögen 158, 159
- teilentgeltliche Veräußerung 153
- Verkauf eines Einzelunternehmens an eine GmbH 162
- Zeitrente 140

Bewirtungskosten, nicht zeitnahe Verbuchung 93
- Betriebsausgabenabzug 91
- unangemessene Aufwendungen 92
- Bagatellfälle 94

Dauernde Last 35 ff.
- Veräußerung eines Mietwohngrundstücks 207

Dividenden, siehe Kapitaleinkünfte
Doppelbesteuerung 240 ff.
Doppelte Haushaltsführung 182
Drittaufwand 86
Durchschnittssätze, Land- und Forstwirtschaft 113, 115

Ehegattenveranlagung 227 ff.
Eigenheimzulage 66, 67
Einbringungsgeborene Anteile, Veräußerung 168

Einkommensteuererklärung, siehe Steuererklärung
Einkünfte 6
– aus mehrjähriger Tätigkeit 239
– ausländische 240 ff.
Einkunftsarten 111 ff.
Einlageminderung 135
Einnahme-Überschuß-Rechnung 89, 90, 124
– Schätzung 90
Entgeltlicher Erwerb 192, 195
Entschädigungen, siehe nachträgliche Einkünfte
Erbauseinandersetzung 147 ff., 204
Erbengemeinschaft, Besteuerung des laufenden Gewinns 88
– Sachwertabfindung 148
– Veräußerung eines Erbteils 147
– Vererbung eines Mitunternehmeranteils 149, 150
Erblasser, Verlust 52, 53
Ermäßigter Steuersatz 238 ff.
Ertragsanteil, siehe Rente
Erweiterte beschränkte Steuerpflicht 243

Familienpersonengesellschaft 129
Finanzierung mit Lebensversicherung 43
Folgeobjekt, Abzugsbetrag 64
– selbstgenutztes Wohneigentum 59
Freiberuflerpraxis, Aufgabe 152
– Erwerb auf Rentenbasis 87
– Gründung einer Sozietät 122
– Veräußerung 151
Freibetrag bei Betriebsveräußerung, Betrieb einer Personengesellschaft 167
– Mitunternehmeranteil 166

Gästehaus, Gewinnabzug nach § 6b EStG 103
Gehaltsnachzahlung 239
Gesamtbetrag der Einkünfte 6
Gesellschafterwechsel
– s. unter Mitunternehmeranteil
Getrennte Veranlagung, Sonderausgaben 45, 232
Gewerbebetrieb, Abgrenzung 111, 112, 113
– Einkünfte 123 ff.
Gewinnermittlung 80 ff.
– Landwirtschaft 115
– § 4 Abs. 3 EStG 86, 114, 124 f.
Gewinnermittlungsmethoden vor Fall 80
GmbH & Co. KG 130 ff.

Haftungsminderung 136
Haushaltsfreibetrag 70
Herstellungskosten, Mietwohnhaus 194

Isolierende Betrachtungsweise 243

Kapitaleinkünfte, Besteuerungszeitpunkt von Dividenden 183
– kreditfinanzierter Erwerb von Aktien 191
– stille Beteiligung 184 ff.
– verdeckte Gewinnausschüttung 189 ff.
Kinder, steuerliche Berücksichtigung 69
Kinderbetreuungskosten 76 f.
Kinderfreibetrag 68
Kindergeld 68

Land- und Forstwirtschaft, Einkünfte 111 ff.
– Gewinnermittlung 113, 114, 115
Lästiger Gesellschafter 157
Lebensführungskosten, siehe nicht abzugsfähige Ausgaben
Lebensversicherungsbeiträge 41, 43
Leibrente, selbstgenutztes Einfamilienhaus 39
– siehe Betriebsveräußerung
– siehe Rente

Mitunternehmeranteil
– entgeltliche Veräußerung 154
– Freibetrag bei Veräußerung 166
– Vererbung 149, 150

– Veräußerung gegen unter Buchwert liegendem Kaufpreis 155
– Veräußerung eines Teils eines Mitunternehmeranteils 156
– Ausscheiden eines lästigen Gesellschafters 157
– unentgeltliche Übertragung 159
– Behandlung von Sonderbetriebsvermögen bei Veräußerung 158
Miet- und Pachtzinsforderungen, Veräußerung 193
Mitunternehmerschaft 125 ff.

Nachholung, Abzugsbeträge selbstgenutztes Wohneigentum 60
Nachträgliche Einkünfte, Aufgabe einer Tätigkeit 223
– Auflösung eines Mietverhältnisses 222
– als Rechtsnachfolger 225
– Ausgleichszahlung nach § 89b HGB 224
Nachträgliche Herstellungskosten 61
Nicht abzugsfähige Ausgaben, Anwaltskosten 29
– freiwillige Zuwendungen 27
– Geldbußen 29
– Geldstrafen 29
– Gerichtskosten 29
– Kfz-Kosten 25
– Kosten der Lebensführung 23
– Kostenerstattung an Arbeitnehmer 30
– Steuern und Nebenleistungen 28
– Studienreise 24
– unterhaltsberechtigte Personen 27
– Zuwendungen aufgrund freiwillig begründeter Rechtspflicht 27
Nichtselbständige Arbeit, Einkünfte 177 ff.
Nießbrauch 201
Nutzungen, Einlagefähigkeit 85

Objektbeschränkung, selbstgenutztes Wohneigentum 56
Obligatorische Nutzungsrechte 203

Pauschbeträge, bestimmte Berufsgruppen 181
Pensionsrückstellungen, Ausweis in der Steuerbilanz 99
Pensionszusagen, Arbeitnehmer-Ehegatte 101
– Gesellschafter-Geschäftsführer von Personengesellschaften 100
– Veräußerung eines Erbteils 147
– Vergütung an Gesellschafter 121
Praxiswert, Abschreibung bei Aufnahme eines Sozius 119
– Abschreibung bei Gründung einer Freiberufler-GmbH 120
Private Versorgungsrente, Betriebsübertragung 40, 208

Realteilung, einer OHG 143
– mit Spitzenausgleich 144 ff.
Realsplitting 31 ff.
Regelmäßig wiederkehrende Ausgaben 20
Regelmäßig wiederkehrende Einnahmen 19
Rente, abgekürzte Leibrente 213
– Betriebsübertragung 40, 208
– Ehegatten nacheinander zustehende Rente 212
– Ertragsanteil 205 ff.
– Herabsetzung einer gemeinsamen Rente 211
– mehrere Rentenberechtigte 210
– private Versorgungsleibrente 40, 208
– Unterhaltsrente 38, 209
– Veräußerung eines Wohnhauses 205, 206
– verlängerte Leibrente 214
– Mehrbedarfsrente 215
Rücklagen, Auflösung anläßlich einer Betriebsveräußerung 160
– Bildung anläßlich einer Betriebsveräußerung 161
– Übertragung auf Anschaffungskosten eines Gästehauses 103

– Übertragung auf ein im Vorjahr angeschafftes/hergestelltes Wirtschaftsgut 105
– Übertragung auf ein in das Betriebsvermögen eingelegtes Wirtschaftsgut 104
Rückstellungen, Fortführung nach Betriebseinstellung 164

Selbständige Arbeit, Einbringung einer Einzelpraxis 122
– Fortführung einer Arztpraxis durch die Erben 118
– Freiberufler-GmbH & Co. KG 117
– Gründung einer Freiberuflersozietät 122
– Vergütungen an Gesellschafter 121
– Zusammenschluß von Freiberuflern mit berufsfremden Personen 116
Selbstgenutztes Wohneigentum 55 ff.
Sonderausgaben 31 ff.
– getrennte Veranlagung 45
– Höchstbetragsberechnung 41
– Vorwegabzug 42
Sonderausgabenabzug, Vorauszahlung 16
Sonderfreibeträge 70
Sondervergütung 129
Sozietät, siehe selbständige Arbeit
Spekulationsgeschäft, An- und Verkauf von Aktien 218
– Besteuerungszeitpunkt 219
– Ermittlung eines Spekulationsgewinns 219
– Freigrenze 220
– geschenktes Grundstück 216
– Herstellung eines Gebäudes 217
– Spekulationsverlust 221
Spenden 46
– Buchwertprivileg 47
Spendenrücktrag, Spendenvortrag 48
Steuerberatungskosten 44
Steuererklärung, Form und Inhalt 21
Steuerermäßigung, bei ausländischen Einkünften 240 f.
Steuerpflicht
– Auslandsaufenthalt 2
– beschränkte 243
– Ende im Todesfall 4
– erweiterte beschränkte 244
– gewöhnlicher Aufenthalt 3
– Zuzug aus dem Ausland 1
Steuersatz, ermäßigter 238 ff.
Stille Beteiligung, siehe Kapitaleinkünfte

Tätigkeitsvergütungen 127

Unbeschränkte Steuerpflicht, siehe Steuerpflicht
Unfallkosten, Pkw-Unfall 26
– Versicherungsentschädigung 26
– Unfall, priv. Pkw 83
Unterbeteiligung 126
Unterhaltsleistungen 27
– beschränkte Steuerpflicht 33
– geschiedener Ehegatte 31
Unterhaltsrente, vorweggenommene Erbfolge 38
Unterhaltsverpflichtungen, Wohnungsüberlassung 34

Veräußerungsgewinn 238, 244
– Ausfall der Kaufpreisforderung 169
Veräußerungsrente, Ablösung durch Einmalzahlung 139
Veranlagung, vor Ablauf des Kalenderjahres 22
Veranlagungsarten 227 ff.
Verausgabung
– Banküberweisung 14
– Scheckhingabe 15
Verdeckte Gewinnausschüttung
– Umschichtung von Einkünften 190
– Vorteilsgewährung an nahestehende Person 189
Verlustabzug 50
– Erbfälle 52, 53
– gesonderte Feststellung 54
– Wahlrecht 51
Verluste, beschränkte Haftung 134

Vermietung und Verpachtung, Einkünfte 193 ff.
Vorbehaltsnießbrauch 36, 202
Vorbehaltswohnrecht 202
Vorkosten 59, 62, 63, 66, 67
Vorsorgepauschale, Berechnung 49
Vorwegabzug 42
Vorweggenommene Erbfolge, Mietwohngrundstück 37
- Betrieb 146
- Mitunternehmeranteil 159

Werbungskosten 171 f.
- Instandhaltungsrücklage 17
- Vorauszahlung 16

Wesentliche Beteiligung, Bagatellgrenze bei eigenen Anteilen 171
- Bürgschaftsübernahme 176
- Schuldzinsenabzug 192
- unentgeltlicher Erwerb 172
- Veräußerung innerhalb und außerhalb der Spekulationsfrist 173
- Veräußerungsfreibetrag 174
- verdeckte Einlage 175
- Zeitpunkt der Entstehung eines Veräußerungsgewinns 172

Wirtschaftsgut, Ausscheiden aus dem Betriebsvermögen infolge höherer Gewalt 102
- Überführung aus dem gewerblichen in das landwirtschaftliche Betriebsvermögen 84
- unentgeltlicher Erwerb aus betrieblichen Gründen 98

Zufluß
- bei Abtretung von Forderungen 10
- bei Erlaß einer Schuld 11
- bei Novation 12
- von Arbeitslohn 13
- von Einnahmen 7
- von Forderungen eines beherrschenden GmbH-Gesellschafters 9

Zu versteuerndes Einkommen, Ermittlung 5
Zurechnung von Einkünften 233
Zusammenveranlagung 229
Zustimmung zum Realsplitting 32
Zuwendungsnießbrauch, Werbungskosten 199